教育部首批高校在线教学英文版国际平台课程配套教材
陕西高等教育优秀教材

现代美学
——审美现象发生机理和规律

Modern Aesthetics:
Mechanism and Laws of Aesthetic Phenomenon Occurrence

（修订版）

赵惠霞 著

西安交通大学出版社
XI'AN JIAOTONG UNIVERSITY PRESS

图书在版编目(CIP)数据

现代美学：审美现象发生机理和规律／赵惠霞著. — 修订版. — 西安：西安交通大学出版社，2020.8(2024.1 重印)
ISBN 978-7-5693-0707-8

Ⅰ.①现… Ⅱ.①赵… Ⅲ.①美学-研究 Ⅳ.①B83

中国版本图书馆 CIP 数据核字(2020)第 145799 号

书　　名	现代美学——审美现象发生机理和规律
著　　者	赵惠霞
责任编辑	祝翠华
责任校对	王建洪
出版发行	西安交通大学出版社 (西安市兴庆南路1号　邮政编码710048)
网　　址	http://www.xjtupress.com
电　　话	(029)82668357　82667874(市场营销中心) (029)82668315(总编办)
传　　真	(029)82668280
印　　刷	西安五星印刷有限公司
开　　本	787mm×1092mm　1/16　印张 22.5　字数 386 千字
版次印次	2020 年 8 月第 1 版　2024 年 1 月第 7 次印刷
书　　号	ISBN 978-7-5693-0707-8
定　　价	59.90 元

如发现印装质量问题，请与本社市场营销中心联系。
订购热线：(029)82667874
投稿热线：(029)82664840
读者信箱：xj_rwjg@126.com

版权所有　侵权必究

致 读 者

摆在您面前的这本书,记录着我30多年来学习和思考的结果。

20世纪80年代,我因为对文学艺术中一些无法解决的问题而涉足美学,又因为美学的问题进入哲学,后来又进入物理学、心理学、生理学等知识领域,在众多学科研究成果的帮助下,终于对审美现象发生的过程和机理有了一个清晰的认识。这些研究成果于2002年编撰为《审美发生论》在陕西人民出版社出版,2011年修订后以《现代美学:审美机理与规律》在人民出版社第二次出版,本次修订是这些研究成果的第三次增补。每一次的修订都包含了两个方面的努力:一是理论认识的深化、拓展和完善;二是表述方式的准确、生动和体系化。本书从2002年开始,一直作为普通高校中文类、艺术类、新闻传播类、教育学类等专业本科生和研究生的美学课程教材,受到学生的喜爱。每一学期课程结束后,学生都会留下许多赞美之辞,普遍的评价是内容生动有趣,对自己的成长帮助很大。

本书对于审美现象发生机理认识的突破,最重要的原因在于对人类思维方式的认识。思维方式是大脑处理信息的基本模式,生理上表现为大脑皮层不同的神经联系通道,意识上表现为不同的思维特点。同样的外部信息,思维方式不同,得到的认识结果就不同。以往人们只重视认识结果,不重视思维方式,不同认识结果之间经常发生争论,实际上就像盲人摸象后产生的分歧一样。

人类最基本的思维方式有两种:一种叫作感性思维方式,由主体的感情主导对信息的处理过程;另一种叫作理性思维方式,由理性的认识主导对信息的处理过程。在这两种基本思维方式的基础上,根据运用的材料不同,思维又分为形象思维和抽象思维;根据表现形式不同,思维又分为经验思维和逻辑思维;根据思维的依据不同,思维又分为本体思维和现实思维;根据思维的范畴不同,思维又分为单项思维和整体思维,等等。美学研究重点涉及两种思维方式,一种是本体思维方式,一种是现实思维方式。

本体思维方式认为,世界有一个永恒不变的本体,万事万物皆由本体演化而来。在古代西方,本体思维方式占据主流地位。按照这种思维方式,柏拉图自然而然地认为,美的事物之所以美的原因,在于事物中存在他称之为"美"的元素。柏拉图以"什么是美"的一声喝问,拉开了美学理论研究的大幕,也把传统美学带入了长达两千多年的"迷途"。

I

现实思维方式认为,世界是一个不断变化的过程,不存在永恒不变的事物,思维必须以具体的现实情况为依据。现实思维方式在现代科学技术的发展过程中,进一步细化为科学精神。科学精神是科学研究的思维方法,主要表现在三个方面:一是原理性。科学研究的目的在于揭示事物发展变化的原因和规律,对各种事物发展变化的原因和规律的认识构成科学体系。新的认识或发现,只有与科学体系相符合才是科学的,否则意味着科学理论的重大突破或者非科学。二是可重复性。科学规律表现事物发展的必然性,同样的条件必然产生同样的结果,只要条件具备就能够重复出现,不能重复出现的属于非科学。三是可证伪性。任何科学规律都是一定条件的产物,在这个条件下发生,超出这个条件范围就不会发生。所以科学规律必然有限定的范围,也就是可以证伪的边界。科学精神在自然科学研究中形成,后来逐渐被社会各个方面所接受。

现代科学起源于西方社会,对中国人来说是舶来品。现代中国人接受了西方的科学技术,对科学精神的认识却普遍不足,特别是在社会科学领域。以美学为例,西方传统美学从18世纪就开始衰落,以寻找美为目的的研究早已被抛弃。但是20世纪的中国美学,传统美学依然占据主流地位。近年来学界关于"新文科"的讨论渐成热点,可以看作人们对问题认识的变化,因为"新文科"与传统文科在学术建构上最重要的区别就是思维方法。比如在传统美学中,研究者可以随心所欲地发表自己的看法,不管这些认识的产生过程是否合理、是否与现实相符、是否与相关学科的研究结果相符。柏拉图根据自己的哲学,认为美的事物之所以美的原因在于事物中存在"美"的元素;黑格尔根据自己的哲学,把艺术作为美学唯一的研究对象。人们可以不考察他们提出问题的过程是否合理,就完全接受了他们的结论。夏夫兹博里认为人能够欣赏美在于人体中有一种被他称之为"趣味"的感觉器官;融恩认为美感的产生源于人类史前遗传下来的"集体无意识";他们完全不考虑这样的说法是否符合生理学和遗传学的基本理论。传统美学家提出"美是典型""美在比例和谐""美在距离"等理论,完全不考虑为这些理论划定适用的范围,完全不考虑这些理论是否符合现实。这样的理论和做法,在现代科学研究中是不可想象和不可接受的,因为它完全违背了科学研究最基本的要求。在现代科学研究中,研究的问题必须来自现实,结论必须有现实的依据和逻辑的论证,必须与科学体系相符合,并具有明确的适用范围。

之所以用这么多的文字介绍两种思维方式,是因为正是这两种不同的思维方式形成了传统美学和现代美学的区别,如果不掌握现实思维方式,就无法走出传统美学的"八卦阵",走进现代美学的殿堂,就像满脑子神仙鬼怪的人无法进入现代科学一样。

本书的内容按照以下的思维逻辑展开:运用现代科学思维方式考察美学研究的

历史与现实,从研究目的、研究对象和研究方法三个方面,对现代美学和传统美学做出明确界定;通过对现实生活中各种审美现象的分析,把审美现象分为显功利审美现象和隐功利审美现象两种类型;借助哲学、社会学、心理学和生理学的研究成果,分析两种类型审美现象发生过程中审美主体和审美对象两方面的变化,通过对审美现象发生过程的细致描述揭示审美现象发生的机理;运用审美现象发生的机理分析各种典型审美现象案例,总结审美现象发生和变化的规律;运用审美现象发生的机理和一般规律分析艺术和教育中的审美现象,总结艺术美学和审美教育的特殊规律。

科学研究的目的,是为了帮助人们认识事物发展变化的规律,运用科学规律造福人类。一位青年教师曾感慨地告诉我:"自从读了《现代美学:审美机理与规律》,我遇到的许多困扰许久的现实问题都找到了答案。"这位教师的评价,让我备感欣慰。

本书在研究、教学和出版的过程中,得到了许多同行、同事、学生、读者和朋友的称赞、鼓励和帮助,在此一并致以最真诚的感谢!

衷心希望这本书能给每一位读者带来收获和快乐。

赵惠霞
2020 年 5 月于西安

目　录

第一章　美学的由来和发展 ………………………………………… 001
　一、美学的由来 …………………………………………………… 002
　二、美学理论的发展历程 ………………………………………… 007

第二章　美学的研究目的 …………………………………………… 020
　一、传统美学的研究目的及其由来 ……………………………… 020
　二、现代美学的研究目的 ………………………………………… 027

第三章　美学的研究对象 …………………………………………… 041
　一、传统美学的研究对象 ………………………………………… 041
　二、现代美学的研究对象 ………………………………………… 046
　三、审美现象的构成 ……………………………………………… 049
　四、审美现象的分类 ……………………………………………… 055

第四章　美学的研究方法 …………………………………………… 062
　一、社会归纳方法 ………………………………………………… 063
　二、哲学思辨方法 ………………………………………………… 066
　三、心理分析方法 ………………………………………………… 071

第五章　审美现象发生机理 ………………………………………… 077
　一、显功利审美现象发生机理 …………………………………… 078
　二、隐功利审美现象发生机理 …………………………………… 092
　三、审美现象发生机理概述 ……………………………………… 103

第六章　社会生活形成审美心理规律 ……………………………… 112
　一、人际影响形成审美心理规律 ………………………………… 113
　二、社会地位形成审美心理规律 ………………………………… 126
　三、社会发展水平形成审美心理规律 …………………………… 133

四、功利追求形成审美心理规律 …………………………………… 136

第七章　生理本能形成审美心理规律 …………………………… 149
　　一、好奇本能形成审美心理规律 …………………………………… 150
　　二、性本能形成审美心理规律 ……………………………………… 158
　　三、创造本能形成审美心理规律 …………………………………… 169
　　四、生死本能形成审美心理规律 …………………………………… 182

第八章　感觉器官在审美中的作用 ……………………………… 196
　　一、视觉在审美中的作用 …………………………………………… 196
　　二、嗅觉在审美中的作用 …………………………………………… 204
　　三、触觉在审美中的作用 …………………………………………… 205
　　四、温度感在审美中的作用 ………………………………………… 207
　　五、空间感在审美中的作用 ………………………………………… 208
　　六、听觉在审美中的作用 …………………………………………… 210

第九章　审美心理变化规律 ……………………………………… 219
　　一、审美心理增强规律 ……………………………………………… 219
　　二、审美心理衰退规律 ……………………………………………… 223

第十章　艺术审美的机理与规律 ………………………………… 233
　　一、艺术的定义 ……………………………………………………… 233
　　二、艺术基本形式引起美感的机理 ………………………………… 239
　　三、艺术内容引起美感的机理 ……………………………………… 246
　　四、艺术欣赏中美感的特点与类型 ………………………………… 273
　　五、艺术审美的特殊规律 …………………………………………… 286

第十一章　审美教育的机理与规律 ……………………………… 309
　　一、审美教育理论的提出和发展 …………………………………… 309
　　二、审美教育的目的和类型 ………………………………………… 324
　　三、审美化教育 ……………………………………………………… 337
　　四、纯粹审美教育 …………………………………………………… 344
　　五、自我审美修养 …………………………………………………… 347

参考文献 …………………………………………………………………… 351

第一章 美学的由来和发展

> **本章议题**
> 1. 什么是美学？
> 2. 什么是传统美学？
> 3. 什么是现代美学？

在各种生物中，灵长类动物的好奇心最强，人尤甚之。初次进入美学殿堂的人，受这种好奇心的驱使，都会迫不及待地想弄清楚一个问题：什么是美学？

为了准确地理解这个问题，我们必须明白这个问题的实质，即人们提出这个问题的真实目的是什么？当人们提出"什么是美学"这个问题时，希望得到的是什么样的答案？

提出这个问题，回答这个问题，实质就是要给美学下一个定义。在现代学科体系中，一门成熟的学科，都必须有一个明确的定义。定义的明确性，在一定程度上反映了学科发展的成熟度。

给一门学科下定义通常有三种方法：第一种方法是从研究目的的角度，说明该学科的研究目的是什么。比如，物理学是研究物理规律的学科。第二种方法是从研究对象的角度，说明该学科是干什么的。比如，化学是研究化学现象的学科。第三种方法是从与其他学科关系的角度，说明该学科在现有知识体系中的位置。比如，拓扑学是现代数学的分支。三种方法形成了三种不同的定义，分别从研究目的、研究对象、学科定位三个不同角度，对学科的性质做出了说明。

本书名为《现代美学——审美现象发生机理和规律》，顾名思义，主要是讲现代美学及其研究成果的。但是，现代美学不是凭空产生的，而是从传统美学发展而来的，吸收了传统美学的精华，摒弃了传统美学的糟粕。没有传统美学，也就没有现代美学。所以，要了解现代美学，就需要了解它的由来、它的发展过程,了解传统美学,这样才能形成完整的认识。

一、美学的由来

浩浩荡荡的长江,在发源地唐古拉山,最初只不过是一汪汩汩流淌的清泉。世间万物,都有其发生、发展的过程。美学从何而来呢?要回答这个问题,首先需要了解几个基本的美学概念。

1. 人类的审美活动

什么是人类的审美活动?让我们来看一个案例。

亚当和夏娃的故事

《圣经》上说,世界之初,上帝在创造了万物之后,按照自己的样子,用泥土捏了一个男人,并赋予他生命,取名亚当,把天下的一切生物交给他管理。后来,上帝看亚当一个人生活太孤独,就施展法力使他昏睡,然后取下他的一根肋骨,用这根肋骨变成一个年轻的女人,取名夏娃。亚当和夏娃在伊甸园中整天游戏玩耍,非常快乐。一天,他们受蛇的诱惑,偷吃了园中的智慧果,就看到了自己赤裸的身体,产生了羞耻的感觉。于是,他们用树叶编织成围裙,把自己的身体遮掩起来。上帝来到园中,看到他们的行为,知道他们违反了禁令,于是把他们赶出了伊甸园。亚当和夏娃流落在大地上,二人结合,繁衍了人类。

这个宗教神话讲述的是人类的起源。在这个神话中,我们注意到亚当和夏娃的这样一种行为:当他们偷吃了智慧果以后,就产生了羞耻感,于是用树叶编织成围裙,把自己的身体遮掩起来。遮羞就是遮丑,遮丑就是审美行为,是人类文明进化中的自觉行为。什么是文明?文明的实质就是修饰,把不好的东西遮蔽起来,把好的东西凸显出来,从而创造出令人喜爱的形象和形式,创造出适宜人类生存的环境。亚当和夏娃的这种行为,从现代美学的角度讲,就是一种审美活动。

审美活动是人有意识地欣赏或创造能够产生愉悦感的形式的行为。审美是人与生俱来的一种能力和需要,审美活动就是这种能力和需要在现实生活中的具体表现。亚当和夏娃的故事是宗教传说,从真实的历史发展过程看,人类从事审美活动的时间也相当久远。21世纪以前,人们一直认为,迄今发现的最早的艺术品,创造于欧洲和亚洲冰河期的晚期,距今3.2万年到1.2万年左右。这些艺术品包括石质的、骨质的、象牙的、泥土的圆雕和浮雕,以及在这些材料上刻画的各种符号。其中影响较大的有1979年纽约史前艺术展览会上展出的拉·玛尔什尼洞穴的男子和妇女的肖像,以及在地中海中部马耳他出土的三寸高的用长毛象象牙雕成的妇女胸像。

  2011年初的一则消息,将这个时间大大提前。据媒体报道,科学家在南非的布洛姆布斯洞穴发现了两块距今7.7万年以上的刻有图案的赭石,是世界上迄今发现的最古老艺术品。这两块石头只有几厘米长,上面刻有交叉线条,它们显示人类在从非洲散播到欧洲以前,就已经有了抽象的概念和使用象征符号的能力。这两块石头分别于1999年和2000年被发现,不过对它们的分析直到2011年才在《科学》杂志上公布。2004年,科学家在这个洞穴还发现了一堆贝壳,贝壳的中央都有一个小孔,上面有明显的佩戴和穿线磨损的痕迹,当时推测有7.5万年的历史。

  人类的审美活动,是美学学科产生的源头。亚当和夏娃的故事虽是宗教传说,但通过这个案例,我们可以直观地了解到什么是审美活动,审美活动在人类历史发展中具有怎样的地位,我们可以对美学的源头有一个清晰的印象。

2. 审美爱好和审美趣味

  在审美活动中,不同的人会表现出对某种事物特殊的偏爱。在不同的社会阶段和社会群体中,由于各种不同的原因,社会成员也会形成对某种事物和行为共同的爱好。审美活动中人们对某种事物的特殊爱好就称为审美爱好或者审美趣味。

 案 例

细腰为美

  在春秋战国时期,南方的楚国一度盛行以女性腰细为美的风尚。当时,楚灵王命人造了一座宫殿,居住着从全国挑选来的美女,这些美女最突出的特点就是腰细。这座宫殿本来叫作章华宫,因为住的美女以细腰著名,人们都叫它"细腰宫"。宫中的美女为了讨楚灵王的欢心,运用各种方法使腰身更加纤细,当时民谣唱道:"楚王好细腰,宫中多饿死。"当时不仅楚国的小姐、贵夫人以腰细为美,连朝廷的大臣也都用带子把腰勒细了才去上朝。

 案 例

头发高为美

  在18世纪的欧洲,女性以头发高为美的风气盛行。女性把头发向上梳,使头发像金字塔一样直指云天。自身的头发有限,就加上假发。头发太软竖不起来,人们就塞进各种各样的垫子。法国玛丽·安托瓦内特(Marie Antoinette,1755—1793年)王后时代,贵妇人的发髻梳得尤其之高,以致稍矮一点的女士,其下巴往往就在头顶和脚尖的中间。王后的发髻太高,乘车时进不了车门,只得先卸去一层,下车后再加上。宫中的女官,坐车时只好跪在台板上,把头伸出窗外。女士跳舞时,总是提心吊胆,唯恐发髻碰着了挂灯。

当时,一般的假发需要两三个金镑,礼用的假发高达60金镑。假发要扑粉,在还有几十万英国人和法国人饿死的时候,大量的面粉却被浪费在发粉上。英国政府为此制定了"粉税令",用税收来限制这种浪费。高耸入云的发髻,为了光滑还需要涂上香油,这种庞大复杂的梳理工程不允许随时拆卸梳洗,于是虱子便成了当时欧洲女士头上的常客。有人为此发明了一种安上象牙钩的棒子,在公众场合拿这种棒子塞到头发里搔痒,当时居然成了一种时尚。

类似这种以细腰为美、以头发高为美的风尚,在美学中就称为审美爱好或审美趣味。在人类社会的发展过程中,不同的社会环境,会形成不同的审美爱好和审美趣味。这些爱好和趣味,就形成不同的习俗和风尚,成为人类历史发展中一道道亮丽的风景线。

3. 前美学时期的美学思想

人类最突出的能力就是思维。这一特点,使人类对任何事物总免不了要动脑思考。对于审美这种能够给人带来快乐因而深受人们喜爱的活动,从很早的时候起,人们就产生了各种各样的想法、看法和评论。

这些想法、看法和评论,有的是对审美对象的评价。比如,孔子观赏舜时的乐舞《韶》,评价说:"尽美矣,又尽善也。"用现代话来说,就是形式美极了,内容也好极了。孔子评价周武王时的乐舞《武》,说:"尽美矣,未尽善也。"意思是形式美极了,但内容不够完美。这种评价,表现的是孔子对不同乐舞的看法,表现出孔子对这类审美对象的评价标准和评价方法。

人们喜爱美的事物,希望创造更多美的事物,就需要寻找美的事物的标准。在人类初期,对美的事物的特征进行陈述和归纳是寻找美的事物标准最基本的方法。古希腊时期,毕达哥拉斯学派的许多观点,就体现出这样的特点。比如,"身体美是各部分之间的对称和适当的比例","音乐是对立音素的和谐的统一","图形中最美的是球形和圆形",等等。其中"比例""和谐"的观念,对后代美学有较大的影响。从美学的发展过程看,这个时期可以称为"前美学时期"。这个时期美学研究的特点,就是把美的事物作为研究的对象,总结美的事物具有的共同特征。

对于具体审美对象和审美活动的这种评价和标准,在美学中被称为美学思想。不同社会时期和社会群体的审美爱好、审美趣味和美学思想,形成了这个时期和这个群体的审美文化。

不同的审美爱好、审美趣味和美学思想,是美学研究的资料和对象。在以往美学研究中存在一种现象,就是把不同时期、不同国家的审美爱好、审美趣味和美学思想,看作这个时期、这个国家的美学。比如以往许多人讲中国美学史,讲的实际是中国不同时期的审美爱好、审美趣味和美学思想。这种做法往往会引起两个误解:一是让人们误认为这些东西就是美学的内容;二是让人们误认为美学是一门中国自古就有的学科。因此,学习美学,要把美学思想和美学理论区别开来,前者是对美的事物零碎的感性的认识,后者是对审美现象系统的理论思考的结果。

4. 柏拉图开启美学的理论思考

人类生活中的快感,一般起源于功利需求的满足。如饥得食,渴得饮,热得凉,寒得暖,等等。为什么欣赏美的事物,人并未得到任何功利的满足,却同样会获得愉悦的感觉呢?为什么我们会感觉此物美而彼物丑呢?对于这种现象,人类在长达数万年的时间内一直习以为常,没有人感觉到有什么奇怪之处。

公元前5世纪,这种情况被彻底改变了。古希腊哲学家柏拉图以"什么是美"的一声喝问,开启了人类理性思考和研究审美的时代。柏拉图在他著名的美学著作《大希庇阿斯篇》中,借苏格拉底之口说明了写这篇文章的原因:"近来在一个讨论会里,我指责某些东西丑,赞扬某些东西美,被和我对话的人问得无辞以对。他带一点讥诮的口吻问我:'苏格拉底,你怎样才知道什么是美,什么是丑?你能替美下一个定义吗?'"①

为了解决这个问题,柏拉图逐个地分析了一朵花、一位小姐、一匹马、一个瓦罐、一座神庙等美的事物之所以美的原因。柏拉图在研究中,始终围绕着这样一个问题:是什么东西使这些不同的事物成为美的事物呢?他认为在这些美的事物的背后,一定有一个"美本身",是"这美本身把它的特质传给一件东西,才使那件东西成其为美"。柏拉图从不同的角度,试图寻找到这种"美"或

---

① 柏拉图.柏拉图文艺对话集[M].朱光潜,译.北京:人民文学出版社,1983:178.

"美本身",但最终不得不以"美是难的"的感叹结束全文。柏拉图虽然没有找到"美",但他提出的问题——"什么是美",被后人奉为美的本质问题,开启了美学理论研究的新时代。

与前美学时期的研究者相比,柏拉图的伟大之处,在于他不仅注意到生活中的审美现象,对这种现象进行深入的思考和研究,更重要的是他思考和研究的方法——追寻审美现象产生的原因。这种追寻事物现象背后原因的思考,是现代意义上的理论思考,表现的是人类在审美问题上理论的自觉。这种自觉的理论思考,是美学产生的标志。正是在这个意义上,人们把柏拉图称为"美学的鼻祖"。

5. 鲍姆嘉通创立美学学科

在柏拉图之后,审美研究在欧洲更加受到人们的重视,理论上也取得了许多成就。但是,在长达两千年的时间里,谁也没有想到要为此建立一个专门的学科。

到了18世纪上半叶,这种情况被一个叫作鲍姆嘉通的德国人改变了。鲍姆嘉通(A. G. Baumgarten,1714—1762年)是德国普鲁士哈列大学的哲学教授,是当时德国理性哲学代表人物沃尔夫的学生。沃尔夫(Christian Wolff,1679—1754年)把人的认识能力分为高级的和低级的,认为高级的认识能力产生理性认识,低级的认识能力产生感性认识。他的哲学只研究"高级认识能力",而将"低级认识能力"或"感性认识"排斥在他的哲学研究范围之外。这也是他研究的漏洞。

1725年,有一位名叫比尔芬格尔(Georg Bernhard Bilfinger)的哲学家就指出了沃尔夫哲学体系中的这一漏洞,提出建立以想象力为研究对象的学科的设想。

鲍姆嘉通作为沃尔夫的学生,也意识到老师这种理论体系存在的缺陷,并努力弥补这一缺陷。从1742年开始,鲍姆嘉通就在大学里讲授他的研究成果,这后来发展成为一门新学科,即"美学"。当时有一位名叫迈埃尔(Georg Frriedrich Meier)的教授,对鲍姆嘉通所讲的内容极感兴趣。经鲍姆嘉通同意,迈埃尔把他自己整理的鲍姆嘉通的讲课内容,集结成《一切美的科学的基础教程》,并于1748年正式出版。鲍姆嘉通于1750年出版了自己的讲稿,正式以"Aesthetics"为这本书和这门新学科命名。

从此,美学作为一门学科诞生了,鲍姆嘉通也因此被人们誉为"美学之父"。

6. 美学进入中国

"Aesthetics"这个词源自希腊语,本意指感觉,鲍姆嘉通用它称谓感性认识的学科,翻译成汉语应该是"审美学"。

大约在19世纪60年代,也就是鲍姆嘉通的Aesthetics出版一百多年后,"Aesthetics"这个词语进入了中国。起初它是作为词典中的词语出现,后来在翻译的西方教育著作、美学著作中出现。先后被翻译为"佳美之理""审美之理""审辨美恶之法""美妙学""审美学""美学"等。

日本学者中江肇民(1847—1901年)最早将"Aesthetics"翻译成汉语"美学"。大约在20世纪初期,"美学"一词由日本传入中国。清末民初,"美学"与"审美学"在中国通用,虽然有人强调"审美学"更符合鲍姆嘉通的原意,但大多数学者都采用了"美学"的称谓。为什么会出现这样的现象呢?有一种说法,认为与中国人偏爱用单词命名的文化心理有关。从现代美学的角度看来,更重要的原因在于当时的美学是传统美学一统天下,传统美学把寻找"美"作为根本目的,"美学"的称谓显然更符合这一学科特点,因而为人们普遍接受,成为汉语中约定俗成的学科名称。

1904年1月,张之洞等人组织制定了《奏定学堂章程》,作为清政府的教育规定,要求把"美学"作为工科"建筑学门"的24门主课之一。"美学"由此正式进入中国大学的课堂。不过,当时的大学文科还没有开设"美学"课。

1912年1月,中华民国临时政府成立,蔡元培任教育总长。在随后国民政府教育部颁布的《大学规程》中,将"美学"作为文学、哲学等文科专业的必修课。1916年,北京大学等高等院校开始开设"美学"课,"美学"作为学科开始在中国发展。

二、美学理论的发展历程

1. 美学理论研究的兴起

美学理论研究的兴起从柏拉图开始。为了便于了解美学理论研究产生的原因,我们先来看一个案例。

 案 例

原始狩猎部落的项链

在意大利古里马鲁提洞穴,考古人员发现了旧石器时代原始人用小贝壳和小骨头串起来的项链。

在原始狩猎部落,项链一般用野兽的牙齿或骨头串成。这不仅从出土的文物中得到证明,在一些现代原始部落仍然可以看到这种现象。

居住在巴西亚马孙丛林深处的印地安族威土土人,从一个人所佩戴的项链可以看出他在部落的地位和能力:佩戴美洲虎牙齿项链的人一定是酋长,因为这是他的专利;佩戴从俘虏口中拔下的牙齿做成的项链的人一定是一名勇士,因为这是他的战利品;至于小孩和妇女,佩戴的是贝壳和骨片做成的项链。

在这个案例中,人们佩戴项链,显然是一种审美行为。为什么人们要佩戴项链?因为项链是一种美的事物,人戴上项链比起不戴项链会显得更美。这与现代社会女性佩戴项链的道理是相同的。

在柏拉图之前,也就是"前美学时期",人们看到这种现象会认为佩戴项链是美的,用贝壳、野兽的牙齿和骨头,以及俘虏的牙齿做成的项链是美的装饰。对这个时期美学研究的特点,是把美的事物作为研究的对象,归纳和总结美的事物的特征。

柏拉图的研究与此前研究的不同之处,在于他看到人们佩戴项链等美的事物,开始思考这样一个问题:这些项链为什么能成为美的事物?项链美的原因是什么?也就是要追寻美的事物之所以美的原因。这就超越了前美学时期的经验思维,进入理性思维阶段,开启了美学研究的理性思考时代。

柏拉图在对美的事物之所以美的原因的思考中,做出了一个决定美学发展方向的判断。柏拉图认为,诸如案例中的贝壳项链、骨头项链、美洲虎牙齿项链等美的事物之所以美,是因为在这些事物中有一种称为"美"或者"美本身"的元素。柏拉图认为,"这美本身,加到任何一种事物上面,就使那件事物成其为美,不管它是一块石头、一块木头、一个人、一个神、一个动作,还是一门学问"①。

柏拉图提出"什么是美",就是要寻找这种"美"或"美本身",通过这种"美"来说明美的事物之所以美的原因。柏拉图之后,人们把"什么是美"称之为"美的本质问题",把寻找"美"作为美学研究的根本目的,由此开启了传统美学的发展历史。

传统美学寻找美的征程,是从三个方向展开的:一是从审美对象中寻找美,二是从审美感受中寻找美,三是从审美主体和客体的联系中寻找美。寻找探索的结果,根据对"美"存在方式的不同解释,形成了三种不同的美学理论,

---

① 柏拉图.柏拉图文艺对话集[M].朱光潜,译.北京:人民文学出版社,1983:188.

即客观论美学、主观论美学和主客观结合论美学。

2. 客观论美学

客观论美学认为,美是事物的一种客观属性,存在于美的事物之中,因为事物是美的,人才能感知到美。18世纪之前的美学家大多是哲学家,普遍持有这样的认识。美如何存在于客观事物之中呢?虽然持有这种认识的人很多,但对此做出合理解释的理论却很少,比较有影响的观点有两种,一种是"美在于比例和谐",一种是"美在典型"。

"美在于比例和谐"的观点,认为美的事物之所以美,在于事物各部分之间适当的比例和和谐的关系。这种观点可以追溯到古希腊的毕达哥拉斯。毕达哥拉斯既是一位哲学家、美学家,又是一位天文学家和数学家。他认为"整个天体是一种和谐和一种数",因此,"美是和谐与比例","和谐是杂多的统一,不协调因素的协调"。人体美"不在各因素之间的平衡,而在各部分之间的对称——例如各指之间,指与手的筋骨之间,手与肘之间,总之,一切部分之间都要见出适当的比例"。音乐模仿的是天体中的和谐,音乐的快感正是基于宇宙和谐和灵魂和谐的"同声相应",音乐的使命就是使灵魂归于永恒的和谐。毕达哥拉斯的理论集中起来有两点:一是美的事物之所以美,在于事物各部分之间的比例和谐;二是审美活动的目的,在于使人的内心得到和谐。这种观点对于后世的影响主要表现在第一层含义上,特别是在传统建筑和绘画领域,曾经被作为一种创造美的形式的普遍规律。后一种观点属于对艺术目的和作用的认识,对于后世审美教育具有积极的作用。

"美在典型"的观点,认为美的事物之所以美的原因,在于表现了事物所属种类的普遍属性,即典型性。比如,女人之美就在于体现了女性的特征,男人之美就在于体现了男性的特征。这种观点可以追溯到黑格尔,黑格尔提出"美是理念的感性显现",其中的理念在某种意义上可以看作事物所属种类的普遍属性。恩格斯提出:"现实主义的意思是,除细节的真实外,还要真实地再现典型环境中的典型人物。"由此,塑造"典型环境中的典型人物",成为现实主义文学重要的创作原则和衡量标准。近代以来,有研究者把一个族群的所有脸型输入电脑,通过电脑计算出一个平均值,发现越是接近平均值的脸型显得越美[①],这似乎佐证了"美在典型"的观点。还有人利用计算机技术,综合众多漂亮女性的特点,制造理想的美人形象,也可以看作是这种观点的现实应用。

---

① 袁越.人类审美的生物学基础[N].新华每日电讯,2014-04-25.

3. 主观论美学

主观论美学认为，假如我们感到的美是事物客观的属性，那它应该被所有的人在任何时候都可以感受到，人的审美判断就应该是一致的。但事实却并非如此，一些人认为是美的，另一些人则认为不美。因此，美不是事物的客观属性，不在审美对象之中，而在于作为审美主体的人自身。美如何存在于人自身呢？主观论美学主要有三种观点。

第一种观点认为，美就是美感。持这种观点的人，把美感作为美的事物之所以美的原因，认为人们之所以称某种事物为美的事物，是因为人在欣赏这种事物的时候产生了美感，美感是一个事物能否成为美的事物的决定性因素。美感是人自身的因素引起的，外部事物只不过作为一种条件，起到一种辅助的作用。我国主观论美学的代表人物高尔泰说："事物之成为美的，是因为欣赏它的人心里产生了美感。所以，美和美感，实际上是一个东西。"① 近代西方美学的"移情论"，把美感看作人自身固有的情感，把审美的过程看作人把自身的情感转移到欣赏对象之中的过程，实质上也可以归之于这种认识。

第二种观点认为，美在于人的态度。持这种观点的人认为，事物的美与不美不在于事物本身，而在于人欣赏事物的态度或方法。休谟为审美开出的条件是，"心灵要完全安静，思想和情绪要镇定自如，注意力要指向对象"②。他认为这些条件只要缺少一个，人就不能认识到真正的美。科林伍德认为美感源于人的想象活动，"如果能想象地对待一个对象，那也就是去发现一个美的对象，这样，无论是自然的对象还是艺术的对象，我们就不难发现它们是美的"③。乔治·迪基把这种观点概括为"审美态度的理论"，认为"这种理论可以概括为这样一种观点，只要审美知觉一旦转向任何一种客观对象，它立即就能成为审美对象"④。

第三种观点认为，美在于人的某种器官。夏夫兹博里认为，"趣味"是人的本性中天然存在的一种专门欣赏美的器官。他的门徒赫契生进一步提出，"趣味"器官不只是一个，而是有若干个。它们各自分工，分别负责对善、美、丑、崇高等进行鉴赏和判断。持这种观点的人认为，"趣味"对美和丑的感受，就像味觉感官品尝糖的甜、盐的咸和醋的酸一样，是一种直接的自然感受，是不假思

---

① 高尔泰. 论美[M]. 兰州：甘肃人民出版社，1982：9.
② 李瑜青. 休谟经典文存[M]. 上海：上海大学出版社，2002.
③ 科林伍德. 艺术哲学新论[M]. 北京：工人出版社，1988.
④ 林娇. 乔治·迪基美学思想研究[D]. 呼和浩特：内蒙古大学，2014.

索而瞬间完成的。不同之处在于,审美感官感知的对象,如美、丑、崇高等,不是像视觉对象和听觉对象那样,存在于外部世界之中,而是存在于人的心灵之中,是通过对外部事物的知觉把它们呼唤出来的。总之,正是因为这些"内在器官"的作用,人才得以感受到五彩缤纷的美的世界,才有奇妙无比的美感享受①。

4. 主客观结合论美学

主客观结合论美学认为,美既不在客体,也不在主体,而在于人与物、主体与客体的关系之中。美如何存在于主体与客体的关系之中呢?结合论美学主要有三种说法。

第一种说法认为,美存在于人与物的关系之中。阿诺·理德对此有一个比喻性的描述。"寒冷的冬天,我在外边冻得发抖。这时我走进一间屋子,那里生着温暖的火,我下意识地喊道:'好极了!''多可爱!''暖烘烘的多舒服!'我一边在火炉边舒适地伸着懒腰,一边思考:这舒适和温暖的价值存在于什么地方?一般常识认为,在火之中,就像金子贵重的价值在其本身一样。但是,只要仔细想一下就会发现,火中间不可能存在舒适和温暖的价值,就像金子的贵重价值不可能离开它的用途一样。这样我们便不可避免地得出这样的结论:这种价值既不属于客观对象也不属于主体,而是属于复杂的主体对客体的关系。价值并不存在于火的热量,也不存在于我们感到温暖时的愉快,价值的真正对象是我们对温暖的经验,或是一种被经验了的温暖。"

第二种说法认为,审美价值是客体美的潜能与主体的结合。这种观点认为,审美价值不是一种绝对的客观特质,也不是一种直接的感觉。审美价值在于客体美的潜能与主体的结合,因而是一种关系的价值。在审美过程中,事物美的特质作为潜能存在,在主体的欣赏过程中得以发挥和实现。正如面包因为对身体的机能会发生影响而具有营养价值一样,审美价值是属于事物的许多特征之一,在与人的机能的相互作用中形成的。如果面包有人吃,它将是有营养的;同样,如果有人欣赏审美对象,它就能创造出审美的愉快。如果排除了主体,面包本身将不具有营养;审美对象没有人欣赏,其潜能只能保持在对象之内,而不能发挥实际的效能。

第三种说法认为,美是客观性和社会性的统一。这种观点存在于苏联美学和中国美学之中,苏联美学中以斯托洛维奇为代表,中国美学中以李泽厚为

---

① 滕守尧.审美心理描述[M].成都:四川人民出版社,2001:14.

代表。斯托洛维奇提出，事物具有自然属性和社会属性两种属性，自然属性是事物固有的属性，审美属性是自然物质形式和社会——人的内容的辩证统一。例如金子，天然的光泽和色彩是它的自然属性，作为货币的等价物和财富的象征，则是它的社会属性。前者是审美属性的形式，后者是审美属性的内容。审美属性是在社会历史实践中形成的，不仅存在于审美对象本身，而且存在于同其他对象在一定时间、一定地点的联系中。审美属性是客观的，它依赖客观关系而存在，而不仅决定于某人是否想这样，是否意识到。这种观点一方面从马克思主义实践观出发，认为美产生于人的社会生产实践活动；另一方面援引马克思早期著作中"人化的自然"的概念，用"人的本质力量对象化"来界定美的本质。李泽厚明确地说："美的根源究竟何在呢？这根源（或来由）就是我所主张的'自然的人化'。在我看来，自然的人化说是马克思主义实践哲学在美学上（实际上不仅是在美学上）的一种具体表达或落实。就是说，美的本质、根源来于实践，因此才使得一些客观事物的性能、形式具有审美性质，而最终成为审美对象。"①

5. 传统美学的终结

美学史研究中有一个普遍的观点，认为以 18 世纪为分水岭，美学研究出现了划时代的变化，之前称为古代美学或传统美学，之后称为近代或现代美学。从美学发展的历史看，这种说法是符合实际的。但是，有人把这种划分仅仅理解为时间概念，认为 18 世纪之前的美学都是传统美学，18 世纪以后的美学都是现代美学，还有人提出"后现代美学"的概念，这就把这种划分简单化了。

传统美学与现代美学的区别，虽然涉及时间因素，但时间因素不是主要的、起决定作用的因素，根本的不同是研究目的的不同。传统美学与现代美学在研究对象、研究方法、研究结果等方面的一系列变化，都源于研究所追求的目的不同。如果把传统美学与现代美学的区别仅仅理解为时间的变化，在实际研究中就无法理解和说明传统美学与现代美学的区别。因为在 18 世纪之后，在现代美学的兴起过程中，传统美学不仅依然存在，甚至在一些地方和一定时间内，仍然居于主流地位。

比如在 20 世纪 50 年代至 60 年代，中国学术界开展了两次关于美的本质的大讨论，促进了美学在中国的普及。在美的本质大讨论中，出现了四种关于美的本质的观点：第一种观点认为美是客观的，以蔡仪为代表；第二种观点认

---

① 李泽厚.美学四讲[M].天津：天津社会科学院出版社，2001：54.

为美是主观的,以吕荧、高尔泰为代表;第三种观点认为美是主客观的统一,以朱光潜为代表;第四种观点认为美是客观性和社会性的统一,以李泽厚为代表。从这四种观点不难看出,虽然西方美学在18世纪已经开始向现代转型,但20世纪的中国美学总体上依然属于传统美学的范畴。

所以,传统美学不是一个时间概念,而是一种理论特点,传统美学最突出的特点,就是认为在现实生活中存在一个被称为"美"的东西,把寻找"美"作为美学研究的目的。

为什么人们把18世纪作为美学的分水岭呢?因为从18世纪开始,美学的研究目的开始发生变化。在18世纪,美学研究发生了两件大事:一件是鲍姆嘉通为美学命名,使美学正式成为一门学科,并且把美学的研究对象确定为人的感性认识,把美学的研究目的确定为感性认识的完善。一件是以夏夫兹博里、哈奇生为代表的英国经验主义美学,用生理学和心理学的研究方法研究审美活动,把近代美学研究引导到生理学和心理学的研究方向。这两个事件有一个共同的特点,就是改变了柏拉图以来古代美学的研究目的。古代美学把寻找美作为研究目的,按照柏拉图的说法,美是一种元素,自然存在于美的事物之中,只能在美的事物之中寻找。鲍姆嘉通把感性认识作为研究对象,英国经验主义美学以及近代美学把研究的重心转向主体心理,实质上改变了古代美学的研究目的和研究方向。不过这种转变是在具体研究的层面展开的,仍然在想方设法回答柏拉图提出的"美本质问题"。所以这个转变的过程是逐渐地、自发地展开的,前期并没有明确的理论,直到20世纪20年代中国才出现美学转型的概念。

这种自发转型的过程,使得从18世纪以来的美学研究呈现出两个突出特点:一是传统美学的逐渐衰落,二是现代美学的逐渐兴起。在有些时候,二者往往表现为同一事件。比如对美本质问题的怀疑,既可以看作传统美学衰落的标志,同时也代表着现代美学的兴起。虽然至今仍然有人醉心于传统美学范畴的研究,不过这就像那些进入民国仍留长辫子的男人,只能看作对社会变化的迟钝,却无法改变社会变化的事实。

传统美学从衰落到终结的历史,标志性的事件可以归纳为以下两个现象。

第一个现象是出现怀疑"美"的存在的思潮。柏拉图对"美"的寻找,以"美是难的"的感叹结局。柏拉图之后,无数研究者苦苦探索,希望能解开"什么是美"这一诱人的谜语。然而,两千多年的辛勤努力,人们所得到的结果却几乎是一无所获。这种状况不仅使许多人灰心丧气,而且直接导致人们对美的存在的怀疑。

1903年,威廉·奈德(William Knight)在其著作《美的哲学》的开篇,就十分沮丧地宣称:"美的本质问题经常被作为一个理论上无法解答的问题被放弃了。"①

弗朗西斯·科瓦奇在《美的哲学》中提出:"古希腊和中世纪的哲学美学家如柏拉图、亚里士多德、普罗提诺、奥古斯丁、托马斯·阿奎那等所有人都相信他们的感觉和理性,并对美的存在深信不疑,并不想到要为美的存在去提供任何证明,而这种态度在现代思想家那里突然消失了。"②

哈罗德·奥斯本在《美的理论》中讲道:"今天的美学虽然已经有了大量的、愈来愈成熟的著作,但无论是演讲或者著作中,关于美的问题的论述,比起柏拉图所生活的那个时代来却并不具有更多正确的意义,而无意义的胡扯倒是不少的。"③

20世纪80年代,朱狄在《当代西方美学》中写道:"美的本质问题经过了二千多年的讨论,问题不但没有解决,而且从客观上看,这一问题的解决反而显得愈来愈困难了。"④

怀疑"美"的存在的认识,起初只是零星出现的星星之火。但是一经出现,便为越来越多的人所认可,逐渐呈现出燎原之势,成为美学界一种普遍的思潮。我们知道,传统美学的目的是寻找"美",美的本质问题因而成为传统美学的基本问题。对"美"的存在的怀疑,对美本质问题的质疑或放弃,标志着传统美学大厦的基础开始动摇。

第二个现象是出现否定"美"的存在的理论。对"美"的存在的怀疑,更多的属于感觉层面,所以不管持这种认识的人有多少,对传统美学的影响还是有限的。从理论上系统地否定"美"的存在,对传统美学的打击则是致命的。在这方面,分析美学可以称为"终结者"。

分析美学是20世纪西方分析哲学思潮的衍生物。按照比尔兹利的说法,当"那些遵循(语义哲学)这一路线的哲学家,考虑采用它们的研究成果去对待美学问题"时,便产生了20世纪美学思潮中的奇特派别——分析美学⑤。分析

---

① 朱狄.当代西方美学[M].北京:人民出版社,1984:165.
② 思羽.现代西方关于美的本质问题的不同看法[M]//中国社会科学院哲学研究所美学研究室,上海文艺出版社文艺理论编辑室.美学:第三期.上海:上海文艺出版社,1981:120.
③ 朱狄.当代西方美学[M].北京:人民出版社,1984:164-165.
④ 同①141.
⑤ 比尔兹利.美学[M]//哲学百科全书编辑委员会.哲学百科全书.北京:中国大百科全书出版社,1995.

美学的"奇特"在于,作为一个美学派别,它对美学的影响不是在建设方面,而是在破坏方面。分析美学运用分析哲学的方法,把美本质问题定性为一个假问题,从而不仅否定了"美"的存在,而且否定了传统美学的存在基础。

分析美学兴起于20世纪40年代,代表人物是维特根斯坦和莫里兹·韦兹。分析哲学的基本理论是:图像与世界是对应的,这种对应性决定了命题的可证实性。一切命题都可以分为可证实的和不可证实的。可证实的命题,与事物或世界是对应的,是有意义的;不可证实的命题,在现实世界没有对应物,是无意义的。

分析哲学所说的"图像""命题",通俗一点讲,就是概念和判断。按照分析哲学的理论,图像必须与现实存在相对应,命题必须可以证实。能够与现实存在相对应的图像构成的命题,可以证实,是有意义的;在现实中无对应物的图像是虚假的图像,由此构成的命题是不可证实的,因而也是无意义的。对于无意义的命题是不能说的。"疑问只存在于有问题存在的地方,只有有答案的地方也才有问题,而一个答案也仅仅存在于有东西可说的地方。"① 维特根斯坦用一句格言作为其早期代表作《逻辑哲学论》的结束语:"对于不能说的事情就应当沉默。"(What we can not speak about we must pass over in silence). 这可以说是分析哲学的基本观点。

按照这种思维方式,分析美学不像其他美学派别那样研究什么是美,而是首先提出,"什么是美"属于哪一类命题。很显然,美在现实世界没有对应物。柏拉图早就说过,美的事物不是美,所以具体的审美对象不是美的对应物;说美是审美对象后面的共相,至今人们仍然不知道这共相存在于何方,以何种形式存在。由此可见,美在现实世界没有对应物,所以分析美学理所当然地把美的本质问题划归到无意义的命题之列,作为不能说的问题拒斥在研究范畴之外。

维特根斯坦说:"哲学中的绝大部分命题和问题并不是假的,而是无意义的,因此我们根本不能回答这一类问题,我们只能认为它们是荒谬的。哲学家们的大多数问题和命题是由于不能理解语言中的逻辑而来的。无论善与美有多大的同一性,它们都属于这类问题。"② 为什么美本质问题两千年来会被作为一个真问题来讨论呢?分析美学认为在于对语言的误解。维特根斯坦认为,当人们说某一事物"美"的时候,实际上是作为形容词来使用的。而在对语言

---

① 维特根斯坦.哲学研究[M].李步楼,译.北京:商务印书馆,1996:48.
② 同①84-85.

的理解中，却把这种形容当作事物的属性，认为事物有美的本质。他说，"美的"这个形容词完全可以换成感叹词，说"晚霞是美的"，也就是说"晚霞，真美呀！"而后者与"晚霞，啊！"表达的是同样的感情。如果我们对许多不同的东西说"美"时，总想要找出一种这些东西的"美"的本质。当我们对这些东西说"啊"的时候，是否也要找出一种"啊"的本质呢？

传统美学研究美的本质问题，往往要寻找美的事物的共同特性。维特根斯坦认为，以往从美的事物中归纳美本质之所以不能成功，根本的原因在于方法上的错误。众多的美的事物之所以这样被称呼，不是因为它们有共同的本质，而是因为它们具有相似点。这种相似不是一种共同的特征，而是"家族相似"。一个家族的成员相似，但不是集中在某一点上，甲与乙眼睛相似，乙与丙鼻子相似，丙与丁嘴巴相似……因此你不可能用一个共同本质来定义它。如果说维特根斯坦早期是用图像与现实对应的理论否定美本质问题存在的意义，那么他在晚期则是用"家族相似"的理论否定美本质问题研究的意义。

仔细分析分析美学的理论，会发现存在明显的缺陷。首先，这种缺陷表现在关于图像与现实相对应的观点上。图像与现实相对应是分析哲学的基础，它是西方文化中一直占统治地位的实体论的反映。这种以实体论为根基的对应论，对于批判传统哲学和美学中的空想成分，帮助哲学、美学等人文学科建立现代科学的精确性和严密性是有益处的，但其忽视和排斥人类在认识事物中抽象思维能力的成果和意义却是片面的。从认识实践的角度看，抽象思维能力及其成果是人类认识和把握外部世界的重要方式。离开抽象思维能力及其成果，人类将无从认识和把握外部世界；否定抽象思维能力及其成果，将否定人类以往的所有认识。譬如被分析哲学认可的人、马、山、水等实体概念，也是人抽象思维的结果。现实生活中只有具体的人、马、山、水，而没有作为一个整体的人、马、山、水。早在两千多年前，我国哲学家公孙龙在著名的"白马非马"推论中，对此就做了细致的区分。如果人、马、山、水这样的抽象概念可以与现实对应，那么人们为什么不可以从不同的实体中抽象出"物质"，从不同的游戏方式中抽象出"游戏"，从不同的艺术形式中抽象出"艺术"，从不同的美的事物中抽象出"美"呢？为什么这些概念或"图像"就不能与现实相对应呢？事实上，一些美学研究者早就对分析美学这种观点提出批评，例如莫里斯·曼德尔鲍姆就对维特根斯坦的"游戏"不能下定义和莫里斯·韦兹的"艺术"不能下定义的看法提出了批评；乔治·迪基也认为，莫里斯·韦兹认为不可能给"艺术"下定义是错误的①。

其次,分析美学的缺陷还表现在维特根斯坦的"家族相似"理论上。维特根斯坦晚期之所以提出这种观点,显然是意识到否定美本质问题,并不能否定审美现象的普遍性。而审美现象的普遍存在,就是审美研究存在的基础。他提出"家族相似"理论,是在否定美本质问题的基础上,进而否定审美研究的可能性和必要性。这种理论的缺陷,在于忽视了人类认识和把握外部世界活动的一个最基本的特点,即不是孤立地根据事物的外部特征,而是在与其他事物的比较中,根据事物的本质特征来认识和把握它们。人们说某些人属于同一家族成员,绝不是根据他们鼻子、眼睛、嘴巴、身材等某些外部特征的相似,而是根据他们的血缘。同样,人们说某些事物是美的事物,说某些活动属于游戏、艺术,也绝不是根据它们外部特征的相似,而是其内在的、不同于其他事物和活动的特性。这些特性是什么?正是需要美学和艺术理论研究的问题,不能因为其尚未有明确答案便放弃相关的研究,进而否定相关学科存在的合理性。

虽然分析美学存在理论上的不足,但由于分析哲学的巨大影响力,加之迎合了许多美学研究者在美本质问题上困惑迷惘、寻找出路的心理,却在当时美学界产生了很大的影响。

分析美学对于传统美学抨击的成功,在一定意义上具有戏剧性。分析美学就像做一道数学题,虽然运算过程不合理,但结论是正确的。更为重要的是,这个结论符合了当时大多数研究者的心理需要,于是得到广泛的认可。

为什么美本质问题长期得不到解决呢?为什么说分析美学把美本质问题称为伪问题的结论是正确的呢?其原因要从柏拉图提出这个问题的起因说起。

本来,人们最初研究审美现象的原因,是要弄清楚美的事物之所以美的原因,或者说美的事物是怎样引起人的美感的。然而,柏拉图和古希腊人的思维方法,把这些研究引入了一条"迷途",此后两千多年的美学就一直沿着这条"迷途"前行。

古希腊人的思维方法,哲学上称作本体思维方法,也称为形而上学。这种在古代西方文化中占主流地位的思维方法,相信世界上存在一个最初的、孤立的、不变的"本体",把寻找这种"本体"作为研究追求的最高目标。古希腊哲学研究的主题,就是世界的本体是什么,或者说构成世界最基本的元素是什么。有的说

---

① 朱狄.当代西方美学[M].北京:人民出版社,1984:118.

是水,有的说是土,有的说是火,有的说是数,有的说是上帝,争论得不亦乐乎。

按照这种思维方法,柏拉图自然而然地就把美的事物之所以美的原因,设想为事物中存在一种叫作"美"的元素,认为这种元素使得事物成为美的事物。因此,美学研究的目的自然就是寻找这种"美",用这种"美"来解释和说明美感的产生以及审美现象的发生和变化。

然而,美的事物为什么会成为美的事物,柏拉图的说法只是提出了一种可能性。从现代研究的角度看,这种可能性是否成立,必须要有一定的事实依据,否则就不值得花费精力去研究。很可惜,两千多年前的西方哲学界,研究所依靠的方法只有思辨,因为在那个时代,人们认为思辨的东西比现实生活中的事物甚至还要真实。所以,虽然柏拉图这种认识完全是他错误的思维方式的产物,但是他深信事物中的"美"或者"美本身"是美的事物之所以美的原因,后人也毫不怀疑地接受了他的观点,全力以赴地去努力解决他提出的问题。然而,现实中不存在的事物,再怎么努力也是无法找到的。两千多年美学研究的结果,对柏拉图关于事物中存在"美"的元素的设想,事实上给出了否定性的结论。在分析哲学之前,西方美学界对于这种结论的表现方式,一是怀疑"美"的存在,二是很少有人再提及美和美本质问题。分析哲学的贡献,是把这种事实上的结论变成了直截了当的理论表述,从而成为压垮传统美学这匹"骆驼"的"最后一根稻草"。

美的本质问题是传统美学研究的基本问题,是传统美学赖以存在的基础。曾经有人提出,美本质问题被证伪,美学就失去了存在的基础。从现代美学的角度看,美本质问题被证伪,否定的是传统美学的基础,并非美学的基础。美本质问题被证伪,标志着传统美学的终结,同时也为现代美学的发展开辟了道路。

本章小结

本章介绍美学的由来和发展。

美学的由来可以从三个方面理解。从美学产生的原因看,美学产生的根本原因在于人类的审美活动,即人欣赏或创造能够产生愉悦感的形式的活动。在这个活动中,人们对某种事物的特殊爱好称为审美爱好或者审美趣味,对具体审美对象和审美活动的评价和标准称为美学思想,不同时期社会群体的审美爱好、审美趣味和美学思想称为审美文化。从美学产生的实质看,美学起源于对审美现象产生原因的理论思考,这种理论思考开端于柏拉图,柏拉图因此被称为"美学的鼻祖"。从美学作为一门学科的形成过程看,美学起源于鲍姆嘉通1750年出版的 Aesthetics 一书,鲍姆嘉通因此被誉为"美学之父"。"Aesthetics"这个词源自希腊语,本意指感觉,鲍姆嘉通用它称谓感性认识的学科,翻译成汉语应该是"审美学"。20世纪初美学进入中国的时候,以寻找"美"为目的的传统美学占据主流地位,所以被称为"美学"。

柏拉图开启了美学研究的理性思考时代,他对美的事物之所以美的原因的思考决定了两千多年美学的发展方向。柏拉图认为,美的事物之所以美,是因为在这些事物中有一个称为"美"或者"美本身"的元素,美学研究的目的就是寻找这种"美"或"美本身"。柏拉图之后,人们把"什么是美"称之为"美本质问题",把寻找"美"作为美学研究的根本目的,由此开启了传统美学的发展历史。

传统美学寻找美的征程是从三个方向展开的:一是从审美对象中寻找美,由此形成客观论美学,代表性观点是"美在于比例和谐"和"美在典型";二是从审美感受中寻找美,由此形成主观论美学,代表性观点是"美就是美感""美在于人的态度"和"美在于人的某种器官";三是从主体和客体的联系中寻找美,由此形成主客观结合论美学,代表性观点是"美存在于人与物的关系之中""审美价值是客体美的潜能与主体的结合"和"美是客观性和社会性的统一"。

从18世纪开始,美学研究开始从传统美学向现代美学转变。传统美学不是一个时间概念,而是一种理论特点,即认为在现实生活中存在一个被称为"美"的东西,把寻找"美"作为美学研究的目的。传统美学衰落和现代美学兴起的标志性事件,一是出现怀疑"美"的存在的思潮,二是出现否定"美"的存在的理论。传统美学终结的根本原因,在于"美"的元素是柏拉图本体思维方式想象出来的东西,在现实生活中根本不存在。美本质问题被证伪,标志着传统美学的终结,同时也为现代美学的发展开辟了道路。

试一试

1. 试谈谈你的审美爱好。

2. 试谈谈你对"美"的认识。

3. 寻找一篇美学论文或一部美学专著,判断其观点属于传统美学范畴还是现代美学范畴。

第二章　美学的研究目的

> **本章议题**
>
> 1. 什么是传统美学的研究目的？
> 2. 什么是现代美学的研究目的？
> 3. 传统美学和现代美学为什么会形成不同的研究目的？

当今美学研究领域，事实上存在两种不同的美学：一种叫作传统美学，一种叫作现代美学。进入美学领域的新人，最严峻的考验就是能不能快速通过传统美学理论布下的"八卦阵"。如果被困在"八卦阵"中，就会迷失方向，在各种传统理论中兜圈子，像堂吉诃德一样追逐着虚幻的目标。为了帮助大家快速通过这种"八卦阵"，在接下来的三章中，我们将从研究目的、研究对象和研究方法三个方面，介绍现代美学和传统美学的不同之处。

现代美学是18世纪以后在传统美学衰落的过程中逐渐形成的新的美学理论，现代美学与传统美学的区别，首先表现为研究目的的不同。

一、传统美学的研究目的及其由来

在第一章开始的时候，我们提到"什么是美学"这个问题，告诉大家这个问题的实质是要给美学下一个定义，并且介绍了给一门学科下定义的三种方法。其中第一种方法，就是从学科研究目的的角度，说明该学科研究的目的是什么，从而对学科做出定义。美学的研究目的是什么？在传统美学和现代美学中答案是完全不同的。所以从研究目的的角度对美学下定义，在传统美学和现代美学中是完全不同的。因此学习美学，就需要明确传统美学和现代美学不同的研究目的。

1. 传统美学的研究目的

关于美学的定义，李泽厚在《美学四讲》中说："目前中国流行的主要有三种：(1)美学是研究美的学科；(2)美学是研究艺术一般原理的艺术哲学；(3)美学是研究审美关系的学科。"李泽厚认为,在这三种观点中,(1)和(3)是同义反复,等于没说。审美关系是一个极为模糊含混的概念。什么叫"审美关系"呢?这正是美学需要去探讨的问题,用它来定义美学,不但会使人糊涂,而且也会出现同义反复。(2)则明显过于狭窄又过于宽泛,现实生活(如生活的节奏、韵律)、自然美和许多审美现象并不属于艺术,却仍然在美学研究范围;某些艺术学的问题、艺术的一般原理,如艺术与政治的关系等,却又并不是美学研究的对象。李泽厚的结论是:"这三个说法,三个定义都不完满和准确。"①

张法在《美学导论》中,也归纳了三个人们普遍采用的观点:①美学是关于美的科学;②美学是艺术哲学;③美学是以审美经验为中心研究美和艺术的科学②。比较这个定义与李泽厚关于美学的定义,会发现有用研究目的做定义转向用研究对象做定义的倾向。二者的第一个定义基本相同,第二个定义,张法去掉了"研究艺术一般原理"的定语,这样一来,人们既可以做出同李泽厚关于美学的定义相同的理解,也可以理解为关于艺术的哲学。这样,定义的内容就从对美学研究目的的界说变为对美学研究对象的界说。事实上,李泽厚和张法在指出这个定义把"现实生活、自然美和许多审美现象"排斥在外时,他们的确是从研究对象的角度思考问题的。张法的第三个定义,正如他所指出的,是李泽厚概括的。这个定义虽然反映了20世纪美学研究的主流状况,但实际是把前两个定义中的"美"和"艺术"结合在一起,加上"以审美经验为中心"这个研究对象作为修饰语。

对于"美学是关于美的科学"的定义,张法除了与李泽厚在"同义反复"的认识上有同感外,他还进一步提出:"从深层上看,在于人们会进一步问'美'是什么,这不是一两句话讲得清楚的。"③实际上,他没有意识到,这正是从研究目的的角度定义美学的特点。目的就是研究需要解决的问题,包括目前还不明确的问题。比如"物理学是研究物理规律的学科",其中物理规律就包括目前人们知道和不知道两种状况。所以,从研究对象的角度看,这个定义是不清楚、不准确的;从研究目的的角度看,这个定义却是清楚的、准确的。事实上,李泽厚和张法对当前中国美学研究中关于美学定义的总结,反映的就是传统美学的研究目的。两千多年来传统美学的研究目的,一言以蔽之,就是寻找"美"。

---

① 李泽厚.美学四讲[M].北京:生活·读书·新知三联书店,1989:8.
② 张法.美学导论[M].北京:中国人民大学出版社,1999:2.
③ 同②8-9.

2. 传统美学研究目的的由来

把寻找美作为美学研究的目的,肇始于柏拉图,这一点在美学界没有争议。然而,柏拉图是怎样提出这一问题的呢?这就需要分析柏拉图提出美本质问题的过程。

毫无疑问,柏拉图是一个伟大的思想家,同时也是一个雄辩家。不过,他在论辩中有一个不好的习惯,罗素在《西方哲学史》中一针见血地批评说:"他假装是在跟随着论证并且用纯粹理论的标准下判断的,但事实上他却在歪曲讨论,使之达到一种道德的结论。他把这种恶习引到哲学里面来,从此之后哲学里就一直存有着这种恶习。"①

罗素批评的"恶习",就是违反逻辑,利用语言表达中的一些不规范的习惯,采取偷换概念的方法,使讨论达到自己的目的。柏拉图在《大希庇阿斯篇》中提出美本质问题,采取的就是这样的方法。

文章开篇首先提出"美"的概念。他借苏格拉底的口说:"近来在一个讨论会里,我指责某些东西丑,赞扬某些东西美。"很显然,这里的"美",指的是对事物的评价。

接着,柏拉图借他人之口问:"苏格拉底,你怎样才知道什么是美,什么是丑,你能替美下一个定义吗?"此句紧接前句,"什么是美"可以理解为"什么是美的东西"的省略,也可以理解为判断事物美与不美的标准,即你凭什么评价事物美与丑。"替美下一个定义",即要求对美的事物做一个定性的判断,即说明评价事物美与不美的标准。

随后,苏格拉底要求大希庇阿斯:"请你把什么是美给我解释明白。"从表面上看,这里的"什么是美"似乎只是上句的简单重复,但从其紧跟的动词看,其含义已经发生了微妙的变化。在"什么是美"之后,柏拉图用了动词"解释"。我们知道,如果要说明具体的事物,一般用判断词"是",如此前柏拉图讲的那样。"解释"一般用于说明抽象的东西,如原因、问题等。柏拉图在这里重复"什么是美",是用语言过渡的技巧,以减缓语言含义变化的突然性。其目的是把"美"的含义,由具体的美的事物转变到抽象的"美",正如柏拉图随后指出的,"美不是美的事物"。联系下文看,这句话中"美"的含义,可以理解为"美的事物之所以美的原因",也可以理解为"使美的事物美的因素",柏拉图显然倾

---

① 罗素.西方哲学史:上卷[M].何兆武,李约瑟,译.北京:商务印书馆,1963:113.

向于后者。

是什么东西使事物成为美的事物呢?柏拉图随后提出了"美本身"。他说,"这美本身把它的特质传给一件东西,才使那件东西成其为美",它是"一个真实的东西"。这样,"美"便不再是对事物的评价,不再是事物的修饰语,也不是美的事物抽象的总称,而有了独立的、实体性的意义。

在现实生活中,美的基本含义,是人对事物的感受或评价。柏拉图在讨论开始时,用的也是这个基本含义。但是,他从具体事物的评价,转到美的事物,再转到美物之所以美的原因,最后转到作为一种实体元素的"美本身",通过这种概念的转换,柏拉图完成了"美本质问题"提出的过程。然而,他所追寻的这种具有独立的、实体性的"美",不是来自审美实践的发现,而是产生于偷换概念的诡辩。这就使得美本质问题追寻的目标,虽然看起来美轮美奂,实质上却是建立在沙滩上的楼阁。

罗素将柏拉图研究方法上的问题看作"恶习",显然是将其归于个人品质的缺陷。然而,考虑到古代逻辑学发展的状况,这个问题应该更多的出于逻辑学不发达的缘故。从美本质问题的提出来看,虽然方法不妥,却并非完全是"空穴来风"。

柏拉图为什么要提出"美是什么"的问题呢?根本原因还在于人类的审美活动。他发现了社会生活中普遍存在的审美现象,并以杰出的智慧寻找其中的原因。虽然柏拉图在研究方法上存在偏颇,但美本质问题的提出具有一定的现实合理性,这也是无数哲人智者孜孜不倦地投身于美本质研究的原因。

柏拉图为什么要苦苦寻找所谓的"美本身"呢?这与其所处时代的哲学有关。古希腊人的思维方式,在人类社会初期很具有代表性,最突出的特点就是要寻找一切事物的本源,用亚里士多德的话说,就是要"寻求各种最初的根源和最高的东西"①。在古希腊,哲学家普遍认为,世界由某种原质构成。泰勒斯说"万物是由水做成的";克西美尼说"基质是气";色诺芬尼"相信万物是由土和水构成的";赫拉克利特认为世界"过去、现在和未来永远是一团永恒的活火","其他万物都是由火而生成的"……由现实中的某种具体事物推演出万物的观点,往往会产生明显的难以自圆其说之处,于是哲学家转而从抽象的事物中寻找出路。数学家毕达哥拉斯是这方面的代表。因为数学"提供了日常经

---

① 北京大学外国哲学史教研室.古希腊罗马哲学[M].北京:商务印书馆,1961:234.

验的知识所无能为力的理想。人们根据数学便设想思想是高于感官的,直觉是高于观察的"。"很自然地可以再进一步论证说,思想要比感觉更高贵,而思想的对象要比感官知觉的对象更真实"。柏拉图属于这样的哲学家。"柏氏的学说是:上帝是一位几何学家……与启示的宗教相对立的理性主义的宗教,自从毕达哥拉斯之后,尤其是从柏拉图之后,一直是完全被数学和数学方法所支配着的"①。

按照这种思维方式,柏拉图要寻找美的事物之所以成为美的事物的原因,自然而然地就认为是其中某种元素的作用。在柏拉图和他同时代的人眼中,"善""美""正义"等,这些被现代人视作思维产物的概念,却是要比现实生活中的水、火、土、树木更真实、更可靠。在《大希庇阿斯篇》中,柏拉图就是以"正义""学问"和"善"的真实性为前提来推论美的真实性。他提出"有正义的人之所以是有正义的,是由于正义;有学问的人之所以有学问,是由于学问;一切善的东西之所以善,是由于善;美的东西之所以美,是由于美"。"正义""学问"和"善"都是真实的东西,所以"美也是一个真实的东西"。

在这里,柏拉图又一次施展了他的"技巧"。按照常理,有正义的人之所以是有正义的(人),是因为他坚持了正义;有学问的人之所以(是)有学问(的人),是因为他掌握了学问;一切善的东西之所以(为)善(的东西),是因为其对人有善的作用。而非"正义""学问"和"善"本身所致。在论述"有正义的人"时,柏拉图只省略了宾语"人";在论述"有学问的人"和"善的东西"时,则进一步省略了判断词"是"与宾语"人"和"东西"。柏拉图确实是一位语言大师,他能熟练地利用语言规律,达到自己的目的。而在这里,他通过渐进式地改变语句结构,偷换概念,目的就是证实自己的论点:"美的东西之所以美,由于美。"然而,"正义"和"善"是人们按照一定的道德标准或价值标准对人或事物的评价,"学问"是人们对知识的泛称,三者都是抽象的概念,它们自身不能决定某人是正义的人、有学问的人,某事物是善的事物。如果"正义""善"和"学问"不与人或物发生作用,自身即可决定人是否"正义",是否有"学问",物是否"善",那么岂不是人人有正义,个个有学问,无物不善了吗? "正义""善"和"学问"不是有正义的人、有学问的人和善的事物之所以有此特点的原因,因此,它们也不能作为前提,证实"美的东西之所以美,由于美"。这种推理是不成立的。同

---

① 罗素.西方哲学史:上卷[M].何兆武,李约瑟,译.北京:商务印书馆,1963:61-64.

样,因为"正义""学问"和"善"本身不是独立存在的实体,因而,以它们作为前提,推出"美也是一个真实的东西"的结论也是不成立的。

分析柏拉图提出美本质问题的过程,可以得出这样的结论:①美本质问题的提出具有一定的现实合理性,其目的在于寻找事物之所以成为美的事物的原因;②柏拉图提出美本质问题的过程是不科学的,这种不科学的方法是为了满足按照他的哲学对审美现象做出的判断;③柏拉图从自己的哲学出发,把事物美的原因归结为事物中"美本身"的存在,并用"美本身"代替了对美的事物特征的归纳,从而把对美的事物之所以美的原因的探索,引上了寻找"美"或"美本身"的迷途。

3. 传统美学研究目的对美学发展的影响

分析传统美学的研究成果,无论是"客观论""主观论",还是"主客观结合论",其共同的追求都在于探讨美的事物之所以美的原因。同时,不论从哪个角度探讨,人们都毫不怀疑地接受并试图回答柏拉图关于"美是什么"的提问。但是,这个问题只有在把事物美的原因归之于其本身的某种因素,或者说只有类似于柏拉图说的"美本身"存在时才成立。因此,当人们把各种关于事物之所以美的原因的研究结果套入"美是什么"的问题时,便陷入难以脱身的怪圈。

首先,美的事物之所以美的原因是多样的,而"美是什么"的表述方式是一个全称肯定判断,这种提问方式实际上已经肯定美是一个事物,也就是说已经预先设定了事物的性质即答案的范围。当人们接受了这个问题,也就等于接受了世界上存在"美"这样一种事物的观点,剩下的工作就是设法寻找到这样的事物。这样,研究者便陷入了一个矛盾:一方面,谁也没见过这种事物,不知道它居于何处,长得什么样子,甚至是物质的还是意识的也不清楚;另一方面,大家却不加思考地相信它的存在,并且是如同山水草木一样真实的存在。当人们用"美是什么"这种方式发问或者回答时,实际上就否定了美的事物形成原因的多样性,也就站在了审美现实的对立面。因此,无论研究者从审美活动中得到多么正确的研究结果,一套入这个形式中,则马上变为谬误。比如,有的研究者发现,人类改造世界、创造世界的活动是形成美的事物的重要原因,于是将这种认识套入"是什么"的形式,就成为传统美学中广为人知的理论:"美是人的本质力量对象化。"这样的表述马上就会面对这样的诘难:没有受到人类改造的自然为什么更能引起人的美感?如蔚蓝的天空、浩瀚的大海、皑皑的雪山、莽莽的沙漠。许多体现人类力量的东西为什么并不美?如被砍得七零八落的树林,被轰炸得"体无完肤"的山峰,等等。在传统美学的发展过程中,经常出现这样一种现象:研究者诘难他人的观点总是头头是道,论述自己的观点却无不捉襟见肘。产生这种现象的原因,就在于"美是什么"这种表述形式与现实中美的事物之所以美的原因多样化的矛盾。形式要求原因单一,现实却并非如此,于是这种形式的任何回答都会显得漏洞百出。事实上,许多传统美学家对于某种具体审美对象的研究结果是很有成效的,但将结果套入"美是什么"的形式,则犯了用个别代替一般的错误,于是就把正确的结论推出了它们正确的范畴。

其次,事物之所以美的原因是变化的,而"美是什么"引导人们寻求一种固定不变的东西,于是传统美学的许多研究就成了缘木求鱼。普列汉诺夫在研究欧洲审美历史时发现,同样是自然景物,"对于17世纪的人们,再也没有比真正的山更不美的了"。但"在19世纪,情况急剧地改变了,人们开始为风景而珍视风景"①。时至今日,我们仍然可以看到,城市人以欣赏自然山水为乐,而居于其间的乡下人则不以为然,他们更喜欢欣赏灯红酒绿的城市风光。如果事物之所以美的原因是一种固定不变的东西,我们就无法理解:为什么魏晋人以瘦为美,而唐代人却以胖为美?为什么欧洲女性搽粉、洗牛奶浴企求肌肤变白,而非洲女性却不厌其烦地用各种化妆术力求使皮肤增黑?为什么古代人以对称为美,现代许多设计却追求不对称风格?……使事物成其为美的事物的原因是复杂的、不断变化的,追寻固定不变的万物之因的"美是什么"与这种现实相悖,它不仅无法容纳和表述现实,而且注定不会得到正确的答案。

最后,"美是什么"这种形式不能准确地表达对美的事物形成原因研究的成果。按照语言习惯,"是什么"是对事物特性的说明,比如"张三是工人","中国是多民族的国家","人是会思维的高级动物",等等。探讨事物形成的原因则用"为什么",比如人为什么需要睡觉,鸟为什么能飞,太阳为什么会发光,等等。前者是判断,后者是提问。如果美的事物形成的原因是实际存在的事物,我们可以把这个事物称作"美",用"美是什么"来回答美的事物形成的原因;如果不是实际存在的事物,而是某种关系、价值,没有独立的形态,那就意味着美不能是什么事物,就不能用"美是什么"的提问方式来做回答。如果把探讨原因的答案套入"是什么"的形式中,就会改变答案的性质。譬如"张三为什么是

---

① 普列汉诺夫. 普列汉诺夫美学论文集[M].曹葆华,译.北京:人民出版社,1983:331-332.

工人",答案是"因为他在工厂做工"。套入"是什么"的形式,就成了"张三是在工厂做工",显然句子成分不全。准确地表述应该是"张三是在工厂做工的人",但与揭示原因的初衷又不相符。即使如此,在美本质问题的研究中,人们也不能运用这种符合语言规范、近似准确的表述方式。因为柏拉图早就提出了"美"与"美的事物"不同,美本质问题寻找的是"美"而非"美的事物"。如果说某类事物是美的事物,那就不属于对美的本质问题的回答。于是,传统美学研究者为了证实自己寻找到的是真"美",只好学《皇帝新衣》中的大臣,削足适履,牺牲语言的准确性,以符合柏拉图确立的表述方式。譬如,狄德罗认为:"我把一切本身有能力在我的悟性之中唤起关系概念的东西,称之为在我身外的美;而与我有关的美,就是一切唤醒上述概念的东西。"后人将其套入"美是什么"的形式,只好取掉"东西",成了"美是关系",这显然与狄德罗的原意大相径庭。与此类似的,还有"美是生活","美是典型",等等。有些美学家察觉了这种形式的弊病,因而他们不说"美是什么",而说"美在什么",如"美在比例和谐""美在上帝"等。但这样一来,人们似乎觉得他们没有回答美的本质问题。

两千多年来,无数美学家的辛苦探索,不能说没有成果。比如普列汉诺夫的关于社会生活中美的事物形成过程的论述,在一定程度上说明了这类美的事物产生的过程。但是,诸如此类的研究成果,却无法套入"美是什么"的形式,因而难以引起人们的注意。"美是什么"实际上成为研究美的事物之所以美的原因的桎梏,严重阻碍着美学的发展。因此,美本质问题被证伪,传统美学被终结,实质上为美学的健康发展开辟了道路。

二、现代美学的研究目的

1. 现代美学研究目的的历史继承

现代美学的研究目的虽然不同于传统美学,但绝非与传统美学无关。现代美学研究目的的形成,是对传统美学扬弃的结果。也就是说,是抛弃传统美学中的不合理因素,保留其中合理因素的结果。

传统美学把寻找"美"作为研究目的,缘于柏拉图偏颇的哲学观念和不科学的研究方法。然而柏拉图之所以提出这个问题,两千多年来无数研究者之所以倾心于这个问题,根本的原因在于生活中普遍存在的审美现象。面对五彩缤纷的审美对象,人自然会产生了解它们为什么会引起人愉悦感的愿望;同时,也只有弄清其中的原因,人类才能更好地欣赏美、创造美,按照美的规律塑造自身,改造环境。传统美学研究尽管存在各种问题,但总的来说仍然是为了这样的目的。

分析柏拉图提出"美是什么"的过程，会发现这个问题实质上包含了三层意思：

(1)什么是美的事物？即美的事物有何区别于其他事物的共同特征？

(2)美的事物之所以成为美的事物的原因是什么？

(3)导致美的事物成为美的事物的"因素"是什么？按柏拉图的表述，即"美本身"是什么？

当柏拉图要求"为美下一个定义"时，他是在第一层含义上讲这个问题；当他提出"美不是美的事物"，要求大希庇阿斯"请你把什么是美给我解释明白"时，他是在第二层含义上讲这个问题；当他开始寻找"美本身"时，则是在第三层含义上谈论这个问题。

按照正常的思维逻辑，解决"美是什么"这个问题，首先必须解决第一个问题，在解决第一个问题的基础上进而研究第二个问题。第三个问题实质上包含了对前两个问题的回答，即提问者已经相信，在美的事物中有一种"美本身"存在，这种元素的存在构成美的事物与其他事物的区别，是美的事物之所以成为美的事物的原因。柏拉图没有回答第一个和第二个问题便直奔第三个问题，并非因为他从审美实践中发现了"美本身"的存在，而是他的哲学理念告诉他应该有这么一种元素存在。所以他不得不违反逻辑，采取不正当的方式使研究结果符合自己的哲学结论。柏拉图之后的学者，或侧重于第一层含义，或侧重于第二层含义，或侧重于第三层含义，或在三者之间摇摆。这就造成了美本质问题研究中答非所问、以偏概全等现象的出现。

从传统美学研究的历史看，绝大多数研究者不管是有意还是无意，基本都是在第三层含义上探讨美本质问题，即寻找"美"或"美本身"。但是，"美"一词的本义，只不过是人对事物的评价，实体意义上的"美"，是柏拉图哲学的产物，并不是现实的存在物。两千多年来，美学研究以及自然科学研究的结果，证明这种实体意义上的"美"是不存在的。所以现代美学放弃第三层含义上的美本质问题，无疑是正确的。但是，美本质问题前两层含义，从审美的实践看，无疑是有意义的，需要现代美学继承和发扬光大，是现代美学研究目的的形成的基础。

2. 现代美学研究目的的形成

美的事物千姿百态、变化无穷，它们有没有一个共同的特性，或者说能否为它们下一个确切的定义呢？按照西方分析美学的观点，答案是否定的。两千多年来,无数研究者的实践和维特根斯坦的"家族相似"理论,也说明了回答这一问题的难度。但是,分析以往这些探索失败的原因,却可以发现一条新的道路。

以往研究者在寻找和归纳美的事物的共同特征时,包括维特根斯坦在提出"家族相似"理论时,一个根本的缺陷在于仅仅把目光集中在审美对象上,即审美现象的一种因素上。事实上,美的事物之所以成为审美对象,不仅仅在于事物自身,而且在于其与审美主体的联系。所以寻找美的事物的共同特征,或者说为美的事物下定义,就不能仅仅在审美对象自身寻找,而必须从审美对象与审美主体的联系中寻找,从审美活动的整体过程中寻找。这就如同在不同的历史时期,贝壳、牛、羊、金、银、铜、纸币都曾经被作为货币使用,如果从这些对象自身去寻找货币的共同特征来为货币下定义,自然是难有结果的。只有从商品的交换过程中和从货币的使用过程中,才能找到它们"固定地充当一般等价物的特殊商品"这一共同特征。

审美活动区别于人类其他活动的最大特点,是通过欣赏事物的形象使主体产生愉悦的感觉。对象的形象性和主体的愉悦性是其两大特征,缺一无法构成审美活动。由此不难发现千姿百态、变化纷呈的审美对象的一个共同特征,即依靠形式引起人的愉悦感。这是美的事物的共同特征,是其本质的规定,也是其区别于其他事物的标志。因此,对于美的事物就可以做出这样的定义:凡能单凭形式引起人愉悦感的事物即为美的事物,换言之,美的事物就是能单凭形式引起人愉悦感的事物。

美的事物共同特征的确立,为探讨美的事物之所以美的原因创造了基本的条件。柏拉图由于相信是事物内部的某种元素使事物变美,所以提出"美是什么"的问题,致力于寻找这种"美本身"。同样,当现代美学发现,人们之所以称赞某种事物"美",之所以称某种事物为"美的事物",在于它们的形式引起人的愉悦感时,关于美的事物之所以美的原因的探讨,就转变为"美的事物为什么能引起人的愉悦感",或者说"事物为什么能够单凭形式引起人的快感"的探讨。

"事物为什么能够单凭形式引起人的快感"与"美是什么"相比,二者都是对探寻美的事物之所以美的原因这个问题的表述方式。不同之处,前者来源于审美实际,后者来源于错误的哲学观和不合逻辑的研究方法;前者把美学研究导向丰富多彩的审美现象,后者则导向虚无缥缈的"美";前者的目的在于揭示审美发生的过程,后者则要寻找根本不存在的"美本身"。探讨"事物为什么能单凭形式引起人的快感",在传统美学被终结的过程中,开始成为现代美学研究的新起点。

如何才能说明事物为什么能够单凭形式引起人的快感呢？根本的路径在于说明审美现象发生的过程和机理。审美现象的发生包括两层含义：一是从历史发展的角度看，美的事物通过怎样的发展过程，最终成其为美的事物；二是从审美现实的角度看，当人的视觉接触到事物的形象，神经系统发生了什么活动，导致了美感的产生。弄清了审美现象发生的过程和机理，自然就了解了美的事物为什么能够单凭形式就能使人产生快感的原因。

18世纪之后，西方美学研究发生了一个明显的变化，就是从之前对外部美的事物的关注，转向对审美过程中主体情感活动的关注。滕守尧在《审美心理描述》一书中介绍这种变化时写道："美学的心理探索时代开始了，美学进入了现代。"[①]然而，美学现代转型中真正重要的变化不仅仅是研究对象的变化，更重要的是研究结果的变化。移情说、距离说、积淀说等现代美学理论，尽管对审美现象发生原因的解说不同，但与传统美学的研究结果相比，它们有一个共同的特点，就是不再追求一个最终的具体的东西，不管是具体的事物还是抽象的概念，用这个东西来解释审美现象发生的原因。在这些理论中，研究者所追求和最终形成的解释是一种过程，通过揭示审美现象发生的过程来说明美感产生的原因和机理。

美学的现代转型是一个自发的过程，是一个在黑暗中寻找出路的过程。在这个充满争吵和混乱的发展过程中，美学在不知不觉中完成了研究目的现代转变。现代美学的研究目的，简而言之，就是要揭示审美现象发生的机理和规律，以此解释各种审美现象，利用审美规律造福人类。从现代美学研究目的的角度给美学下定义，美学是研究审美现象发生机理和规律的学科。

3. 现代美学研究目的形成的思维方式

人的认识和行为，都是一定思维方式的产物。思维方式是人脑处理感官信息的运行模式，对于同一种现象，思维方式不同，就会得到不同的认识结果。人类任何认识结果，大如对天体运行的规律，小如对自身活动的安排，都是不同思维方式加工的产物。以往人们只重视思维的结果，然而许多思维结果只有从思维方式的角度才容易得到理解。

我们知道，传统美学研究的目的是寻找"美"，用美来说明各种美的事物之

---

① 滕守尧.审美心理描述[M].成都：四川人民出版社，2001：13.

所以美的原因。这样的研究目的是怎样形成的呢？从根源上讲，是柏拉图本体思维方式的产物。这种思维方式在古代西方一直占据主流地位，由于亚里士多德寻求各种最初的根源和最高原因的著作叫作《形而上学》（也称《第一哲学》），这种思维方式及其理论又被称为"形而上学"。

美学的现代转型，从传统美学研究目的到现代美学研究目的的转变，这种现象的背后实际是思维方式的变化。鲍桑葵在介绍近代美学的哲学问题时说："近代思想的这两种倾向（指艺术批评的"普遍性倾向"和"个性倾向"，编者注）同古代思想的两种倾向的区别在于，近代思想的两种倾向有着共同的出发点，那就是思想着、感受着和知觉着的主体。怀疑派既是古代哲学结束的标志，又是近代思辨开端的特色。"①罗素在介绍近代哲学时，开宗明义地讲道："通常谓之'近代'的这段时期，人的思想见解和中古时期的思想见解有许多不同。其中有两点最重要，即教会的威信衰落下去，科学的威信逐步上升。"②在鲍桑葵看来，对同一种艺术问题的思考，古代和近代学者的研究成果表现出不同的哲学特点。在罗素看来，近代人和古代人的思想见解具有明显的不同特点。他们所说的哲学特点，实际上就是不同的思维方式的表现。

现代人与古代人的不同，重要的是具有不同的思维方式。这种思维方式贯穿在整个现代社会特别是各种现代学科之中，构成了包括现代美学在内的现代各种学科与传统学科的不同。李斯托威尔在《近代美学史评述》序言中指出："整个近代的思想界，不管它有多少派别，多少分歧，却至少有一点是共同的。这一点也使得近代的思想界鲜明地不同于它在上一个世纪的先驱。这一点，就是近代思想所采用的方法。因为这种方法不是从关于存在的最后本性那种模糊的臆测出发，不是从形而上学的那种脆弱而又争论不休的某些假设出发，不是从任何种类的先天信仰出发，而是从人类实际的美感经验出发的……这主要是一种归纳的、严格说来是经验的方法，是费希纳所大胆开创的'从下而上'的方法。"③现代科学研究较之古代各种研究最突出的特点，就是任何结论都必须建立在事实证据和逻辑推理的基础之上，而不能是想当然的臆测或者依靠不证自明的东西。这一点，在自然科学研究中容易实现，因为自然科学的实验具体直观，所以自然科学研究比较彻底地实现了现代转型。人文

---

① 鲍桑葵.美学史[M].张今，译.北京：商务印书馆，1995：227.
② 罗素.西方哲学史：下卷[M].马元德，译.北京：商务印书馆，1976：3.
③ 李斯托威尔.近代美学史评述[M].蒋孔阳，译.上海：上海译文出版社，1980：1-2.

学科的特点使得现代转型的过程非常艰难,因为存在许多传统的不科学的研究方法,所以了解现代美学研究目的的变化,就需要了解促使这种变化形成的思维方式。

关于现代社会新的思维方式,一个有趣的现象是,对于西方文化来说是对传统思维方式的抛弃,对于中国文化来说一定程度上却是对传统思维方式的回归。为了说明传统美学与现代美学不同的思维方法,我们来看生活中的一个案例。

一位中国司机的烦恼

20世纪80年代,中国实行对外开放政策,许多西方企业到中国开办工厂。这些外资企业的工资相对较高,因此许多人竞相前往。

有一位汽车驾驶员凭着优秀的个人素质,成为某外资公司总裁的专车司机。可是一个多月后,人事部门突然通知这位司机,他被总裁解聘了。

司机找到总裁,"我接受公司的决定。只不过我希望知道解聘我的原因,让我知道自己错在哪里。"

总裁说:"你开车不遵守规则。"

司机听了非常吃惊,因为他开了多年的车,对自己的技术和职业操守非常自信:"麻烦您能告诉我,我什么时候违犯规则了吗?"

"昨天,在我们从机场回来的路上,你变道没有打转向灯。"总裁平静地说。

司机回想了一下,说:"当时不是前后都没有车吗?"

总裁说:"没有车也要打灯,这是规则。"

这件事被媒体报道后,当时在社会上引起两种不同的议论:一种认为外国总裁吹毛求疵,前后没有人打灯给谁看?另一种认为人家西方人就是素质高,不管有人没人都能自觉遵守规则。

这个案例是一个非常普通的生活小事,却典型地反映了中西两种不同的文化差别,而导致这种差别的正是两种不同的思维方式。

为什么外国总裁认为没人也要打转向灯呢?其背后的思维逻辑是,规则一经制定,就必须无条件执行,不能变通。为什么中国司机认为无人的时候可以不打转向灯呢?其背后的思维逻辑是,定这个规则的目的是为了告诉后边的驾驶员或行人,自己下一步将要采取的行动,避免发生事故,既然没有人,就没有这样做的必要。外国总裁的思维标准是规则，中国司机的思维标准是现实需要。外国总裁之所以那样想，追根溯源，在于他们的思维中习惯于保留不变的东西。中国司机之所以这样想，追根溯源，在于他们习惯于就事论事，不把一件事情看作永恒不变的。

中国传统文化中的这种思维方式，可以称为"现实思维方式"。李泽厚把中国人的思维特点概括为"实用理性"。"实用"是从目的和效果而言的，"现实"是从前提和方法而言的，二者名异而实同，所指的就是中国文化中这种与西方最为不同、对中国社会发展影响最大的思维方式。

与西方传统的本体思维方式相比，中国传统的现实思维方式具有如下突出特点。

一是思维的问题必须来自现实。《论语》记载："子不语怪、力、乱、神。"孔子病重，子路请求祈祷神灵保佑，并引古书证明这种习俗的合理性，却被孔子婉言谢绝了。子路问如何敬奉鬼神，孔子说："未能事人，焉能事鬼？"子路又问人死后会怎样，孔子答："未知生，焉知死？"从这些记载看，孔子是不相信鬼神存在的。不仅孔子，在孔子同时代的人中，持同样认识的大有人在。宋襄公问周太史过"陨星"应何征兆，太史过回答，陨星是阴阳之事，也就是自然界的事，而"吉凶由人"。楚昭王病重，同孔子一样，也拒绝祭神。中国古代为什么没有产生宗教，主流文化即这种对待鬼神的认识是其根本的原因。两千多年前，人类的认识能力还无法解释各种自然现象，鬼神的产生是人类认识发展的普遍结果，世界各种文明大都如此。为什么孔子及其中国古代圣贤会有如此的远见卓识呢？原因就在于他们的思维方式。

孔子为什么不愿意谈论"怪、力、乱、神"？因为这些对象不是现实的存在，而是人的思维的产物。庄子概括孔子这种思维方式说："六合之外，圣人存而不论。"古代的"六合"，指东西南北上下之中，即人的感官所能触及的范围，也就是现实。对于现实之外的问题，诸如鬼神等，既不能证明其存在，也不能证明其不存在，怎么办呢？孔子的态度是"多闻阙疑"，"多见阙殆"。即对于听到见到但却说不清楚的问题，先"存而不论"，保留下来，不忙下结论，等到有了证据能说清楚的时候再说。孔子说："知之为知之，不知为不知，是知也。"所以，他不但于"六合之外"存而不论，"即六合之内，也有存而不论的"①。

---

① 杨伯峻.论语译注[M].2版.北京：中华书局，1980：9.

思维的问题必须来源于现实,这是现实思维方式的第一个特点。现实思维方式这一特点,与分析哲学认为图像与现实相对应的命题才是有意义的观点,在强调现实作为思维基础方面具有异曲同工之处。

二是思维必须从具体的现实出发,以现实为依据。任何思维方式都建立在对世界存在方式的基本认识之上。为什么本体思维方式要追寻世界的"本原",在于他们相信世界上存在永恒不变的东西。现实思维方式之所以强调思维必须从现实出发,在于他们对世界存在方式的认识与本体思维截然不同。

通过对现实世界的反复观察,中国古代对世界形成了一个基本的看法,这就是世界是一个不断变化的过程。据文献记载,关于中国文化最早的著作为《三坟》《五典》。孔安国在《尚书·序》里说:"伏羲、神农、黄帝之书,谓之《三坟》,言大道也。少昊、颛顼、高辛、唐、虞之书,谓之《五典》,言常道也。"郑玄在《周礼·外史》注里指出:"三皇五帝之书"即《三坟》《五典》。三皇五帝之后,夏代有《连山》,商代有《归藏》,周代有《周易》。"在缺乏文字的年代,人们把对自然和生活的重要认识总结出来,通过专门的人一代一代传下去。《周易》是有文字记载的中国文化的源头,是中国上古先人智慧的结晶,所以后人称为《易经》。一部《易经》,可以用一个字概括,这就是"变"。《易经·系辞传》说:"易之为书也不可远,为道也屡迁,变动不居,周流六虚,上下无常,刚柔相易,不可以为典要,唯变所适。""易穷则变,变则通,通则久。"西方人最初翻译《易经》,就把书名翻译成《变化之书》。注重从现实出发,把变化看作事物发展的基本规律,构成了中国古代现实思维方式的基础。

从这个基础出发,现实思维方式反对把抽象的理念作为思维的出发点。孟子与告子曾经发生了一次争论。告子认为"生之为性",即人的本性是天生的,因而也是相同的。孟子不同意这种认识,他问告子:"天生的资质叫作性,是不是就像一切东西的白都叫作白?"告子回答:"是。"孟子又问:"白羽毛的白就如同白雪的白,白雪的白就如同白玉的白吗?"告子答:"是。"孟子就问:"按照你这种说法,狗的天性就如同牛的天性,牛的天性就如同人的天性吗?"告子无言以对。孟子这种论述方式,颇类似于柏拉图,非常的智慧、有趣、有说服力。这种争论的实质,在于人有没有一个共同的天性。如果有,那么人们在思考相关问题时就可以从这种天性出发;如果没有,则必须从每个人具体的现实情况出发。告子设想有一个先天的"人性",孟子则否定这种抽象人性的存在。

思维方式的分歧,不仅表现在思维的依据上,而且表现在具体的行为主张上。墨学与儒学在"爱人"问题上的争执,就属于这样的分歧。墨学主张"兼爱",认为爱无差等。儒学则认为爱是具体的、有差别的。孟子以丧礼的产生说明这一点。他说,上古的时候,人死后不埋葬,直接扔到郊外的沟壑。过了几天,死者的儿子打那儿经过,看见父亲的尸体被狐狸撕咬,被蚊蝇吮吸,心中不忍,于是将其埋葬起来。虽然这种不忍产生于本心,但必须首先从自己的父亲开始。因为这个原因,君子"亲亲而仁民,仁民而爱物";"仁者无不爱也,急亲贤之为务"。也就是说,爱是由己及人,由爱自己的亲人推及爱他人。从这种思维方式出发,儒家主张,"己所不欲,勿施于人";"己欲立而立人,己欲达而达人";"老吾老以及人之老,幼吾幼以及人之幼"。孟子讽刺墨学说,天生万物只有一个根源,就人来说就是父母,墨家却认为有多个根源,认为自己的父母与他人的父母没有分别,于是主张爱无差等,这在现实中是不可能做到的。

儒学与墨学的这种争论,实质上反映了两种不同思维方式的差异。墨学的思维方式,与西方传统的思维方式相同,属于形而上学的本体思维方式。他们的"人性"是抽象的、不变的,从抽象的人性中产生"兼爱"的思想,主张没有区别地爱天下人,听起来崇高而美丽,在现实中却无法实施。反观儒学在这个问题上采用的思维方式,则是从具体的现实情况出发,反对从抽象的、不切实际的假设出发。中国古代诸学并起,为什么儒学最终成为中国传统文化的主流?以往许多人认为是汉武帝"罢黜百家,独尊儒术"的结果,这有点夸大了汉武帝的作用。为什么后代不接受秦始皇焚书坑儒的主张,却接受了汉武帝的主张呢?根本原因还在于儒学本身,在于儒学先进的思维方式。

在中国历史上,这两种思维方式的斗争几乎无处不在。虽然表现形式多种多样,但就其实质而言,核心在于有没有一成不变的真理,要不要坚持或者反对这种一成不变的真理。

儒学提倡君为臣纲,齐宣王由此认为"武王伐纣"是"臣弑其君"。对此孟子的回答是:"贼仁者谓之贼,贼义者谓之残。残贼之人谓之一夫。闻诛一夫纣矣,未闻弑君也。"万章问孟子,《诗经》说:"娶妻如之何?必告父母。"为什么舜娶妻不告诉父母呢?为什么尧将女儿嫁给舜也不告诉舜的父母呢?孟子回答:"告则不得娶,男女居室,人之大伦也。如告,则废人之大伦,以怼父母,是以不告也。"淳于髡问,礼制规定男女授受不亲,那么嫂子掉到水里该不该援救?孟子回答:"嫂溺不援,是豺狼也。男女授受不亲,礼也;嫂溺,援之以手者,权也。"在《孟子》一书中,类似的故事很多,强调的就是不能拘泥于一成不变的道理。道理是正常情况下的做法,特殊情况就要特殊对待。君为臣纲,但为君不仁则可讨伐;娶妻必告父母,但特殊情况下也可以不告。万物都在变化,世间没有一成不变的道理。情况变了,道理也要跟着变,不然就会走到歧途上去。

中国文化中,类似的论述很多。谈环境有"沧浪之水清兮,可以濯吾缨;沧浪之水浊兮,可以濯吾足";谈抱负有"达则兼济天下,穷则独善其身";谈做官有"用之则行,舍之则藏""邦有道,则仕;邦无道,则卷而怀之"……这些是从正面论述人的行为要随环境的变化而变化。中国文化中还有一些成语,如刻舟求剑、按图索骥、守株待兔等,则是从反面批判抱残守缺、不知变通的行为。

事物是变化的,人的思维也要根据环境的变化而变化,不能守着一个道理不放。《孟子·尽心章句上》中说:"杨子取为我,拔一毛而利天下,不为也。墨子兼爱,摩顶放踵利天下,为之。子莫执中。执中为近之。执中无权,犹执一也。所恶执一者,为其贼道也,举一而废百也。"孟子反对杨子从人的天性自私引出的"为我"主张,也反对墨子从人的天性爱人引出的"兼爱"主张,认为子莫兼取二者的"执中"主张比较符合实际。孟子还强调,执中如果不懂得变通,就同杨子、墨子一样,都是"执一"。为什么要反对这种"执一"的思维方式呢?因为它对正确认识事物是有害的。现实千变万化,若人的认识总是从一定角度出发而得到结果,执着于一点,必然在千变万化的现实中碰壁。

现实情况不断变化,所以就不能盲目相信前人的、书本的和以往的经验。孟子有一句名言:"尽信书,则不如无书。"戏剧《三滴血》中,有一个按书本知识办事的县太爷,名叫"晋信书",实际是"尽信书"的谐音。这个饱读诗书的县太爷,按照书本记载的滴血认亲的方法办案,活活拆散了一个家庭,最后受到法律制裁,成为千古笑柄。韩非子认为,办事要以现实为依据,而不能以古人的言论为依据,否则,就像买鞋子不相信自己的脚,却要回家取尺码一样愚蠢。商鞅反驳"法古"者说:"三代不同礼而王;五伯不同法而霸。智者作法,愚者制焉;贤者更礼,不肖者拘焉。"唐朝人赵蕤在《反经·适变》中指出:"昔先王当时而立法度,临务而制事,法宜其时则理,事适其务故有功。……此圣人之理国也,不法古,不修今,当时而立功,再难而能免。"[1]这些言论表达了一种共同的思想,就是思维要以现实为依据,根据现实情况制定对策,而不能用古人一成

---

[1] 赵蕤.新译新注《反经》[M].陈优,译注.北京:中国言实出版社,2005:217.

不变的言行或规定来裁决现实。

在儒学的发展中有一种现象,儒学家反对儒学,甚至打倒儒学。在先秦三大儒学宗师中,孟子很少谈及孔子谈过的问题,荀子著有《非儒》篇。春秋战国时期,商鞅出自孔子学生子夏的学生李克的门下,韩非和李斯则直接师承于荀子。为什么这些儒家大师的弟子却成为法家的代表人物?就在于他们继承了孔孟开创的儒学精神,根据现实的需要采取了完全不同于以往儒学的主张。他们打倒的是儒学旧的认识,坚持的是儒学与时俱进、革故鼎新的精神。与此相反,从董仲舒开始至宋代程朱理学,虽然奉孔子为"先师",打着儒学的名号,却违背了儒学所坚持的现实思维方式。近代许多主张中兴儒学者,有的只知道诵经、祭圣,有的把儒学视为"儒教"乃至有自称"教主"者,这些人打着儒学的名义,实际违背了儒学的基本精神,他们的行为是标准的"缘木求鱼""南辕北辙"。

大体而言,中国历史上,唐代以前现实思维方式在社会中居主流地位,此后本体思维方式逐渐占了上风。究其原因,一是从汉代起,儒学逐渐被统治者神化,人们在盲目遵从先儒教诲的同时,却淡忘了其基本的思维方式,进而走到了儒学的反面。二是外来文化的影响。张岂之指出,佛教给中国文化带来"本体"观念,"这样的思维方法被宋代理学家程颢、程颐和朱熹所吸取和改造,并使之与儒家和道家的思想相融合,认为'天理'(道德的精神化)才是世界的真实本体"①。明代王阳明反对朱熹的"天理",主张"心学",然而从思维方式上讲,只不过是用一种本体代替另一种本体。近代以来,西方各种学科全面进入我国,由于对本民族思维方式研究的缺失,现实思维方式在中国文化中进一步被淡化,西方本体思维方式则逐渐居于主流地位。

在西方哲学中,虽然有许多哲学家很早就指出本体思维方式的不足——对形而上学的批判,对事物之间相互联系和发展变化的认识等,都属于对本体思维方式的批判范畴。但是,直到马克思主义的产生,才终结了本体思维方式对西方文化的统治。

马克思主义是西方传统哲学最彻底的批判者,也是西方现代哲学富有成果的建设者。马克思在人类发展史上第一次明确提出:"全部社会生活在本质上是实践的。"②较之西方传统哲学,马克思主义把对世界本质的认识,从追求

---

① 张岂之.中华人文精神[M].西安:西北大学出版社,1997:111.
② 马克思,恩格斯.马克思恩格斯选集:第一卷[M].中共中央马克思恩格斯列宁斯大林著作编译局,译.北京:人民出版社,1972:56.

先验的、不变的、孤立的事物的思维方式中解放出来,代之以从具体的、变化的、普遍联系的人类实践的角度去理解,从主客观的结合中去理解。马克思主义不是把世界的本质看作一种具体的东西,从而去寻求这种东西,而是把人类社会看作一个不断发展的过程,通过揭示发展过程的规律来说明世界。实践是一个不断发展变化的过程,在这个过程之中,不仅不存在先验的"本体",而且任何在实践中获得的认识,无论当时如何正确,也会随着实践的变化而变化。

马克思在《〈政治经济学〉批判导言》中列举了两种不同的研究方法,即"抽象观念的演绎"和"具体规定的综合"。前者从抽象的概念开始,经过抽象过程,到达"越来越稀薄的抽象",使得"整个现实世界都淹没在抽象世界之中"。这种方法是本体思维方式的普遍表现形式,也是宗教中各种神学、哲学中各种本体产生的基础和根源。后者则从具体的现实出发,通过对现实发展过程的研究,掌握现实的多样规定性,进而综合出一个思维"整体",达到对现实社会的理解和把握。

恩格斯曾经分析以形而上学为特征的本体思维方式的特征及其产生原因,认为马克思主义与传统本体论哲学最根本的区别,"即认为世界不是一成不变的事物的集合体,而是过程的集合体"[①]。本体论哲学的错误,不在于其对世界本质的追寻,而在于其先验地认为有一个孤立的、无所不在的本体存在,万物皆从这个"本体"衍生出来,在于按照这种思维方式,用理论推理和臆测得出的种种空洞的结论。马克思主义把人类社会以及外部世界看作一个不断发展变化的复杂过程,把这个过程作为研究对象,把揭示和反映这个过程的规律和本质作为研究目的的观点,体现出一种全新的哲学观和方法论。运用这种新的哲学观和方法论,马克思正确地揭示了人类社会发展的一般规律,预言了社会发展的方向和进程。事实上,现代各种自然科学和技术,正是遵循这样的哲学观和方法论而展开的。现代科学技术的每一个新成果,无不是对事物发展规律的揭示,因而也无不是对传统本体思维方式的证伪和对马克思主义新的思维方式的肯定。

然而,马克思主义的思维方式正如中国传统文化中的现实思维方式一样,是通过对具体问题的阐释体现出来的,这就增加了学习和掌握这种思维方式的难度。恩格斯很早就认识到这一点,并且明确地指出:"口头上承认这个思

---

① 马克思,恩格斯.马克思恩格斯选集:第四卷[M].中共中央马克思恩格斯列宁斯大林著作编译局,译.北京:人民出版社,1972:244.

想是一回事,把这个思想具体地实际运用于每一个研究领域,又是另一回事。"①在国际社会主义运动的发展过程中,许多信奉马克思主义的人,只接受了马克思主义创始人对具体问题的论断,而没有掌握马克思主义的思维方式。他们不看实际情况如何,盲目套用马克思主义的论断,完全违背了马克思主义的思维方式。为什么苏联和东欧许多共产党人相继丧失了政权,而中国共产党却能够力挽狂澜,发展总结出当代中国马克思主义,指导中国特色社会主义事业取得举世瞩目的成就,不同的文化传统是其中重要的原因。

纵观中国和西方文化的发展过程,中国经历的是从以现实思维方式为主流到以本体思维方式为主流再回归现实思维方式的变化过程。西方则不同,走的是从以本体思维方式为主流到逐步走向现实思维方式的过程。现实思维方式把外部世界看作一个相互联系不断发展变化的过程,因而强调思维的问题必须来自现实,思维必须从具体的现实情况出发,以现实为依据,坚持一切从现实出发的原则。从这种信念出发,现实思维方式反对从抽象的理念出发,反对一切孤立不变的终极目标,反对盲目照搬以往的经验和书本的知识,认为思维活动的目的和作用,在于总结和揭示现实生活中各种事物发展变化的规律,进而指导和推动人类活动的发展。

18世纪以来人类社会的发展,一个重要的变化就是从本体思维方式向现实思维方式转变。宗教的衰落和科学的兴起,就是这种变化最明显的标志。美学的现代转型,传统美学向现代美学的过渡,现代美学研究目的的确立,都是这种时代变化浪潮中的一朵朵浪花。实际上,不仅美学需要现代转型,许多人文学科都需要现代转型。然而,只有从思维方式的角度,才能认识到这种变化的实质和走向。只有掌握现实思维方式,才能走出传统美学的泥沼,走进现代美学。

本章小结

本章介绍美学的研究目的。美学分为传统美学和现代美学,它们重要的区别就是研究目的的不同。

传统美学的研究目的是寻找美,用美来说明美的事物之所以美的原因。传统美学的研究目的肇始于柏拉图。柏拉图发现了美的事物引起人美感这种

---

① 马克思,恩格斯.马克思恩格斯选集:第四卷[M].中共中央马克思恩格斯列宁斯大林著作编译局,译.北京:人民出版社,1972:244.

现象,试图揭开这种现象产生的原因。在柏拉图时代,形而上学的思维方式在欧洲占主流地位,柏拉图和那个时代的大多数学者相信,五彩缤纷的现实世界有一个最初的本体,万物皆由这个本体演化而来,这种思维方式因而被称为本体思维方式。按照本体思维方式,柏拉图推断美的事物中有一种他称之为"美"或者"美本身"的元素,这种元素使得美的事物成为美的事物。美学研究的目的就是寻找这种元素,也就是要解决"美是什么"这个本质问题。由于传统美学要寻找的美是柏拉图思维的产物,用美来揭示美的事物之所以美的研究思路不符合现实,导致传统美学两千多年的研究无果而终。

现代美学吸取传统美学的经验教训,另辟蹊径寻找美的事物之所以美的原因。现代美学发现,美的事物的共同特征是以形式引起人的美感,因而寻找美的事物之所以美的原因就是要说明事物为什么能够单凭形式引起人的美感这个问题。解决这个问题的路径是揭示审美现象发生的过程和机理:一是从历史发展的角度看,美的事物通过怎样的发展过程,最终成其为美的事物;二是从审美现实的角度看,当人的视觉接触到美的事物,神经系统发生了什么活动,最终导致了美感的产生。基于这样的认识,现代美学把揭示审美现象发生的机理和规律作为研究目的。

研究目的变化是美学现代转型的重要标志,这个转变的深层原因是思维方式的转变。18世纪以来,人类社会一个重要的变化就是从本体思维方式向现实思维方式转变,宗教的衰落和科学的兴起,是这种变化最明显的标志。美学的现代转型,传统美学向现代美学的过渡,现代美学研究目的的确立,都是这种时代变化浪潮中的一朵朵浪花。只有掌握现实思维方式,才能走出传统美学的泥沼,走进现代美学。

试一试

1. 试谈谈传统美学研究目的无法实现的原因。
2. 试谈谈传统美学研究目的和现代美学研究目的的不同特点。
3. 试通过具体案例说明本体思维方式与现实思维方式的不同之处。

第三章　美学的研究对象

> **本章议题**
> 1. 什么是传统美学的研究对象？
> 2. 什么是现代美学的研究对象？
> 3. 传统美学研究对象与现代美学研究对象的根本区别是什么？
> 4. 审美现象有哪些类型？

研究对象与研究目的密切相连，研究目的的确定，在一定程度上也就确定了研究对象。不过这种确定只具有方向性的意义，就像捕鱼要到水里去，打猎要到山里去一样。但是，具体到哪片水域、哪座山才能实现目的，还需要做进一步的工作。美学研究对象的确立也是这样，不仅传统美学与现代美学对确定研究对象看法不同，传统美学与现代美学内部对如何确定研究对象也存在分歧。而如何确定研究对象，则直接影响到研究目的的实现。

一、传统美学的研究对象

传统美学一直没有确定的研究对象，不同的研究者往往会选择不同的研究对象，对这些研究对象进行系统分类，大致可以分为五种类型，即美、美的事物、主体心理、艺术和以上四种类型的总和。

1. 以"美"作为研究对象

以"美"作为美学研究对象的做法起始于柏拉图。最初人们研究审美现象，是要找出美的事物之所以美的原因。柏拉图从他的哲学观出发，认为美的事物之所以成为美的事物，在于事物中有一种他称之为"美"或"美本身"的因素存在，认为"美"或"美本身"是犹如山水草木一样的真实存在，审美研究就是要寻找这种"美"或"美本身"。受柏拉图的影响，后来许多研究者都接受了这种观点，千方百计地寻找"美"或"美本身"。1858年出版的《新亚美利加百科全书》中的"美学"条目,就标明"美学是研究自然和艺术中美的科学"①,说明这种认识在当时很普遍。20世纪80年代,李泽厚认为当时中国流行的美学定义有三种,其中有一种就是"美学是研究美的学科"②。到了20世纪90年代,张法在《美学导论》中也列出了三种当时人们最为看重的美学定义,第一个也是"美学是关于美的科学"③。有的研究者不明示美是美学的研究对象,论述中甚至不谈研究对象的问题,而是开门见山直接奔"美"这个主题。在他们看来,这似乎是一个不言而喻的问题。

把美学定义为研究或关于美的学科,实际上可以在两个层面上理解:一是作为研究分析的对象,如同物理学研究的物理现象,那么美就是研究对象;二是作为研究寻找的对象,如同物理学研究的物理规律,在这个意义上美就是研究目的。在实际研究中,虽然有人没有注意二者的区别,同时在两种意义上混同运用,但毫无疑问许多人确实把"美"作为美学的研究对象。张法就明确表示:"美学的主要研究对象——美,按照分析哲学批判传统美学时的说法,不是一个科学的问题,而是一个哲学问题。"④

2. 以美的事物作为研究对象

从美学发生的角度考虑,把美的事物作为研究对象是最自然不过的做法了。因为人们正是看到美的事物,惊诧于美的事物迷人的魅力,才开始审美研究的。在前美学时期,古希腊研究者就把人体、立体图形等美的事物作为研究对象。柏拉图在《大希庇阿斯篇》中,也把漂亮的花、小姐、马、瓦罐、神庙等美的事物作为研究对象。柏拉图之后,虽然研究者普遍把注意力集中在"美"上,但是18世纪之前人们寻找"美"的基本途径,还是从外部事物也就是美的事物中寻找。所以以美的事物作为研究对象,是传统美学研究中最普遍的做法。

3. 以主体心理作为研究对象

以主体心理作为研究对象是近代出现的现象,最早可以追溯到德国美学家鲍姆嘉通。鲍姆嘉通以"Aesthetics"命名美学,这个词源自希腊语,本意指感觉,鲍姆嘉通把美学称为感性认识的学科,即审美学。鲍姆嘉通提出研究人

---

① 中国社会科学院哲学研究所美学研究室,上海文艺出版社文艺理论编辑室.美学:第二期[M].上海:上海文艺出版社,1980:251.
② 李泽厚.美学四讲[M].北京:生活·读书·新知三联书店,1989:8.
③ 张法.美学导论[M].北京:中国人民大学出版社,1999:2.
④ 同①15.

的感觉的主张,较之此前把美和美的事物作为对象的研究,具有创造性的突破。

18世纪以后,以"主体心理"作为研究对象,逐渐成为西方美学研究的主流。滕守尧在《审美心理描述》中指出:"至18世纪后期,人们对审美反应的心理状态愈加感兴趣了,这时,美学的中心课题已不再是'什么是美?什么样的事物是美的?'而是变为:'人最喜欢什么样的事物?人认为什么样的东西是美的?'随着这种中心的转移,产生了这样的结果:关于'美'的本质的理论探讨让位于对人的审美能力的探讨,对美的对象的描述让位于对人的内在感受能力的心理分析。"①有人甚至把研究对象的这种变化,看作美学进入现代美学的标志。

随着西方近代美学的发展,在20世纪以来的大部分中国美学著作中,主体心理也都被列为美学研究的对象之一。不过在表述方式上,不同的研究者选择了不同的表述方式。有的称为主体心理,有的称为"审美意识",有的称为"审美经验",有的称为"美感",有的称为"审美心理",等等。严格说来,这些词语的含义是不同的,但从审美主体和客体的角度划分,它们显然都属于主体方面,属于主体心理的范畴。

4. 以艺术作为研究对象

以艺术作为研究对象的做法,在前美学时期就已经存在。当毕达哥拉斯学派提出"音乐是对立音素的和谐的统一","艺术依靠数的关系"等论断时,显然就是以艺术作为研究对象的。与近代一些美学家不同之处在于,尽管古希腊人把艺术作为美学的研究对象,但艺术只是众多美的事物中的一种,只是美学研究对象的一部分,而不是美学唯一的研究对象,不是美学研究对象的全部。

鲍姆嘉通建立美学的时候,虽然他在理论上提出把人的感觉作为研究对象,但在具体研究过程中,他更多的是"归纳整理前人的观点,系统地总结诗学与演说术所提出的规则","实际上他的美学的确没有跳出传统诗学与演说术的框框"②。换言之,他主要还是把艺术作为美学的研究对象。

把艺术作为美学唯一研究对象是从黑格尔开始的。黑格尔厚厚的三卷本

---

① 滕守尧.审美心理描述[M].成都:四川人民出版社,1998:13.
② 鲍姆嘉通.美学[M].简明,王旭晓,译.北京:文化艺术出版社,1987:11.

《美学》的开场白就是:"这些演讲是讨论美学的,它的对象就是广大的美的领域,说得精确一点,它的范围就是艺术,或则毋宁说,就是美的艺术。"①黑格尔认为,美学的"正当名称却是'艺术哲学',或则更确切一点,'美的艺术的哲学'"。他明确提出:"根据'艺术的哲学'这个名称,我们就把自然美除开了。"黑格尔把艺术作为美学唯一的研究对象,排斥自然和社会中美的事物的根本原因,在于他的哲学思想认为,世界的本原不是物质,而是一种先于自然和社会的精神实体——"绝对精神"或"绝对理念"。一个对象只有成为理念与现象的统一体,才是绝对的、无限的、自由的、自在自为的,也才是美的。自然界是不自觉的存在,而艺术则是自为的存在。他由此认为,"艺术美高于自然。因为艺术美是由心灵产生和再生的美,心灵和它的产品比自然和它的现象高多少,艺术美也就比自然美高多少"②。

在西方美学史上,以艺术作为研究对象的做法不仅一直存在,在某种程度上甚至可以说占据主流地位。鲍桑葵的《美学史》,就是建立在把艺术作为美学主要研究对象这样的认识之上,所以对艺术和艺术批评的介绍是其中的重要内容。由于有了这样的意识,他不得不在开篇对没有涉及东方艺术进行解释。门罗·C.比厄斯利的《美学史》,在序言和第一章,都是从谈论艺术开始的③,有关艺术的理论及其发展过程,在书中占据了相当大的篇幅。在20世纪以来中国的美学著作中,在谈及美学研究对象时,几乎没有人不提到艺术。

5. 以美、美的事物、主体心理和艺术作为研究对象

以美、美的事物、主体心理和艺术作为研究对象的做法是中国美学家的创造。王朝闻1981年主编的《美学概论》,就把美学的研究对象确定为三个方面:①从客观方面研究审美对象;②从主观方面研究作为审美对象反映的审美意识;③研究作为审美意识物质化了的集中表现的艺术④。同年6月,李泽厚提出:"美学——是以美感经验为中心研究美和艺术的学科。"⑤ 1999年李泽厚出版《美学四讲》时,依然坚持这种说法⑥。1999年张法在《美学导论》中引述

---

① 黑格尔.美学:第一卷[M].2版.朱光潜,译.北京:商务印书馆,1979:3.
② 同①4.
③ 比厄斯利.美学史:从古希腊到当代[M].高建平,译.北京:高等教育出版社,2018:15,23.
④ 王朝闻.美学概论[M].北京:人民出版社,1981:7.
⑤ 李泽厚.美学的对象与范围[M]//中国社会科学院哲学研究所美学研究室,上海文艺出版社文艺理论编辑室.美学:第三期.上海:上海文艺出版社,1981:30.
⑥ 李泽厚.美学四讲[M].北京:生活·读书·新知三联书店,1999:12.

了李泽厚的这种说法,并且认为其"得到很多中国美学家的赞同"①。这些美学家的论述虽然不尽相同,但基本的思路却是相同的,即尽量将以往不同的研究对象都包括进来,不要有所遗漏。

6. 对传统美学研究对象的分析

传统美学研究对象的选择,明显受到研究目的的影响。传统美学的目的是要寻找作为一种元素的"美",所以传统美学的研究对象具有单一性的特点,也就是一种具体的事物,因为具体的元素只能存在于具体的事物之中。

以美作为研究对象的做法,不管是有意还是无意,实质在于混淆了研究目的和研究对象的区别。一般而言,研究对象必须是现实的存在,是研究者可以具体把握的,否则研究将无法进行。李泽厚指出,"美学是研究美的学科"的定义,"在中文是同语反复,等于没有说"。他认为"美学是研究审美关系的学科"也是同语反复,因为美学"Aesthetics"这个词,在西方的本意就是"审美学"。他进一步指出,"美"和"审美关系","这正是美学需要探讨的问题,用它来定义美学,使人更感到糊涂"②。需要探讨的问题,需要寻找的对象,都属于研究目的的范畴。"美"和"审美关系"都属于这样的概念,都属于研究目的的范畴。研究对象如渡船,研究目的如彼岸。把研究目的当作研究对象,就使研究失去了依据,失去了与现实的联系。没有研究对象只有研究目的的研究,只能停留在对目的的向往和空谈中。

以美的事物作为研究对象的做法,是传统美学寻找美的自然选择。因为按照柏拉图的说法,"美"是美的事物中的一种元素,事物因为有了这种元素才成为美的事物,才引起人的美感。但是,人们按照这种思路寻找了一千多年,依然没有发现美的踪影。与此同时,人们在对审美过程的反思中,发现美感的产生与主体有很大的关系。这两种因素的作用加之近代心理学的发展,于是出现了以主体心理作为研究对象的做法。以主体心理作为研究对象,较之仅仅将美的事物作为研究对象的做法,显然扩大了美学研究的视野,是美学研究的一大进步。但是把这种做法看作现代美学的特点,却是不准确的。因为这种研究的目的仍然在于寻找"美",所以仍然属于传统美学的范畴。审美研究的初衷是要了解美的事物为什么会引起人的美感,如果说把美的事物作为研

---

① 张法. 美学导论[M]. 北京:中国人民大学出版社,1999:2-3.
② 同①8.

究对象是希望从父亲身上找到孩子产生的原因,那么把主体心理作为研究对象则是希望从母亲身上找到孩子产生的原因,两种做法表现形式虽然相异,思维方法却是相同的,都属于本体思维方式的产物。

以艺术作为研究对象的做法同以美的事物作为研究对象的做法一样,都是人们一种自然的选择。因为在前美学时期,艺术早已成为人们的审美对象,成为美感产生的重要来源。黑格尔把艺术作为美学唯一的研究对象,主要出于哲学的原因。但是由于对于艺术的研究历史悠久,加之对自然和社会生活中美的事物的研究长期无法取得突破,近代许多美学家纷纷把研究的视角集中在艺术上,把艺术作为美学主要的研究对象。在美本质问题被证伪之后,艺术美学日见庞大,成为著述最多的美学领域。但是,以艺术作为研究对象除了具有以美的事物和主体心理作为研究对象做法的相同弊端以外,还隐含着自身先天性的不足。这就是艺术是人创造的审美对象,较之社会生活和自然界中美的事物,引起人美感的过程包含了更加复杂的机理。事实上,不了解社会生活中审美发生的机理和规律,根本无法了解艺术审美的机理和规律。传统美学中以艺术作为对象的研究,大多只不过是在美学的名义下进行的艺术研究。

以美、美的事物、主体心理和艺术作为研究对象的做法,在很大程度上是一种理论的表述方式,在实际研究中与这些因素作为单独研究对象并没有实质性的变化。这种做法的意义,在于认识到以上各种因素在审美研究中都具有同样的作用,选择其中一种排斥其他因素的做法是不可取的。同时,这种做法表现出一种倾向,即否定了单独研究审美活动中某一元素的做法,试图将以往不同的研究对象统一起来。虽然这种加法式的综合方式没有什么实际作用,但这种综合的倾向在美学研究的发展过程中却具有积极的作用。这种试图将审美活动中各种元素综合在一起的努力,不仅为美学研究指出了正确的方向,而且成为现代美学研究对象登场的最后一个台阶。

二、现代美学的研究对象

传统美学的研究对象是由传统美学的研究目的决定的,现代美学的研究对象同样是由现代美学的研究目的决定的。现代美学把美感产生的原因和过程作为研究目的,就不能像传统美学那样,把审美活动中的单个元素作为研究对象,而需要从整体上了解这个活动中的每一个环节。现在看来这似乎是一个理所当然的事情,但明白这个道理并最终选择相应的研究对象,却是通过艰辛的探索才得以实现的。

1. 现代美学研究对象形成的思维逻辑

美学正如其他现代学科一样,对于中国人来说是舶来品。但是现代美学的研究对象,却是中国美学研究者提出来的。中国美学研究者之所以能做到这一点,就在于中国传统文化中的现实思维方式。西方传统的本体思维方式,使西方学者更多地关注事物之间的对立和分歧,弥漫在中国文化中的现实思维方式,却使中国学者更多地关注事物之间的和谐与联系,更善于从整体上观察和研究事物。宋代苏轼的一首诗,可以清楚地表现中国传统现实思维方式的这一特点。

 案 例

《琴诗》[①]

苏 轼

若言琴上有琴声,
放在匣中何不鸣?
若言声在指头上,
何不于君指上听?

苏轼在这首诗中探讨琴声的来源,他指出,如果认为琴声由琴决定,那么当琴放在琴匣的时候为什么不会鸣响呢?如果认为琴声由人的指头决定,那么人为什么不靠在自己的指头上听琴呢?结论是显而易见的:琴声是由人的指头和琴两种因素共同作用的结果,只有把两种因素结合起来才能找到琴声产生的原因。琴声就如同审美中的美感,西方传统美学从审美活动的一种因素中寻找美感产生的原因,虽然屡屡碰壁,但却始终不明白问题所在。中国美学虽然是后来者,但中国文化中的现实思维方式,却使得研究者很快走向从整体活动中寻找美感产生原因的道路。

把传统美学的各种研究对象相加在一起的做法,是传统美学结束的标志,也是现代美学开端的预演。这种做法在美学发展中的意义,就是开启了把审美活动中各种因素共同作为研究对象的探索。从20世纪初美学传入中国,中国的美学研究一直是学习西方,在西方美学身后亦步亦趋。这种现象直到21世纪初期才有所改变,其标志就是现代美学研究对象的确立。

---

① 陈迩冬.苏东坡诗词选[M].北京:人民文学出版社,1960:57.

2. 现代美学以审美现象作为研究对象

在将美、美的事物、主体心理、艺术以及各种研究对象加法式的综合失败后,从 20 世纪 90 年代开始,中国美学界出现了两种新的认识,一种提出以审美活动作为美学的研究对象,一种提出以审美现象作为美学的研究对象。

王旭晓在 2000 年出版的《美学通论》中提出,"美学应该就是对人类的这种特殊的实践活动——审美活动进行研究,探索其特有的规律的学科"①。叶朗在 2009 年出版的《美学原理》中提出,"国内美学界多数人都赞成把美学研究的对象设定为审美活动。我们也赞同这一设定"②。

王旭晓在把审美活动作为美学研究对象的同时,也把审美现象作为美学的研究对象,认为"美学的研究对象是人的审美活动、审美现象"③。朱立元在 2001 年出版的《美学》中,提出把审美现象作为美学研究对象。赵惠霞在 2002 年出版的《审美发生论》中提出:"审美研究要揭示审美现象产生和变化的规律,要弄清楚事物为什么能够单凭形式引起人的美感,就不能只研究美的事物或审美心理,更不能只研究作为审美对象组成部分的艺术,而必须把丰富多彩的审美现象作为研究的基本对象。"④

在一些研究者看来,"审美活动"与"审美现象"是相同的,所以被统称为美学研究的对象。但如果进一步分析,会发现二者虽然在表现审美作为一个过程这个意义上是相同的,然而在两个方面又存在不同之处:一是观察审美过程的视角不同。审美活动是从主体的角度出发,把审美过程看作主体的一种行为;审美现象是从旁观的角度出发,把整个过程看作一种社会现象。二是表现审美过程的时态不同。审美活动用的是进行时态,表现的是审美过程的发展状态;审美现象用的是完成时态,表现审美过程的完成状态。

从研究结果的角度考量,如果只从主体角度观察,不从客体角度观察,就难以做到对审美过程的全面把握。从研究过程的角度考量,进行时态的对象因为没有明确边际,所以不利于完整把握和分析研究;完成时态的对象因为边际确定,所以方便把握和分析研究。考察其他现代学科研究对象的表述,几乎均以"现象"称谓,应该是权衡这种利弊的结果。因此,基于有利于研究开展和

---

① 王旭晓.美学通论[M].北京:首都师范大学出版社,2000:11.
② 叶朗.美学原理[M].北京:北京大学出版社,2009:13.
③ 同②18.
④ 赵惠霞.审美发生论[M].西安:陕西人民出版社,2002:60.

与各学科统一两方面的原因,"审美现象"较之"审美活动"显然更适宜于用来称谓现代美学的研究对象。

三、审美现象的构成

现代美学的研究对象是审美现象,从研究对象的角度为美学下定义,现代美学就是研究审美现象的学科。

审美现象是人欣赏美的事物产生美感这样一种社会现象。在我们的生活中,每天都在重复着这样的现象:一位漂亮的姑娘从街上走过,周围的人会禁不住注目;华山、黄山、九寨沟……无数旅游景点,每天游人络绎不绝,节假日甚至造成交通堵塞;一部好的电影或戏剧上演,人们争相一睹为快,一票难求……这些现象都属于审美现象。除此之外,人们洗漱装扮、打扫卫生、装饰住宅、规划建设城市等活动,都是在追求某种审美效果,因而都属于审美现象。人类的大部分活动都有意无意地与审美相关,从广义的角度都可以列入审美现象研究的范畴。

每个人在生活中都可以找到这样的体验:当我们的视线接触到某些事物的形象,如漂亮的姑娘、英俊的小伙、俊秀的山峰、艳丽的花朵、蔚蓝浩瀚的大海、繁星满天的夜空,以及各种动人心弦的艺术作品时,我们的神经系统就会不由自主地产生愉悦的感觉。这个过程无须遐想,无须思索,像按下开关电灯发亮一样准确规律,像太阳东升西落一样自然而然。

人类生活中的快感,一般都起源于功利需求的满足,如饥得食,渴得饮,热得凉,寒得暖,等等。但是审美却不同,欣赏美的事物,人似乎并未得到任何功利的满足,然而愉悦感却会油然而生。这种现象与人们普遍的生活体验相悖,与人类已有的知识体系相悖。几千年来的反复经验,使人们司空见惯,不以为怪。但是,如果理智地想一想,就会发现这实在是一种奇怪的现象,没有任何功利作用的事物,却像功利事物一样引起我们的快感。这就如同我们明明知道人是不会飞的,可是有个人却当着我们的面,不用任何器械在空中飞翔一样。如果看到的事物完全超出了我们的常识,用已有的知识体系无法解释,人们怎么能不惊讶,怎么能不产生探究的欲望呢?美学的产生,就是源于人们的这种探究心理,实质就是要弄清楚审美现象是怎样发生的。当研究者不再寻求柏拉图所说的美,不再把审美现象的不同因素割裂开来,开始把审美现象作为整体研究时,美学在研究对象上就完成了从传统美学到现代美学的转变。

作为现代美学的研究对象,审美现象由三个主要元素构成,即审美主体、审美对象和美感。

1. 审美主体

审美主体指审美现象中欣赏审美对象的人。在现代美学中,人并非任何时候都是审美主体,只有在具体审美现象中的人才成为审美主体。所以,审美主体指具体审美现象中的人,而不能泛泛地指一切人。

在传统美学中,经常把抽象的人作为研究的对象,认为面对美的事物,每个人都会产生同样的感觉。如果稍稍认真地考察一下现实生活中的审美现象,就会发现这种认识是不成立的。在现实的审美现象中,不仅不同时代、不同地区的人对同一种事物的感觉不同,即使同时代、同地区的人,对同一种事物的感觉也会出现差异。甚至同一个人,在不同的时期欣赏同一种事物,譬如童年、青年、中年和老年,也会产生不同的感觉。为了说明这一点,我们来看三个案例。

中国历史上服装颜色爱好的变化

据文献记载,上古时期,虞代崇尚黄色,夏代崇尚青色,商代崇尚白色,周代崇尚红色,秦代崇尚黑色,汉代崇尚黄色。汉代以后,崇尚黄色的爱好被历代帝王沿袭下来,成为皇家色彩。"黄袍加身"成了登基称帝的同义语,赐"黄马褂"被视为无以复加的荣耀。辛亥革命以后,随着封建帝制的垮台,黄色也就失去了昔日的光环。

新中国成立初期,经常开展批判资产阶级的政治运动。一般人心目中的"资产阶级",就是吃得讲究,穿得漂亮,不劳动,靠剥削人过活。当时后两种现象已经基本消失,人们的注意力便集中到前两点,吃不容易看见,衣服便成了众矢之的。因此,人们穿衣服便特别注意。20世纪50年代和60年代中期,中国大陆可以说是蓝色服装的天下。"文化大革命"时期,军装成了最时髦的服装,草绿色成了流行色。改革开放以后,这种状况得到了改变,对色彩的欣赏更多地依从个人的爱好。

在现代社会,穿什么颜色的衣服完全凭个人的爱好。但是在以黄色为皇家色彩的封建社会时期,穿黄色的衣服是要杀头的。直到20世纪70年代末期,也就是我国改革开放的初期,人们衣着的颜色依然要受到许多方面的制约。当时青少年受新思潮的影响,穿衣服开始追求个性,但抱着旧观念的人对此却不理解,由此产生了许多悲剧。作家铁凝当时写了一部短篇小说《没有纽扣的红衬衫》,描写一个天真活泼的女中学生,因为穿了一件款式新颖的红衬衫,招来周围人的误解、嘲讽和打击。这篇小说后来被改编成电影,取名《红衣少女》,获中国电影第五届"金鸡奖"最佳故事片奖,足见当时人们对此类问题的重视。

欧洲和非洲女性的化妆术

古代欧洲盛行以肤色白为美的观念。古罗马人大普利尼(约公元23—79年)所著的《自然史》中,就记述了以白铅作为化妆品,使皮肤变白的方法。罗马帝国时代,暴君尼禄的皇后为了使皮肤白嫩,便用牛奶来洗澡。直到今天,欧洲女性依然用各种化妆术使自己的皮肤白皙。

非洲马里人却以黑色皮肤为美。由于手、脚和牙龈颜色相对皮肤较白,他们便采用化妆术,使这些部位变黑。马里妇女用当地一种树叶,晒干舂成粉末,用水调成糊状,睡觉前贴在脚边和脚掌,用布包好,第二天晨起,皮肤便愈加显黑。由于黑色会随时间增长而逐渐消退,所以马里妇女经常染足,犹如欧洲女性搽胭脂抹粉一样。染牙龈则是把采集的野椰类植物烧焦后,研成粉末,与乳油木脂相拌成糊状,然后用几枚缠在一起的缝衣针把牙龈扎破,再把黑油抹在牙龈上,染料进入伤口,一次染黑,终身不褪色。有的妇女还用这种方法染唇。居住在非洲丛林中的匹格尼斯人不穿衣服,只以一小块树皮遮体。为了使皮肤更黑,当地妇女用奶水和植物果汁混合在一起,制成黑色颜料,涂在身上,使周身更加油黑发亮。

20世纪80年代中国大陆女性服饰的变化

20世纪80年代的中国,改革开放的春风吹遍神州大地,人们的思想观念变化很快,服饰的变化也随之加快。年轻女性的流行服装,先是上窄下宽的"喇叭裤",裤腿口又宽又长,当时有人开玩笑说走起路来可以作扫帚;不久又变成紧裹身体的紧身服,薄薄的衣料,紧紧地裹在身上,使形体尽情展现;接下来是上宽下窄的紧腿裤,裤脚一根带子踩在脚下,很是时髦了一阵;随后又变成上下一样宽大的裤子,肥肥大大,穿上舒适,走路潇洒飘逸。有上了年纪的人回忆说,这种服装在 20 世纪 40 年代就很流行。

上述三个案例,可以说明审美现象的一些基本特点。第一个案例说明,不同时代的人有完全不同的审美爱好,同一种审美对象,在不同时代的人眼中会产生完全不同的感受。第二个案例说明,不同国家、不同地区的人会有不同的审美爱好,距离越远,环境差别越大,人们审美爱好的差异也就越大。第三个案例说明,同一时代、同一地区的同一个人,不同时期的审美爱好也会发生变化。这样的现象说明,如果不把审美主体放在具体的审美现象中,就无法了解审美主体在审美现象中的作用,也就无法弄清楚这种审美现象产生的原因。

审美主体在审美现象中的作用,首先表现为他的审美能力。马克思说过:"只有音乐才能激起人的音乐感;对于不辨音律的耳朵来说,最美的音乐也毫无意义。"①主体的审美能力,一方面关乎美感的强弱有无,一方面关乎事物的美丑程度。主体的审美能力表现为两个方面,一是人的生理能力,二是人的审美心理。

审美现象中人的生理能力,主要表现为视觉和听觉能力。再美的景物、图画,对于先天的盲人来说,是没有意义的;再绚丽的色彩,对于色盲来说,是没有意义的;再美妙的音乐,对于耳聋和不辨音乐的人来说,也是没有意义的。这种没有意义,指的是缺少这种审美能力的人,面对这类审美对象就不会产生美感,从而也就无法构成审美现象。

在以往美学研究中,审美心理存在不同的含义。有的将其理解为主体在审美活动中的一切心理活动,有的将其理解为审美标准。在现代美学中,隶属于审美主体的审美心理,指的是人的大脑皮层中事物形式与快感之间的联系通道。审美心理作为人内在的心理-生理结构,在审美现象中表现为一种规律性,即具有某种审美心理的主体,一旦接触到与之相关的审美对象,就不能不产生美感。如果缺乏这种审美心理,即使主体再努力,也难以产生美感。金庸在《射雕英雄传》中,描写穆念慈爱上了杨康,后来虽然知道其认贼作父,卖国求荣,干尽坏事,却仍然难以割舍对杨康的感情。许多人看到这里觉得不可思议:穆念慈怎么能傻到这种程度,怎么能爱这样的人呢?从审美的角度看,这种行为就是审美心理作用的结果。穆念慈难以摆脱的不是杨康,而是自己的审美心理。从神经生理学的角度而言,审美心理属于潜意识的范畴。在现实

---

① 马克思.1844 年经济学—哲学手稿[M].刘丕坤,译.北京:人民出版社,1979:79.

生活中,人们看见美的事物会油然而生愉悦感,但却不知道为什么会产生这样的感觉,就在于审美心理的潜意识性。

在主体的审美能力中,人的生理能力变化较小,譬如人的视力所接受的光波,大致在一定波长的光波区间;听力所接收的声波,也大致在一定波长的声波区间。虽然个别人会有所不同,但差别非常有限。审美心理则不同,不同的人有不同的审美心理,即使再相近的人也不会完全相同。所以研究审美主体,重点在于研究主体的审美心理。

2. 审美对象

审美对象指审美现象中审美主体欣赏的对象,也就是通常所说的美的事物。审美对象包括自然界和人类社会生活中的各种事物,艺术领域的各种艺术作品,也包括审美主体自身在内的各种人。审美对象不论是人还是物,只有在具体的审美现象中,只有作为具体审美主体观照的对象时,才成为审美对象。离开具体的审美主体或审美现象,不存在孤立的、绝对的、永恒不变的审美对象。

在传统美学中,长期以来流行一种观点,认为美的事物是客观的、不变的,不依赖于欣赏者而存在。持这种观点的人认为,美的事物永远是美的,不管有人欣赏与否都是美的。这种认识是本体思维方式的产物,完全不符合审美实际。让我们看一个案例。

 案 例

一位母亲的趣事

在中国历史上,特别是在明清之际,曾经盛行女性缠足的习俗。"三寸金莲"被作为美人的特征,在历史文献和当时的文学作品中都有大量的描写和记载。为了使脚变小,女性从很小的时候就开始缠足。长着"天足"的姑娘,也就是不缠足而让其自然生长的姑娘,往往会因一双"大脚"而嫁不出去。

辛亥革命后全国禁止缠足,这种风气才得以遏止。过了几十年,人们不仅不觉得女性的小脚美,反倒觉得成了不美的东西。

一位学者曾经回忆说,他在美国读书时,由于中美交恶,不能回国看望父母。有一次他在欧洲访问,就邀请父母到欧洲相见。多少年没有见面,父亲欣然同意,可母亲却不愿意去。后来他才知道,母亲不是不想见他,而是因为过去缠了脚,怕出去后因一双小脚被外国人笑话。

毫无疑问,这位母亲以及与她同时代所有缠足的女性,最初缠足都是为了美,一双小脚也曾经让她们自豪。然而时过境迁,同一双小脚却让她们感到羞辱。很显然,昔日作为审美对象的"小脚",今日却不美了,成为丑的对象。这样的案例说明,美的事物不是永恒不变的,而是随着社会的变化而变化;美的事物不是与人无关,而是与一定的欣赏者有着紧密的联系。面对这样的现实,如果不把审美对象放在具体的审美现象之中,同具体的审美主体相联系,就无法弄清楚这种审美对象之所以被人们欣赏的真正原因。

在以往美学研究中,人们按照审美对象在社会生活中所属的范畴,将其分为三种类型:在社会生活中表现出来的美的事物称为社会美,如漂亮的姑娘、时髦的服饰等;在自然中表现出来的美的事物称为自然美,如皓月当空、红日出海、沙漠孤烟、深谷松涛等;人工创造的小说、戏剧、电影、舞蹈、绘画等艺术形式中,能使人得到情感享受的作品称为艺术美。这种划分对于了解和掌握审美对象是有益的。但是不能由此认为审美对象是独立存在的。在具体的研究中,必须把它们放入具体的审美现象中,同具体的审美主体相联系,才能避免研究误入歧途。

3. 美感

美感指审美主体欣赏审美对象产生的愉悦感受。由于审美主体和审美对象的不同,美感呈现出不同的表现形式。有的较淡、较轻,如细雨润沙田,清风拂竹林;有的较浓、较重,如暴风骤雨,惊涛拍岸;有的单纯以愉悦感构成,如一般社会美和自然美的欣赏;有的则夹杂以悲痛、愤怒等复杂的情感,如许多悲剧性艺术作品的欣赏。

在审美研究中,与美感相关的另一概念是快感。最初人们把美感和快感混用,认为二者是同一个东西。自从康德以后,美感与快感的区别才渐渐清晰:美感因事物的形式引起,快感因事物的内容引起。譬如饥得食、渴得饮所引起的愉悦属于快感,观赏自然风景、聆听丝竹管弦所产生的愉悦属于美感。再具体一点说,吃苹果引起的愉悦是快感,看苹果产生的愉悦属于美感。

在视觉引起的愉悦感中,同样存在两种不同性质的感觉,一种纯粹因事物的形式引起愉悦,一种因事物的功利联想引起愉悦。仍以苹果为例,有人仅仅因欣赏苹果的形状而愉悦,有人则在观看的过程中想到苹果的好吃而愉悦。前者属于美感,后者属于快感。在现实生活中,这两种感觉往往混在一起,很难区分。譬如在同一个时间,人们既会因为看到苹果的形状而愉悦,也会因为想到苹果的好吃而愉悦。在审美现象中,这样的情况是经常发生的,是审美现象中的一种正常状态。虽然如此,从理论上对二者进行区分,不仅是可能的,而且是必需的。

以往有人认为,美感与快感属于不同的神经活动形式。言下之意,就是人体存在美感和快感两感觉系统。这种认识没有得到现代神经生理学的支持,现代神经生理学更倾向这样的结论,在人的神经系统中只存在一种快感的反应机制,而没有另外一种美感反应系统。从生理的角度讲,美感与快感属于同一种神经活动方式,是同一方式在不同阶段的表现。美感由快感发展而来,是快感特殊的表现形式,即以形式引起的快感。

与传统美学的研究对象不同,现代美学把审美现象作为研究对象,不仅是把审美活动中的审美主体、审美对象和美感作为一个整体进行研究,而且认为审美主体、审美对象和美感,只有在具体的审美现象中才成其为审美主体、审美对象和美感,三者相互联系、相互依赖,不存在独立的、不变的审美主体,也不存在独立的、不变的审美对象和美感。研究对象的整体性和具体性,是现代美学不同于传统美学的突出特点。

四、审美现象的分类

近代以来,随着美学研究逐渐转向审美现实,许多研究者发现,美的事物引起人美感的方式实际上存在不同的类型。这个发现对审美现象发生机理研究来说非常重要,打开了通向目的地的第一道关隘。不同类型的审美对象,也就意味着不同类型的审美现象,意味着审美现象的发生会存在不同的机理。因此,学习美学不仅需要了解以往关于审美对象即审美现象分类的研究成果,而且需要掌握根据不同标准对审美现象进行分类的方法。

1. 哈奇生的分类方法

在美学史上,最先给审美对象分类的是英国美学家哈奇生(Francis Hutcheson,1694—1747年)。哈奇生把美的事物分为两种:一种称为本原美,也称绝对美;一种称为比较美,也称相对美。他指出:"本原美或绝对美并非假定美是对象所固有的一种属性,这对象单靠本身就美,对认识它的心毫无关系……我们所了解的绝对美是指我们从对象本身里所认识到的那种美,不把对象看作某种其他事物的摹本或影像,从而拿摹本和蓝本进行比较;例如从自然作品,人工制造的各种形式,人物形体,科学定理这类对象中所认识到的美。比较美或相对美也是从对象中认识到的,但一般把这对象看作另一事物的摹本或与另一事物相类似。"①按照哈奇生的分类标准,绝对美指的是从一个对象自身看出来的美,相对美则是拿一个对象与其他对象比较才看出来的美。

关于"绝对美",哈奇生举出"和谐或声音的美"。他说:"在本原美项下可以列入和谐或声音的美,因为和谐通常不是看作另一事物的摹本,和谐往往产生快感,而感到快感的人却不懂得这快感是怎样起来的,但是人们知道,这快感的基础在于某种一致性。"②

关于"相对美",哈奇生认为:"这种美是以蓝本和抄本之间符合或统一为基础的……如果只需得到比较的美,并不一定要蓝本里原来就有美。""尽管蓝本里丝毫没有美,一个精确的摹本仍然是美的。"这显然主要指模仿性艺术的美。除了模仿性艺术,哈奇生的"相对美",还包括象征性事物。他说:"由于我们有一种奇怪的倾向,喜欢类似,自然中每一事物就被用来代表旁的事物,甚至于相差很远的事物,特别是用来代表我们最关心的人性中的情绪和情境。"③在生活中,象征性的事物是最常见的审美对象。譬如"红色"象征革命,"绿色"象征生命,"白色"象征洁净,松、梅、兰、竹象征高风亮节,等等。哈奇生把这类对象统统归入相对美的范畴。

很显然,哈奇生发现了两种不同的审美对象:一种引起人的快感,"感到快感的人却不懂得这快感是怎样起来的";另一种引起人的快感,人却知道是由于模仿其他事物、象征其他事物使人产生快感的。也就是说,一种审美对象引起愉悦的原因人可以说清楚,另一种审美对象引起的愉悦审美主体却压根儿不明白自己为什么会愉悦。由于美学思想的限制,哈奇生在对具体审美对象的划分上存在偏颇,譬如把"科学定理"也列入审美对象之列,但是,他开创了对美的事物分类研究的先河,对后代美学产生了很大的影响。

2. 伏尔泰的分类方法

与哈奇生同时代的法国美学家伏尔泰(Voltaire,1694—1778年),也发现了审美对象存在的这种差异,他用自己的方法对其进行分类。伏尔泰认为有两种美,一种是不定的、相对的,另一种则是普遍的、不变的。

对于相对美的事物,伏尔泰通过这样的案例来说明。"如果你问一个雄癞蛤蟆:美是什么?它会回答说,美就是它的雌癞蛤蟆,两只大圆眼睛从小脑袋

---

① 北京大学哲学系美学教研室.西方美学家论美和美感[M].北京:商务印书馆,1980:97.
② 同①98.
③ 同①.

里突出来,颈项宽大而平滑,黄肚皮,褐色脊背。如果你问一位几内亚的黑人,他就认为美是皮肤漆黑发油光,两眼凹进去很深,鼻子短而宽。如果你问魔鬼,他会告诉你美就是头顶两只角,四只蹄爪,连一个尾巴……美往往是非常相对的,在日本是文雅的,在罗马可能是不文雅的,在巴黎是时髦的,在北京可能就不时髦。"

对于普遍美的事物,伏尔泰举出的例证是:"有些行动是全世界人都觉得美的……一个朋友誓死要忠于他的朋友,一个儿子誓死要忠于他的父亲……不论是北美印第安人、法国人还是中国人,都会说这类行为是非常美的……"①

从称谓上看,伏尔泰的"相对美"和"普遍美"与哈奇生的"相对美"和"绝对美"基本相同。不过就其具体所指而言,二者显然存在差异。差别在于哈奇生的"绝对美"指的是人们产生美感却不知道原因的审美对象,伏尔泰的"普遍美"指的实际不是美的事物而是善的事物。由此可见,伏尔泰实质上没有分清美的事物与善的事物的区别,他对两种美的事物的划分,实际上是美的事物与善的事物的划分。

3. 狄德罗的分类方法

在哈奇生和伏尔泰之后,狄德罗(D. Diderot,1713—1784年)也对审美对象进行了分类。狄德罗是法国著名的思想家、哲学家和文艺评论家,其"美在关系"的观点在美学史上有较大影响。狄德罗将美的事物分为"实在美"和"相对美"两种,其划分标准主要从其"关系"的概念出发,即在一个事物中见出关系的属于"实在美",与其他事物比较中见出关系的属于"相对美"。

狄德罗指出:"同一对象,不管它是什么,都可以孤立地、就它本身来考虑,或者就它与其他对象的关系来考虑。当我声称一朵花美,或一条鱼美,我意味着什么呢?譬如我孤立地考虑这朵花或这条鱼的话,我所意味着的没有别的东西,不过是我在组成它们的各部分之间,看到了秩序、安排、对称、关系,因为所有这些字眼只是以不同方式来观察关系本身而已。在这种意义之下,凡花皆美,凡鱼皆美。然而是什么美呢?那就是我所谓的实在美。

假如我考虑花、鱼,就它们与其他花、其他鱼的关系来考虑的话,我说它们美,意思就是:在同类的存在物之中,花中这一朵,鱼中那一条,在我心中唤醒最多的关系观念和最多的某些关系;因为我马上要让大家看见,由于各种关系性质

---

① 北京大学哲学系美学教研室.西方美学家论美和美感[M].北京:商务印书馆,1980:124 - 125.

不同,它们对美的贡献,也就彼此有多有少。我可以断言,在这种新方式之下考虑对象,就有了美和丑;但是什么美,什么丑呢?那就是所谓相对的了。"①

狄德罗的研究,采用的是典型的传统哲学美学的研究方法——用哲学概念解释审美现象。狄德罗的"实在美"与哈奇生的"绝对美"接近,他的"相对美"与哈奇生的"相对美"却不同。哈奇生指的是摹本与蓝本的比较,狄德罗指的却是不同事物之间的比较,而且是从"关系"的角度进行比较。

4. 康德的分类方法

在美学史上,康德关于审美对象的分类影响最大。康德(I. Kant,1724—1804年)是德国著名哲学家,美学史上最杰出的哲学思辨派美学家。康德把美的事物分为自由美和附庸美两类。康德认为,真正的美应该是无条件的、纯粹的;但是他也发现,生活中大量的美的事物是有条件的、不纯粹的。

康德对这两种不同的审美对象做了明确的划分:"有两种美,即自由美和附庸美。第一种不以对象的概念为前提,说该对象应该是什么。第二种却以这样的一个概念并以按照这概念的对象的完满性为前提。第一种唤作此物或彼物的(为自身而有的)美;第二种是作为附庸于一个概念的(有条件的)美,而归于那些隶属一个特殊目的的概念之下的对象。"②关于自由美,康德列举了花、鹦鹉、蜂鸟、极乐鸟、海洋贝类、希腊风格线描的簇叶饰、音乐里的无标题的幻想曲、缺歌词的一切音乐等。总之,它们本身没有什么意义,不表示什么,人们欣赏时没有任何目的或前提。关于附庸美,康德列举了"一个人的美(即男子或女子或孩儿的美),一匹马或一幢建筑物(教堂、宫殿、兵器厂、园亭)的美",认为它们是以一个目的的概念为前提的,这概念规定这物应该是什么,譬如一个男人或女人,人们就是从其所担负的社会角色的要求来评价他们的,符合这些要求的,才能给人快感。所以,康德认为这种美是附庸的、有条件的。

康德对审美对象的划分与哈奇生对审美对象的划分有点近似。哈奇生的绝对美是从对象自身看出的,康德的自由美则是对象不依赖什么;哈奇生的相对美依赖"摹本或另一事物",康德的附庸美则依赖概念。表面上看,两个人所说的两类美的事物,都是一种自身独立而美,一种依赖其他事物而美。然而,所依靠或不依靠的事物的不同,使得康德的划分具有更为深刻的意义。

---

① 狄德罗.美之根源及性质的哲学的研究[M]//中国社会科学院外国文学研究所《文艺理论译丛》编辑委员会.文艺理论译丛.中国文艺联合出版公司,1983:20-21.
② 康德.判断力批判:上卷[M].宗白华,译.北京:商务印书馆,1964:67.

5. 社会范畴分类方法

以上对于审美对象的四种分类方法，虽然标准不同，但共同之处都是把审美对象的特点作为分类的依据。在美学研究中，还有一种关于审美对象的分类方法，不是根据审美对象自身的特点，而是根据审美对象在社会生活中所处的范畴进行划分的，称为社会范畴分类方法。

柏拉图把美分为形体美、心灵美、知识美和理念美，可以看作社会范畴分类方法的滥觞。在此之后，黑格尔运用这种分类方法，提出了"艺术美"和"自然美"的概念。虽然远在古希腊时期，艺术就成为审美研究的对象，但是黑格尔把"艺术美"与"自然美"相对，实质是对审美对象的类型划分，这两个概念也就具有范畴分类的意义。黑格尔认为艺术美高于自然美，车尔尼雪夫斯基对此不以为然，认为"美在生活"，提出与"艺术美"相对的"现实美"概念，认为现实美高于艺术美。这些都是运用社会范畴分类方法对审美对象进行的分类，在美学的发展中具有重要意义。

现代研究者在这些分类的基础上，把审美对象分为"社会美"、"自然美"和"艺术美"三种类型。社会美指社会生活中的美的事物，自然美指自然界的美的事物，艺术美指艺术作品中的美的事物。这三种类型涵盖了全部的审美对象，清晰地表现了不同审美对象的存在状态，所以被人们广泛接受和运用。

"社会美"、"自然美"和"艺术美"的划分，是运用社会范畴分类方法的结果。运用这种分类方法，还可以对这三种类型的审美对象进一步细分。比如"艺术美"可以细分为语言艺术美、造型艺术美、音乐艺术美、综合艺术美等，语言艺术美可以再细分为小说艺术美、诗歌艺术美、散文艺术美等，小说艺术美还可以再分为长篇小说美、中篇小说美、短篇小说美等。对于社会美和自然美，同样也可以进行类似的细致划分。

对审美对象进行诸如此类的划分，一方面，有利于认识各种审美对象的特点，深化审美现象发生机理及其规律的研究；另一方面，可以为部门美学的发展勾画出清晰的发展蓝图。

6. 功利形态分类方法

功利形态分类方法指根据功利表现形态对审美对象进行分类的方法。哈奇生、伏尔泰、狄德罗和康德对于美的事物的分类，运用的就是功利形态分类方法。在他们对美的事物的划分中，两种不同的审美对象逐渐凸显出来，而区别它们的标准就是功利形态。如果说在哈奇生、伏尔泰、狄德罗的研究中，由于过多地注意了美感产生是由对象自身引起还是与他物的比较、联系等因素,功利形态的尺度还不十分明显,那么在康德的划分中,功利形态的标准已经十分突出。康德指出的自由美是不依赖概念,而附庸美是以一个目的的概念为前提,其中的"目的的概念",实际上就是一种功利作用。

李泽厚提出:"所谓社会美,一般是从形式里能看到内容,显现出社会的目的性。在合目的性和合规律性的统一中,更多表现了一种实现了的目的性,功利内容直接或间接地显现出来。其实也就是康德所讲的依存美。但还有大量看不出什么社会内容的形式美、自然美,也就是康德讲的纯粹美。"①社会美与自然美的划分,依据是审美对象的社会范畴。然而,李泽厚却在社会美与自然美的比较中,发现了康德依存美和纯粹美的特点。这就意味着这样的事实,从社会范畴角度区分的社会美和自然美,同时在功利形态上具有不同的特点,或者说可以作为一种功利形态分类。

在现实生活中不难发现这样的例子,社会范畴的审美对象引起人快感的原因多多少少可以说得出来,如红旗、衣服、领带、金戒指、金项链等美的事物,人们在欣赏中得到愉悦的时候,可以意识到这种快感的产生与某种功利因素有关。自然界的审美对象引起我们的快感,我们却始终弄不明白这快感因何而起,譬如彩虹、蓝天、大海、草原等。这种现象甚至反映到艺术中。譬如传统绘画,我们知道其画的是什么,依据画得像与不像作为判断标准;但在现代绘画中,观赏者有时甚至不知道画的是什么,但从绘画的线条、色彩中,从其与实物很不相像的图形中,仍然可以获得美感。这些现象说明,审美对象在功利的表现形态上存在两种类型。

结合以往关于审美对象分类研究的成果,现代美学依据审美对象功利作用的表现形态,把审美对象分为两类:一类称为显功利审美对象,审美主体可以从中或多或少地发现功利的作用,从意识中也可以捕捉到这种审美对象形成的痕迹;一类称为隐功利审美对象,审美主体从中看不出或很难看出功利作用,在意识中也难以发现其形成的痕迹。

在现代美学中,审美对象总是从属于具体的审美现象,因而对审美对象的划分,实质上也是对审美现象的划分。两种类型的审美现象之所以在功利作用方面表现出不同的特点,说明各自的形成具有不同的原因。基于这样的认

---

① 李泽厚.美学的对象与范围[M]//中国社会科学院哲学研究所美学研究室,上海文艺出版社文艺理论编辑室.美学:第三期.上海:上海文艺出版社,1981:17.

识,现代美学研究审美现象发生的原因和过程,需要把两类审美对象及其相关的审美现象分别予以研究。

本章小结

本章主要介绍了传统美学的研究对象、现代美学的研究对象和审美对象的分类。

研究对象的不同是现代美学与传统美学的重要区别之一。传统美学的研究目的是寻找单一的元素"美",所以研究对象也是单一的因素。传统美学的研究对象可以归纳为五种类型,即美、美的事物、主体心理、艺术和以上四种类型的总和。

现代美学的研究目的是寻找审美现象发生的机理和规律,因此研究对象就不能是单一的因素。现代美学把审美现象作为研究对象,也就是把审美活动的各种因素作为一个整体进行研究。审美现象包括审美主体、审美对象和美感三种因素,三者相互联系、相互依赖,不存在独立的、不变的审美主体,也不存在独立的、不变的审美对象和美感。在审美现象三种因素的介绍中,有两点值得重视:一是审美主体的审美心理。审美心理是审美对象之所以成为审美对象的关键,是美感之所以成为美感的关键,也是审美现象发生的关键,所以理所当然成为现代美学研究的重要内容。二是关于美感的生理机制。传统美学把美感和快感看作完全不同的两种情感,这样就人为地隔绝了探索美感产生的路径。现代美学根据生理学研究的成果,把美感和快感看作同一生理机制产生的情感,美感是快感发展的结果,这就彻底打开了探索美感来源之门。

审美对象从不同的角度可以分为不同的类型,本章在介绍美学史上四位美学家关于审美对象分类方法的基础上,特别介绍了审美范畴分类方法和功利形态分类方法,前者是部门美学形成的基础,后者是研究审美现象发生机理的基础,在现代美学研究中具有十分重要的作用。

试一试

1. 试从研究对象的角度分别为现代美学和传统美学下一个定义。
2. 试谈谈现代美学研究对象与传统美学研究对象的区别。
3. 试举出生活中的一个显功利审美对象和一个隐功利审美对象。

第四章 美学的研究方法

> **本章议题**
> 1. 美学有哪些研究方法？
> 2. 现代美学与传统美学在研究方法上有什么区别？
> 3. 什么是社会归纳方法？
> 4. 什么是哲学思辨方法？
> 5. 什么是心理分析方法？

美学的研究方法，与美学的研究目的和研究对象密切相关。传统美学的研究目的是寻找美，所以就会把审美现象中的单一元素作为研究对象，也会采用单一的研究方法。如果认为美在造物主创造事物的"理式"或"理念"之中，就只需要采用哲学的方法；如果认为美在现实生活中美的事物之中，就只需要采用社会学的方法；如果认为美在主体心理之中，就只需要采用心理学的方法。这样的研究方法，使得传统美学表现为三种类型：一种是从社会学的角度研究美学，被人们称为社会美学；一种是从哲学的角度研究美学，被称为哲学美学；一种是从心理学的角度研究美学，被称为心理美学。李泽厚曾经说过："今天的所谓美学实际上是美的哲学、审美心理学和艺术社会学三者的某种形式的结合。"① 这种现象的形成与传统美学的研究方法密不可分。

现代美学要揭示审美现象发生的机理和过程，依靠单一的方法显然是无法完成的，需要多种方法的配合。现代美学的研究犹如旅行，遇到江河湖泊就要乘船，到了陆地就要"舍筏登岸"，改为乘车、骑马或者步行，如果抱着一种方法不放，就无法到达目的地。

现代美学与传统美学在研究方法上的不同，主要表现在对于具体研究方

---

① 李泽厚.美学的对象和范围[M]//中国社科院哲学所美学研究室,上海文艺出版社文艺理论编辑室.美学:第三期.上海:上海文艺出版社,1981:13.

法作用的认识和运用上。如果就研究方法自身而言,二者并没有什么本质的区别。美学的研究方法主要分为三个方面,即社会归纳方法、哲学思辨方法和心理分析方法。

一、社会归纳方法

社会归纳方法是从社会学角度研究审美现象的方法。审美现象是一种社会现象,分布在社会生活中的各个方面。人们研究审美现象,首先需要把这些散布在社会各个方面的审美现象选择出来,然后对这些审美现象进行归类和比较,从中发现和总结审美现象发生变化的规律。这样的研究方法就是美学研究的社会归纳方法。社会归纳方法在具体研究中,可以细分为三个层面。

1. 搜集归纳审美现象

在审美研究中,首先引起人们注意的是审美对象。因此,人类最初研究审美现象首先是对审美对象进行归纳比较,从中选择最美的形式。古希腊雕塑家波里克勒特曾经专门研究各种不同的人体,归纳总结出人的身体各部分之间最美的比例,写成了《论法规》一书。这本书已经失传,但从后人引用的内容中可以看出这种研究方法的特点:"至于美,依他看,却不在各因素之间的平衡,而在各部分之间的对称——例如各指之间、指与手的筋骨之间、手与肘之间,总之,一切部分之间都要见出适当的比例,像在波里克勒特的《论法规》里所定的。"①古希腊研究者还发现:"一切立体图形中最美的是球形,一切平面图形中最美的是圆形。"②古希腊人用这种方法研究的最令人惊叹的成果,当推"黄金分割法"。它不仅是一种美的比例,也是获取这种美的图形的方法。这样的结果,显然不是灵机一动想出来的,也不是少数案例能归纳出来的,必须建立在对大量的审美对象归纳比较的基础之上。通过比较不同图形寻找美的图形的方法,在现代美学中依然被运用。实验美学的一种研究方法,就是要求受试者在一大堆不同的图形中选取他们最喜爱的图形,然后对这些选择进行归纳比较,总结出人们最喜爱的图形。

现代美学把审美现象作为研究对象,所以研究的第一步不是搜集归纳审美对象,而是搜集归纳审美现象。搜集归纳审美现象,不仅要掌握审美对象的相关资料,而且要掌握审美主体的相关资料。如果只掌握前者而不掌握后者,

---

① 北京大学哲学系美学教研室.西方美学家论美和美感[M].北京:商务印书馆,1980:13-14.
② 同①15.

就不能完整地描述一种审美现象,相关研究将无法进行。比如,普列汉诺夫研究原始部落的人用狩猎胜利品作为装饰物这种审美现象,如果只有关于这些装饰物的描述,没有原始部落人生活状况的资料,没有他们如何获得这些猎物、如何利用这些胜利品的资料,他就无法弄清楚原始狩猎胜利品如何从功利对象转变为审美对象的原因和过程。所以,搜集归纳审美现象的第一个要求是审美现象的完整性,不完整的审美现象是没有研究价值的。

搜集归纳审美现象的第二个要求是审美现象的典型性。我们知道,现实生活中充斥着各种各样的审美现象,比如我们每个人对一件衣服、一个装饰品、一座建筑物、一个人相貌等对象的感受或者评价,都可以构成一种审美现象。这种类型的审美现象大多是普通的、不典型的审美现象。典型的审美现象一般具有一定的普遍性和影响力,在现实生活中往往表现为一种审美习俗或者审美时尚。比如,原始部落人用狩猎胜利品装饰自己,唐朝人以胖为美,中国古代女性以小脚为美,如此等等。之所以选择典型审美现象作为研究对象,首先在于典型审美现象较之普通审美现象一般更容易获得完整的资料。比如历史上的典型审美现象,一般会有多方面的记载,就容易获得较完整的资料。如果历史上的普通审美现象,比如某个人的特殊爱好,就很难获得完整的资料。其次在于典型审美现象在不同时期或者不同地区往往会出现类似现象,有助于研究其中的规律性。比如,中国古代女性以小脚为美,普列汉诺夫发现在非洲原始部落的黑人女性中也存在以脚小为美的习俗,如果将二者结合起来研究,就容易发现其中的审美规律。

所以,搜集归纳审美现象,就是选择社会生活中的典型审美现象,完整地搜集归纳这种审美现象的有关资料。

2. 归纳比较相同审美现象

归纳比较相同审美现象,指通过归纳比较同类审美现象发现审美规律的方法。古希腊人注重对审美对象的归纳比较,由于审美对象与审美现象的联系,他们的许多研究在一定程度上类似于归纳比较相同审美现象的方法。比如以平衡对称为美的认识,就是建立在对大量审美对象归纳比较的基础之上。

归纳比较相同审美现象,总结其中的共同特点,就会形成对一定时期社会审美爱好的认识。比如唐代以胖为美的认识,就建立在众多唐代审美现象的基础之上。唐代大美人杨玉环的影响最大,画家张萱的《虢国夫人游春图》、周昉的《簪花仕女图》等传世名画以及相继发现的大量的唐代墓壁画,都是人们形成这种认识的具体的审美现象。

然而,如果对唐代不同时期的审美现象做进一步的分析比较,就会发现唐代人并非始终以胖为美,而是经历了一个不断变化的发展过程。在产生于初唐时期的李寿墓室壁画中,可以看到众侍女的面目非常清秀,身形修长,发髻高耸,短袖窄裳,体现的还是以瘦为美的审美观。唐代两大画马大师曹霸和韩干,虽然是师徒关系,但画风截然相反。师父曹霸画马重画骨,学生韩干则重画肉。杜甫称赞曹霸画马"锋棱瘦骨成","斯须九重真龙出,一洗万古凡马空";批评韩干:"干惟画肉不画骨,忍使骅骝气凋丧。"这种评论后来被很多人批评,苏轼曾作诗道:"杜陵评书贵瘦硬,此论未公吾不凭。短长肥瘦各有态,玉环飞燕谁敢憎?"评论家注意的是不同的审美观,而没有注意到这种不同的审美观实际是不同时代审美风尚的变化。曹霸和韩干师徒二人的不同画风,对应的恰恰是初唐和中唐不同的审美风尚。晚唐的审美风尚也与中唐不同,与初唐却更为接近。唐末画家程修己批评张萱、周昉的人物画过于艳丽丰肥,缺乏俊秀清雅。理论家张怀瑾指出:"若筋骨不任其脂肉,在马为驽骀,在人为肉疾,在书为墨猪。推其病状,未即已也,非医缓不能为之。"从这些言论可以看出,唐末以胖为美的审美观已经不再为人们推崇。细致分析唐代这些审美现象,就会发现唐代以胖为美的审美观,主要体现在盛唐时期,即天宝以后的一段时期。如果对盛唐时期的一些突出事件进行分析,如杨玉环入宫第二年为天宝初年,就不难发现唐代以胖为美审美现象形成的原因。

在我国古代典籍《礼记·乐记》中,对不同社会时期的音乐特点有这样的描写:"治世之音安以乐,其政和;乱世之音怨以怒,其政乖;亡国之音哀以思,其民困。"这种对不同社会时期音乐特点的认识,是对不同时期音乐归纳比较的结果。同时,通过对不同社会时期音乐特点的归纳比较,总结出了音乐特点与社会发展的对应规律。掌握了这种审美规律,人们也可以反过来,通过一个时期音乐的变化理解这个社会的特点。

2008年世界金融危机中,经济学家惊奇地发现,尽管大多数行业经营业绩下滑,而电影院的票房收入却呈大幅增长的态势。人们进一步对历次经济危机中各种产业的发展状况进行分析,发现了一个重要的规律:金融危机是文化产业发展的良好机遇。

以上这些案例,不论是古代的还是现代的,运用的都是归纳比较相同审美现象的方法,同时也表现了这种研究方法适用的范围及其作用。

3.归纳比较相异审美现象

归纳比较相异审美现象,就是通过比较不同类型的审美现象发现审美规律的方法。

在美学史上,有一些自称"客观派"的美学家,他们从哲学观念出发,认为美是客观的、不变的,美的东西永远是美的。普列汉诺夫没有同这些美学家争论,他只列举了17世纪和19世纪欧洲人对自然景物的态度:"对于17世纪的人们,再也没有比真正的山更不美的了。它在他们心里唤起了许多不愉快的观念。""在19世纪,情况急剧地改变了,人们开始为风景而珍视风景。"[①]两种相反审美现象的产生有其各自的原因,撇开这些原因不论,仅仅把这两种不同的审美现象放在一起,便可以判断"客观派"论断的真伪。事实上,类似这样的审美现象数不胜数,为什么"客观派"的观点却可以在相当长的时间内存在,甚至居主流地位呢?除了人们只关注于哲学理念的争论外,缺乏对归纳比较不同审美现象方法的认识和运用是一个重要原因。

德国著名文艺理论家莱辛的名著《拉奥孔》,是运用归纳比较不同审美现象方法的典范。1506年,意大利人佛列底斯在古罗马皇宫的遗址挖葡萄园时,发现了著名的拉奥孔雕像。在希腊神话中,拉奥孔是古希腊特洛伊城神庙的祭司,因为反对把藏有希腊军队的大木马运入城中,得罪了希腊保护神雅典娜和海神波塞冬,海神于是派两条毒蛇咬死了他和他的两个儿子。莱辛把拉奥孔雕像与罗马著名诗人维吉尔在史诗《伊尼特》中对拉奥孔故事的描写进行对比,发现二者具有完全不同的特点,由此否定了西方古代文艺理论中"画如此,诗亦然"的说法,说明诗与画在表现形式上存在着不同的审美特点。

社会归纳方法是美学研究的基础方法,除了可以总结出许多一般审美规律之外,更重要的还在于承担着为美学的深入研究提供素材的任务。美学研究如果没有社会归纳方法的介入,不建立在对审美现象归纳比较的基础之上,就会成为无的放矢的语言游戏或者天马行空的思维表演。

二、哲学思辨方法

哲学思辨方法,就是从哲学的角度研究审美现象的方法。在20世纪以前,美学研究主要是从哲学的角度出发,因而许多著名的美学家都是哲学家。这些美学家研究美学,大多是用自己的哲学观点解释审美现象,其研究成果往

---

① 普列汉诺夫.普列汉诺夫美学论文集[M].曹葆华,译.北京:人民出版社,1983:331.

往构成其哲学体系的一个组成部分。正是因为这个原因,许多人把美学看作哲学的分支。当今我国的学科分类,依然遵循着这样的认识。哲学观点不同,对审美现象的解释也就不同。但在这些不同的美学理论中,其研究方法却是一致的,采用的都是哲学思辨的方法。在美学研究中,哲学思辨方法可以细分为三种。

1. 逻辑推演方法

逻辑推演方法,即把一种认识推演到不同的审美现象,进而判断其是否成立的方法。

柏拉图是运用逻辑推演方法的典范。在《大希庇阿斯篇》中,当希庇阿斯认为"美就是一位漂亮小姐",柏拉图举出"一匹漂亮的母马、一个美的竖琴、一个美的汤罐"等美的事物,用以证明"美是一位漂亮小姐"的观点不能成立。因为柏拉图和希庇阿斯在讨论前首先达成一个共识:真正的"美"只能有一个。有了这个前提条件,希庇阿斯认为"美是一位漂亮小姐",美就不能是其他的事物,就必须承认"漂亮的母马""美的竖琴""美的汤罐"等事物不美,而这显然不符合事实。柏拉图用这种方法使得希庇阿斯不得不收回自己的观点。

逻辑推演方法多用于判断一种观点能否成立。以往我国美学界的争论中,有人针对"美在典型"的观点,指出最能体现出类的特征的毒蛇、癞蛤蟆等对象,虽然具有典型但却不能成为审美对象;有人针对"美是人的本质力量对象化"的观点,指出蔚蓝的天空、浩瀚的大海、皑皑的雪山、莽莽的沙漠,没有受到人类的改造却更能引起人的美感,而被砍伐得七零八落的树林、被轰炸得体无完肤的山峰,虽然体现了人的力量却不能成为审美对象……这些讨论运用的都是逻辑推演的方法。

事实上,传统美学关于美的任何定义,运用逻辑推演的方法都会被证伪。因为认为美是唯一的不变的认识,不符合纷纭变化的审美现实,由此得到的结论自然难以成立。

2. 思维辨析方法

思维辨析方法,即运用思维辨析不同审美现象的同异,进而发现审美规律的方法。

康德是运用思维辨析方法的典范。在康德之前,美与善的区别一直是审美研究中争论不休的问题。康德运用思维辨析方法,指出了二者的不同,从而对美与善做出了明确的区分。

康德首先分析了人类认识活动的两种不同形式,指出:"用自己的认识能力去了解一座合乎法则和合乎目的的建筑物(不管它是在清晰的或模糊的表象形态里),和对这个表面用愉快的感觉去意识它,这两者是完全不同的。"①在康德之前,人们一般多笼统地谈论人的认识活动,康德则对人的认识活动做了进一步的分类,一种认识活动依靠理性思维,另一种认识活动依靠感官感觉,审美活动属于后者。

康德其次从客体和主体的不同角度分析审美活动的特点。康德指出:"审美的判断只把一个对象的表象连系于主体,并且不让我们注意到对象的性质,而只让我们注意到那决定与对象有关的表象诸能力的合目的的形式。"②也就是说,从客体的角度看,审美活动只涉及事物的形式,而与内容无关。康德又从主体的角度对审美活动进行分析:"在这里,这表象是完全连系于主体,并且在快感或不快感的名义下连系于主体的生活情绪,这就建立了一种十分特殊的判别力和判断力,但并无助于认识,而只是在主体里使得一定的表象和那全部表面能力彼此对立着,使得心灵在情感里意识到它的状态。"③在康德看来,审美活动完全不同于一般认识活动,它不依赖概念,不依赖思维,只涉及事物的形象,只与人的情感相联系。

在此基础上,康德进一步分析了人的快感,认为审美引起的愉悦不涉及"利害关系"。所谓"利害关系",康德主要指欲念和概念。欲念,用现代较准确的说法就是功利。康德认为,美不涉及利害关系,不夹杂任何利害关系,也就是说美不涉及功利。概念,就是理性思维。康德认为,美不涉及概念,与概念无关,也就是说美不涉及理性思维,人们不需要思考事物有什么益处,有什么作用,凭感觉就能判定事物的美丑。不涉及功利,与不依赖理性思维,二者是相联系的。唯有不涉及功利,才能不涉及理性思维。与功利和理性相对的是形式和感觉。由于美不涉及功利和理性,只涉及形式和感觉,所以人们甚至可以不关心事物的存在状况、它的作用、特性等,而仅凭事物的外表即可获得美感体验。美不涉及功利与美只涉及事物的形式组合在一起,从两个方面把美的事物与善的事物彻底地划分开来,也把美感和快感区分开来。

不涉及功利的事物何以又能引起人的快感,康德的回答是"合目的性而无

---

① 康德.判断力批判:上卷[M].宗白华,译.北京:商务印书馆,1964:39-40.
② 同①66.
③ 同①40.

任何目的"。也就是说，人们在欣赏美的事物之前不需要抱有任何目的，欣赏过程中也无须想到对象对我们有何益处，但对象的形式却符合我们的目的，从而引起我们的愉快。事物为什么会具有这种神秘的特性，康德没有说明。这实际是到了哲学思辨研究的极限，单凭思辨是无法解决的。在随后的内容中，当我们接触到审美现象发生的原因和机理时，再回想康德这个回答，才能真正体会到康德思辨能力的精妙之处。

现实世界是一个整体，理论研究就是从不同的角度对其进行分割、划分，从而达到认识的目的。在理论研究中，思维辨析是最基本也是最有效的工具。康德对人的认识能力、认识对象、认识结果和快感中不同类别的辨析，充分地展现了思维辨析方法在研究中的作用。

3. 思想实验方法

思想实验方法，即在思想中设置审美的范围和条件，思考在这种环境中审美活动的变化，从而发现审美规律的方法。思想实验方法把传统的哲学思维与现代科学的实验方式结合在一起，既有利于提高思维的科学性，也有利于解决一些现实条件下无法实验的问题。

在现代科学研究中，爱因斯坦最擅长运用思想实验的方法，因为宏观和微观物理学中的许多实验是无法在实验室完成的。相对论中的许多结论，如高速运动中的钟慢尺缩现象、加速系的惯性力场与引力场等效、空间时间弯曲等，都是思想实验的产物。可以说，思想实验在爱因斯坦创立相对论的过程中发挥了至关重要的作用。

在传统美学中，康德曾经在不经意间运用了思想实验方法。他在《判断力批判》中讲述了一个有趣的故事："马尔斯顿在他关于苏门答腊的描绘中曾指出，在那里大自然的自由的美处处包围了观者，而因此对他不再具有多少吸引力；与此相反，一个胡椒园，藤萝蔓绕的枝干在其中构成两条平行的林荫路，当他在森林中忽然碰见这胡椒园时，这对于他便具有很多的魅力。他由此得出结论：野生的、在现象上看是不规则的美，只对于看饱了合规则性的美的人以其变化而引起愉快感。"①

马尔斯顿的说法与康德的美学理论发生了矛盾。康德不仅认为大自然的

---

① 康德.判断力批判：上卷[M].宗白华，译.北京：商务印书馆，1964：82.

美是自由的美,而且认为"美是不依赖概念而被当作一种普遍的愉快的对象"①。也就是说,美的东西人人都应该认为是美的,永远都应该是美的,"在一切我们称某一事物为美的判断里,我们不允许任何人有异议"②。现在,马尔斯顿不仅认为胡椒园比大自然美,而且认为这种美只能针对某种人。对于这种说法,康德当然不能接受。于是,作为反驳,康德给了马尔斯顿一个建议,要马尔斯顿做一个实验,"一整天停留在他的胡椒园里"。康德认为,这样一来,马尔斯顿必然会重新认识到大自然的美。

康德的建议,实际上就是一种思想实验——不需要真实地进行,只要在思想中进行即可。康德的实验条件是按照马尔斯顿的逻辑设定的,实验的结果也是显而易见的。长时间地待在胡椒园中,正如长时间欣赏自然景物一样,都会使人厌倦。康德通过这种方法,反驳了马尔斯顿的结论。

美学研究涉及一些宏观现象,在现实生活中无法进行实验。而没有实验,一种观点往往无法得到有效的确认或反驳,就会陷入旷日持久的争论之中。运用思想实验的方法,可以使人们对许多问题的认识更加符合实际。

月亮(或者其他美的事物)没有人欣赏时是否依然美?这是传统美学研究中长期争论不休的一个话题。客观派认为,不管有没有人欣赏,月亮都是美的。主观派认为,没有人欣赏,月亮就无所谓美与不美。对于这个问题,我们可以设想这样一个思想实验。

首先,我们可以设想一个人欣赏月亮的场景。在这种场景下,这个人欣赏月亮产生美感,构成审美现象。很显然,月亮是审美对象,是美的事物。

其次,我们可以设想把这个人送进深深的山洞中,使他无法感知外面的变化。在这种情景下,这个人当然可以设想,月亮依然如他欣赏时一样,如银盘一样挂在夜空,月光如水银般撒向大地。但是,这时候天气突然变化,狂风骤起,乌云遮天,月亮早已不见踪影。而这一切,山洞里的人是不知道的。很显然,他这时候的想法是不符合实际的。

再次,我们还可以设想,处在山洞中的人突然遇到地震,当他从倒塌的乱石中钻出来,满头是血,一条腿骨折,放眼望去,家园已成了一片瓦砾,家人生死不明。这时候,他再抬头观看空中的月亮,会产生怎样的感觉呢?可以肯定的是,这时候他绝不会产生审美的愉悦,因为悲痛已经完全控制了他的神经系

---

① 康德.判断力批判:上卷[M].宗白华,译.北京:商务印书馆,1964:79.
② 同①78.

统。根据许多类似的经验,月亮甚至会从此之后,不能再成为这个人的审美对象。这一点,杜甫"感时花溅泪,恨别鸟惊心"的诗句,可以作为例证。

通过这种具体的思想实验,人们会对"美的事物没有人欣赏是否依然美"的问题有更加深刻的理解。美学研究中许多争论不休的问题,采用这种方法都会找到更加符合实际的答案。

三、心理分析方法

审美活动涉及人神经系统的一系列活动,美感是这种活动的产物,所以研究审美现象不能不涉及人的心理领域。18世纪以来,美学研究的重点是人的审美经验,从心理的角度研究审美现象成为美学发展的主流。在这种研究中,形成了美学研究的心理分析方法。

美学研究的心理分析方法是从心理学的角度研究审美现象的方法,具体研究中可以细分为三种。

1. 理论分析方法

理论分析方法,即运用心理学理论分析审美现象发现审美规律的方法,是心理分析方法最基本的表现方式。

现代西方美学中,以西格蒙德·弗洛伊德(Sigmund Freud)为代表的心理学学派,把他们的心理学成果运用于美学研究,形成了心理分析美学;以鲁道夫·安海姆(Rudolf Arnheim)为代表的心理学学派,把他们的心理学成果运用于美学研究,形成了完形心理学美学。这两个美学学派是运用心理学成果分析审美现象的典型范例,他们的研究过程和成果,既表现了心理理论分析方法的作用,也显示出这种方法存在的不足。从心理美学的发展过程看,运用心理学成果分析审美现象,需要重视两个方面的问题。

首先,运用的心理学成果必须是经过实践证实的科学理论。从科学精神的证伪性上讲,心理学具有一般社会科学的共同特点,即有些理论无法得到科学的证实或证伪。在这种情况下,一些新兴的心理学理论,本身可能就是非科学的。如果依靠这种非科学的心理学理论分析审美现象,就难以得到科学的结论。

瑞士精神病理学家、心理分析心理学代表人物之一的荣格(C. G. Jung),把"潜意识"分为"个人潜意识"和"集体潜意识"两种类型,认为集体潜意识不是由个人获得的,而是由遗传保存下来的一种普遍性精神。荣格提出:"比起集体心理的汪洋大海来,个人心理只像是一层表面的浪花而已。集体心理强有力的因素改变着我们整个的生活，改变着我们整个的世界，创造着历史的也是集体心理。"①他认为，人的大脑在历史中不断进化，长远的社会（主要是种族）经验在人脑结构中留下生理的痕迹，形成各种潜意识的原型，它们不断遗传下来，就成为人生而具有的"集体潜意识"。

荣格的这种"集体潜意识"，从内容上讲，由于过分强调史前时期的内容，因而充满了神秘的色彩，很难为科学研究和人的生活体验所认同。从形成过程看，它更多的带有思辨色彩，不符合现代科学的研究方法。所以，弗洛伊德就曾讥讽他想当"先知"②。

后天的经验能否形成生理的结构并遗传下去，神经生理学至今仍然存在争论。巴甫洛夫在1913年曾经把后天经验可以遗传作为假设提出，但后来的试验结果却不能支持这一点。于是，1927年巴甫洛夫专门通过书面声明，宣布自己不是后天经验可以遗传的倡导者。由此可见，荣格的"集体潜意识"作为一种心理学研究成果，自身是否科学尚待证实。如果把这样的心理学理论不加分析地应用于审美研究中，所得结论的正确性就会大打折扣。

其次，运用心理学成果研究审美现象必须注意该理论的有效区域。一种心理学研究成果，总是针对某种心理现象的研究成果，在这种心理现象的范围内成立。超出了这种心理现象的范围，这种研究成果可能就不成立。所以，如果用一种心理学理论解释一切审美现象，就难免得到错误的结论。

弗洛伊德关于潜意识的认识在人类认识史上无疑具有里程碑式的意义。但是，弗洛伊德把本能的压抑和转移运用于各种审美现象的分析中，认为"美的观念植根于性刺激的土壤中"，艺术创作是性压抑的转移。这种认识忽视了社会中其他因素和其他心理的作用，犯了以偏概全的错误，自然难以得到实践的证实和人们的信服。李斯托威尔在《近代美学史评述》中说："精神分析美学的缺点，正像整个弗洛伊德的心理学一样，是把一种正确的理论夸大到接近绝对的色情狂的地步。"③这种批评是十分中肯的。

总结以往美学研究的经验教训，运用心理学成果分析审美现象，必须运用被实践证实的科学理论，并严格遵循理论的有效区域，这样才不至于误入

---

① 荣格.分析心理学的理论与实践[M].成穷,王作虹,译.北京:生活·读书·新知三联书店,1991.
② 朱狄.当代西方美学[M].北京:人民出版社,1984:30.
③ 李斯托威尔.近代美学史评述[M].蒋孔阳,译.上海:上海译文出版社,1980:140.

歧途。

2. 内省体验方法

内省体验方法，即通过自我反省审美活动中的心理感受，认识和理解审美规律的方法。

在美学史上，德国心理学家惠尔泰墨（M. Wertheimer）关于"格式塔特质"的认识，是运用内省体验法取得的杰出成果之一。据说在1910年夏天，惠尔泰墨去莱茵湖畔度假，一个突如其来的灵感使他在法兰克福下了车，他到一家玩具店买了一个玩具动影器，即利用一系列图片迅速连续出现使人产生动态感觉的机械玩具。他反复地体验了这种玩具动影器的感觉后肯定地说，造成知觉的因素一定不只是五官的感觉。

在此以前，西方关于外部事物的构成因素，流行的是洛克的观点。洛克认为："除了声音、滋味、香气，同可见可触的性质以外，任何人都不会想象物体中有其他任何性质，不论那些物体的组织如何。"①关于人类对外部事物的知觉构成，流行的是冯特（W. Wundt）的"要素论"，即认为知觉是各种感觉要素的复合。

惠尔泰墨通过反省自己的感受，提出了不同于洛克和冯特的观点，认为知觉不是各种要素的复合，人们感觉到的首先是事物的整体形象，然后才是事物的构成部分。他由此得出结论：部分相加，不等于整体。这样，惠尔泰墨在以往物质和感觉的各种要素之外，提出了"整体形象"的概念。整体形象也称为"完形"，或"格式塔特质"。他所创立的心理学因而被称为完形心理学或格式塔心理学。许多研究者用这种理论分析审美现象，从而形成了完形心理学美学。

按照神经生理学的研究结果，人对外部对象的认识，是通过颜色、大小等不同感觉传递到大脑皮质的不同区域，再通过神经系统的综合形成的。也就是说，人对外部事物的感知，是通过多种认识途径信息的综合完成的。但是，将对事物各部分的感知信息组合成整体形象的过程是在潜意识中完成的，这是人体的一种生理本能。从意识的角度讲，进入人意识的首先是完整的影像，而非颜色、大小、质量等因素。如果要了解这些因素，即部分，就需要对这些部分重新关注。相对认识的生理过程而言，要素复合理论是正确的；相对意识的

---

① 洛克.人类理解论[M].关文运，译.北京：商务印书馆，1959：85.

产生过程而言,完形理论无疑更符合我们的感觉。

完形心理学揭示了人类感觉活动的一种规律,内省体验方法则在获得这种规律中发挥了至关重要的作用。在美学研究中,研究者都会自觉不自觉地运用内省体验的方法。但是作为一种研究方法,只有自觉地运用才会收到更加积极的效果。

3. 心理实验方法

费希纳把自然科学的实验方法带入美学,从此美学界便有了实验美学的称谓。心理实验方法,即运用心理学实验发现审美规律的方法。在美学研究中运用实验的方法,最初实验目的主要是要寻找令人愉快的形式。实验通常采用三种方法:选择法,让受试者在各种几何图形中,依次选择自己喜爱的图形;制作法,让受试者制作自己喜爱的图形;常用物测量法,测量人们常用物品的大小比例,如明信片和信纸。

随着实验方法的运用,人们由对美的形式的发现和确定,逐渐转向欣赏者的心理变化。研究者通过改变观察对象和观察时间的方法,要求受试者回答不同情形下的感受,有的实验要求受试者将感受细致地描写出来,以期总结出某些普遍的规律。美国学者柯尔金斯把说明色彩、形式和表情的三种图画,分别展示给300个年龄不同的人,发现88%的儿童喜爱高度着色的画,60%的成年人则喜欢较为简洁朴素的形式。

在实验方法的进一步运用中,人们逐渐开始关注欣赏活动中受试者的生理变化。有的实验测量受试者的脉搏和呼吸,有的记录模仿手势动作的现象,有的记录四肢活动的状况。进入21世纪以后,随着神经生理学的发展,有的实验者开始观察欣赏活动中受试者大脑皮层的兴奋区域和强弱变化。

对于实验美学,我国美学界以往许多人持否定态度。毫无疑问,仅仅依靠实验的方法,肯定无法揭开审美现象的秘密。但实验方法作为一种研究方法,对一些审美爱好的确定,却可以为进一步的美学研究提供基础资料。特别是运用实验方法,对人的大脑活动进行观察,可以对认识审美现象中人的神经活动提供科学的依据。

2011年初,世界各地有关神经生理研究的几则报道,有利于增强人们对实验方法的期待。来自西班牙的报道称,研究人员通过对90名大学生的询问和对他们的大脑进行核磁共振成像扫描,发现政治上持保守主义观点的人大脑的杏仁核更大,持自由主义观点的人大脑前扣带皮层往往更厚。杏仁核位于大脑最里层,形状类似杏仁,负责产生情感记忆。前扣带皮层位于大脑额叶之上,与人的行为和决定有关,负责处理对大脑来说带有冲突性的信息。领导这项研究的神经学专家称:"我们惊奇地发现,通过大脑的两个区域可以预测一个人的政治倾向。"①

来自俄罗斯的报道称,美国密歇根大学的专家运用实验的方法研究为什么有人遇事乐观、有人遇事悲观,发现秘密在于人体一种生物活性物质神经肽Y的水平。大脑中这种物质越多,人就会积极地看待世界;这种物质分泌少的人,则常常感到难以克服悲观情绪。专家解释说,神经肽Y的分泌是由基因编码决定的,也就是说人的乐观和悲观的性格是由遗传决定的②。

来自英国的报道称,犯罪学家阿德里安·雷恩教授研究发现,精神病态者和罪犯的大脑杏仁核和前额皮层都比较小,而这两个区域都是负责调控情绪和行为的。雷恩由此推断,非正常的脑部生理结构可能是犯罪的一种致因,这也有助于预测犯罪行为③。

这些不同的研究表现出一种相同的倾向:人的生理结构会影响到人的情感和行为,或者说人的情感和行为与人的生理结构相关。在这种情况下,相关的研究成果以及这种实验方法对于美学来说就非常重要。如果有那么一天,科学技术能破译人大脑活动的各种信息,研究者可以直接观察和阅读人在审美活动中神经系统的活动,心理实验将成为美学研究最重要的方法。

本章小结

本章介绍了现代美学的三种研究方法,即社会归纳方法、哲学思辨方法和心理分析方法。这些方法在传统美学中也被使用,不同的是传统美学中不同的研究者往往只使用其中的一种方法,并且把这种方法作为自己的标识,从而形成某种学说或流派。现代美学认为这些方法只不过是不同的工具,犹如旅行中遇到江河湖泊就要乘船,到了陆地就要换乘其他交通工具,这样才能尽快地到达目的地,若抱着一种方法不放,则必然有违初衷。

社会归纳方法是从社会学角度研究审美现象的方法。社会归纳方法在具

---

① 德蓬松.大脑特征决定政治倾向[N].参考消息,2011-1-3(7).
② 乐观悲观来自遗传[N].参考消息,2011-2-10(7).
③ 脑扫描或可预测犯罪倾向[N].参考消息,2011-2-23(7).

体研究中细分为三种形式:搜集归纳审美现象,指选择社会生活中的典型审美现象,完整地搜集归纳这种审美现象的有关资料,确定研究对象的方法;归纳比较相同审美对象,指通过归纳比较同类审美现象发现审美规律的方法;归纳比较相异审美现象,指通过归纳比较不同类型审美现象发现审美规律的方法。

哲学思辨方法是从哲学的角度研究审美现象的方法。哲学思辨方法在研究中也细分为三种形式:逻辑推演方法,即把一种认识推演到不同的审美现象,进而判断其是否成立的方法;思维辨析方法,即运用思维辨析不同审美现象的异同,进而发现审美规律的方法;思想实验方法,即在思想中设置审美的范围和条件,思考在这种环境中审美活动的变化,从而发现审美规律的方法。

心理分析方法是从心理学的角度研究审美现象的方法。心理分析方法在具体研究中同样细分为三种形式:理论分析方法,即运用心理学理论分析审美现象发现审美规律的方法;内省体验方法,即通过自我反省审美活动中的心理感受发现审美规律的方法;心理实验方法,即运用心理学实验发现审美规律的方法。

试一试

1. 试谈谈你对美学研究方法的理解。
2. 试运用社会归纳方法列举一种当前流行的审美现象。
3. 试运用思想实验方法分析"鲜花无人欣赏时依然美"的说法。
4. 试运用心理分析方法列举自己最喜爱的审美对象。

第五章 审美现象发生机理

> **本章议题**
> 1. 美的事物是怎样引起人的美感的？
> 2. 显功利审美现象是如何发生的？
> 3. 隐功利审美现象是如何发生的？
> 4. 美感和快感的区别是什么？
> 5. 审美现象发生的机理是什么？

看到美的事物，人的愉悦感会油然而生。这种愉悦的感觉是怎样产生的呢？这些美的事物为什么会令人感觉到美呢？

古今中外，这种现象令无数研究者着迷。柏拉图误以为原因在于美的事物中有一种元素，正如糖引起人甜的感觉，醋引起人酸的感觉一样，以为是这种元素引起了人的美感。柏拉图的误判把美学引入两千多年的迷途。当走出传统美学的误区，现代美学研究又一次面对这样的问题：审美现象中的美感因何而来？美的事物因何而美？

面对这样的问题，现代美学不是像传统美学那样依靠推测来寻找一个答案，而是通过对审美现象的归纳分析，依靠现代生理学和心理学的成果，研究审美现象的发生过程，从而揭示审美现象发生的机理。

在第三章我们讲道，现代美学把审美对象分为两类：一类称为显功利审美对象，人们从中可以或多或少地发现功利的作用，从人的意识中也可以捕捉到这种审美对象形成的痕迹；另一类称为隐功利审美对象，这种对象看不出或很难看出功利作用，在人的意识中也难以发现其形成的痕迹。不同类型的审美对象，也就是不同类型的审美现象。表现形式的不同，预示着它们可能存在不同的发生原因。

本章将通过介绍现代美学研究取得突破的几个关键成果，分别介绍两种审美现象的发生机理，进而对审美现象发生的机理做出完整的描述。

一、显功利审美现象发生机理

显功利审美对象就是可以看出功利作用的审美对象。比如漂亮的异性、服饰、建筑等,都属于这种类型的审美对象。事实上,社会生活和艺术欣赏中的大部分审美对象,都属于显功利审美对象。为什么称它们为显功利审美对象?它们与功利物有什么区别呢?先来看一个案例。

 案 例

原始部落女性的装饰品

普列汉诺夫在他的著作中,记述了一位非洲部落首领,说他只要是得到一些铜丝,就立即命工匠把它熔化,为自己的老婆们打造项圈。据估计,这位首领的老婆们的脖子上总共戴有800多磅的铜,他的六个女儿,脖子上有约120磅铜,他宠爱的女奴们戴有大约300磅铜。①

非洲本戈部落的妇女则在耳环上花费心思,她们几乎是整打地戴着铁耳环。为了这个目的,她们不仅在耳垂上,而且在耳轮上也打了许多耳洞。一些服饰讲究的本戈女性,身上装饰着成百个铁环,身体上每一个突出部分,皮肤上每一个有皱褶的地方,都穿了孔。

非洲圣赫拉那岛的土著民族,妇女以钱币作为耳环。当地的钱币是用石头磨刻而成的,花纹越复杂就越珍贵。有的妇女耳轮上竟挂了二三十个这种石头装饰。

马里妇女的耳环,以大和重见长,耳环下边挂有两个"洋桃"似的饰物。由于它太重了,耳垂受不了,不得不用一条细绳挂在头上,以减轻耳垂的负担。马里富拉尼妇女的耳环,多由人工箍成,人们不在乎它的工艺,而重视其含金量,有的贵妇人一对耳环竟价值20头牛。

案例中的女性佩戴这些装饰品,毫无疑问是为了美。这些装饰品为什么能成为美的事物呢?显而易见,其原因在于它的价值,也就是它的功利性。当地人之所以把佩戴这样的装饰品看作美的标志,就在于它代表了富有,带上它一言不发就可以炫耀财富和地位。现在许多人讲究穿名牌、用名牌,也是出于同样的原因。

我们说这类对象在激发人的美感时可以看出功利的作用,并非指这种愉

---

① 普列汉诺夫.普列汉诺夫美学论文集[M].曹葆华,译.北京:人民出版社,1983:422.

悦感直接产生于功利。如果美感直接因为功利作用产生,那么美与善之间就可以画上等号。这类审美对象之所以能引起人愉快的感觉,仍然在于形象,在于其样子。当人的视觉接触到事物的形象,无须思索,无须联想,美感便会油然而生。但进一步思索,进一步反省,却能从中找到或远或近、或隐或显的功利原因。这也是以往人们称其为"依存美""相对美""不纯粹美"的原因。

分析案例中的装饰品,诸如货币、铁、铜、金等饰品,它们最初就是功利物,人们佩戴它们看中的就是它们的功利性。但是到了后期,它们就渐渐脱离了原来的功利性,以其审美性为人们看重。比如今天文明社会的金、银项链,许多知识女性看重的就不是它的粗细重量、价值多少,而是它的样子。起初的功利物是怎样变成审美对象的呢?显功利审美对象是怎样依靠形式引起人的美感的呢?让我们通过以下几个研究成果,了解美学在这方面的探索历程。

1. 哲学美学的"美起源于功利说"

在古希腊时期,审美研究刚刚起步,人们对许多事物的认识还停留在直觉阶段。在这个时期,人们普遍认为,美与善同一,事物之所以引起人的快感皆源于功利。

哲学家苏格拉底较早提到功利在审美中的作用。当弟子问他美与善的区别时,他这样回答:"你以为美与善是截然不同的两回事吗?你不知道凡是从某个观点看来是美的东西,从同一观点看来也就是善的吗?……凡是我们用的东西如果被认为是美的和善的,那就是从同一观点——它们的功用去看的。"①这种美善同一的说法,是审美源于功利说早期的表述形式,在审美研究初期影响较大。通常被称为"欧洲美学思想的奠基人"的亚里士多德就认为:"美是一种善,其所以引起快感正因为它是善。"②

随着研究的深入,人们逐渐认识到美与善毕竟不是一回事。柏拉图首先提出:"美不是有用,不是善。"③哈奇生进一步提出:"所得到的快感并不起于对有关对象的原则、原因或效用的知识,而是立刻就在我们心中唤起美的观念。"④狄德罗断言:"假如有用是美的唯一基础,那么浮雕、暗纹、花盆,总而言

---

① 北京大学哲学系美学教研室.西方美学家论美和美感[M].北京:商务印书馆,1980:18.
② 同①41.
③ 同①27.
④ 同①99.

之,一切装饰都变成可笑而多余的了。"①许多研究者都表示了类似的认识。

到了18世纪末,康德通过详细分析,对这种分歧做了最后的总结:"美的欣赏的愉快是唯一无利害关系的和自由的愉快;因为既没有官能方面的利害感,也没有理性方面的利害感来强迫我们去赞许。"②康德认为,美只涉及事物的形式,不牵扯任何利害关系,即功利。不涉及功利的事物,为什么可以引起人们的快感呢?康德认为,在于"对象的表象里的合目的性而无任何目的"。意思是说,人们审美虽然没有功利目的,事物形式也不具有功利作用,但它在冥冥之中却符合了某种目的性,因而引起人的快感。康德观察到人审美时的感受与对象的性质、内容无关,但又感觉到对象之所以能引起人的快感,在于冥冥之中符合了人的某种功利目的。康德关于美与功利无关的观点,不仅在美学界影响深远,在艺术界同样引起极大的反响。18世纪以后,艺术界各种形式的"为艺术而艺术"的理论和实践,都是康德这种理论的产物。

虽然众多的研究表明,审美的情感与功利无关,但是相当多的人仍然坚持认为美与功利有关,美起源于功利。在这种观点中,鲁迅先生的表述最为直接:"美底愉乐的根柢里,倘不伏着功用,那事物也就不见得美了。"③

长期以来,这两种观点一直存在于美学界,一直在不断地争论。分析这两种截然不同的观点,会发现二者其实是在两个不同的层面上谈问题。坚持审美与功利有关的人,主要着眼于审美现象发生的历史,根据审美现象发生的历史过程得出审美起源于功利的认识。坚持审美与功利无关的人,则着眼于审美现象具体的发生过程,强调美感瞬间产生、主体毫无意识的特点,并由此认为审美过程不涉及功利。应该说,两种观点都是受到审美实践支持的。既然审美起源于功利,审美过程又不涉及功利,那么事物的功利作用是怎样通过形式体现出来,或者说事物的形式何以能引起类似于功利物引起的快感,就成了显功利审美现象发生机理研究的焦点。

2. 普列汉诺夫研究原始狩猎胜利品的发现

俄国美学家普列汉诺夫研究审美现象的方法,是通过具体地分析某种审美现象,进而揭示其形成的原因。对原始狩猎胜利品的研究,是其中一个典型案例。

---

① 北京大学哲学系美学教研室.西方美学家论美和美感[M].北京:商务印书馆,1980:136.
② 康德.判断力批判:上卷[M].北京:商务印书馆,1964:4.
③ 鲁迅.鲁迅全集:第四卷[M].北京:人民文学出版社,1981:63.

普列汉诺夫发现，在原始社会："猎人最初打死飞鸟，正如打死其他野禽一样，是为了吃它们的肉。被打死的动物的许多部分——鸟的羽毛和野兽的皮肤、脊骨、牙齿和脚爪等——是不能吃的，或是不能用来满足其他需要的，但是这些部分可以作为他的力量、勇气或灵巧的证明和标记。因此，他开始以兽皮遮掩自己的身体，把兽角加在自己的头上，把兽爪和兽牙挂在自己的颈项上，甚至把羽毛插入自己的嘴唇、耳朵和鼻中隔。"①

普列汉诺夫认为，在这个阶段，狩猎胜利品是作为功利象征物为人们所欣赏的，尚不属于审美对象，产生的快感也不是美感。作为功利象征物的一个特点，这时候的狩猎胜利品只有狩猎品获得者可以佩戴，其他人是不能佩戴的。但是，随着欣赏活动的不断重复，久而久之，人们逐渐忘却了狩猎胜利品原有的象征意义，而仅仅把它当作美的装饰品。普列汉诺夫认为："当狩猎的胜利品开始以它的样子引起愉快的感觉，而不管是否有意识地想到它所装饰的那个猎人的力量和灵巧的时候，它就成为审美快感的对象，于是它的颜色和形式也就具有巨大而独立的意义了。"②作为由功利象征物发展为审美对象的标志，这时候的狩猎胜利品，不仅狩猎品获得者可以佩戴，而且其他男人也可以佩戴，甚至妇女小孩也将其作为装饰品。

按照普列汉诺夫的介绍，狩猎胜利品最初是作为功利象征物为人们欣赏的，人们起初欣赏功利物，因其功利作用而引起快感；随着时间的推移和欣赏活动的反复进行，狩猎胜利品的功利色彩逐渐淡化，审美作用逐渐突出，狩猎胜利品的样子渐渐具有独立的意义——不需要再想到其功利性便能引起人愉快的感觉。

普列汉诺夫描述的狩猎胜利品的发展过程，具体地说明了显功利审美对象的形成原因和过程，是美学研究的重大突破。但是，在普列汉诺夫的叙述过程中有一个断层：起初靠功利象征作用使人愉快的对象，后来为什么却能够单凭形式便可以引起原本由功利作用才能引起的愉快的感觉呢？如果考察狩猎胜利品，在整个发展过程中，除了会变脏、变旧、破损外，显然不会发生其他变化。现实中功利象征物发生的这种变化，显然不能产生使它成为美的事物的作用。那么，在这个过程中是什么因素导致了这种变化呢？既然从审美对象的角度找不到答案，研究者便自然而然地把目光转向审美主体，从审美主体的

---

① 普列汉诺夫.普列汉诺夫美学论文集[M].曹葆华，译.北京：人民出版社，1983：419.
② 同①420.

角度寻找这种变化产生的原因。近代以来心理学和生理学的发展,正好为这样的研究提供了条件。

3. 心理美学的"回忆说"

近代以来,心理美学成为西方美学的主流。在心理美学中,"移情论"的观点影响很大,有人甚至夸张地将其比作生物学中的进化论。

什么是移情?美学界有各种不同的解释。

朱光潜认为:"什么是移情作用?用简单的话来说,它就是人在观察外界事物时,设身处地在事物的境地,把原来没有生命的东西,仿佛它也有感觉、思维、情感、意志和活动,同时,人自己也受到对事物的这种错觉的影响,多少和事物发生同情和共鸣。"①按照这种理解,朱光潜把"文字的引申义",诗歌中"'托物见志'的'兴'",以及文学作品中拟人化的表现也归入移情,认为这是古今中外艺术中普遍存在的现象。

被誉为"移情论"代表人物的德国美学家特奥多尔·李普斯(Theodor Lipps,1851—1914年),在论及希腊建筑中道芮式石柱何以引起观赏者情感时指出:"这个道芮式石柱的凝成整体和耸立上腾的充满力量的姿态,对于我是可喜的,正如我所回忆起的自己或旁人在类似情况下的类似姿态对于我是可喜的一样。我对这个道芮式石柱的这种镇定自持或发挥一种内在生气的模样起同情,因为我在这种模样里再认识到自己的一种符合自然的使我愉快的仪表。"②李普斯感到,欣赏道芮式石柱所引起的感受,类似于自己"回忆起的自己或旁人在类似情况下的类似姿态"的感受。李普斯没有直接说审美的感受因"回忆"而起,只是说它类似于回忆所引起的感觉。李普斯尽量避免运用"回忆"之类的字眼,因为不仅大多数美学家,而且李普斯本人也承认审美不经过反思,但是,不论用什么字眼,他毕竟表述了这样一个事实:审美中的某些感受与我们以往类似的经历不仅是相似的,而且存在某种联系。

与李普斯相比,另一位德国美学家洛采(Lotze,1817—1881年)在对象之所以引起人的美感在于它唤起了人相关的感情回忆这一点上,表述得更为清楚。《近代美学史评述》在介绍洛采关于移情论的描述时说:"作者告诉我们,这一过程是建立在观念多样化的联想或回忆上面的。没有人会完全否认,对

---

① 朱光潜.西方美学史:下卷[M].2版.北京:人民文学出版社,1979:597.
② 同①607.

象的审美效果,不仅依赖于它们实际上是什么,而且也依赖于它们的外观唤起了我们什么。每一种个别的形式对我们所起的作用,都是由于在我们的心中唤起了动作的回忆,唤起了过去这种身体的动作所表现的、浸染着快乐或痛苦的回忆。因此,我们周围的人与事之所以变得是充满了感情的,是因为它们以其外貌和形象唤起了我们自己身体上的某些特殊的状态。这些状态是伴随着过去的某些特殊的感情的。"①

狄德罗也曾经谈到感情的回忆,不过他是从相反的方向讲的。狄德罗在论述影响造成审美判断分歧的十二种根源时列举了一种现象:"由于偶然,不愉快的观念也会联系到最美的对象上去……这个前厅总是瑰丽的,但是我的朋友却在那里丧失了生命。这座剧院并未失其为美,但是自从我在那里得了倒彩之后,我就不能看到它而耳中不响着倒彩的噪音。我在这个前厅,只看见我那濒于气绝的朋友,我就不再感到它的美。"②不愉快的经历引起不快,与愉快的经历引起愉快,作为一种心理活动形式,其机理是相同的。这种现象,相信许多人都会有类似的经历。有一句俗话说得好:"一朝被蛇咬,十年怕井绳。"无任何危害的井绳之所以令观者生出畏惧之感,就在于其形象与蛇相似,使人想到被蛇咬时的感觉。

在这些不同时代、不同国家的美学研究者的研究结果中,表现出一个共同的倾向,这就是审美中的情感与审美者以往的经历有关。全面地分析审美的发生过程,"回忆说"似乎不乏道理,也不乏案例支持。但是,用回忆解释美感的产生有一个致命的弱点,就是与大多数人的审美体验不相吻合。因为每一个经历过审美过程的人都知道,美感的产生完全是一种直觉,看见审美对象瞬间就会产生,根本用不着思考,也根本没有思考的机会。回忆则是一种意识活动,需要用思维来完成。如何解释审美实践中内容上的回忆感受与形式上的瞬间直觉的矛盾,需要研究者做出进一步的探索。

4. 心理美学的"象征说"

"象征说"是"移情论"对审美感情产生原因的另一种解释。这种观点最有影响的人物要数"移情论"的代表人物之一费舍尔(F. T. Vischer,1807—1887年)。这位德国美学家早年追随黑格尔,写了六卷本的《美学》,晚年致力于心

---

① 李斯托威尔.近代美学史评述[M].蒋孔阳,译.上海:上海译文出版社,1980:41.
② 北京大学哲学系美学教研室.西方美学家论美和美感[M].北京:商务印书馆,1980:140.

理学研究,提出了"亲切的象征主义"的概念。

　　费舍尔认为:"象征活动是把一个形象和一个隐藏的意蕴,通过比喻的方法把二者联系在一起。例如,一把剑代表力量和分离,一只鹰代表勇敢,一头狮子代表宽宏大度。在神话和通俗宗教中,人们对象征物的欣赏过程是不自觉的、无意识的,相信象征物及其所象征的意蕴是同一个东西;在寓言和日常生活中,人们对象征物的欣赏却是自觉地、清清楚楚意识到的,象征物的意义在于它和它所代表的观念相似。美学上的象征主义,大致介于二者之间。它是不自觉的,然而在某种程度上,却又是自觉的,它是无意识的,然而在某种程度上,却又是有意识的。"①

　　费舍尔的"象征说"显然受到了黑格尔的启发。黑格尔在他的《美学》中指出:"自然美还由于感发心情和契合心情而得到一种特性……这里的意蕴并不属于对象本身,而是在于所唤醒的心情。我们甚至说动物美,如果它们现出某一种灵魂的表现,和人的特性有一种契合,例如勇敢、强壮、敏捷、和蔼之类。从一方面看,这种表现固然是对象所固有的,见出动物生活的一方面,而从另一方面看,这种表现却联系到人的观念和人特有的心情。"②

　　黑格尔和费舍尔等人发现了审美对象的象征作用,这是很有意义的,也是符合审美实际的。但是他们同所有传统美学研究者的做法一样,不是对这种现象做进一步的具体研究,而是把它们用于解释一切审美现象。事实上,他们发现的这种象征作用包括两种不同的对象及感情。一类与我们以往的生活、观念有关。如金银饰品、名牌服装等,正是因为象征了财富才引起了人的美感。梅、兰、竹、菊象征品德高洁,则与中国的文化传统有关。另一类则与我们以往的生活似乎没有多大关系。譬如,茂盛的植物令人感受到旺盛的生命力,蓝天、大海令人心胸为之宽阔……这是两种不同的对象,前者属于显功利作用的审美对象,后者属于隐功利作用的审美对象。

　　显功利审美对象的象征作用怎样引起人的美感,黑格尔倾向于"唤起"的说法,就是说对象唤起了我们心中的某种情感,这与"回忆说"有相似之处。不同之处在于回忆说具体地说明了情感产生的路径,而唤起的说法仍然只是一种感觉。事物如何唤起人们内心的情感,还需要做进一步的科学说明。

　　费舍尔不同意"唤起"的说法,他认为:"审美活动不仅只是主观的感受,而

---

① 李斯托威尔.近代美学史评述[M].蒋孔阳,译.上海:上海译文出版社,1980:42.
② 黑格尔.美学:第1卷[M].朱光潜,译.北京:商务印书馆,1979:170.

是把真正的心灵的感情投射到我们的眼睛所感知到的人物和事情中去。"① 按照费舍尔的说法,审美活动的快感产生不是因为事物唤起了人内心的情感,而是人把情感投射到事物上。按照这种说法,审美中主体就必须先有快感,然后才能把快感投射到对象上去。这种"快感在前,审美在后"的现象在现实中是否存在呢？应该说是存在的,譬如人们经常体验到的,心情高兴看什么东西都顺眼,也就是人们常说的"人逢喜事精神爽,扫帚星也能变福星",但这只是一种特殊现象,在后面介绍审美心理变化规律时我们将专门讨论。在普遍的审美现象中,审美在先,快感在后,而不是如费舍尔所说的那样。

从审美实践的角度看,"象征说"显然不难找到支持的例证。但是如何解释这些现象中美感产生的机理,"象征说"仍然面临着一些问题：对"唤起"的说法来说,问题就是事物的意蕴是如何存在于形象之中并引起人的快感的呢？对"投射"的说法来说,就是人的感情是怎样产生、储存并投射到事物上的呢？

5. 心理美学的"积淀说"

"积淀说"是对人的感情如何存在于事物形式之中的一种说明,起源于20世纪初兴起的西方心理分析美学。

心理分析美学的鼻祖是奥地利精神病医生西格蒙德·弗洛伊德(Sigmund Freud,1856—1939年)。弗洛伊德最有影响的成果,是他发现在人的神经系统中,除传统的意识之外,还存在大量的无意识或潜意识。弗洛伊德认为,构成潜意识的内容,主要是人的本能,特别是"性",他称之为"里比多"。他认为,意识建立在潜意识之上,人类文化中最有价值的东西,都是建立在对本能的抑制上。

不过,美学中的"积淀说"却不是弗洛伊德的创造,而是由瑞士心理学家荣格(Carl Gastav Jung,1875—1961年)首先提出来的。荣格起初是弗洛伊德的信徒,后来因反对弗洛伊德把无意识限定在与性本能相关的生理因素上,便与弗洛伊德分道扬镳。与弗洛伊德不同,荣格认为,真正的无意识概念是史前的产物,"无意识产生于人类没有文字记载情况下没有被写下来的历史之中"②。按照荣格的观点,无意识分为"个人无意识"和"集体无意识",集体无意识并不是由个人所获得,而是由遗传保存下来的一种普遍性精神。

---

① 李斯托威尔.近代美学史评述[M].蒋孔阳,译.上海：上海译文出版社,1980:43.
② 霍尔,诺德拜.荣格心理学纲要[M].张月,译.郑州：黄河文艺出版社,1987.

荣格的这种"集体无意识",由于过分强调史前时期的内容,因而充满神秘的色彩,难以被科学研究和人的生活体验所认同。但是,荣格关于社会经验可以在人大脑中形成无意识,并成为影响人行动和感情因素的认识,对研究审美现象却具有十分重要的意义。

李泽厚抛弃了心理分析学派的神秘色彩,从社会生活的实际出发,提出了"积淀"理论,把美感产生的原因归结于社会生活在人心理上的积累沉淀。李泽厚认为:"美感就是内在自然的人化,它包含着两重性,一方面是感性的、直观的、非功利的;另一方面又是超感性的、理性的、具有功利性的。这就是我1956年提出的美感的矛盾二重性。从那时起,我就一直认为,要研究理性的东西是怎样表现在感性中,社会的东西怎样表现在个体中,历史的东西怎样表现在心理中。后来我造了'积淀'这个词,就是指社会的、理性的、历史的东西积累沉淀成了一种个体的、感性的、直观的东西,它是通过'自然的人化'的过程来实现的。"①

这种"积淀"的过程是怎样完成的,事物的内容通过什么样的路径积淀到形式中,又是怎样形成人的审美心理结构的?李泽厚认为,这需要从心理学方面进行研究。他说:"这个复杂的审美结构是未来的心理学需要解决的课题,现在解决不了。所以我讲,不要把美学工作想得太乐观,至少得五十年,甚至一百年,心理学发达以后才能取得真正的科学形态。现在只能做些表面的描述而已。"②

李泽厚的"积淀说"与人们的生活体验比较吻合,他提出审美心理结构需要依靠心理学研究的思路也是正确的。但是,他把这一任务留给"未来的心理学",这就使得"积淀说"犹如一道给出了答案,却没有运算过程的数学题。

6. 以上研究成果的分析

分析以上关于显功利审美对象何以引起人美感的探讨,美学家在不同的结论中表现出两种共同的倾向。

一是认为审美活动中美感的产生与人们以往的生活经验相关。这种相关从审美对象的角度看,是与其以往的功利性有关;从审美主体的角度看,是与以往对客体功利性的欣赏活动有关。

---

① 李泽厚.美学四讲[M].北京:生活·读书·新知三联书店,1989:104-105.
② 同①124.

二是以往生活经验对现实审美活动的影响,是通过审美主体的心理活动来完成的。

第一种倾向在以上几种学说中均有体现,尤其是普列汉诺夫的研究表述最为清楚。第二种倾向主要表现在心理美学的"回忆说"、"象征说"和"积淀说"中,"积淀说"是从人类社会发展的角度讲的,"回忆说"和"象征说"则是针对具体的审美活动而言。虽然解释的方式不同,但这种倾向却是相同的。

根据这些研究成果,可以对显功利审美对象引起人美感的原因做出这样的判断:显功利审美现象中美感产生的原因,在于以往审美主体欣赏功利对象的过程中,事物的形式在审美主体神经系统中与快感产生了某种联系,使得事物的形式在随后的欣赏中引起了原本由事物功利性引起的快感。

在这个判断中,显功利审美对象之所以成为美的事物是因为功利的原因,这一点有充分的证据,是可以肯定的。但是,对于欣赏功利物的感觉如何在人的心理中保留下来,为什么人在审美活动中一看到事物的样子,不需要思索、联想,甚至不需要任何的意识活动,便会产生愉悦感觉的原因和机理,以往的研究成果都没有明确的说明。从现代科学研究的要求看,"回忆""象征""积淀"的说法,实质都只是一种推测,有的地方不符合人的审美体验,有的地方则存在明显的矛盾。

当美学研究进行到这个阶段,社会归纳、哲学思辨、心理分析的方法都已经无能为力。要进一步前行,就必须走进人的神经系统,了解在对功利物的欣赏过程中,人的神经系统发生了什么变化,导致功利物的样子能够像功利物一样引起人的快感。要做到这一点,就要借助神经生理学的研究成果。

7. 巴甫洛夫的条件反射理论

在20世纪以前,对于被称为"精神"的高级神经活动,人类的认识几乎是一片空白。20世纪20年代以后,随着俄国神经生理学家伊凡·巴甫洛夫(Ivan Pavlov,1849—1936年)"高级神经活动学说"的建立,人类的视野才开始透进这座神秘的宫殿。

现代生理学研究认为,人的神经活动是以"反射"的方式进行的,它分为两类:一类是"无条件反射",也就是先天的本能;一类是"条件反射",是后天形成的。前者如我们吃葡萄感觉到酸,后者如看到葡萄感觉到酸,后者是在前者的基础上形成的。巴甫洛夫指出:"我们一切的培育、学习和训练,一切可能的习惯都是很长系列的条件反射。"①

20世纪后期，随着神经生理学的发展，人类对人的大脑的研究取得了很大的进展。神经生理学家发现，人的各种活动主要是由大脑皮层指挥的。大脑皮层由两片约2毫米厚的细胞层构成，虽然总面积仅比手帕稍大一点，却有几百亿个神经元，可以与银河系中星星的数量媲美。神经生理学家经过一百多年的争论，基本断定大脑皮层存在着某种程度上的功能定位，它们分属50~100个完全分开的脑区，不同的脑区结合起来完成某项活动。生理学家发现，人的神经系统的活动并不是简单的一对一的反射，而是经过许多复杂的过程。神经系统接收一个外部信号，正如计算机接收一个指令一样，需要经过大脑复杂的过程才能做出反应。从方式上讲，既有电信号的转换，也有化学反应；从参与内容讲，既有新的信号，也有大脑以往积累的信息同时参与作用。不过，人类神经系统的各种活动，就其基本方式而言，仍然可以归结为两种不同的神经反射，即无条件反射和条件反射。在显功利审美现象发生过程中，由欣赏功利物产生快感到看见其样子产生快感，作为一种神经活动，按照神经生理学的划分，属于一种条件反射行为。

显功利审美现象属于一种条件反射行为，所以要了解显功利审美现象发生的机理，就必须了解条件反射。什么是条件反射？从神经生理的角度讲，条件反射是指在一定条件下，外界刺激与有机体反应之间建立起来的暂时神经联系。从形成过程的角度讲，条件反射是指原来不能引起某种反应的刺激，通过把这个刺激与另一个能引起这种反应的刺激多次同时给予，使得这个原本不能引起这种反应的刺激引起这种反应。在日常生活中，条件反射最典型的例子，就是看到葡萄产生酸的感觉。

为什么原本不能引起某种反应的刺激，与另一种能引起这种刺激的反应多次同时发生，就可以引起这种反应呢？巴甫洛夫认为，这与人神经活动的一个基本方式有关。人的大部分活动是由大脑皮层指挥的，大脑皮层分为不同的功能区。当某个功能区形成兴奋点（生理学称为兴奋灶）以后，同时进入大脑皮层的其他信号，就会向这个兴奋点所在的区域集中，从而在原本没有联系的大脑皮层功能区之间，开辟出新的联系通道。这种神经活动产生的一个结果，就是使得一种原本不相干的信号，引起了另一种信号引起的反应。比如，

---

① 巴甫洛夫.大脑两半球机能讲义[M].2版.戈绍龙,译.上海:上海医学出版社,1954:318.

葡萄的样子与酸的感觉之间原本没有任何联系,但是由于人们吃葡萄产生酸的感觉的同时,总是看到葡萄的样子——在神经系统中表现为,葡萄的酸在大脑皮层酸的感觉区形成兴奋点,于是同时进入大脑皮层的葡萄样子的信号,就从大脑皮层的视觉区向酸的感觉形成的兴奋点集中,这种活动多次重复之后,大脑皮层葡萄样子所在的视觉区与酸的感觉所在的区域,就建立了直接的神经联系通道,葡萄的样子就能够引起原本由葡萄味道引起的酸的感觉。当原本无联系的两个区域之间新建立的联系通道稳定下来的时候,就标志着相关条件反射的形成。

大脑这种活动方式对人生命体的存在具有十分重要的意义。最直接的作用,就是可以通过某种现象判断出相关的结果。譬如通过野兽的声音或形象,甚至一些细小的征兆判断出危险的来临,而不必等到已经被野兽攻击时才知道危害。对有利的事物也同样,仅靠形式而不必直接体验就能预知结果。人类产生的初期,与各种动物生活在一起,正是这种见微知著的能力保证了人类的延续。人类神经系统这种特殊的活动形式,最重要的作用还在于产生了人类语言和文字的学习方式。语言和文字的学习过程,从神经生理学的角度看,就是把声音和文字与具体事物建立条件反射的过程。通过语言和文字,人类可以把前人的经验一代一代传递下去,从而加快了人类社会发展的进程。

不过,学术界长期以来存在一个误区,即认为精神活动不属于生理活动,精神活动高于生理活动。18世纪的欧洲理性哲学,就把人的感觉看作低级的认识活动,将其排斥于哲学研究之外。这种推崇精神歧视生理的偏见,不仅表现在社会学各个领域,甚至在生理学、心理学等领域中,也有人不愿意把精神活动归之于反射的范畴。苏联权威心理学家巴甫洛夫的故事,就典型地表现了这一点。

巴甫洛夫1950年6月29日在苏联科学院及苏联医学科学院的联合大会上,坦白地讲述了自己的认识转变过程。他说:"我要详细地谈及我的中学心理学教科书,这是很广泛地被采用的。苏联的多数青年都是从这本书学习心理学的。在有关技能这一篇内,我写了如下的几句话:'条件反射的机制构成动物技能在生理学上的基础,而人类技能在生理学上的基础是远远更复杂的。条件反射形式的机制在人类技能形成上具有重大的意义,然而更高级的大脑机制具有更大的意义。'这更高级的大脑机制究竟是什么东西？"①当巴甫洛夫讲完这句话时，会场内响起了笑声。随后，巴甫洛夫在1951年《大脑两半球机能讲义》这本书再版时，对这段内容做了修正。

这种偏见同样表现在美学研究中，在许多人看来，神圣的美感怎么能是一种条件反射呢？他们认为："审美心理学研究的是一种高级的精神现象，而不是动物性的快感；是人在满足基本的生物性需求之后向更美的精神境界的追求，而不是一种低级的趣味；是一种涉及多种高级心理功能的复杂心理状态，而不是一种单一的'刺激—反应'。"②所以，科学地看待精神活动的实质，是审美现象发生机理研究的前提条件。

从现代科学研究的成果看，不仅人的一般活动，任何高尚的精神活动，如宗教、爱情、信仰、审美等，从生理的角度讲，都是一系列的神经信号活动。生理学家发现，甚至我们神圣不可侵犯的性格也是基于一定的生理结构方式形成的。按照现代生理学这些研究成果，把人的行为截然地分为精神活动和生理活动两大类型，并认为前者高于后者的观点，在科学研究中是缺乏根据的。诺贝尔医学奖获得者、英国神经科学教授弗朗西斯·克里克（Francis Harry Compton Crick，1916—2004年）告诉人们："科学的信念就是，我们的精神（大脑的行为）可以通过神经细胞（和其他细胞）及其相关分子的行为加以解释。"③

现代科学研究的成果说明，正如人类不必以从低级生物进化而来为羞一样，把美感的产生归结于条件反射活动也丝毫无损于审美活动的神圣。相反，只有运用现代神经生理学的研究成果，我们才可以揭开审美现象神秘的外衣，了解审美现象发生的过程，发现隐藏在神秘表象背后的秘密，使美学建立在现代科学坚实的基础之上。

8. 显功利审美现象发生机理描述

从神经生理学的角度看，显功利审美现象是一种条件反射行为。这种现象是怎样发生的呢？也就是说审美对象的形式是怎样引起人的愉快的感觉呢？让我们借助条件反射理论，以普列汉诺夫研究的原始部落人欣赏"狩猎胜利品"这种审美现象为例，还原这类审美现象的发生过程。

鸟的羽毛和野兽的牙齿、皮毛等对象，原本不能引起人的快感反应。但

---

① 巴甫洛夫.大脑两半球机能讲义[M].2版.戈绍龙，译.上海：上海医学出版社，1954：563.
② 滕守尧.审美心理描述[M].成都：四川人民出版，1998：2.
③ 克里克.惊人的假说：灵魂的科学探索[M].汪云九，等译.长沙：湖南科学技术出版社，1999：7.

是，狩猎者看到这些东西，想到自己取得的胜利，因而产生愉快的感觉。于是，狩猎者用这些东西作为装饰品，这些东西由此成为狩猎者勇敢、智慧的象征，引起狩猎者和其他欣赏者愉快的感觉。在这个阶段，"狩猎胜利品"因其功利象征作用引起人的快感。

在这种欣赏活动中，"狩猎胜利品"功利象征作用引起的快感，在人的大脑皮层中形成兴奋中心。这时候，同时进入大脑皮层的"狩猎胜利品"样子的视觉信号，便在人的神经活动规律的作用下，从所在的大脑皮层视觉区向快感兴奋中心集中，在二者之间开辟出一条新的神经通道。这就像生活中人们为了尽快到达目的地，在田野、草地上踏出的捷径一样。由于这种活动反复进行，这种新的神经通道便稳定下来。当这个新的联系通道稳定下来之后，"狩猎胜利品"样子的视觉信号进入大脑皮层之后，便可不经过主管功利象征作用的神经区域而直接到达快感神经区。于是，"狩猎胜利品"的样子就能够单独引起原本由功利象征作用引起的愉快感觉。

一切显功利审美对象，正如"狩猎胜利品"一样，最初都是功利物或功利象征物。人们在欣赏功利物的过程中，这些事物的样子在人大脑皮层的视觉区与快感区之间建立了新的稳定的联系通道，也就是形成了条件反射。于是，事物的样子便可以引起原本由事物功利作用引起的快感。这时事物的样子便成为审美对象，引起的快感便成为美感，功利欣赏活动便成为审美活动。

当神经生理学揭示了从功利物到审美对象的演变过程之后，再回头看以往对显功利审美对象的研究过程，就可以清楚地看到：哲学美学关于"美起源于功利"的研究结果，为对显功利审美现象的研究提供了正确的方向；普列汉诺夫的研究，从社会生活的角度具体地说明了功利物变为审美对象的过程；心理美学的"回忆说""象征说"和"积淀说"，是从心理的角度对功利物变为审美对象原因的推测，虽然不够准确完满，但都包含正确的成分；而用巴甫洛夫的条件反射学说分析显功利审美现象的发生过程，最终完成了这项研究的"射门"动作。

总结以上的研究成果，我们就可以对显功利审美对象引起人美感的机理做出完整的描述：这类审美对象的前身都是功利物，起初因为功利的作用引起人的快感；在欣赏功利物的过程中，事物的样子在人大脑皮质上的视觉区与快感区之间建立了新的直接的稳定联系；当这种新的联系通道建立以后，人们看到事物的样子便会产生原本由功利作用引起的快感。大脑皮质上事物样子在视觉区与快感区之间新的联系通道的建立,标志着欣赏活动由功利欣赏上升到审美欣赏,功利物就成为审美对象,由此产生的快感也就成为美感——这就是显功利审美对象引起人美感的机理和原因。

二、隐功利审美现象发生机理

什么是隐功利审美对象?简而言之,就是表面上看不出功利作用的审美对象。关于这类审美对象,康德曾经列举出花、自由的素描、簇叶饰的纹线、无标题的幻想曲、缺歌词的音乐等。现代美学家谈得更多的则是高山、大海、草原等自然景物。这类审美对象似乎凝聚了美的精华,体现了美的最高境界,丝毫不沾染一丁点儿"庸俗"的功利。当人们面对这类审美对象的时候,愉悦感会像地下的清泉一样从心底油然而生,当事人享受着这种美妙的感受却不明白这快感到底是怎样产生的。这类审美对象的神秘特色,正如严羽在《沧浪诗话》中称赞唐人诗歌的"兴趣"一样,"羚羊挂角,无迹可寻",因而使得以往众多美学家既喜爱又头痛。

为了具体地认识隐功利审美对象,我们来看一首诗歌。

《敕勒歌》

敕勒川,阴山下,天似穹庐,笼盖四野。
天苍苍,野茫茫,风吹草低见牛羊。

这是一首南北朝时期的民歌,描写的是阴山脚下辽阔草原的景色。许多欣赏者认为,这首诗歌表现的是作者对家乡和草原的深厚感情。然而,为什么一千多年来,无数并非生活在阴山草原的人却会喜爱这首诗呢?从审美的角度看,就在于这首诗生动地表现了草原美丽的自然景色,准确地表达了人们欣赏这种景色时的感受。笔者清楚地记得初次到呼伦贝尔草原的情形,站在高高的大兴安岭山麓,放眼一望无际的大草原,禁不住感叹大自然竟然能造出这样的美景,当时脑海中跳出的就是这首诗。

从很早的时候起,美丽的自然景色就是人们喜爱的审美对象。李白有诗:"五岳寻仙不辞远,一生好入名山游";欧阳修有文:"醉翁之意不在酒,在乎山水之间也"……古往今来,类似这种赞叹自然景色的诗歌文章,数不胜数。

人们之所以喜爱自然景物,是因为自然景物能够给人带来美感。没有功利作用的自然景物,为什么却能够引起人们愉悦的感受呢?要明白这一点,就需要知道人在欣赏自然景物时的心理活动过程。自然景物是一种隐功利审美对象,了解了人在欣赏自然景物时的心理活动过程,也就在一定程度上了解了隐功利审美对象引起人美感的原因。事实上,在以往美学研究中,隐功利审美对象一直是研究的重点,而对隐功利审美对象的研究,具体就集中在自然景物上。

接下来,我们将介绍以往研究隐功利审美对象取得的几个关键性成果。这些研究成果就像一个个路标,引导人类走进隐功利审美现象发生机理的神秘殿堂。

1. 马尔斯顿的发现

在第四章介绍思想实验方法时,我们曾经提到康德和马尔斯顿关于欣赏自然景物的故事。马尔斯顿发现,在苏门答腊岛,因为大自然的美处处包围了游览的人,因此其他的东西对他们就不再具有多少吸引力。相反,一个胡椒园,藤萝蔓绕的枝干在其中构成两条平行的林荫路,当人们在森林中忽然碰见这样的胡椒园时,这种人工建成的整齐景色对他们反倒具有很大的吸引力。他由此得出一个结论:野生的、在现象上看是不规则的美,只对看饱了合规则性的美的人以其变化而引起愉快感[①]。

对马尔斯顿的这种说法,康德很不以为然,他要马尔斯顿做一个实验,"一整天停留在他的胡椒园里"。康德认为,这样一来,马尔斯顿必然会重新认识到大自然的美。

康德的建议从实践的角度看,的确是可行的,而且必然会达到他所讲的效果。但是,这样的实验说明了什么问题呢?这样的实验不仅不能说明自然景物始终是美的对象,相反,长时间地待在胡椒园从而会对胡椒园产生厌倦,正如长时间欣赏自然景物从而厌倦自然景物一样,它反而进一步证明了马尔斯顿的观点:事物以其变化引起人的愉悦感。

马尔斯顿的这个发现,对研究隐功利审美现象的意义,就在于指出了这样一个事实:自然景物不是一成不变的美的对象,而是会随着人欣赏时间的变化而变化。一种引起人美感的自然景物,会因为长时间的欣赏而引不起人的美感,转而去欣赏人工建造的规则整齐的景物。为什么会发生这样的变化呢?马尔斯顿和康德都没有再进一步追究。站在美学研究发展的角度看,康德仍

---

① 康德.判断力批判:上卷[M].宗白华,译.北京:商务印书馆,1964:82.

然坚持传统的观点,认为大自然的美是始终不变的。马尔斯顿则在这种传统的认识上进了一步,认为事物的变化是引起人美感的原因。

2. 普列汉诺夫对自然景物引起美感原因的解释

普列汉诺夫在研究中也遇到了同马尔斯顿一样的现象,即自然景物并非始终是人们欣赏的审美对象。普列汉诺夫引用法国学者伊波利特·阿道夫·泰纳(Hippolyte Adolphe Taine,1828—1893年,或译为伊波利将·阿道夫·丹纳)的发现,讲述了这样一个事实:"对于17世纪的人们,再也没有比真正的山更不美的了。"①但是,"在19世纪,情况急剧地改变了,人们开始为风景而珍视风景"②。他以绘画为例,指出米开朗琪罗和他的同时代人是轻视风景的,风景画在意大利的兴盛只是在文艺复兴时代的末期;对于17世纪至18世纪的法国美学家,风景也没有独立的意义。不过到了19世纪,人们的审美爱好却开始变化,画家们纷纷到自然景物中寻找灵感。

较之康德和马尔斯顿,普列汉诺夫的研究显然前进了一步,开始探讨引起这种变化的原因。他引述了泰纳的研究成果,说道:"对于17世纪的人们,再没有什么比真正的山更不美的了。它在他们心里唤起了许多不愉快的观念。刚刚经历了内战和半野蛮状态时代的人们,只要一看见这种风景,就想起挨饿,想起在雨中或雪地骑着马做长途的跋涉,想起在满是寄生虫的肮脏的客店里给他们吃的那些掺着一半糠皮的非常不好的黑面包。"③

17世纪欧洲人的这种感受,按照显功利审美心理的形成机理很容易得到解释,一种与不愉快感觉相联系的事物,最终会引起人不愉快的感觉。但是,对于19世纪的欧洲人来说,自然景物为什么又变得亲切可爱了呢?普列汉诺夫是这样解释的:"荒野的景色由于同我们所厌倦的城市风光相反,而使我们喜欢。城市风光和经过修饰的园林由于同荒野地区相反,所以使17世纪的人们喜欢。"④

在普列汉诺夫看来,17世纪的欧洲人常年生活在山野风光中,由于厌倦山野风光,转而喜爱城市风光;19世纪的欧洲人常年生活在城市里,由于厌倦城市风光,转而喜爱山野风光。他们都选择了与生活环境相反的对象,这种选

---

① 普列汉诺夫.普列汉诺夫美学论文集[M].曹葆华,译.北京:人民出版社,1983:331.
② 同①333.
③ 同①.
④ 同①.

择引起了对自然景物的不同态度。

为什么同生活环境相反的东西会受到人们的喜爱呢？普列汉诺夫认为这在于人心理结构中的"对立原理"。他说："人的心理本性使人能够有审美的概念，达尔文的对立的原理（黑格尔的'矛盾'）在这些概念的结构中起着非常重要的、至今还未给予足够估价的作用。但是，为什么一定社会的人正好有着这些而非其他的趣味，为什么他正好喜欢这些而非其他的对象，这就决定于周围的条件。"①

在普列汉诺夫看来，人的天性使人能够具有审美的能力和爱好，但以什么东西为审美对象，"对立原理"起着十分重要的作用，它总是把人们导向与我们熟悉的不喜爱的东西相反的事物。自然景物并非始终属于审美对象，而只是对一定时期的人——厌倦了城市生活的人，才成为审美对象的。

普列汉诺夫在对自然景物的研究中，提出了"人的心理本性"的概念，认为"人的心理本性使人能够有审美的概念"。普列汉诺夫特意在"能够有"三个字下边加上着重号，以强调人的心理本性只是人一种先天的能力和需要，只是审美的前提条件，对审美对象的选择不具有决定性作用。他还提出人的审美"趣味"的概念，不过认为这种对审美对象的爱好，是由"周围的条件"决定的。

普列汉诺夫较之马尔斯顿最大的不同在于，马尔斯顿把人们欣赏自然景物中的这种特殊现象产生的原因，完全归之于自然景物自身；普列汉诺夫则从人的方面，也就是审美主体的方面，探讨这种现象产生的原因。这是一个重要的转变，在隐功利审美现象发生机理研究中具有非常关键的意义。

普列汉诺夫虽然提到"人的心理本性"和人的审美"趣味"，但对此并没有进一步加以研究。因为在他看来，人自身的因素在选择审美对象的作用上是微不足道的，一切都是由社会环境决定的。这样一来，他就不能够说清楚，17世纪的欧洲人因为在山野中的困苦生活而讨厌自然景物喜爱城市风光，19世纪的欧洲人为什么享受着城市生活却讨厌城市风光而喜爱山野景色。普列汉诺夫认为人对自然景物态度的变化，是"对立的原理"作用的结果。然而，"对立的原理"如何作用于人的审美爱好呢？为什么人会厌倦某些对自己无害甚至有益的事物，如赖以生存的城市或乡村的生活环境呢？人的"心理天性"在审美趣味的形成上发挥着怎样的作用呢？普列汉诺夫的研究引发的这些问

---

① 普列汉诺夫.普列汉诺夫美学论文集[M].曹葆华,译.北京:人民出版社,1983:332.

题,实际上把隐功利审美现象发生机理的研究从对审美对象的关注引向审美主体。

3.巴甫洛夫的好奇本能理论

对于欣赏自然景物这种审美现象的研究表明,隐功利审美对象与显功利审美对象的形成过程存在一种相反的倾向。在显功利审美对象的形成过程中,美的事物的形成与人们对功利物的欣赏次数成正比例关系。然而在自然景物之类的隐功利审美对象的欣赏过程中,人们随着对欣赏对象熟悉程度的增加,对其情感则趋于冷漠、厌倦乃至反感;而对与之相反的新事物,则表现出渴望、追求和喜爱的趋向。研究者还发现,这种"喜新厌旧"的倾向,在人类社会生活的各个方面都存在有类似的现象。

人类学家发现,原始人生活在漫山遍野的花丛中,但他们却从不用花草装饰自己。在原始绘画中,基本没有花草的位置。

在现代社会,城市人喜欢养花种草,居住在自然花草之中的山民却没有这种爱好;城市人以欣赏自然山水为乐,乡下人却更喜欢都市风光。

人们外出旅游,总是选择没有去过的地方;在没有去过的地方中,则选择与生活环境差异大的地方。如内地人喜欢看海,平原的人喜欢游山。

为什么会出现这样的现象呢?现代神经生理学认为这与人的生理本性有关。人的生理本性,习惯上称为"本能",巴甫洛夫在其"高级神经活动学说"中称为"无条件反射"。巴甫洛夫认为:"这些反射的总体,从人类而言,又从生物而言,是神经活动的基本资源……然而像已经提及过的,很可惜,直到现在,这类的研究还是没有的,尤其是关于所谓本能性反射的研究也是没有,这是不能不强调的。我们关于本能的认识是很有限的,是很断片的。"①

20世纪以来,神经生理学的发展使人类关于本能的认识有了很大提高,一些方面的本能被逐渐确定。巴甫洛夫及其同仁在研究中发现,当环境中出现新的动因时,如陌生人、音响、环境的变化,等等,生物会立即将注意力集中在这个新动因上,从而在神经系统产生新的兴奋现象。巴甫洛夫认为,这是生物的一种无条件反射,并将其称之为"探索反射"。巴甫洛夫发现的这种本能,现代心理学称之为"好奇心"。

好奇心在生物中普遍存在,灵长类生物尤甚。猴子喜欢模仿人,重要的原

---

① 巴甫洛夫.大脑两半球机能讲义[M].2版.戈绍龙,译.上海:上海医学出版社,1954:12.

因就在于这种本能。人类作为最高级的灵长类生物,好奇心也就尤为强烈。好奇心可以从许多方面体现出来,最典型的行为,就是周围突然发出声响,人们会迅速把注意力转向发声的地方。这种本能是人类在漫长的进化过程中能够生存下来的重要原因。在科学研究、自然探险以及对各种各样未知事物的探索中,好奇心给人们提供了生理学上的动力,因而对社会的发展具有十分重要的作用。

好奇心是人的一种本能。但是在现实生活中,什么是新事物,什么是旧事物,却是由后天生活决定的。面对这种现象,普列汉诺夫认为人的生活环境起决定意义,这是他的哲学观作用的结果。事实上,人类的每一个活动,都是先天的生理因素和后天社会因素共同作用的结果。如果人没有好奇本能,无论在什么样的生活环境下,也不会产生这样的行为。

从神经生理学的好奇本能理论出发,我们就很容易理解马尔斯顿和普列汉诺夫发现的欣赏自然景物中的奇特现象和社会生活中相类似的审美现象。为什么长时间游览于苏门答腊岛自然风光中的人会转而喜欢人工修建的胡椒园,因为长时间对自然景物的欣赏,已经满足了他们这方面的心理需要,好奇心促使他们把兴趣转向与之相反的事物。为什么17世纪的欧洲人讨厌山野景色,因为他们整天生活在山野景色中;为什么19世纪的欧洲人转而喜爱自然景物,因为他们整天生活在远离自然景物的城市中。好奇心让人们厌倦熟悉的事物,追求与之相异的事物,从而表现为在欣赏自然景物中的不同态度和奇特行为。人类社会中种种与之相类似的审美现象,根源也都在于人类的好奇本能。

根据现代神经生理学的研究成果,把人们对自然景物欣赏态度的变化,把这些对象引起人愉悦感的原因,都归之于人的好奇本能,这对隐功利审美现象发生机理研究意义重大。它改变了以往仅仅从审美对象或者社会环境中寻找隐功利审美现象发生机理的做法,转向从审美主体的角度探求隐功利审美对象引起人美感的原因,把对这种审美现象的研究导向对人的先天本能研究。

4. 格式塔美学的完形理论

格式塔美学又称完形心理学美学,是当代西方心理学美学的重要流派之一。格式塔是德文"Gestalt"的音译,意思是"形式"或"形状"。

1890年,奥地利心理学家埃伦菲尔斯(Christianon Ehrenfels)首先提出"格式塔特质"的概念。他通过对音乐曲调的研究,认为音乐绝非是曲调音响的总和,而是包含一种特别的东西,即"格式塔特质"。音乐、绘画、诗歌之所以引起人的美感,就在于这种格式塔特质。

1912年,惠尔泰墨(Max Wertheimer,1880—1943年)通过实验得出结论:在暗室中如果两条光线先后出现的时间仅仅相隔十分之一秒的话,那么我们就会看到是一根线在运动。他把这种现象称为"似动现象",认为它本身就是一种"完形",是大脑生来就具有的一种组织能力。事实上,电影、电视影像产生的原理,就是基于人体的这一生理特点。

格式塔美学对美学发展的意义,不在于它把心理学上的完形理论应用于美学研究,而在于它把审美现象与人的生理-心理结构相联系的认识。格式塔美学认为,事物之所以能引起人的各种情感,就在于"事物运动或形体构造本身与人的心理-生理结构有相类似之处……微风中的柳树并不是因人们想象它是类似悲哀的人才显得悲哀,相反,而是由它摇摆不定的形体本身,传达了一种结构上与人的悲哀情感相似的表现,人才会立即感知它是悲哀的"①。

格式塔美学对具体审美现象的解释是否成立,还有待于进一步的研究。但是,它把审美对象引起人美感的原因归结于事物形式与人的心理-生理结构相对应的观点,却从一个新的角度,把对隐功利审美现象的研究导向审美主体,与人的心理-生理结构联系在一起。

5.精神分析美学的潜意识理论

精神分析美学是20世纪初西方出现的一个心理美学流派,由奥地利心理学家弗洛伊德创立,后为瑞士心理学家荣格所继承和发展。精神分析美学流派的学者实际上都是一些心理学家,他们试图用心理学中的精神分析理论解释艺术以及美学中的问题。他们的研究,走的是此前许多美学学派的老路子,即试图用一种心理学或哲学理论解释审美现象。这样做的结果,往往是把一种正确的理论推广到错误的地步,正如江湖郎中吹嘘的包治百病的神药一样。李斯托威尔在《近代美学史评述》中这样评价说:"当我们耐心细致地阐明了弗洛伊德对于神话、诗歌、故事、小说和绘画等的琐碎的分析之后,我们从长期辛勤的劳动中抬起头,马上感到厌倦,感到这是为了一个事先设想好的理论,而对事实所做的全部歪曲。"②分析美学在隐功利审美现象研究方面的贡献,不是

---

① 李泽厚.美学的对象与范围[M]//中国社会科学院哲学研究所美学研究室,上海文艺出版社文艺理论编辑室.美学:第三期.上海:上海文艺出版社,1981:20.
② 李斯托威尔.近代美学史评述[M].蒋孔阳,译.上海:上海译文出版社,1980:140.

他们的美学研究成果,而是他们带来的心理学研究成果。

在弗洛伊德的心理学中,最引人注目的是他的潜意识理论。弗洛伊德认为:"人类最深刻的本质在于初级的、自发的本能动力,这些动力对所有人来说都是同样的,它指向一定先天需要的满足。"① 他提到的本能有性本能、自我本能、生存本能和死亡本能,不过在他的学说中性本能显然占有特别突出的位置。弗洛伊德认为,人一生的行为动机都有性的色彩,都受性本能冲动的支配。性的背后有一种潜力,叫作"里比多"(Libido),驱使人们去追求快感。人的本能形成的各种欲望和冲动,在现实生活中往往因为不被社会习俗、道德法律所容许,就会被压抑下去构成人的潜意识,它是人类一切精神生活的根本动机。

关于潜意识,早在古代中国和古希腊时期,就有学者零星提及。孟子说过:"今人乍见孺子将入于井,皆有怵惕恻隐之心"②。"恻隐之心",深层非意识的东西,类似于本能,实际上就是一种潜意识的心理。1869年,德国哲学家爱华德·哈特曼出版了有关潜意识的论著《无意识哲学》。这是人类第一次明确地把潜意识现象作为系统的研究对象。然而,只有弗洛伊德的研究,才真正让潜意识为世人注目。美国的唐奈斯博士把弗洛伊德的《梦的解析》列为改变世界历史面貌的16部名著之一。有人甚至把弗洛伊德对潜意识的研究称为心理学革命,与哥白尼的宇宙学革命(日心论)、达尔文的生物学革命(进化论)一起,称为人类科学史上的三次革命③。

潜意识理论之所以受到人们的重视,在于它在传统心理学的研究对象——意识之外,开辟了一个新的领域,即潜意识。潜意识不仅被证明是真实存在的,而且作为人行为的潜在动力,成为影响人行为的重要因素。德国心理学家费希纳运用实验的方法研究心理现象,并由此推导出"冰山理论",即人的心理类似于水中的冰山,它相当大的一部分是隐藏于水面以下的;潜意识心理具有极端的心理能量,意识的运动就是由潜意识所推动的④。

关于潜意识的形成原因,精神分析学派中存在两种观点。一种是"本能压抑论",以弗洛伊德为代表,将潜意识的形成归因于先天的本能受到压抑。另

---

① 弗洛伊德.弗洛伊德文集[M].王嘉译,等编译.北京:东方出版社,1997.
② 杨伯峻.孟子译注[M].北京:中华书局,1960:79.
③ 范文.潜意识哲学[M].西安:陕西人民出版社,1995:1,26.
④ 同②.

一种是"文化积淀论",主要代表人物有阿德勒、荣格和霍妮,把潜意识的形成更多地归结于后天的社会生活的积淀。尽管学界对潜意识的形成原因和具体内容存在不同意见,但潜意识作为人的一种心理活动方式却已为人们普遍接受。

弗洛伊德在他的潜意识理论中,把人的心理进一步分为三个部分,即意识、潜意识和无意识。意识指个人目前意识到的心理内容。潜意识是指目前意识不到但可以通过回忆而意识到的内容。无意识是指受到压抑却不能通过回忆意识到的内容。这些心理学成果虽然不是直接研究审美现象的,但却同上述巴甫洛夫的研究一样,成为打开隐功利审美现象秘密宝库的金钥匙。

6. 以上研究成果的分析

以上所举,是迄今为止研究隐功利审美现象方面几个值得特别重视的成果,它们如同一个个阶梯,帮助人们走向隐功利审美现象的神秘殿堂。

在传统美学中,隐功利审美对象不仅是神秘的,而且被认为是永恒的、绝对的、不变的。马尔斯顿的发现,通过欣赏自然景物中的一个反例,对这一传统的认识提出了挑战。为什么原本作为美的对象的自然景物不再引起欣赏者的美感?为什么人们在长时间欣赏自然景物之后转而会欣赏人工建造的胡椒园呢?按照科学研究中的普遍规律,一个不符合传统原理的案例,往往隐藏着新的理论突破。很可惜,康德对这个案例没有引起重视,转身又回到了旧的理论之中。马尔斯顿由此得出的结论——事物因其变化引起人的愉悦感,这与其说是原因,不如说是对这种现象的陈述。然而正是这个发现,引发了这样一个问题:为什么事物的变化会引起人的愉悦感呢?

普列汉诺夫也注意到这个问题,他所举案例涉及的人数更多、范围更广,案例表现的是欧洲三百年间审美风尚的变化。普列汉诺夫不仅注意到自然景物作为审美对象在不同时期的变化,而且试图找出其中的原因。虽然他轻描淡写地提到人的心理天性和人的审美趣味,把决定事物美丑的最终权利交给社会环境,但是因为社会环境必须通过人的审美趣味才能影响审美对象的选择,这个过程如何完成,人的心理天性在审美中如何发挥作用,这些问题实质上把对自然景物引起人美感的研究,从审美对象引向了审美主体。这一研究方向的转变,意义重大而深远。他提到的"对立原理"的作用,即人因为对熟悉事物的厌倦而转向喜爱与之相对的事物,把欣赏自然景物这一审美现象的研究向前推进了一大步。这样一来,对自然景物何以引起人美感的研究,就转化为为什么人们会厌倦熟悉的事物而喜爱与之相对的事物。

巴甫洛夫的研究本来与美学无关,可是当对隐功利审美现象的研究进展到普列汉诺夫提出的这个问题时,他的研究就具有绝对的发言权。因为美学研究大部分依靠社会学和哲学的方法,对人神经系统的活动研究只能靠推测。巴甫洛夫的神经生理学研究是通过有控制的实验方法进行的,因而其研究成果就更具有科学性和普遍性。巴甫洛夫科学地证明,人具有求新好奇的本能。这个发现正好可以科学地解释马尔斯顿和普列汉诺夫遇到的审美现象。好奇本能理论不仅对自然景物何以引起人美感的问题以及与之相关的种种审美现象做出了科学合理的解释,更重要的意义在于,它把隐功利审美现象的发生机理与人的先天本能联系在一起。

长期以来,美学界一直存在一种崇尚精神鄙视生理的倾向,许多人先验地拒绝从人的生理方面探寻审美现象发生的机理。现在看来,这种认识显然是不科学的,阻碍了审美现象发生机理的研究。巴甫洛夫的好奇本能理论,科学地解释了人在欣赏自然景物中的变化,这是隐功利审美现象发生机理研究的一个突破。

格式塔美学用人的心理-生理结构与事物形式相对应的理论解释审美现象,是继巴甫洛夫好奇本能理论之后的是另一突破。好奇本能理论说明了隐功利审美现象的发生与人的本能有关,格式塔美学的研究则表明除此之外,人的心理-生理结构也是其中重要的因素,是相关隐功利审美现象发生的原因。

巴甫洛夫的好奇本能和格式塔美学的心理-生理结构,解决的都是具体的审美现象。除此之外,众多形形色色的审美现象该如何解释呢?人的本能和心理-生理结构如何存在于人的神经系统,又是如何引起各种审美现象的发生呢?弗洛伊德的潜意识理论进一步解答了这些问题。

首先,人的各种先天本能会指向一定的需要满足。比如,好奇本能会引发人们对不同事物感受的变化,正如在自然景物欣赏中的表现一样。生命本能可以解释人们为什么喜欢吐翠的杨柳、含苞待放的花蕾而不喜欢残花败柳,为什么春天会引发人的活力而秋天则会使人伤感……人的各种本能都会引发与之相关事物的情感,因而成为相关隐功利审美现象发生的动因。

其次,人的本能在得到满足和受到压抑的时候,会引发相关的情感,这些情感会以潜意识的形式在我们的神经系统中沉淀下来,形成不同的心理结构,成为引发人对事物不同情感的动因。这些心理结构,有的可以通过回忆反思重新回到意识层面,这就表现为显功利审美现象;有的则无法回到意识层面,始终处于无意识状态,这些心理结构就成为相关隐功利审美现象发生的动因。

再次,人的生理结构,比如眼睛适宜接受的光波、耳朵适宜接受的声波、身体适宜接受的温度、心脏适宜接受的频率,等等,在与外部事物的接触中也会引发不同的情感反应,而这种情感反应的过程始终处于无意识或潜意识状态,于是就成为与之相关的隐功利审美现象发生的动因。

通过对上述研究成果的系统分析,现代美学对隐功利审美现象发生的原因和机理就有了比较完整的了解。

7. 隐功利审美现象发生机理描述

通过以上的研究可以看出,隐功利审美现象并非如传统美学认为的那样无关功利,只不过它的功利性在意识的层面难以察觉而已。换言之,隐功利审美现象与显功利审美现象一样,都建立在人的功利需求之上。

根据目前为止现代美学的研究成果,隐功利审美现象与之相关的功利需求主要分为以下三个方面。

一是人先天的本能需求。比如好奇本能、性本能、生命本能、创造本能,等等。当这些本能的需求与某种事物的形式相联系时,这种事物就成为审美的对象;当人欣赏这种事物时,就会产生需求得到满足的愉快感觉。比如,性本能与异性形象,生命本能与植物发芽开花,等等。这些形象之所以成为审美对象,之所以能够引起人的美感,就在于主体与之相关的本能需求。

二是人后天生活中形成的潜意识心理需求。在社会生活中,当人的本能得到满足或者受到压抑时,都会产生一定的情感反应,这些情感会在人的神经系统中沉淀下来,形成各种不同的心理需求,也就是以往心理学中所讲的"情结"或"心理结构"。当这种心理需求与某种事物的形式相联系时,这种事物就成为审美对象,欣赏这种事物时,人就会因为需求得到满足而产生愉快的感觉。比如,生活单调的人喜欢外出旅游,不断变化的事物满足了他们的心理需求;生活在城市的人喜欢到自然环境中去,广阔的空间、清新的空气、自然的景物都会满足他们不同的心理需求。

三是人生理结构的需求。人的身体要求有与之相适应的环境,当这种需求与某种事物形式相联系时,这种事物就成为审美对象,欣赏这种事物时,人就会因为相关需求的满足而产生愉悦的感觉。比如,合乎我们听觉要求的声音会成为乐音,而不符合要求的声音则会成为噪音。春天和秋天的气温与人的身体相适应,因而景色特别为人们喜爱;酷热的夏天和严寒的冬天因为与人的身体不相适应,这时候的景色也就很难为人们所欣赏。

隐功利审美现象背后的这些功利需求,不管是先天形成的还是后天产生的,不管是处于潜意识状态还是无意识状态,有两个共同的特点:一是人们的意识很难察觉,二是满足的对象都是外部事物的形式。所以,对这些潜在的需求,一般人很难意识到,但它们作为人体活动的内在动力,却在不知不觉中支配着人的行动。当相关的事物形象满足了这种潜在的需求,人的神经系统就会产生愉快的感觉。但是由于这种需求满足是潜意识的,所以当人们得到满足时,意识中并没有需求满足的信号,而只是一种莫名其妙的愉快。这就是以往人们认为其神秘、丝毫不涉及功利的原因。

综合以上研究成果,我们对隐功利审美对象引起人美感的原因和机理做出如下的描述:在人的神经系统中,存在大量以事物形式为满足条件的潜意识需求。隐功利审美对象之所以引起人的美感,就在于满足了人神经系统中这种潜意识的需求。这种潜意识需求的满足,像其他需求得到满足一样引起了人的快感。但因为这种需求的满足是潜意识的,在意识层面无法察觉,所以人就会得到快感却不知道快感产生的原因。这就是隐功利审美现象发生的原因和机理。

三、审美现象发生机理概述

以上我们从显功利审美现象和隐功利审美现象两个方面,探讨了审美现象发生的机理。探讨的基本方法,就是从具体的审美现象出发,在以往美学研究成果和现代心理学、生理学关于人体情感活动研究成果的基础上,系统地描述美感产生的原因和过程。

现代美学的这种研究方法,建立在这样一个认识基础之上,这就是我们的一切感觉、一切的快乐和痛苦,都是通过一定的生理活动方式产生的。按照这一原则,美感虽然是具体的社会环境的产物,但同时也是具体的生理活动的产物。所以,对于审美现象发生机理的揭示和描述,不仅要指出其中社会因素的作用,更重要的是要揭示和描述美感产生的生理活动过程和规律。

在以上探讨中我们发现,两种类型审美现象中美感的产生过程表现出两种不同的特点:显功利审美对象引起人美感的原因和过程,在于人在欣赏功利物的过程中,事物的样子在人的大脑皮层视觉区(或听觉区)与快感区之间建立了新的稳定的联系通道;隐功利审美对象引起人美感的原因和过程,在于这类事物的形象满足了人先天或后天形成的心理需求，从而引起人的快感，并在大脑皮层的视觉区（或听觉区）与快感区之间形成稳定的联系通道。在两种审美现象的形成过程中，引起美感的原因虽然不同，但最终形成的心理-生理结构的形式却是相同的。这种心理-生理结构，就是事物的样子在人大脑皮层视觉区（或听觉区）与快感区之间建立的新的稳定的联系通道，在现代美学中称为审美心理。审美现象发生的原因和机理，就是事物的样子符合了人的审美心理，从而引起美感的产生。

纵观审美现象发生的原因和机理，审美心理在其中具有至关重要的位置。它是以往欣赏活动的结果，又是在新的审美活动中起决定性作用的关键因素。所以，认识和掌握审美现象的发生机理，重要的就是要认识审美心理的形成过程、存在方式和活动特点。

1. 审美心理的两种类型

在美学研究中，由于人们观察角度的不同，审美心理经常被用不同的方式表述。从审美主体角度观察的人，称其为审美爱好、审美趣味；从审美对象角度观察的人，称其为审美标准、审美尺度；从心理学角度观察的人，把审美心理看作一种心理结构形式；从生理学角度观察的人，把审美心理看作由神经联系通道组成的生理结构方式。这些都是从不同角度对审美心理的称谓、描述和把握，名称虽然不同，实质上指的却是同一种事物。

审美心理依据其形成的路径和特点，可以分为两种类型。

第一种类型的审美心理，称为记忆型审美心理。记忆型审美心理形成的主要因素，是后天生活环境中存在的功利对象。这些功利对象因为满足了主体的功利需求，引起了主体快感的发生。类似的活动反复进行，功利对象的形式就会在人大脑皮层的视觉区（或听觉区）与快感区之间建立起新的稳定的联系通道，称为人的审美心理。记忆型审美心理的形成，是主体与功利对象长期的反复作用的结果。其实质是事物的样子替代了事物的功利作用，引起了原本由事物功利作用引起的快感。记忆型审美心理的形成过程从心理学的角度讲，属于一种情感记忆行为，这也是将其称为记忆型的原因。记忆型审美心理从生理学的角度讲，属于一种条件反射行为。正如我们在学习中，把一个单词同现实中的事物对应一样，譬如把作为语言的"桌子"和现实中实体的桌子相对应形成的记忆行为。不同之处在于，学习中外部事物在神经系统中的对应物是语词，审美活动中外部事物在神经系统中的对应物是快感。

第二种类型的审美心理,称为需求型审美心理。需求型审美心理形成的主要因素,是主体神经系统中先天或后天形成的对一定事物形式的心理需求。这类心理需求如同人对饮食、安全、异性等其他需求一样,是人类活动的强大动力。由于这种心理需求以事物的形式为满足条件,所以我们仍然把满足这类需求的活动归于审美的范畴。由于这种类型的心理需求是潜意识的,传统美学研究者不明白这种类型审美对象引起美感的原因,将其称为绝对美、纯粹美。实际上,需求型审美心理引发的美感,很多时候完全是需求得到满足直接产生的快感。在需求型审美心理引发的审美现象中,初期的美感如同一般功利活动的快感,因为需求满足而发生。后期因为同时进入的视觉或听觉信号在大脑皮层视觉区(或听觉区)与快感区之间建立起直接的联系通道,审美心理成为引发美感的因素。不过在大多数情况下,这类审美现象中始终存在功利需求满足的作用,这也是这类审美现象中美感比较强烈的原因。

记忆型审美心理是后天形成的,与人的生活经历有关,不同经历的人会有不同的记忆型审美心理,因而记忆型审美心理具有较强的个性特征。比如对于异性的审美,不同的人往往会有不同的判断标准。记忆型审美心理因为是后天社会生活中形成的,因而具有较强的社会特性。普列汉诺夫研究的原始社会"狩猎胜利品",就是典型的记忆型审美心理。这种审美心理是原始社会特定的社会环境形成的,普遍存在于生活在原始社会环境中的人中,当社会环境发生变化之后,与之相关的审美心理就会随之发生变化。

需求型审美心理虽然也有后天因素的作用,但主要与先天的生理因素相关,因而更具有普遍性。如性本能、好奇本能等先天本能形成的审美心理,在不同的历史时期、不同的社会环境下都会存在。虽然不同社会环境、不同个体与之相联系的对象会有所不同,但就其形成原因而言却是一致的。同时,由于需求型审美心理与人的生理特性相联系,因而较之记忆型审美心理更具有持久性和稳定性。

审美心理虽然从理论上可以划分为两种类型,但是在具体的审美现象中,它们并不能截然分开。绝大多数审美活动,都非一种审美心理在起作用,而是多种审美心理综合作用的结果。譬如对异性的欣赏,就不仅有生理本能的原因,也有后天文化环境的影响;甚至对于具体的对象和具体的场合,他(她)们的神态、发式、服装等,都对欣赏者的心理产生影响,而这些因素都源于各种不同的审美心理。也就是说,在大多部分审美现象中,审美活动的结果是由多种审美心理共同决定的。

2. 审美心理的生理结构

审美心理从生理学的角度讲,是人大脑皮层中视觉区(或听觉区)与快感区之间形成的特殊的联系通道。然而迄今为止,人们对大脑活动方式的了解还十分有限。诺贝尔医学奖获得者、著名神经科学家弗朗西斯·克里克感叹说:"遗憾的是我们对大脑的不同部分了解仍处在相当初级的阶段。丘脑、纹状皮层、小脑的确切功能是什么呢?我们只能对它们的行为做一般的概述。而详细的了解有待于进一步的研究。我们对海马的功能也只有一个粗略的了解,但对其确切的功能没有统一的认识。这一切都有待于进一步的发展。"[1] 鉴于这种状况,我们目前只能根据现代神经生理学已有的研究成果,对审美心理的生理结构形式做一个推测性的描述。

人的大脑上部从外到内,分别为新皮层、旧皮层、海马(也称古皮层)和丘脑,下部有小脑、脑桥等。新皮层是皮层中最复杂的部分。根据神经心理学的研究成果,人的意识活动主要在新皮层进行。关于不同精神功能在新皮层上的定位,过去一百多年来,一直存在争论。一种观点是整体论,认为新皮层所有区域的功能大致是一样的。另一种是分区论,认为新皮层每一小块区域执行着相应不同的任务。20 世纪以来,科学家通过对猕猴大脑皮质的研究,同时也直接获得了一些人脑的资料,认为新皮层存在着某种程度上的功能定位,但具有明显不同性质的皮层区域共同参与大多数精神活动。据相关的科学研究可以确定,视觉区域在头的后部,听觉区域在头的两侧,触觉区域位于头的顶部;并且可以确定,"参与视觉的有上丘、丘脑的视觉部分与视皮层"[2]。

根据这些研究结果,现代美学认为,绝大多数审美心理都与大脑皮层的视觉区域和听觉区域有关。在通过视觉进行的审美活动中,神经系统的第一个活动,就是把事物形象的信号传递到大脑皮层的视觉区。这也就是说,大脑皮层的视皮层是神经系统中这类审美心理联系通道的起点。同样的道理,通过听觉进行的审美心理,其在神经系统中的联系通道,是以大脑皮层的听觉区为起点的。

审美心理联系通道的另一头,即快感功能区位于大脑哪个部位,尚没有确

---

[1] 克里克.惊人的假说:灵魂的科学探索[M].汪云九,齐翔林,吴新年,等译.长沙:湖南科学技术出版社,1999:94.
[2] 同①

切的资料。神经生理学研究认为,在大脑皮层有一个快感区,主管人体的快感功能。由此可以初步推断,审美心理在大脑皮层的存在方式,是相关形象或声音在大脑皮层视觉区或听觉区与大脑皮层快感区之间建立的联系通道。在这种联系通道中,大脑皮层视觉区或听觉区是起点,大脑皮层快感区是终点。

根据神经生理学的研究,可知大脑新皮层主要是后天形成的神经联系,而快感功能显然是一种基本的生理功能,属于先天遗传获得。在实践中不难发现,即使刚刚出生的婴儿,也会有快感和疼痛感,这就说明这种感觉与先天的生理结构方式有关。所以,虽然大脑皮层有主管快感的区域,但其作用是中继性的而非本源性的。

除此之外,需求型审美心理大多与人的本能相关,这些本能与快感一样,也是先天遗传获得的。虽然各种本能在大脑皮层有相应的主管区域,但这些区域同样属于中继性的而非本源性的。那么,与此相关的审美心理,是否与这些本能所在的部位相关?

人的这些本能存在于什么地方呢?根据现有的资料,可能在人的下丘脑。相关研究发现,下丘脑"对身体的许多运作是至关重要的,它具有许多小的亚区,而这些小的亚区的主要功能是对饥饿、口渴、温度、性行为及类似的身体运作起调节作用"[①]。根据这些功能判断,下丘脑可能主管人的各种本能。神经生理学研究认为,"无条件反射的神经联系系统(或中枢)虽然存在于大脑皮质以下的中枢神经系统之内,但一切无条件反射都要通过上行神经分枝把神经冲动传到大脑皮质的相应部位,在那里形成无条件反射的'皮质代表区'"[②]。根据神经系统的这种活动方式,如果下丘脑主管人的相关本能,与本能相关的审美活动应该首先是在下丘脑与相关的大脑皮层主管区域之间完成,其次才与主管快感或痛感的神经部位相关。这就是说,下丘脑参与本能相关的审美活动,应该发生在大脑皮层视觉区或听觉区与快感区产生联系之前。但是,按照条件反射形成的神经生理活动规律,在与各种本能相关的审美活动中,事物的形象首先会到达大脑皮层的视觉区,然后到达相关本能的主管区,进而与下丘脑中的本能发生作用。由于本能需求得到满足,本能主管区会发出信号,到达主管快感的区域,从而引起快感的产生。这样的活动反复发生,与本能需求

---

① 克里克.惊人的假说:灵魂的科学探索[M].汪云九,齐翔林,吴新年,等译.长沙:湖南科学技术出版社,1999:94.
② 杨清.心理学概论[M].长春:吉林人民出版社,1981:67.

满足引起快感同时发生的视觉信号就会在大脑皮层视觉区与快感区建立起新的直接的稳定的联系通道。这种新的联系通道,就构成与这些本能相关的审美心理。这种新的神经联系通道建立以后,相关审美活动就不仅会省略掉本能主管区的参与过程,也会省略掉下丘脑的参与过程。这也就是说,需求型审美心理与记忆型审美心理一样,仍然是大脑皮层视觉区或听觉区与快感区之间的联系通道。

人的快感功能源于什么地方呢?根据丘脑在大脑中所处的位置,以及它与新皮层的密切联系来看,我们推测快感功能可能位于丘脑。弗朗西斯·克里克认为:"丘脑有时也被称为皮层的入口,因为通向皮层的主要输入必须通过此处。丘脑通常被分为二十四个区域,每个区域与新皮层的一些特定子区域相联系。丘脑的每个区域与皮层区域有大量连接,并且接受由那里传来的信息。"[①]生理学界认为,丘脑主要处理与感觉相关的神经活动,其活动方式分为两种:一种称为特异投射,是指对大脑皮层特定区域点对点的投射;另一种称为非特异投射,或称弥漫性投射,是指把信号弥散地投射到大脑皮层的广泛区域。后者"起着维持大脑皮层兴奋状态的重要作用","它可能与痛觉有关"。对于一些脑损伤患者的观察,为这种观点提供了支持:"刺激人的丘脑束旁核可加重患者的痛觉症状,而毁坏此区后可缓解患者疼痛;动物束旁核的电生理研究观察到,核内确实存在对伤害性刺激传入冲动敏感的细胞。"[②]痛感和快感是一对孪生姐妹,痛感存在于丘脑的证明,对于推断快感的位置应该具有同样的效能。

虽然推断主管痛感和快感的本能存在于丘脑,但我们仍然不能够明白丘脑中的快感本能与它们在大脑皮层主管区之间具体的活动方式。具体地说,就是皮层快感主管区能否不经过丘脑,独立地发出快感的指令。如果不能,则审美活动中每一次快感的产生,都必须有丘脑的参与;如果皮层主管区具有这样的能力,则审美活动中就不需要丘脑的参与。根据其他本能的活动方式,我们倾向于后一种认识,即大脑皮层快感区在审美活动中独立地发出快感指令。不过这种认识是否正确,尚有待于神经生理学的证明。

综合以上研究,我们对审美心理的生理存在方式描述如下:审美心理是人

---

① 克里克.惊人的假说:灵魂的科学探索[M].汪云九,齐翔林,吴新年,等译.长沙:湖南科学技术出版社,1999:87.
② 张镜如.生理学[M].4版.北京:人民卫生出版社,1998:327.

神经系统的一种联系通道,存在于大脑新皮层,入口是主管视觉或听觉的区域,终端是主管快感的区域。

3. 审美心理的活动特点

审美心理作为人神经系统一种特殊的联系通道,其活动方式具有哪些特点呢?这是认识和掌握审美现象发生机理的另一个重要问题。现代美学研究认为,审美心理的活动方式具有以下四个特点。

一是形式性。审美心理是大脑皮层事物形式所在区与快感区的联系,因而表现在活动方式上,形式性就构成其最突出的特点。不论哪一种类型的审美心理,在其发生作用的过程中,入口端所接受的都是关于事物形式的信息——形象或者声波,通过这些形式引起人的神经活动。在现实审美活动中,存在事物形象与功利作用共同发生作用的现象,这不仅发生在审美心理的形成过程,也发生在审美心理形成之后。在审美心理的形成过程中,这种现象的存在不仅是自然的,而且是必需的,因为只有功利作用的参与才能促进审美心理的最终形成。在审美心理形成之后,这种现象的发生也是不可避免的。正如葡萄的形状与酸的感觉形成条件反射后,再吃葡萄会进一步加强这种条件反射一样,审美心理形成后事物形象与功利作用的共同作用,也将进一步强化原有的审美心理。然而,无论在什么情况下,形式都是审美心理活动中不可或缺的元素。

二是快感性。审美心理作为一种神经联系通道,在大脑皮层的终端是主管快感的区域,因而在活动过程中,快感性就成为其突出的特点。以往许多研究者把快感和美感看作两种完全不同的情感,现代神经生理学不支持这样的认识,认为人的神经系统中只有一套情感反应系统。现代美学研究发现,快感与美感是同样的生理反应方式,是同一种生理现象在不同阶段的表现:快感发生在审美心理形成之前,美感发生在审美心理形成之后;快感因事物的功利作用而起,美感因事物的形式而起;美感属于快感的范畴,是一种特殊的快感。所以,审美心理活动的结果必然是快感的产生,这就构成了审美心理的快感性特征。

三是潜意识性。无论是记忆型审美心理还是需求型审美心理,都是非意识性的。当人们看到事物形象,听到相关的声音,快感便会油然而生。整个过程自然流畅,迅捷异常,根本不需要意识的参与。以往美学研究中,往往提到联想在审美过程中的作用,甚至把联想当作审美活动必不可少的一个心理环节,这是不符合审美实际的。联想在审美心理的形成过程中起着重要的作用,比如普列汉诺夫研究的原始社会"狩猎胜利品",在对"狩猎胜利品"的欣赏初期,人们首先必须想到其功利象征作用才会产生快感。正是这种反复的联想,才使事物形象在人的大脑皮层视觉区与快感区之间建立了牢固的联系。然而一旦审美心理形成,美感的产生就完全是无意识的条件反射,不需要有意识的思维活动。当然,在对艺术作品的欣赏中,思维是必不可少的,因为艺术作品与生活中美的事物有着截然不同的特点,艺术欣赏与生活中的审美活动有着完全不同的心理活动过程。然而即使在艺术欣赏中,也有许多心理活动是在潜意识中完成的。艺术教育经常强调潜移默化的作用,根源就在于此。因此,潜意识性就构成了审美心理活动的重要特点。

四是生理实在性。审美心理在审美活动中表现为一种标准、趣味或者心理结构,但不论什么时候,它都始终是人体的一种生理存在形式,如同我们的手、脚一样真实地存在于人的身体之中。审美心理一经形成,便会按照其自身的活动规律发生作用。这时候主体接触到与其相关的事物形象,就必然会产生美感,即使欣赏者本人也无法随意改变这种状态。在《罗密欧与朱丽叶》中,罗密欧与朱丽叶相爱,罗密欧在自卫中不慎刺死了朱丽叶的哥哥。朱丽叶一方面为哥哥的去世而十分悲痛,另一方面又割舍不开对罗密欧的感情,陷入了深深的矛盾之中。这种现象在生活中十分普遍,它从一个侧面证明了审美心理的实在性。虽然相关科学的发展,还不能从人的大脑中直接观测审美心理的存在,但种种现象和相关研究成果,已经证明审美心理存在的真实性。

形式性、快感性、潜意识性和生理实在性,是审美心理的四大活动特点。学习和研究审美现象发生机理,必须理解和掌握审美心理这种特点。

本章小结

本章主要介绍审美现象的发生机理,也就是美的事物是如何引起人的美感的。采用的主要方法,是选取审美现象发生机理研究中的关键成果,再现人类对审美现象发生机理的探索过程,通过分析这些关键成果在审美现象发生机理研究中的作用,对审美现象的发生机理做出完整的描述。

首先,介绍了显功利审美现象的发生机理。通过介绍和分析哲学美学的"美起源于功利说"、普列汉诺夫研究原始"狩猎胜利品"的发现、心理美学的"回忆说"、"象征说"、"积淀说"、巴甫洛夫的条件反射理论,对显功利审美现象的发生机理做出描述：这类审美现象中审美对象的前身都是功利物，起初因为功利的作用引起人的快感；在欣赏功利物的过程中，事物的样子在人大脑皮层的视觉区与快感区之间建立了新的直接的稳定联系；当这种新的联系通道建立以后，人们看到事物的样子便会产生原本由功利作用引起的快感。大脑皮层上事物的样子在视觉区（或听觉区）与快感区之间新的稳定的联系通道的建立，标志着欣赏活动由功利欣赏上升到审美欣赏，功利物就成为审美对象，由此产生的快感也就成为美感。这就是显功利审美对象引起人美感的机理和原因。

其次，介绍了隐功利审美现象的发生机理。通过介绍和分析马尔斯顿的发现、普列汉诺夫对自然景物美的原因的解释、巴甫洛夫的好奇本能理论、格式塔美学的完形理论和神经分析美学的潜意识理论，描述了隐功利审美现象的发生机理：在人的神经系统中，存在大量以事物形式为满足条件的潜意识需求。隐功利审美对象之所以引起人的美感，就在于满足了人神经系统中这种潜意识的需求。这种潜意识需求的满足，像其他需求得到满足一样引起了人的快感。但因为这种需求的满足是潜意识的，在意识层面无法察觉，所以人就会得到快感却不知道快感产生的原因。这种以事物形式为满足条件的潜意识需求，最初引起快感需要通过大脑皮层主管需求的区域，类似的活动发生多次以后，就会在大脑皮层的视觉区或听觉区与快感区之间建立直接的联系通道，这时事物的样子便可以引起人的美感。这就是隐功利审美现象发生的原因和机理。

再次，对审美现象的发生机理做了整体的描述。审美现象发生的基本原理在于，人在进行功利活动的过程中，功利对象的形状会在人大脑皮层的视觉区与快感区之间建立新的稳定的联系通道，从而引起原本由功利作用引起的快感。这种新建立的神经联系通道称为审美心理。审美现象的发生就是事物的样子符合了人的审美心理，从而引起美感的产生。审美心理分为记忆型审美心理和需求型审美心理两种类型；是人神经系统的一种联系通道；存在于大脑新皮层；入口是主管视觉或听觉的区域，终端是主管快感的区域；具有形式性、快感性、潜意识性和生理实在性四大活动特点。

试一试

1. 试举例说明显功利审美现象的发生机理。
2. 试举例说明隐功利审美现象的发生机理。
3. 试用审美现象的发生机理分析一个自己熟悉的审美现象。

第六章　社会生活形成审美心理规律

> **本章议题**
> 1. 社会生活如何形成人的审美心理？
> 2. 人际交往如何形成人的审美心理？
> 3. 社会地位如何影响人的审美心理？
> 4. 不同国家和地区的影响如何形成人的审美心理？
> 5. 直接的功利追求如何形成人的审美心理？

　　审美现象发生的机理告诉我们，事物之所以能够引起人的美感，在于事物的样子符合了人的审美心理。那么，如果我们知道自己审美心理的内容，也就会知道自己喜欢哪些事物和不喜欢哪些事物。

　　人的审美心理包括哪些内容呢？这是一个具有诱惑力的话题。但是到目前为止，这仍是一个难以完成的任务。因为每个人的生活经历都不同，因而形成的审美心理也就不同。更为重要的是，审美心理处在不断变化的过程中，静态的统计永远无法完成。

　　不过，审美心理的形成是有规律的，如果我们掌握了审美心理的形成规律，也就比较容易了解一个人审美心理的内容。正是基于这样的原因，现代美学把研究审美心理的目标，确定为对审美心理形成规律的归纳总结。本章接下来将主要介绍现代美学关于社会生活形成审美心理规律的研究成果。

　　社会生活形成审美心理规律，是指由于社会生活中相关因素的影响，人或物的形象在审美主体大脑皮层视觉区与快感区之间形成新的稳定的联系通道，构成审美心理内容的一种现象。这种类型的审美心理属于记忆型审美心理的范畴，最突出的特点就是这种审美心理与以往的生活经历相关，是以生理的方式记录以往的情感经历，并以此影响此后的情感活动。记忆型审美心理形成后引起的最重要的变化，就是可以用事物的形式取代事物的功利作用引起人的快感。当人对某种事物的审美心理形成之后，这种事物的形式就可以引起人的美感,从而发生相关的审美现象。

迄今为止,社会生活形成审美心理规律的研究成果,主要表现为四个方面,即人际影响形成审美心理规律、社会地位形成审美心理规律、社会发展水平形成审美心理规律和功利追求形成审美心理规律。

一、人际影响形成审美心理规律

人是社会化的生物,一个人从出生起,就不可避免地受到周围人的影响。这种影响在审美方面,就表现为人际影响形成审美心理规律。人际影响形成审美心理规律,是指审美主体受他人的影响形成审美心理的一种现象,包括两种截然不同的表现形式,即正作用形成方式和反作用形成方式。

1. 人际影响正作用形成方式

人际影响形成审美心理规律正作用形成方式,是指人际影响形成的审美心理内容与影响者的作用是正向的,即影响者的形象成为主体审美心理内容的一种现象。一个人是怎样受到他人的影响,并使影响者的形象成为自己审美心理的内容呢?我们通过一个案例说明。

 案例

男女相爱中的"夫妻相"现象

在现实生活中,人们经常会发现,许多夫妻长得非常相像。所以,如果一对情侣或者夫妻长得像,人们就说他们有"夫妻相"。陕西关中民间流传一句俗语,叫作"不是一家人,不进一家门",讲的就是媳妇长得与丈夫以及丈夫的家人相像这种现象。

为什么会出现"夫妻相"现象呢?以往有一种说法认为,人每天都在镜子中看到自己,所以最熟悉和最喜爱的形象,就是我们自己。由于人们喜爱自己的形象,所以也就喜欢那些长得与自己相像的人。卢梭在《爱弥儿》中提出:"孩子最初的感情就是自爱,然后,他才开始施爱于帮助他和关心他的周围的人,如母亲、乳母、保姆等人。"①

这种说法如果成立,一个基本的前提条件,就是儿童必须熟悉自己的容貌。然而,对那些根本不照镜子的原始部落居民,或者偏远农村几乎无镜子可照的儿童来说,这种说法显然难以成立。我们知道,镜子的产生和普遍使用,

---

① 卢梭.爱弥儿[M].李平沤,译.北京:商务印书馆,1978.

是比较晚的事情。然而按照保加利亚学者瓦西列夫在《情爱论》中的论述,"夫妻相"现象的产生远在古希腊、古罗马时代,也就是公元前8世纪到2世纪时期,大约为我国东周时期。

在现代科学研究中,相关学科研究成果也不能支持这样的说法。现代遗传学研究发现,不同基因的异性更容易产生吸引力。这是一条自然进化法则,因为相同或相近的基因,会导致后代智力和免疫系统的弱化。近亲结婚被禁止,就是因为这个原因。这就意味着,把"夫妻相"现象产生的原因归于人们"自恋"的说法,缺乏科学的依据。

奥地利精神病医生和心理分析学家西格蒙德·弗洛伊德提出了另一种说法。弗洛伊德认为,儿童在性心理的发展过程中,首先要在亲近的异性家长那里得到满足。因为这个原因,女孩会爱恋父亲,埋怨并妒忌母亲占有父亲的爱,潜意识中有一种取代母亲位置的愿望,从而形成"恋父情结";男孩早期的性追求对象是他们的母亲,他想占据父亲的位置,与自己的父亲争夺母亲的爱情,这种心理就是"恋母情结"。弗洛伊德借用古希腊神话中的人物,把"恋父情结"称为"厄勒克特拉情结",把"恋母情结"称为"俄狄浦斯情结"。

弗洛伊德的这种理论公布以后,受到人们的普遍怀疑,几乎所有的人类学家都不能认同,因为没有任何历史证据支持它。在神经生理学关于本能的研究中,人们也没有发现类似的本能。这也就是说,尽管他讲的貌似有理,但缺乏科学的依据和科学的原理。

分析弗洛伊德的"恋父情结"和"恋母情结",我们可以发现,这实际是他对现实生活中儿童普遍喜爱父亲和母亲以及由此出现的相关审美现象的推测性解释。弗洛伊德没有想到这样的解释需要有神经生理学的支持,因为当他提出这种理论时,现代神经生理学还处在生产的阵痛之中。

美国医学心理学和儿科名誉教授约翰·蒙尼同弗洛伊德一样,也认为"夫妻相"现象的出现,与儿童的父母有关。不过,他对这种现象产生原因的解释,与弗洛伊德的说法却截然不同。

约翰·蒙尼认为,在人的大脑中有一张"爱情地图",它记录了人们对异性头发、眼睛、声音、气味、身体、个性等方面好恶的信息。一个人为什么爱上一个人,而拒绝了在旁观者看来甚至更有吸引力的另一个人,就在于这个人最符合他(她)头脑中"爱情地图"的标准。

约翰·蒙尼认为,"爱情地图"在儿童期就大致确定了。给这张图着色的首先是母亲。母亲和父亲是儿童最先接触的人,他们的形象、声音、性格,会深深地印在儿童洁白的心灵上,成为"爱情地图"最重要的组成部分。"爱情地图"的说法虽然同样出于推测,不过却比"恋父情结"和"恋母情节"更接近于人们的生活体验。

英国圣安德鲁斯大学教授、心理学家戴维·佩雷特采用统计学的方法,研究父母的相貌对子女择偶的影响。佩雷特测试了300名男性志愿者和400名女性志愿者,询问他们自己、父母和配偶的眼睛和头发颜色。调查结果发现,大多数人的配偶眼睛和头发的颜色都与其父母当中异性的一方相似。如果一个女性志愿者的母亲拥有蓝色的眼睛,而父亲的眼睛是咖啡色的,她会觉得拥有咖啡色眼睛的男性更具魅力,这种情况也发生在男性志愿者身上。除此之外,父母的年龄也会对子女的择偶标准产生影响。父母年龄较大(在他们出生时超过30岁)的志愿者更喜欢照片中年龄较大的异性。反之,父母年龄较小(在他们出生时小于29岁)的志愿者则更喜欢照片中年龄较小的异性。父母年龄较大的志愿者甚至不太在意照片中人的皱纹,而父母年龄较小的志愿者则对皱纹比较敏感。

佩雷特认为,人们往往无意识地以父亲或母亲的相貌作为自己择偶的标准。其中的原因在于,在我们很小的时候,父母的相貌特征就已经"根植"于我们的脑海中。为了生存,婴幼儿必须能够清楚地辨别监护人的主要特征。因此父母的外貌特征,尤其是他们的面部特征深深地烙印在我们的记忆当中。

从弗洛伊德的"恋父情结""恋母情结",到约翰·蒙尼的"爱情地图",再到佩雷特的统计数据,这些不同时期、不同国家科学家的研究成果,对于"夫妻相"现象的产生原因形成了一个共同的趋向,这就是人们之所以喜爱与自己长相相似的人,根本的原因在于父母的影响。

父母怎样影响孩子对异性的审美心理?或者说孩子为什么喜欢这种长相的异性,为什么不喜欢那种长相的异性?以上问题就涉及人际影响正作用形成审美心理规律的问题。

初降人世的婴儿,不是像成人那样通过思维认识和把握外部世界,感觉是他们认识世界最重要的方式。母亲温暖的怀抱、甘甜的乳汁以及各种各样的关心和爱护,给幼小的生命带来了绵绵不断的快乐。一次次快乐的出现,总是伴随着母亲或者父亲的形象。审美现象发生机理告诉我们,这种活动反复进行的结果,就是父母的形象会在儿童大脑皮层视觉区与快感区之间形成新的稳定的联系通道，成为儿童重要的审美心理。人们常说，儿不嫌母丑。事实上，对于儿童来说，整天给他们带来快乐的父母的形象是最美的形象，压根儿就不会丑。父母的形象形成儿童的审美心理，在儿童成人后就成为他们衡量异性美丑的标准。与他们的父母相像的异性，因为符合了他们的审美心理从而为他们喜爱，进而成为婚恋的对象。这就是"夫妻相"现象产生的原因。

按照审美心理形成的机理，不仅仅是父母，凡是在幼年时期给儿童带来快乐的人，他们的相貌都会成为儿童审美心理的内容。在某些特殊的案例中，爷爷、奶奶或者表哥、表姐的影响甚至超过了父母。事实上，这种影响与血缘没有必然的联系，而是与给儿童带来快感的程度相关。谁给儿童带来的快乐大，谁的相貌对儿童审美心理形成的影响就大。甚至完全没有血缘关系的人，只要能给儿童带来快乐，他们的相貌也会构成儿童审美心理的重要内容。

著名作家金庸先生在他的小说《射雕英雄传》中，为我们提供了一个没有血缘关系的人成为儿童审美心理内容的案例，这就是穆念慈离奇的爱情故事。

穆念慈离奇的爱情故事

穆念慈出生不久，杨铁心因为遭受飞天奇祸，义兄被杀，怀孕的妻子以及同样怀孕的义嫂生死不明，自己身受重伤，爬到穆念慈家中求救。穆念慈的父母收留了杨铁心，照料他养好了伤。这时候，穆念慈的村庄闹瘟疫，父母和家人相继去世。杨铁心于是收养了穆念慈，认她做干女儿，教她武功，领着她在江湖上漂泊。

多年以后，穆念慈长成了一个漂亮的大姑娘，杨铁心估摸着失散的妻子和义嫂如果在世，生下的孩子也该长大成人了，于是与穆念慈打着"比武招亲"的旗号，四处辗转，希望能找到他们。

无巧不成书。在当时金国的都城，他们还真遇到一起了。杨铁心的儿子杨康，这时候已经随母亲进了金国王爷府，成了四王爷完颜洪烈的儿子。义兄郭啸天的儿子郭靖，也在蒙古草原长大，正巧路过都城。

身为小王爷的杨康，爱好武功，对招亲无意，对比武却很有兴趣。他听说穆念慈走南闯北，大半年竟然没人胜得，不禁欣然上场比武。

杨康的武功在穆念慈之上，交手没有几个回合，便知道穆念慈不是自己对手，于是想在众人面前戏耍一下穆念慈，卖弄卖弄自己的武功。他瞅准空子，猛地用左手抓住了穆念慈的左手腕。穆念慈大吃一惊,拼力向外挣脱,杨康顺势轻送,穆念慈立足不稳,朝后倒去。杨康右臂抄出,将穆念慈抱在怀里。看热闹的人见了,齐声喝彩叫好。穆念慈羞得满脸通红,低声央求:"快放开我!"杨康笑着说:"你叫我一声亲哥哥,我就放你。"穆念慈见他如此轻薄,又挣脱不开,只得飞脚踢向他的太阳穴,要叫他不得不放手。谁知杨康松开穆念慈的身体,又抓住穆念慈的右脚,穆念慈奋力抽脚,跌坐在地上,脚上的绣花鞋却被杨康拿走了。

中国古代男人对女人的欣赏,脚是重要的部分,因而女人的鞋也成了重要的欣赏对象。

杨铁心看见杨康胜了穆念慈,便走上前去,请杨康到客店商谈二人的婚事。谁知杨康却说:"说什么?我们只是在拳脚上玩玩。"说完,把绣花鞋往怀里一揣,起身就要离开。

杨铁心非常生气,拦住杨康说:"你走可以,把鞋还来!"杨康却笑嘻嘻地说:"这是她甘愿送我的,与你何干?"

杨铁心气得浑身发抖,扑上前与杨康拼命,二人打在一起。打斗之中,杨康使出阴毒武功"九阴白骨爪",十根手指分别插在杨铁心的双手手背,一时间鲜血淋漓。

郭靖本来在一旁看热闹,见杨康如此欺负人,挺身而出与杨康理论,差点被王府请来的高手要了性命。

这时候,杨康的母亲——杨铁心失散多年的妻子包惜弱来了。当年包惜弱受完颜洪烈所骗,以为丈夫死了,就嫁给完颜洪烈做了金国王妃。一经与丈夫相认,知道上了完颜洪烈的当,立即决定跟随杨铁心一起逃走。但是,在王府长大的杨康,贪图荣华富贵的生活,虽经母亲说明,却不肯认亲生父亲,并且带着王府的亲兵和武林高手前来追赶,最终逼得杨铁心夫妻一起自杀了。

穆念慈与杨康这样的一次交往,按照人之常情,对这个调戏自己、逼死义父、贪恋富贵、投敌叛国的人,应该是恨之入骨,怎么能谈得上爱情呢?然而在小说中,穆念慈不仅爱上了杨康,而且爱得刻骨铭心,生死不渝。

杨铁心夫妇去世后,郭靖的师父江南七侠与杨康的师父丘处机一起做主,将穆念慈许配给郭靖,谁知穆念慈却不愿意。她说:"他(杨康)是王爷也好,乞儿也好,我心中总是有了他。他是好人也罢,坏蛋也罢,我总是他的人了。"

杨康作为金国使者南下大宋,穆念慈一路悄悄追随,每晚在窗外看着杨康的身影,以此作为满足。二人相见后,穆念慈告诉杨康:"我在临安府牛家村我义父的故居等你,随你什么时候央媒前来。你一世不来,我等你一辈子罢了。"

结果,穆念慈为杨康所骗,怀上了杨康的孩子,无意间发现杨康与铁掌帮合谋,勾结金国要灭亡大宋,便愤然离开了杨康。但是,当得知杨康的死讯后,依然恋情难忘,泪如雨下,带着出生不久的婴儿,远道赶往杨康的坟墓前祭奠,然后回到杨康的老宅,独自抚养孩子成人。

许多看过《射雕英雄传》的人,都对穆念慈的爱情故事难以理解。以穆念慈的智慧,怎么会因为这样的一次相遇便爱上了杨康?以穆念慈的人品,怎么会爱上这样一个仗势欺人、贪图富贵、不忠不孝的人,还爱得如此真挚、坚决、恒久?然而,如果从审美心理人际影响正作用形成规律的角度看这件事,就不难理解穆念慈的行为。

穆念慈从小为杨铁心收养,杨铁心虽然不是她的生父,但在现实生活中,不仅是她的爹也是她的娘,是她唯一的亲人。在十几年的漂泊流浪中,杨铁心给了她温饱和安全,是给她带来快乐最多的人。由于这种原因,在穆念慈的心灵深处,杨铁心的形象就成为她审美心理的重要内容。杨康是杨铁心的亲生儿子,父子之间自然有相像之处。所以,穆念慈对杨康一见钟情,也就是自然而然的事情了。穆念慈从理性的角度知道杨康不值得爱,但是她无法摆脱自己潜意识中的审美心理。正是这种理性和情感的矛盾,意识和潜意识的矛盾,造成了穆念慈离奇的爱情悲剧。

以往人们普遍认为,小孩3岁以前的生活不会形成记忆,这是从意识的角度而言;但从潜意识的角度看,幼年生活形成的感受,会深深地留在他的神经系统中。如果把人生比作在一张白纸上绘画,幼年受到的影响就是这张画的第一笔,以后的一切都是延续着这一笔发展的。所以幼年生活中受到的影响,对人的一生至关重要。为什么在男女相爱中"夫妻相"现象普遍存在,原因就在于这些人的父母很好地尽到了父母的责任,在给孩子带来快乐的同时,他们的形象成为孩子审美心理的内容。

如果给儿童带来快乐的异性不是成年人,而是童年的异性,会发生怎样的结果呢?按照审美心理人际影响形成规律,这些异性玩伴的形象也会成为当事人的审美心理。儿童相见,你不用介绍你,我不用介绍我,人类的天性会使彼此玩得非常开心。在这种愉快的气氛中,双方的形象就会在彼此的心灵上留下美好的印象,成为一种审美心理。当双方长大成人,选择恋爱对象时,这种审美心理就会发生作用,使得许多在外人看来更有优势的竞争者往往也难以取胜。

"郎骑竹马来,绕床弄青梅。同居长干里,两小无嫌猜。"千百年来,李白这首诗之所以被人们广为流传,就在于它反映了男女相爱中的这种普遍现象,即一对从小一起玩耍的异性,长大后更容易成为恋人。以往人们谈论这种现象,往往用先来后到、不喜新厌旧、遵守诺言等道德观念来解释。似乎当事者最终的选择,是理性思考的结果,是对情感的压抑。其实不然,"青梅竹马"现象只不过是人际影响正作用形成审美心理规律的一种表现形式。

人际影响正作用形成审美心理规律不仅表现在儿童时期,同样也表现在成人时期。不管是异性还是同性,凡是给我们带来快乐的人,他们的形象都会在不知不觉间成为我们审美心理的内容。为什么许多人在恋爱时总喜欢给对方买礼物,因为这样可以使对方高兴。为什么使对方高兴恋爱就容易成功,因为快乐可以改变对方对你的评价。在众多的异性中,最终成为你的恋人的人,必定是给你带来快乐最多的人。俗话说,"情人眼里出西施",人们对情人的正面评价,为什么总是会超过其他人?因为通过一次次的"快乐",对方的形象已经成为当事人审美心理的内容。

事实上,在与每一个人打交道时,人际影响形成审美心理规律都会发生作用。只要仔细反省一下就会发现,那些经常给我们带来快乐的人,或者经常与我们一起分享快乐过程的人,比如球友、棋友、牌友、驴友等,我们看见他们时就会感到特别亲切。同学、战友也是如此,有的甚至多年不见,见面依然亲切如故。其中的原因,就在于这些人与我们一起度过了我们人生最美好的时光,他们的形象与我们青春的感觉相连。这些都是人际影响正作用形成审美心理规律的表现。

人际影响正作用形成审美心理规律是人体形象形成审美心理的重要规律。它的基本内容,就是长时间给审美主体带来快乐的人,他们的形象会成为主体审美心理的内容。在这个规律中,因为审美主体形成的审美心理与影响者的作用是正向的,所以称为人际影响正作用形成审美心理规律。

2. 人际影响反作用形成方式

人际影响形成审美心理规律的反作用形成方式,是指人际影响形成审美心理规律中影响者对审美主体的作用是反向的,即主体形成的审美心理内容与影响者的形象是相反的这样一种现象。上面我们刚刚介绍了人际影响形成审美心理规律的正作用形成方式,讲的是一个经常给主体带来快乐的人,他的形象会成为主体审美心理的内容。那么,在人际影响形成审美心理规律的反作用形成方式中,一个人怎样的行为,能够使得主体形成与影响者形象相反的审美心理呢?为了说明这一点,我们来分享一个案例。

 案 例

黄蓉的爱情故事

黄蓉是金庸小说《射雕英雄传》的一号女主角,《神雕侠侣》和《倚天屠龙记》中的重要人物,也是金庸笔下最负盛名的女侠。在金庸的笔下,黄蓉可以说集天地灵气于一身,是完美女性的化身。

黄蓉的长相,有人评论为"艳绝天下"。《射雕英雄传》中,黄蓉第一次以女性形象出场,作者是这样写的:"只见船尾一个女子持桨荡舟,长发披肩,全身白衣,头发上束了条金带,白雪一映,更是灿然生光。郭靖见这少女一身装束犹如仙女一般,不禁看得呆了。那船慢慢荡近,只见这女子方当韶龄,不过十五六岁年纪,肌肤胜雪,娇美无匹,容色绝丽,不可逼视。"在小说中,西毒欧阳锋终日研习武功,不大在意女人的长相,但见了黄蓉也不仅啧啧赞道:"药兄,真有你的!这般美貌的小姑娘也亏你生得出来!"

黄蓉的聪明智慧,更是超众绝伦。到底有多聪明,只要看三件事就知道了。

一件是与神算子瑛姑相遇。瑛姑是一位女侠,号称"神算子",因为隐居多年,精研术数而得名。术数是中国古代一种特殊的学问,是用来推算未来、趋吉避凶的系统方法,当时被广泛地用于政治、军事、文化、科技和日常生活。古代掌握术数的人,自然是社会中有智慧的人,更何况号称"神算子"的女侠瑛姑。然而,瑛姑苦思几个月解不开的难题,重伤在身的黄蓉,片刻之间,尽数解开。书中这样描写"神算子"瑛姑对黄蓉的反应:"这些算题那女子苦思数月,未得其解,至此不由得惊讶异常,呆了半晌,忽问:'你是人吗?'"

一件是与段皇爷的徒弟斗智。书中写道:那书生仰天大笑,半晌方止,说道:"好,好,我出三道题目考考你,若是考得出,那就引你们去见我师父。倘有一道不中式,只好请两位从原路回去了。"黄蓉道:"啊哟,我没读过多少书,太难的我答不上来。"那书生笑道:"不难,不难。我这里有一首诗,说的是在下出身来历,打四个字儿,你倒猜猜看。"黄蓉道:"好啊,猜谜儿,这倒有趣,请念罢!"那书生捻须吟道:"六经蕴藉胸中久,一剑十年磨在手……"黄蓉伸了伸舌头,说道:"文武全才,可了不起!"那书生一笑接吟:"杏花头上一枝横,恐泄天机莫露口。一点累累大如斗,却掩半床无所有。完名直待挂冠归,本来面目君知否?"黄蓉心道:"'完名直待挂冠归,本来面目君知否?'瞧你这等模样,必是段皇爷当年朝中大臣,随他挂冠离朝,归隐山林,这又有何难猜?"便道:"'六'字下面一个'一'一个'十',是个'辛'字。'杏'字上加横、下去'口',是个'未'字。半个'床'字加'大'加一点,是个'状'字。'完'挂冠,是个'元'字。辛未状元,失敬失敬,原来是位辛未科的状元爷。"古代的状元是公开考试考出来的,自然是出类拔萃。状元编这个字谜,不知费了多大的心血和时间,片刻之间被猜出,不由得甘拜下风,黄蓉的智慧可想而知。

一件是相遇九指神丐洪七公。《射雕英雄传》中有五大武林高人,称为"东邪、西毒、南帝、"北丐"、中神通","北丐"就是丐帮帮主洪七公。洪七公武功高强,为人豪爽,一辈子不收徒弟传艺,丐帮中偶尔有立了大功的,也只是传授一招半式。但是,为了品尝黄蓉的厨艺,不仅传授武功给黄蓉,还把自己的看家功夫"降龙十八掌"传给了郭靖。黄蓉的厨艺本领,由此可见一斑。

郭靖有多傻呢?《射雕英雄传》第十八回,写欧阳锋携侄儿欧阳克上桃花岛求婚,偏巧洪七公也带郭靖前来求婚,黄药师不好驳二人的面子,便提出了三道题考郭靖和欧阳克,胜者成为自己的女婿。前两场比试郭靖都赢了,当他走上前感谢黄药师时,黄药师说:"你还叫我黄岛主吗?"意思是你已胜了两场,可以改口叫"岳父大人"了。哪知郭靖连这点意思也听不出,说道:"我……我不叫你黄岛主,叫你什么?"黄蓉在旁边大拇指向下弯曲,提示郭靖向黄药师磕头,借此就算认了岳父。岂料郭靖跪下向黄药师磕了四个头,口中却不说话。黄药师笑道:"你向我磕头干吗啊?"郭靖道:"蓉儿叫我磕的。"黄药师听了,心内那个气啊,真是不知道该怎么说。他想自己绝顶聪明,文韬武略,琴棋书画,无一不晓,无一不精,自来交游的不是才子,就是雅士,他夫人与女儿也都智慧过人,怎么能把唯一的爱女嫁给这样一个傻头傻脑的小子,这不活生生把一朵鲜花插在牛粪上了。于是改变主意,硬把第二局比试说成平局,要求再比一场,存心想把黄蓉嫁给欧阳克。

但是,不管黄药师如何反对,黄蓉却铁了心要嫁给她的"靖哥哥",尽管历尽种种磨难,最终还是如愿以偿。

为什么黄药师聪明过人,他的宝贝女儿却会爱上傻乎乎的郭靖呢?这不仅让黄药师想不通,许多读者也疑惑不解。其实,黄蓉的爱情故事,正是人际影响反作用形成审美心理规律的典型表现。

黄药师是一个武林奇人,过人的智慧和武功,也形成了他以自我为中心的行为方式,做事从不顾及他人的感受。为了不泄露桃花岛的秘密,他可以把抓来的奴仆全部变成哑巴。徒弟陈玄风、梅超风把他的《九阴真经》偷跑了,他就把火发在其余的徒弟身上,把剩下的四个徒弟挑断脚筋,全部赶出了桃花岛。

黄蓉的母亲生下黄蓉不久就去世了,父亲黄药师自然很疼爱自己的宝贝女儿。但是,疼爱归疼爱,他却不会从女儿的感受出发思考问题,更不会按照女儿的感受来对待她。

黄蓉生活在桃花岛上,除了父亲就是一群哑巴仆人,连一个可以说话的人也没有。对于一个小孩,特别是像黄蓉这样生性活泼的小姑娘,这样的日子该是多么的难熬。有一天,黄蓉在山后的石洞内发现被黄药师囚禁的周伯通。周伯通号称"老顽童",生性好玩,正好与小黄蓉能玩在一起。于是,黄蓉一有空就与老顽童说话、玩耍,还偷偷地带了好吃的东西给老顽童。这件事被黄药师发现后,不问青红皂白,噼里啪啦就是一顿臭骂。俗话说,有其父必有其子。黄蓉虽是个女孩,也有其父的遗传基因,性子非常犟,平日又被娇宠惯了,哪里受得了这个,于是一气之下就离家出走了。

黄蓉离家后遇到了郭靖,两人产生了感情,在归云庄与寻找自己的父亲相逢。黄药师明知女儿爱上了郭靖,但见郭靖用洪七公教的"降龙十八掌"打败了徒儿梅超风,脸面上过不去,便硬要郭靖与自己过招。此时的郭靖,还远不是黄药师的对手,刚一交手,便被整得手腕脱臼,想要逃走,又被黄药师脚下一勾绊倒在地。黄药师挥掌便向郭靖后背击去,眼见这掌下去,郭靖非死即伤,黄蓉扑上去护在郭靖身上,求父亲饶过郭靖。谁知黄药师根本不考虑女儿的感受,仍要向郭靖下手。黄蓉哭道:"你杀他吧,我永不再见你了!"说完,纵身跳进了旁边的太湖之中。

通过这几件事,可以看出黄药师对待女儿的基本态度和方法。作为父亲,他宠爱自己的独生女儿,特别是妻子去世之后。但是,他的爱是从自己的感情出发的:高兴了可以用各种方法娇惯女儿,当女儿的需要与他的感情发生矛盾时,他却不会考虑女儿的感受。他的这种做法,在生活中通过一点一滴的小事,对黄蓉不断地造成感情伤害。久而久之,在黄蓉的潜意识之中,就形成了对父亲的负面情感,进而影响到对异性的审美心理。

按照审美心理的形成机理,一个形象如果总是伴随着快感进入人的神经系统,久而久之就会在大脑皮层的视觉区与快感区之间开辟出新的联系通道,成为我们的审美心理。但是,如果一个形象总是与不快感一起进入我们的神经系统,会发生怎样的情况呢?同样的道理,他们也会在大脑皮层的视觉区与不快感区之间建立起一种新的联系通道。这种联系通道与审美心理相反,引起的是不愉快的感觉。这种联系通道与审美心理的形成过程另一个不同之处,就是可以在一次经历后形成。

在第五章介绍心理美学的"回忆说"时,我们曾经提到法国美学家狄德罗所讲的一个故事,他的朋友在一座漂亮的剧院不幸丧命,他在那里得了倒彩,他再也无法感受到这座剧院的美。这个故事就属于不快感一次在大脑皮层形成新的通道的案例。

与美的事物引起人的快感一样,与不愉快的经历相关的事物也会引起人的不愉快感。狄德罗对于那个剧院的感觉是从意识的层面清晰地进入人的心理结构的,所以当事人可以清楚地说出原因。如果偶然间形成,或者一点一滴逐渐形成的心理,就会与审美心理一样,成为一种潜意识的存在,当其发生作用时,当事人就会感到莫名其妙,说不出原因。

美国曾经发生了这样一件事。有一位教授突然很反感他的一个博士生,不愿意再教这个学生,甚至不愿意再见到这个学生,要求学校把这个学生退掉,人们都感到莫名其妙。过了几天,警察通知这位教授到警察局,另一位心理学教授陪他前往,他才明白了其中的缘由。原来,在这件事发生前几天,教授晚上回家途中遭遇抢劫,由于受到惊吓,警察询问劫匪相貌时,教授一点儿也说不上来。后来警察破获了一宗抢劫案,请教授前去辨认劫匪。教授在几个人中,一下子就认出了抢劫他的人。心理学教授惊奇地发现,劫匪的身形相貌酷似那个博士生,才明白教授此前的行为,教授是受到潜意识中劫匪形象的影响。

现代美学研究发现,这种对特定人物形象的否定心理,会转化为与之相反的审美心理。这种转化得以完成的关键,在于人类一种基本的自然天性。人和一切生物有一个基本的特性,就是趋利避害。趋利避害是生物在进化过程中形成的基本属性,这种特性愈强的生物,愈容易生存下去。在低级生物的活动中,这种特性表现为追求适悦感,逃避不适悦感的倾向。例如,草履虫遇到盐会纷纷躲避,因为不适悦;而当它们遇到氧气和弱酸则纷纷趋近,因为适悦。德国生物学家恩斯特·海克尔指出,在原生动物那里,"我们就发现了喜与厌这种基本情感",这"表现在它的所谓向性上,向光或向暗,向暖或向寒,表现在对正负电的不同反应上"①。在较高级的生物活动中,这种特性表现为追求快感和逃避痛感。如果蚂蚁在爬向熊熊烈火的途中,没有灼热的不适感促使其调转方向,蚂蚁就不可能生存到今天。当肌体需要补充营养,如果没有饥饿感督促生物千方百计获取食物,生命就会在不知不觉中衰亡。不适感阻止有害生命的行为发生和继续,愉悦感则促使和鼓励生物从事于有益健康的活动。逃避不适感最基本的方式,就是远离不适对象,向其相反的方向发展。冬天来了,候鸟南迁,逃避寒冷;夏天到了,候鸟又往北飞,躲避炎热。

在人类生活中,远离不适对象的特性,表现为对与其相反事物的追求和喜爱。生活在喧嚣拥挤环境中的城市人,通常喜欢清静广阔的原野、沙漠、山林和大海等自然景色;生活在偏僻寂静的山野和乡下的人,则喜欢灯红酒绿、人来车往的城市景象。在儿童的成长过程中,给儿童带来快乐的人会成为他们审美心理的组成部分,给儿童带来不快感的人则会使儿童因为希望远离他们,从而喜欢上与他们相反的人。这种相反,可以是长相上的胖瘦、高矮等生理特点,也可以是心理上的性格特点。

黄蓉之所以爱上行为木讷、反应迟钝、当时武功还不高的郭靖,就在于郭靖与黄药师截然不同的特点,这就是善良、真诚、无私。黄蓉初见郭靖,当时她打扮成一个脏兮兮的讨饭男孩,郭靖却一点不嫌弃她,为她买饭吃,任由她点各种名贵的菜肴。黄蓉惊奇天下还有这样的人,为了看看郭靖到底有多大方,就假意说她喜欢郭靖的汗血宝马,没想到郭靖听了慨然相赠。萍水相逢,倾囊相助,在一些人眼中是无私、大气,在另一些人眼中可能就是脑子进水了。这种做派是黄蓉完全没有想到的,不仅与她的父亲完全相反,而且与她以往所接触到的人完全不同,当时就把她感动地哭得稀里哗啦,并且让她从心底爱上了这个傻傻的"靖哥哥"。

在现实生活中,性情乖戾的母亲、性格粗暴的父亲,会在孩子心理上留下不美好的印象。孩子长大后与异性交往,就会喜欢与他们的父母不同甚至相反的人。母亲性格乖戾、反复无常,儿子选择配偶时会情不自禁地偏向性格温和的女性;父亲脾气暴躁,女儿会更多地选择性格内向的男人。这种选择趋向也表现在形体相貌上,瘦小母亲的儿子会喜欢壮硕的姑娘,高大父亲的女儿会

---

① 刘骁纯.从动物快感到人的美感[M].济南:山东文艺出版社,1986:34.

偏爱文弱的小伙子。

在社会生活中，许多人会由于某种特殊的经历，不愿意与某种类型的人交往。有的人甚至把这种心理，扩大到对某个地区、某个行业的人的否定。比如，许多城里人对农村人的偏见，比如在多年以前就曾流传过"河南人惹谁了"的段子，等等。这些都是人际影响反作用形成审美心理规律的表现。

人际影响形成审美心理规律的反作用形成方式，是有关人体形象审美心理形成的又一重要规律，其实质是经常给审美主体带来不愉快感觉的人，主体会形成与他们的形象相反的审美心理。在这个规律中，由于主体形成的审美心理与影响者的作用相反，所以称为人际影响形成审美心理规律反作用形成方式。

人际影响形成审美心理的正作用形成方式和反作用形成方式，共同构成了人际影响形成审美心理规律。人际影响形成审美心理规律，是人际交往中形成审美心理的基本规律，决定了审美主体对具体的人的审美态度，其主要内容是：不断给主体带来快乐的人，他们的形象会成为主体的审美心理；不断给主体带来不愉快的人，主体会形成与他们的形象相反的审美心理。

从理论上讲，人际影响形成审美心理规律的作用，在人与人的每一次交往中都会发生。也就是说，主体与一个人的每一次交往，都会影响其审美心理。但是，因为成年人已经形成了稳定的审美心理，并且以理性思维主导认识活动，所以这种影响的作用表现得不太明显。儿童因为没有稳定的审美心理，并且主要依靠感性思维进行认识活动，所以人际影响形成审美心理规律的作用就比较明显。

女作家张洁有一篇叫作《捡麦穗》的短篇小说，就典型地表现了人际影响形成审美心理规律的这种作用。该作品以第一人称的手法，讲述了一个山村的小女孩，因为挑担卖货的老头经常给她吃灶糖，于是声称长大了做老头的媳妇。随着年龄的增长，小女孩渐渐懂得了害羞，再不说嫁给老头的话，但每次老头来村子，她都会到村外迎接，走时送出老远，直到有一天听到老头的死讯。

人际影响形成的审美心理内容，人们可以通过反思或多或少地找到一些踪迹，但总体而言，它们是以潜意识的方式存在于人的神经系统，特别是儿童时期形成的此类审美心理更是如此。这种潜意识的审美心理，就像一只无形的手引导着人的行动，特别是男女之间的感情。男女相爱中的"夫妻相"现象、"青梅竹马"现象，都是这种审美心理的产物。

二、社会地位形成审美心理规律

社会地位形成审美心理规律,指的是因为社会地位的原因形成审美心理的一种现象,包括两种不同的形成方式:一种是社会地位低的人模仿社会地位高的人形成方式,另一种是社会地位高的人区别社会地位低的人形成方式。

1. 社会地位低的人模仿社会地位高的人形成方式

社会地位形成审美心理规律的社会地位低的人模仿社会地位高的人形成方式,是指社会地位低的人通过模仿社会地位高的人的行为形成审美心理的一种现象。为了说明这种审美心理形成方式,我们先来看几个相关案例。

案例

汉代男子以帻包头的风尚

西汉元帝刘奭的发际线极低,头发一直长到前额上,极不雅观,于是有人建议元帝以帻包头。帻就是束头发的布。在此之前,帝王将相、王公大臣都戴帽子,称为冠,只有地位低下的人才用布来束发。汉元帝为了遮丑,采纳了这一建议。不料,大臣们纷纷仿效,于是达官显贵以帻包头,竟成了一种风气。

汉元帝以帻包头,只是把前额和头发束起来。到了王莽称帝,因为他年过半百,两鬓皆白,头上出现了秃顶,为了遮丑,就用布把头全部包起来。臣下群起仿效,竟成风尚。至汉末,不仅一般百姓,就连一些王公大臣、名儒雅士,也都把用布包头作为一种时尚①。在电视剧《三国演义》中,关羽就是这样的装扮。

案例

20世纪中国大陆的"军装热"和"西服热"

20世纪60年代后期,"草绿色"的穿衣风潮通过电视屏幕,通过彩色画报,在全国掀起了一股热潮。草绿色的军装由此受到国人的普遍青睐,男女老少皆穿,春夏秋冬均宜。人们以身着一件旧军装为荣,街头小青年甚至为了一顶军帽而大打出手。

20世纪80年代中期,党和国家领导人倡导生活方式改革,并身体力行,穿上西装,打起领带。于是全国上下群起效仿,神州大地掀起"西服热"。在此

---

① 韩养民.秦汉文化史[M].西安:陕西人民教育出版社,1986:105.

之前，直到 1984 年底，穿西服在许多地方的党政机关还是十分忌讳的，领导干部自然是不穿的，一般年轻干部则是想穿不敢穿。当时西部某机关新调来一位处长，来时西服套装，红色领带，好不精神。上班一看周围的同事，一色的中山装，不禁心中惴惴然，一整天如芒刺在背。第二天，赶快换了一件褪色的蓝色中山装。有位青年干部，买了一套西服不敢穿，先穿了件西服上衣"投石问路"。同事见了自然明白他的心思，故意戏问："怎么不穿西裤了？"一时传为笑谈。

 案 例

路易十四与高跟鞋的诞生

法国路易十四王朝时期，巴黎文化生活十分活跃，宫女们经常溜出宫外参加交际活动。这使路易十四十分恼火，于是下令设计一种刁钻的鞋，以使宫女穿上后不便远行。宫廷设计师仿照当时舞台上悲剧演员穿着的"全高"型戏剧鞋，制作出了"后高跟鞋"，高跟鞋由此诞生。不过，出乎路易十四意料之外的是，宫女们穿着高跟鞋"锻炼"一番，不仅照样行走自如，而且经常踱出宫外，巴黎女市民们见了，觉得穿上高跟鞋更加妩媚动人，于是竞相仿效。高跟鞋由此遍及法国，走向世界。

 案 例

欧美棕色皮肤的诱惑

在欧洲旅游不难看到，凡是有海滩的地方，都有人在晒太阳。男男女女，有的只穿短裤，有的干脆一丝不挂。在许多欧美人眼中，皮肤晒成如古铜、咖啡一般的颜色，是最美的。

这种审美风气的兴起，源于欧洲常年湿润多雨，人们晒太阳的机会很少，只有有钱有时间的富人，才能到低纬度的海边旅游，享受日光浴。因此，被阳光晒成的棕色，就成为富有阶层社会地位的象征，引起下层人的模仿，成为一种普遍的审美心理。

分析以上案例，不难发现其中的共同之处。

第一，在这些案例中，都是一部分人模仿另一部分人，进而形成一种审美现象或者审美时尚。

第二，被模仿者的社会地位均高于模仿者。被模仿者或者是古代的帝王，或者是现代国家的领导人,或者是权贵、富豪,总之相比较模仿者而言,他们的社会地位都比较高。模仿者或者是臣下,或者是一般民众,相比较被模仿者而言,社会地位都比较低。

第三,被模仿的行为,也就是后来作为审美心理的内容,有的是社会地位高的人的爱好和主张,如国家领导人之于军装和西服、欧美富人之于棕色皮肤;有的却是无奈之举,如汉元帝刘奭和建兴帝王莽以帻包头、巴黎宫女穿高跟鞋。

为什么社会地位高的人的爱好主张乃至无奈之举,都能成为社会地位低的人的模仿对象,进而成为一种审美心理呢?

要了解这一点,首先要知道为什么社会地位低的人要模仿社会地位高的人。在人类社会中,人们总是处在不同的社会地位。不同社会地位的人有一个共同的心理,就是希望自己的社会地位能够不断提高。俗语说,"人往高处走,水往低处流",讲的就是这种心理和这种社会现象。这种心理也就是一种功利追求。在这种心理作用下,人们总是尽量地模仿比自己社会地位高的人,使得自己尽可能地看起来像自己所希望成为的人一样。越是等级分明的社会,这种心理就越普遍、越强烈。

人的社会地位首先表现为政治地位。在封建社会,皇帝是整个社会最高的统治者,受全社会人的景仰。现代社会的国家领导人,虽然不同于古代的帝王,但在社会地位受人羡慕这一点上讲,二者却是相同的。所以皇帝和国家领导人的爱好主张,就会成为社会成员模仿的对象。俗话说,"上有所好,下有所效",讲的就是这样的现象。就社会地位而言,从帝王和国家领导人向下划分,就是各种权贵、富豪和名人,对于一般民众而言,他们的社会地位也是人们向往的,所以他们的行为也就成为被模仿的对象。

社会地位低的人模仿社会地位高的人的原因,在于企慕社会地位高的人的社会地位。为什么在上述案例中所模仿的,却是发型、服饰和肤色,而且有的甚至为了遮丑的无奈之举呢?我们知道,决定社会地位的因素很多时候是无形的,比如权力。一个人一旦掌握了权力,他就在人们心目中有了高高在上的地位。这时候,他的外在的特征,就会作为社会地位的象征,成为人们推崇和模仿的对象。这就如同西施捧心的动作成为东施效仿的对象一样。

美人的行为成为美人的象征,权贵的行为成为权贵的象征。社会地位低的人对上层社会地位的追求,转变为对上层社会地位象征物的模仿。这种象征物最初因其象征作用引起人愉快的感觉,类似的活动反复发生之后,象征物的形象就在人的大脑皮层的视觉区与快感区之间形成新的稳定的联系通道,即新的审美心理。古往今来,社会地位低的人对社会地位高的人的各种模仿行为,不断地形成新的审美心理内容,创造新的审美风尚,成为社会地位形成审美心理规律的重要表现形式。

2. 社会地位高的人区别社会地位低的人形成方式

社会地位低的人极力学习和模仿社会地位高的人,社会地位高的人却不愿意与社会地位低的人混在一起,于是想尽办法把自己与社会地位低的人区别开来。社会地位形成审美心理规律的社会地位高的人区别社会地位低的人形成方式,指的是社会地位高的人在区别社会地位低的人的活动中形成新的审美心理的一种现象。为了了解社会地位形成审美心理规律的社会地位高的人区别社会地位低的人形成方式,我们先介绍三个相关的案例。

 案 例

"露马脚"的来历

我国历史上曾经盛行女性以脚小为美的审美习俗,"三寸金莲"被作为美人的突出特征。那时,许多姑娘因为脚大而嫁不出去,其实当时的"大",比起现在一般女孩子的脚,还要小得多。

相传明太祖朱元璋的结发妻子马氏,就长着一双未经修饰的"天足"。朱元璋当了皇帝以后,念马氏辅佐有功,封她为明朝第一位皇后。但是"龙恩"虽重,马氏却为脚大而深感不安,在人前人后,从不敢将脚露出裙外。一天,马皇后坐轿从金陵街头经过,正好一阵大风把轿帘掀起一角,皇后搁在踏板上的两只大脚赫然露出。于是一传十,十传百,顿时轰动了整个京城。从此,人们把不想让人知道的事情败露,叫作露了"马脚"。

马皇后的故事形成了"露马脚"这个词语,"露马脚"的来历却说明了当时小脚习俗影响之深远。皇后尚且如此,一般平民可想而知。

 案 例

古埃及头尖为美的习俗

在古代埃及,曾经有过以头尖为美的习俗。当时高贵的人家,把婴儿的头用两块木板夹住,木板上部靠拢,下部分开,成"A"字形,以便使孩子的头骨长尖①。

唐代高髻为美的风尚

在唐朝初期,曾经盛行女性梳高髻的风气。陆龟蒙在诗中写道:"城中皆一尺,非妾髻鬟高。"这句诗具体地描写了当时女性头发的高度。唐太宗继位后,有大臣请求下令禁止这种风气。为此,唐太宗询问近臣令狐德棻(fēn):"为什么现在女人的发髻越梳越高了呢?"令狐德棻回答说:"头在上部,地位重要,所以头发就要高大。"唐太宗听了觉得有道理,于是放弃了禁止梳高髻的打算②。

在这些案例中,审美对象或者说审美心理的内容是女性的小脚、高头发和尖头顶,为什么人体的这些形态会成为人们的审美心理,形成这个时期的审美风尚呢?

让我们先来看我国古代以女性脚小为美的习俗。根据已有的资料,女性缠脚的过程非常痛苦,当时流行一句话,叫作"小脚一双,眼泪一缸"。缠一双小脚要流一缸眼泪,话可能有点夸张,但却真实地反映了女性在这个过程中所承受的痛苦。如此痛苦的产生过程,人们为什么会形成相关的审美心理呢?

普列汉诺夫在非洲黑人中也发现了类似的审美习俗。"在塞内冈比亚,富有的黑人妇女穿着很小的鞋子,小到不能把脚完全放进去,因而这些太太们具有步态别扭的特色。然而正是这种步态被认为是极其诱惑力的。"普列汉诺夫认为:"这种步态本身是毫无意义的,仅仅由于与劳累的(因而也是贫穷的)妇女的步态恰恰相反,所以才获得意义。"③

普列汉诺夫发现的非洲黑人的这种习俗,不仅与我国以女性脚小为美的习俗相同,更重要的是后者显然处于审美习俗的滥觞时期,还没有成为整个社会成员共同的审美心理。所以,较之我国古代以女性脚小为美的习俗,我们从中很容易就发现了创造这种审美形式的主体——富家太太,以及她们创造这种审美形式的动机——与贫穷女性相区别。

---

① 陈起奎.世界奇风异俗[M].西安:陕西旅游出版社,1991:47,27.
② 同①.
③ 普列汉诺夫.普列汉诺夫美学论文集[M].曹葆华,译.北京:人民出版社,1983:327.

我国古代以女性脚小为美的习俗，由于已经发展为整个社会的审美习尚，加之年代久远，其中的原因被复杂的现象所遮盖。然而研究证明，其产生过程与非洲黑人的习俗出于同样的原因。在封建社会，富家小姐深藏闺室，动辄出门乘轿，脚自然小。穷苦人家的女孩终日奔波，脚自然活动得多，也就长得大。这样一来，小脚便如同白皮肤、穿金戴银一样，成了身份地位的象征。富家女子为了更加明显地区别于穷家女子，故极力使脚越小，贫家女子自然要向富家女子看齐，于是形成了以脚小为美的审美心理。

相比较而言，古代埃及以头尖为美的习俗形成原因简单明了。因为在古代埃及，贫民运送东西习惯顶在头上，天长日久，头顶便压成了平的。于是，一个具有尖头顶的人表明他在生活中不需要用头来运东西，而只有贵族才能如此，于是尖头顶便成了贵族的象征。为了进一步发挥这一优势，拉大与贫民的区别，富裕的家庭便不惜借助后天人力，以便使孩子的头更尖、更美①。

唐代为什么会形成女性以头发高为美的习俗呢？令狐德棻的解释似乎有点道理，但细想却不然。头在上部，固然重要，但并非发髻越高就越重要。不要说后面朝代的光头，当时男性也不梳高髻，男性的头就不重要吗？头在上部，地位重要，要梳高髻，脚在下部，为什么要穿高跟鞋呢？原因显然不在于此。那么，为什么会形成以头发高为美的习俗呢？因为在封建社会，高高的头发只有贵族女性才能梳得起，梳起了也有条件保持。一般劳动女性，不要说梳不起，梳起了又怎么干活呢？因为这样的原因，高头发便有了特殊的意义，成了贵族女性的象征，成了区别于贫穷女性的标志，于是才有了人们不厌其烦乃至有点儿疯狂的行为。

我国从古到今，女性多以肤色白为美。早在春秋战国时期，粉就开始作为化妆品，"粉面玉体"历来受到文人雅士的青睐。为什么国人会形成以白为美的习俗呢？根本的原因在于，达官显贵、富户豪门的女性营养丰富，不受风吹日晒之苦，皮肤自然细腻白皙；下层社会的女性终日劳作，生活艰辛，风吹日晒，皮肤自然粗糙黝黑。富人为了以皮肤白显示自己的骄傲，穷人也不愿因穷受人奚落，于是穷人便争着使皮肤白起来，由此形成了以白为美的审美心理。只不过由于年代久远，这种审美心理最初的形成原因已被人们忘记，许多人虽然不存在这样的意识，但却不能不受到这种潜意识审美心理的影响。

---

① 陈起奎.世界奇风异俗[M].西安:陕西旅游出版社,1991:47.

社会地位形成审美心理规律的社会地位高的人区别社会地位低的人形成方式不仅存在于古代,在现代社会生活中依然存在。我国农村男子多留短发,城市男子多留长发,就是这样的一种审美现象。这一点,在20世纪80年代以前,表现得最为明显。在当时的农村,世代务农的庄稼人都是剃光头的,年轻人最多也就是留成短发。因为光头和短发洗起来方便,比较适合农村干庄稼活尘土大的生活环境。相反,城市文化人的生活环境相对干净,头发不需要经常洗,就可以留成长发,梳成一定的发型。当时农村有文化的青年,开始像城市青年一样留长发梳分头,许多描写当时农村题材的文学作品,都不乏这样打扮的人物。这些文化青年的装扮,典型地体现了审美心理社会地位高的人区别社会地位低的人形成规律。与短发相比,长发不仅易脏难洗,在劳动生活中也有诸多不便。为什么城市男子普遍选择留长发呢?普遍的回答是为了好看,为了美。问题是为什么长头发就比短头发好看呢?农村文化青年的选择,使得以往比较隐蔽的城乡不同的审美区别变得明朗化,很显然,他们之所以这样选择,背后的原因就是与城市人看齐,与乡村的庄稼汉区别。很多青年在农村时留短发,一旦通过考学、招工成为城市人,很快就蓄起了长发。为什么城市男子普遍以长发为美呢?同农村文化青年的选择是一样的,就在于区别于农村庄稼汉。这种审美心理产生的深层原因,就在于当时严重存在的城乡差别,经济、社会、文化的差别,形成了人们潜意识的审美差别。只要看一看路遥的《人生》,就不难理解这一点。在古今中外的文学作品中,爱情是何等的神圣崇高,但在《人生》中,即使爱情至上主义的黄亚平,也不得不在农村户口面前停住爱情的脚步。正是当时城乡差别的巨大鸿沟,造成了当时城乡男子发式的审美差别。与城市男子留长发审美爱好的形成原因相同,许多搞艺术的人,喜欢留长发、蓄长胡须,也是出于区别他人的原因,为了区别于一般的芸芸众生。

上述审美现象的共同特点,就是审美现象的创造者社会地位都比较高,创造这些审美形式最初的动机,就是把自己与社会地位低的人区别开来。分析这些形式,不管是古代女性的小脚、白皮肤、高发髻,还是现代男性的留长发,一个基本的特点,就是社会地位低的人难以企及。在以炫耀社会等级为荣的社会,这些能够与社会地位低的人相区别的特点就成了社会地位高的人的特征。这些形式虽然最初只具有功利象征作用,但按照记忆型审美心理形成的基本规律,在长期的欣赏过程中,就会在人大脑皮层视觉区与快感区之间形成新的稳定的联系通道,成为一种新的审美心理。这种现象构成社会地位形成审美心理规律的社会地位高的人区别社会地位低的人形成方式。

社会地位低的人模仿社会地位高的人形成方式和社会地位高的人区别社会地位低的人形成方式,从两个不同的方面,构成了社会地位形成审美心理规律。在第一种形式中,社会地位低的人处于主动地位;在第二种形式中,社会地位高的人处于主动地位。在现实生活中,两种形式往往是交替发展的。譬如在原始部落,富有的部落首领的女眷最初用铁项圈、铁手镯等物品装饰,随着铁首饰在普通人家的普及,富有人家的女性便改变为铜饰物,进而又发展为金、银饰物。她们的行为受到社会地位低的人的学习和模仿,进而成为一种更为普遍的审美心理和审美现象。

在社会地位形成审美心理规律中,无论审美对象如何变化,表现形式却是相同的,即社会地位低的人是学习模仿,社会地位高的人是加大区别。模仿和区别行为的表现形式虽然不同,但产生的原因却是相同的,就是对较高社会地位的追求和炫耀。具体的审美对象,最初作为社会地位的象征,人们的装扮和欣赏都只是功利行为。在这种装扮和欣赏活动持续进行的过程中,人们便会遵循审美现象发生的机理,在不知不觉间形成相关的审美心理。这种学习模仿和加大区别的行为,会形成具有普遍性的社会审美心理,进而产生各种多彩多姿的审美现象,越是社会地位等级分明的社会,这样的审美心理和审美现象就越普遍。

三、社会发展水平形成审美心理规律

社会发展水平形成审美心理规律,是指一个人受其他地区人的影响而形成审美心理的规律,具体表现为社会发展水平低的地区的人学习和模仿社会发展水平高的地区的人的行为习惯,从而形成新的审美心理的这样一种社会现象。为了认识社会发展水平形成审美心理规律,让我们来看三个案例。

 案 例

原始部落富家女性的金属饰品

普列汉诺夫在考察武卜瓦里岛的原始部落时发现,当地正在兴起一种新的审美习俗。此前,这里由于缺乏金属,所以尽管邻近部落的女性普遍佩戴金属镯子,而该岛大部分女性则佩戴树皮镯子。不过,这种审美习俗正在逐渐改变,因为岛上富人的妻子已经开始佩戴金属镯子。很显然,他们是向那些进入

金属时代社会的人学习①。

 案 例

中日服装发展的变化

公元8至9世纪,中国唐朝的服装开始传入日本,首先在日本贵族中流行起来,形成日本的"唐风贵族服",即和服。到了明朝,中日交往进一步增多,日本人对和服进行了改造,基本奠定了今天日本和服的样式,同时和服开始民间化。直至今日,和服仍然采取"唐花""唐草""唐锦"等名字,显示了与中国古代服装的历史渊源。

近代以来,中国人在审美爱好上则转过来向日本学习。远一点看,中国人穿西装是从日本学过来的;近一点看,20世纪80年代初期,中国实行改革开放,当时大陆的服装款式多学香港,而香港的服装市场几乎完全被日本时装占领。20世纪80年代,一位多年从事日本时装批发的香港服装商说,她初出道时,批发日本服装只是购买日本的"月下货",即流行过的衣服,现在香港与日本的流行款式是同时的,日本时装的80%款式都会为香港人接受。这种状况与中国近代思想文化的发展非常相似,研究近代中国思想史的学者指出:"谁都知道,从戊戌维新后,日本便成为中国人学习西方的转运口岸,只是直到五四运动为止,中国流行的所谓激进思潮,总比日本慢半拍,一个原因便是转运需要时间。"②

 案 例

穿英文字母服装的时尚

20世纪80年代以后,在中国年轻人中出现一种审美现象,就是喜欢穿印有英文字母的衣服。许多穿这种衣服的人,其实根本不认识衣服上的文字。曾经出现过这样的事件,有女明星穿印有英文字母的衣服出席公众活动,衣服上的英文被人们发现是一句带有侮辱性的脏话。

上述案例有一个共同的特点,就是都涉及本地区或本民族以外的元素,而这种元素恰好是这些审美现象形成的关键。

① 普列汉诺夫.普列汉诺夫美学论文集[M].曹葆华,译.北京:人民出版社,1983:429.
② 葛兆光.近代·学术·名著以及中国[J].读书,1999(4).

在第一个案例中,武卜瓦里岛的原始部落的女性原来佩戴树皮饰品,为什么富家女性会改变她们这种审美爱好,转而佩戴金属饰品呢?这个岛上是不生产金属的,所以她们佩戴的金属饰品需要从部落以外交换获得。金属饰品较之树皮饰品显然要贵重得多,所以只有富家女性才戴得起。我们毫不怀疑富家女性的做法会被岛上其他女性效仿,使得佩戴金属饰品成为岛上女性的审美时尚。问题在于她们为什么要改变以往成本较低的审美时尚,选择金属饰品这种成本高昂的饰品呢?普列汉诺夫告诉我们,周围岛上的人们在此之前早已开始佩戴金属饰品,很显然,她们是向那些进入金属时代社会的人学习。为什么佩戴树皮饰品的部落要向佩戴金属饰品的部落学习,而不是相反呢?这就涉及审美心理与社会发展水平规律的关系问题。我们知道,人类的发展是从石器时代进入金属时代的,石器时代的人用的是自然界产生的物品,如石头、木头之类的用品。金属是人类通过冶炼产生的,所以金属时代较之石器时代是人类发展的新时代。树皮饰品是自然界的产物,属于石器时代的审美爱好,金属饰品则属于新时代的产物,代表着新的先进生产力。武卜瓦里岛原始部落的富家女性向邻近进入金属时代的部落学习,把树皮饰品改为金属饰品这一现象,其背后所体现的就是生产力落后地区向生产力先进地区学习,从而形成新的审美心理这样一种规律。普列汉诺夫在考察这种审美现象后得出了一个结论:"审美趣味总是随着生产力的发展而发展的。"①这个结论需要进一步补充的是,生产力落后地区的人学习生产力先进地区的人的行为习惯从而形成新的审美心理和审美习俗,是这种发展过程中最为普遍的现象。

为什么生产力落后地区的人要向生产力先进地区的人学习呢?这与人的需求有关。人类要生存和发展,首先要穿衣吃饭。几千年来人类社会的发展,对于大多数成员来说,主要是为了解决生存问题,因而物质生活资料是社会发展追求的主要目标。先进的生产力,意味着人们可以更快更多地得到生活所需要的物质生活资料,意味着更加富裕舒服的生活。由于这个原因,生产力先进地区的人就成为先进生产力的代表,成为富裕生活的象征,就会被生产力落后地区的人所羡慕和学习。

在这种学习过程中,服装首先成为人们学习模仿的对象。为什么古代日本人模仿中国人的服装,近代中国人却反而学习日本人的服装呢?原因就在

---

① 普列汉诺夫.普列汉诺夫美学论文集[M].曹葆华,译.北京:人民出版社,1983:430.

于古代中国的生产力比日本先进,近代日本的生产力比中国先进。生产力落后地区的人向生产力先进地区的人学习,在很大程度上是一种感性的潜意识的行为。人们往往不去思考其中的原因,下意识地就会对先进地区的东西产生好感。穿印有英文字母服装的时尚,就是这样产生的。事实上,对英语的这种偏爱,不仅表现在服装上,而且表现在说话、路牌和商品标识等方面。我国改革开放初期,许多人讲话喜欢夹杂几句英语,也不管听的人明白不明白;有的路牌、卫生间的标识、家电的说明书用英文标注,也不管大众是否能看懂……总之,与"洋文"结亲成为一种时尚,穿印有英文字母的服装只是其中的表现形式之一。

通过上述案例,我们看到了不同国家和地区之间审美心理发生影响的一种基本方式。这种方式构成了社会发展水平形成审美心理规律,即生产力落后地区的人通过学习生产力先进地区的人的行为习惯,从而形成新的审美心理和审美习俗。社会发展水平形成审美心理规律表现的是不同国家和地区之间审美心理发生影响的规律,是审美心理形成的一种普遍规律。在这个规律中,生产力落后地区的人是审美主体,生产力先进地区的人的行为习惯是模仿对象,前者通过学习模仿把后者的行为习惯变成自己新的审美心理和审美习俗。

四、功利追求形成审美心理规律

从广义功利的角度讲,每一种审美心理的形成都是以功利为基础的。但是,在审美心理人际影响形成规律、社会地位形成规律和社会发展水平形成规律中,功利作用的表现形式较为隐晦。与这种功利隐晦表现的形式不同,现实生活中存在许多由直接的功利追求发展为审美爱好的现象。由直接功利追求发展为审美爱好的现象,构成审美心理形成的一条重要规律,称为功利追求形成审美心理规律。

功利追求形成审美心理规律,是指通过直接的功利需求形成审美心理这样一种现象。根据功利需求的性质,可以把功利追求形成审美心理规律归纳为以下四种形成方式。

1. 身份象征形成方式

功利追求形成审美心理规律中的身份象征形成方式,是指显示身份地位的标志最终成为审美心理的一种现象。显示身份地位的标志是怎样成为审美心理的内容呢?为了了解这一点,我们先来分享一个案例。

案例

原始部落的文身

在许多原始部落,文身是一种普遍的审美习俗。

巴布亚有一些部落用绘纹作为记载战功的标志,如果男子狩猎获得了战利品,就在身上绘上一种特殊的符号作为记录。

乌干达的卡拉莫贾人,用刀痕记功。为部落立功者,由部落长老在其左臂上划一刀,留作纪念。立一次功,划一次。刀痕越多,代表身份越高,这个人也越受人敬慕。

新西兰的毛利族,身上刺纹的部位和图案越多,就越受到当地人的尊敬。一般男子都是从脸部往下,经过腰部和腹部,一直刺到膝部,只有受尊敬的长者才能在下颌、上唇和额头刺纹。高贵阶级的标志就是面部刺满各种曲线和繁花。

加罗林群岛上的贵族,都会在背部、臀部和腿部刺纹,而非自由人只能在手和脚上刺简单的线条。马克萨斯群岛上的贵族往往从头到手指、脚趾,全身都刺满花纹,以此来显示自己高贵的身份。

刚果恩贡贝人的头人文身很特别,他们用刀在面部割许多伤口,再塞入刺激性的物品,使其长出许多肉瘤。这些肉瘤排列整齐,组成一个个图案,令人惊叹。可以想象得到,没有高超的"手艺",是无法做出这种特殊的"艺术品"的。这种装饰是头人的特权,普通人只能以同样的方式装饰身躯,绝不能在脸上这样装扮。

上述案例中,巴布亚和乌干达的原始部落,用刀在男人的身体上刻画,以此来记载他们的功劳。于是,这种刻画留下的印记,就成为一种高贵的标志,犹如文明社会英雄人物佩戴的奖章。在这两个部落中,文身是作为立功者的标志,是纯粹的功利标志。只是在随后长期的欣赏过程中,这种文身才成为审美的对象,成为一种审美习俗。

在新西兰毛利族、刚果恩贡贝人、加罗林群岛和马克萨斯群岛的部落,文身虽然仍留有作为身份象征也即功利作用的痕迹,但已经开始向审美习俗演化。具体表现在为:一方面对不同身份人文身的图案和位置有不同的规定,这是文身功利作用的表现;另一方面有的地方女人也可以文身,这是文身作为审美习俗的表现。这种现象说明,这些地方的文身正处在功利作用和审美作用的转化过程之中。

现代文明社会中许多地方也有文身的习俗,比如在美国,就有专门给人文身的职业,许多美国人都有文身。这种现象说明现代文身完全是一种审美行为。

根据原始部落文身的习俗推断,文身应该起源于狩猎社会,当人类社会进入农耕文明后,这种审美习俗就逐渐淡化。我国古代也有文身的习俗,称作"扎青"。唐人段成式在《酉阳杂俎》中,就记载了许多有关文身的故事。其中有个叫葛清的男子,脖子以下通身刺满白居易的诗,多达30多首,还配有图画,被称为"白舍人行诗图"。有个叫赵高的男子,背上刺满了罗汉像,官吏杖击其背竟不敢下手。不过,主流文化秉承儒家"身体发肤,受之父母,不敢毁伤"的理念,把这些行为视作怪诞之举,总是设法加以限制。唐都城长安有个叫张干的恶少,左胳膊刺"生不怕京兆尹",右胳膊刺"死不畏阎罗王",京兆尹就叫人把他抓住杖击杀了[①]。中国古代之所以视文身为异端行为,有一种说法认为,中国古代有一种肉刑,就是在犯人脸上刺字,称为黥刑、墨刑,所以主流社会人士就不会文身。相反,非主流社会的人却会通过文身,表达自己不同于主流社会的立场。被杖杀的张干,就属于这样的人物。

在后两个案例中,不管是戴铜首饰的部落首领女眷,还是佩戴价值20头牛金耳环的马里贵妇人,她们的装扮尽管形式不同,但其目的殊途同归,都是为了表现自己的富有。

有关研究表明,一个人在社会中的地位是通过他人的态度反映出来的。因此,为了提高社会地位,人们经常会采取炫耀自己特定优势的方法来达到目的。在上述案例中,男性文身和女性佩戴各种形式的首饰,都是出于这样的目的。这些出于功利目的的做法,在长期欣赏的过程中,就会逐渐形成人们的审美心理,使得相关的行为成为一种审美爱好和习俗。

纵观人类历史,越是等级分明的社会,通过显示身份象征形成审美心理的现象就越普遍。显示身份地位一般有两条路径:一条是显贵,即炫耀政治地位;一条是炫富,即炫耀经济地位。秦朝商鞅变法,规定按照军功确定爵位,按照爵位确定房产、土地,规定不同爵位的家臣奴婢穿戴不同的衣服和服饰,没有爵位的人即使很富有也不允许穿戴华贵[②]。大约从汉代开始,黄色就成了帝王家族的专用服饰颜色,其他人穿黄色衣服就是犯上,是要杀头的。唐代进一步规定,三品以上的官员穿紫色衣服,四品官员穿深绯色衣服,五品官员穿浅

---

① 冯梦龙.古今笑史[M].石家庄:花山文艺出版社,1985:47-48.
② 司马迁.史记[M].沈阳:辽海出版社,2010:684.

绯色衣服,六品官员穿深绿色衣服,七品官员穿浅绿色衣服,八品官员穿深青色衣服,九品官员穿浅青色衣服,普通百姓不能穿彩色衣服,只能穿白色衣服。所以没有做过官的秀才就被称为"白衣秀才"。在这样的规定下,穿不同颜色的服装就代表了不同的社会地位,久而久之,不同的颜色就形成人们不同的审美心理。

当私有制产生之后,财富就开始成为人们关注的重要对象,炫耀富有成为人们显示身份地位的普遍方式。富有的炫耀不同于显示权力,富有者可以炫耀,不富有者也可以炫耀。炫耀者不需要拿出全部的资产做证明,只需要在某一点上如同富有者一样,就可以达到炫耀的目的。所以炫耀财富的行为,就更容易成为普遍的社会风尚。正如上述案例中戴铜首饰和金首饰的非洲女性,虽然多为富家女眷,但也不乏一般家庭的女性。

长期以来,金银珠宝之类的装饰品一直是人们普遍喜爱的对象。在今天,人们佩戴金银装饰品似乎只是为了美。在一些文化发达的地区和人群中,人们更多地注重外形的美观,甚至流露出以夸耀富有为耻的倾向。譬如在我国现代知识女性中,很少有人佩戴粗重的金项链,而较多地喜爱细巧的金项链。并非她们的经济状况戴不起粗重的金饰品,关键在于她们注重的已不是炫耀富有,而是追求美的形式。著名作家贾平凹曾经写了一篇文章,题目就叫作《好女不戴金》,文章中说女人一戴金就俗气,这也可以看作是这种审美倾向的理性表达。

但是,如果综合地考察现代社会的审美心理,就会发现这种鄙视金银的倾向,并不能说明由追求价值而形成审美爱好这一规律的终结。相反,这一规律像以往任何时候一样仍然在发生作用。首先,就整个社会的审美倾向而言,在金银装饰品中,金制品较银制品受人青睐;在金制品中,又以24K金制品最受人欢迎。为什么呢?就在于装饰品的价值,贵重的商品因为符合人们炫耀富有的心理需求,才成为人们审美选择的对象。其次,许多人不喜欢甚至鄙视穿金戴银,并非没有炫耀富有的心理,而是把金银装饰品换成名牌服装等其他物品而已。一个有名品牌的产品,不管它是一套衣服、一双鞋子、一条领带、一个包包,还是其他物品,往往会有高出同类产品数倍的价格,但许多人乐此不疲,甚至有非名牌衣服不穿,非名牌产品不用者。何以如此?就在于名牌象征着一种价值,显示着穿戴者的社会地位和经济实力。现代社会许多人不重视金银饰品的另一个原因,就在于新的富有者需要与昔日珠光宝气的"土财主们"

相区别。虽然新的富有者与昔日"土财主"的审美心理内容不同,但形成原因和机理却是相同的,这就是为了体现富有的身份。

在有等级差别的社会,人们总是会追求较高等级的社会地位,这种社会地位总是会通过某种形式加以体现。这种体现优越社会地位的形式,在长期欣赏的过程中,就会由社会地位的功利象征作用转化为一种审美心理。这就是功利追求形成审美心理规律中的身份象征形成方式。

功利追求形成审美心理规律的身份象征形成方式,与审美心理社会地位形成规律相比,二者相同之处在于,都出于对较高社会地位的向往和追求,形成的审美心理和审美现象也有相同之处。比如原始部落首领的女眷佩戴金属饰品,既可以看作显示身份地位,也可以看作区别于下层女性。二者的不同之处在于,前者的重点是炫耀身份地位,后者的重点是与社会地位低的人相区别。比如古代埃及人用木板使孩子头型变尖、现代农村文化青年留长发,虽然也可以看作身份地位的象征,但从起源上讲,更大程度上却是为了与地位低的人相区别。而巴布亚和乌干达的原始部落男人身上用来记载战功的刀痕,虽然也有区别于其他人的作用,但创造这种形式的初衷却是为了显示这些人的身份地位。不同审美形式产生的原因和作用,构成了这两种审美心理形成规律的区别。

2. 实用功能形成方式

功利追求形成审美心理规律中的实用功能形成方式,是指人们在追求事物实用功能的过程中,事物的形式在人的大脑皮层视觉区与快感区之间形成新的、稳定的联系通道,即形成新的审美心理的一种现象。为了了解和掌握这种审美心理形成的方式,我们先来分享两个案例。

 案 例

赵武灵王胡服骑射变革

春秋战国时期,中原地区传统的服装是长袍大褂,打仗使用的是马拉战车。北方少数民族的服装是短上衣加裤子、皮靴,骑马作战。当时的赵国,大致在今天的河北省一带,既受中原秦国、齐国等强国的威胁,又经常受到北方游牧民族的骚扰,在国势衰弱的时期,甚至小小的中山国都敢侵略它。赵国的武灵王为了便于打仗耕作,富国强兵,决定仿照北方胡人的习俗,把国人大袖子的长袍改成小袖子的短褂,腰间扎上皮带,脚蹬皮靴,骑马射箭,历史上称为

"胡服骑射"。当时许多大臣都反对,认为先进的中原地区,素以礼仪之邦著称,应该用中原文化改变蛮夷风俗,怎么能用蛮夷风俗改变中原文化呢?但是,赵武灵王坚信胡服骑射可以富国强兵,坚持进行服装改革,他不仅自己带头这样穿,而且下令全国上下都必须穿着胡服。有钱、有地位的人起先觉得穿上这种小袖短裳的衣服挺别扭,但时间一长,渐渐体会到这种服装确实比以前的宽衣大袖方便得多,于是新服装反倒成为人们喜爱的服饰。

案例

牛仔服的诞生

19世纪20年代,许多拓荒者深入到美国西部地区,以驯养野马和长角牛为生,被人们称为"牛仔"。牛仔们的生活非常艰苦,他们要在白天和黑夜准确无误地寻找路径,在暴风雨中控制牛群,带着牛群过沙漠、涉恶水、穿越数百里的无人区,骑马和用绳索套牛更是他们必备的本领。这样的生活环境和生活方式,使得牛仔们的衣服很容易被损坏,而环境又使得他们没有条件不断地更换衣服。有一个服装商由此看到了商机,他专门为牛仔设计了一种服装:用细帆布做布料,钉上铜扣子,线缝得密密实实——这就是我们今日见到的牛仔服。这种服装由于特别结实耐穿,因而很受牛仔们的欢迎,很快风行起来。

从19世纪末开始,牛仔的牧场逐渐让位给大牧场。到了20世纪40年代,美国西部除了很偏僻的地方,牛仔已经所剩无几了。但是,牛仔牧歌式的生活却成为美国电影和文学中大受欢迎的题材。银幕上的牛仔,集中地体现了粗犷、进取、冒险、侠义、劫富济贫和不畏艰难的精神。观众在被牛仔形象深深打动的同时,对他们别致的装扮也产生了极大的兴趣,纷纷开始效仿,"牛仔服"于是风靡美国,进而传到世界许多国家。

20世纪80年代,"牛仔裤"刚在我国流行,不用说冬天,炎热的夏天也不难见到穿着厚厚的、略显陈旧的"牛仔裤"的青年男女。一些人对这种窄瘦的服饰看不惯,在报刊上撰写文章,声称医科专家研究证明,穿牛仔裤容易引起许多疾病。但青年们我行我素,丝毫不予理睬。直至今天,牛仔服依然是最受青少年喜爱的服装。笔者曾在西安市做过一次街头调查,大约十个女性中,就有四个以上穿牛仔裤,可见牛仔服多么受到人们的喜爱。

在上述第一个案例中,赵武灵王为什么要仿效胡人的服饰和作战方式呢?要知道,当时主流文化的主张是要用中原文明影响和感化少数民族。在古代,中原地区文化发达，以礼仪之邦自居，被称为中国，意思是中央之国，四方的少数民族被称为蛮夷。很显然，仿效胡服骑射与主流文化的主张背道而驰。正因为这个原因，赵武灵王仿效胡服骑射的主张一出，他的叔父首先带头反对，许多大臣都站在他叔父一边，认为这是"变古之教，易古之道，逆人之心"。赵武灵王就向他们讲述这样一个道理：不管是古人的还是今人的，不管是中原的还是胡人的，重要的是实际功能，胡服骑射显然比我们的服装和战车更有战斗力，为什么我们就不能用呢？赵武灵王用这个道理说服了自己的叔父和几个重要的大臣，在全国坚决地实行变法。不仅是军队、官吏要这样做，普通百姓的服装都要跟着改变。变法的成效很快通过军队战斗力的提高显现出来。变法第二年，赵国就向中山国发动进攻，最后吞掉了中山国。随后赵国又向北进攻昔日经常侵扰他们的胡人，并收服了林胡和楼烦两个部落，进而"辟地千里"。人们在实际生活中感受到了这种服饰的好处，于是从王公大臣到普通百姓，纷纷以着胡服为时尚，引得邻近国家的人也纷纷效仿。胡服骑射变法的动机是追求服饰和作战方式的实际功能，这也是赵武灵王之所以能够说服反对者的理由。从人们普遍的反对到普遍的实行，再到发自内心的欢迎，不仅是认识层面的转变，而且是感情层面的变化。感情层面变化的实质，就是从最初见到这种服饰的不喜欢、不愉快变为喜爱和快乐。这种变化是怎样完成的呢？就在于人们在胡服骑射的使用过程中，不断感受到便利和成效，并由此产生愉悦的感受。由于这种活动的反复作用，按照显功利审美现象发生的机理，胡服骑射这种形式就在人们大脑皮层的视觉区与快感区建立了新的稳定的联系通道，也就是建立了相关的审美心理。于是，胡服骑射作为一种形式，便可以脱离原来的功利作用，或者说不依靠功利作用引起人愉快的感觉，即引起人的美感。

在后一个案例中，美国牛仔服为什么能够成为一种审美时尚呢？同样是源于它们良好的实用功能。不管是设计者还是使用者，看重的都是这些服饰的实用功能，所以它们能够成为时髦服饰，成为一种审美时尚。最初人们看重的实用功能，最终是怎样变成美的形式呢？道理与胡服骑射成为时尚装扮的原理一样，遵循的是记忆型审美心理形成的基本规律，即人们在享受事物实用功能的过程中，事物的形式在人大脑皮层的视觉区与快感区之间建立了新的稳定的联系，也就是建立了相关的审美心理。于是，它们的形式便成为一种美的形式，引起人们的美感。

上述两个案例，体现了功利追求形成审美心理规律中的实用功能形成方式的基本特点。根据显功利审美现象发生的机理,美是善的升华,审美心理是在审善活动中形成的。事物的实用功能,是现实生活中事物功利作用最普遍的表现形式,所以,功利追求形成审美心理规律中的实用功能形成方式,是社会环境形成审美心理的一种最为普遍的方式。

3. 愿望象征形成方式

功利追求形成审美心理规律的愿望象征形成方式,是指体现愿望的象征物成为审美心理的一种现象。愿望的象征物是怎样成为人的审美心理的呢?我们先来分享两个案例。

案例

古代武将戴鹖冠的由来

大约从汉武帝时期起,军队中就有了武将戴鹖冠的制度,这种做法一直延续到清朝。鹖冠就是用褐马鸡的尾羽装饰而成的帽子。为什么历代帝王要选用褐马鸡的尾羽作为对立功武将的赏赐呢?这与褐马鸡的习性有关。

褐马鸡是一种大型的野生鸟类,通体暗褐色,头部及颈部的羽毛渐变黑色,稍带光泽。它的尾羽中有四根特别长,可达50厘米,两侧垂如柳枝的羽支也可达30厘米。当它在林间奔跑时,尾羽高翘,后端拖散的羽毛随风飘扬,看上去酷似马尾,故有"马鸡"之称。雄褐马鸡喜欢过"集体生活",在繁殖季节里,雄鸡之间为争夺配偶时常发生格斗。格斗时,雄鸡表现得异常勇敢顽强,双方互不相让,至死不可开交。

褐马鸡这种顽强精神深为人们称赞,帝王以褐马鸡的尾羽赏赐武将,就是希望他们能像褐马鸡那样,勇顽善斗,不获胜利,绝不罢休。

案例

徽居中的"左瓶右镜"

传统徽居正房的条案上,左手摆放着花瓶,右手摆放着镜子,称为"左瓶右镜"。古时称左为东,右为西,所以左瓶右镜又称为"东瓶西镜"。左瓶右镜的摆设,取的是瓶镜的谐音"平静"。平静的含义,一种说法是,因为古时徽商常年在外经商,希望在经营活动中,无论走东串西,全都风平浪静,平平安安;经商成功回乡颐养天年,能够过上平静的生活;子孙后代在此居住,无灾无祸,平平安安。另一种说法是,希望男人外出经商,平平安安,女人在家心静如水。

在上述案例中,褐冠和瓶镜作为一种人们喜爱的审美对象,最初的起因都在于象征着人们的某种愿望。这些良好的愿望是这些形式的意义,而形式则是良好愿望的象征。在社会生活中,人们对自己、对喜爱的人、对与自己相关的人,往往会产生各种各样的愿望和希望。当人们把这种良好的愿望通过一种形式表现出来,欣赏这种表现愿望和希望的形式时,就会产生愉悦的情感。

在中国文化中,由于汉字音与意之间的特殊关系,人们经常采用谐音变形的方式,表现某种美好的愿望。比如,在门上雕刻五只蝙蝠,象征"五福临门";把"福"字倒贴,象征"福到";由于"8"与发财的"发"发音相近,于是人们就特别喜欢这个数字;而"4"与"死"的发音相近,人们就尽量避免这个数字,许多宾馆因此取消了有"4"的房号。所有这种类型的审美习俗,都属于愿望象征方式形成审美心理的现象。

在这种欣赏活动的初期,形式与其代表的含义是密不可分的。人们看到形式便会想起其代表的愿望,并因这种良好的愿望而产生愉悦感。比如,倒贴"福"字、视"8"为吉祥数字,等等。这种作为功利愿望欣赏活动的反复进行,按照记忆型审美心理形成的机理,这些表现愿望和希望的形式,就会在人大脑皮层的视觉区与快感区之间形成新的稳定的联系通道,成为一种新的审美心理。当这种审美心理建立以后,这些形式便有了独立的意义,不再需要去想其代表的愿望,便能直接引起人的愉悦感。比如武将戴褐冠、房间摆放左瓶右镜等形式,发展到后期,许多人不知道也不会想到其中的象征意义,但在欣赏时仍然会产生愉悦的感受。这种由愿望象征物发展为审美心理和审美对象的现象,就构成了功利追求形成审美心理规律中的愿望象征形成方式。

4. 躲避灾害形成方式

功利追求形成审美心理规律中的躲避灾害形成方式,是指人们躲避灾害的形式成为审美心理这样一种现象。躲避灾害的形式何以能够成为一种审美心理和审美对象呢?为了说明这一点,我们先来看两个案例。

红色作为喜庆色彩的来历

国人以红色为喜庆之色,过春节时家家户户都要贴红对联,挂红灯笼,放红鞭炮;新婚大喜之日新娘子要穿红衣服,新人要戴红花,洞房要贴红喜字,车要用红车,客人送礼要用红包。

红色作为一种颜色，为什么会与喜庆的活动联系在一起呢？这种审美习俗的起因可以追溯到秦朝。

秦朝时社会上崇尚的颜色是黑色，当时给囚犯穿的是红色衣服，所以当时红衣服总是与砍头连在一起，人们就忌讳红色，认为红色不吉利。汉承秦制，在红颜色的作用上也没有改变。汉高祖刘邦死后，吕后独揽大权，第一件事就是派人剪掉刘邦宠爱的妃子戚夫人的头发，强迫她穿上褐红色的犯人服，罚入监牢做苦工。

不过，当一对新人结婚的时候，人们也要给他们穿上红衣服。为什么给犯人穿的红衣服，却要结婚的新人也同样装扮呢？原因在于当时的另一个习俗。古代人认为，结婚是喜庆的事情，喜庆的事情会引起妖魅的嫉妒，从而跑来作祟捣乱。特别是年轻漂亮的新娘子，更容易引起妖魔鬼怪的垂涎。那么怎么办呢？人们就把新人装扮得丑一点，以骗过鬼魅。

这种骗鬼魅的风俗，直到20世纪50年代陕西延安一带还存在。当地将这种习俗称为"丑新娘"。姑娘出嫁时，送亲的亲戚朋友都穿着新衣服，特别是那些年轻的姑娘，一个个穿红着绿，搽胭抹粉，打扮得花枝招展。而花轿中的新娘子却是另一番打扮：怀里抱一个七八岁的押轿娃娃，身穿旧羊皮袄，脸上用锅底灰涂得乌黑。当地人认为：漂亮的姑娘人人爱，不掩饰新娘的美貌，会在路上遭到妖魔鬼怪的拦截，只有把新娘子打扮丑一点，才能安全娶到家。这种丑新娘的现象现在已经消失了，唯一留下的痕迹就是押轿娃娃，许多地方新娘的婚车上，仍然要有一个小孩。追究押轿娃娃的起因，同抹黑脸、穿旧衣服是一样的，目的还是为了欺骗妖魔，使它们以为新娘子是已经有了小孩的女人，就不会抢新娘了。

秦汉时期，由于红色是犯人穿的服色，人们认为让新人穿上红衣服最容易骗过妖魔鬼怪。人们同时相信，死去的囚犯已经把所有的灾难都承受过了，穿上他们的衣物就可以免受灾祸。后一种心理，与鲁迅笔下描写的祥林嫂为寺院捐门槛钱的习俗，出于同样的道理。古时候人们相信，某种灾难是有定数的、不可避免的，总要有人或物来承担。只要承担了，这种灾难也就过去了。捐门槛钱就是让门槛替自己承受遭人践踏的罪过，穿红衣服则是选用已经受过罪的物品，希望因此免除灾难。

红色作为结婚的服饰，最初是为了躲避灾难。然而，由于结婚是喜庆之事，久而久之，与结婚相伴的红色，人们倒忘记了它最初进入这一活动的原因，而将其与这一活动的气氛和情感联系在一起,于是红色便成了喜庆之色和国人喜爱的颜色。

案例

女性绣脸习俗的来历

居住在我国海南岛的黎族,新中国成立前盛行女性在脸上文刺的习俗,当地人称为"绣脸"。

关于这一习俗的起源,当地流行一个传说。很久很久以前,广西沿海地区有一个聪明美丽的姑娘,名叫乌娜。乌娜与一位名叫劳可的小伙子相爱,人们都说他们是天生的一对。有一年,皇宫在民间选美女,乌娜被选中了,限定七天之内送进宫。劳可和乌娜逃了出来,抱着一块大木头,漂流到了一个孤岛,就是今天的海南岛。不久,官兵追到海南岛。乌娜眼看着就要被抓住了,就拔下一根尖利的荆棘,往脸上猛刺,刺得血流满面。乌娜被捉到皇宫,皇帝见了她的脸面,不由大怒,把选美的官员臭骂了一顿,把乌娜放了。从此,乌娜和劳可就在海南岛居住下来,生儿育女。为了避免女儿们被选入皇宫,乌娜要女儿们在脸上刺上一道道疤痕,由此形成了海南黎族女性绣脸的风俗。

新中国成立以后,海南黎族女性绣脸的习俗被废除,现在海南很难见到绣脸的女性。不过,直到2017年,中央电视台播报习近平主席在云南独龙族考察的新闻时,电视中的独龙族老年女性依然是绣过脸的,可见在独龙族女性中也曾经存在绣脸的习俗。

在坦桑尼亚,许多民族的姑娘也有在脸上刺花的爱好。卢古鲁族姑娘喜欢刻上一道道条形花纹,戈戈族少女则常在前额刻上或烙上圆形的花纹,查加族、姆布卢族和马姆巴族女性除此之外,还在双腿的下部刻上一道道花纹。年轻的妇女在秀丽的面颊上刺花,起初是为了逃避凶残的殖民者的抢夺,久而久之便成了姑娘们的一种爱美表现。

在上述案例中,红色最初是犯人的服饰颜色,女性脸上的伤痕是丑陋的标志,然而,当这些事物可以帮助人们躲避灾害时,它们对人们而言就具有了重要的功利意义。

避害趋利是人的天性,为了躲避灾害,人们往往会借助某种事物来达到自己的目的。这些事物可能原本是丑陋的,比如犯人衣服的颜色和女性脸上的伤痕,但是当它们可以保佑新郎新娘不被妖魔鬼怪伤害,可以帮助姑娘们不被土豪劣绅或者异族统治者抢占,可以与自己的心上人生活在一起的时候,它们就具有了巨大的功利作用。当事者看见这些事物,就会因为其中的功利作用产生愉快的感觉。虽然在这些事物发挥功利作用的初期,它们的形式并不能给人们带来美感,但是当这种因功利产生愉快的欣赏活动反复进行时,这些事物的形式就会在人们不知不觉间,像一切功利物一样,在人大脑皮层的视觉区和快感区之间形成新的、稳定的联系通道,建立起新的审美心理。当这种审美心理形成之后,这些人们原本不喜欢的事物形式,就会成为美的事物,引起人们的美感。这种现象就构成了功利追求形成审美心理规律中的躲避灾害形成方式。

身份象征形成方式、实用功能形成方式、愿望象征形成方式和躲避灾害形成方式,共同构成了功利追求形成审美心理规律。四种形成方式的表现形式虽然不同,但遵循的原理却是一致的,即记忆型审美心理形成的基本规律。功利追求形成审美心理规律最直接地表现了从对功利象征物的欣赏到形成审美心理的过程,因而是记忆型审美心理最普遍的形成规律。

本章小结

本章介绍了社会生活形成审美心理的四种基本规律。

(1)人际影响形成审美心理规律。人际影响形成审美心理规律是指审美主体受他人的影响形成审美心理的一种现象。人际影响形成审美心理规律包括正作用形成方式和反作用形成方式两种表现形式。正作用形成方式是指主体形成的审美心理内容与影响者的作用是正向的,即影响者的形象成为主体审美心理内容;反作用形成方式是指影响者对审美主体的作用是反向的,即主体形成的审美心理内容与影响者的形象是相反的。

(2)社会地位形成审美心理规律。社会地位形成审美心理规律是指因为社会地位的原因形成审美心理的一种现象,表现为两种方式:一种是社会地位低的人模仿社会地位高的人形成方式,是指社会地位低的人通过模仿社会地位高的人的行为形成审美心理的一种现象;另一种是社会地位高的人区别社会地位低的人形成方式,是指社会地位高的人在区别社会地位低的人的活动中形成审美心理的一种现象。

(3)社会发展水平形成审美心理规律。社会发展水平形成审美心理规律,是指一个人受其他国家和地区人的影响形成审美心理的一种现象。具体表现为社会发展水平低地区的人学习和模仿社会发展水平高地区的人的行为习惯,从而形成新的审美心理的现象。

(4)功利追求形成审美心理规律。功利追求形成审美心理规律是指直接功利需求形成审美心理的一种现象。功利追求形成审美心理规律包括四种形成方式:身份象征形成方式是指显示身份地位的标志最终成为审美心理的现象,实用功能形成方式是指人们在追求事物实用功能的过程中事物形式成为审美心理的现象,愿望象征形成方式是指体现人们愿望的象征物成为审美心理的现象,躲避灾害形成方式是指人们躲避灾害的形式成为审美心理的现象。

人际影响形成审美心理规律、社会地位形成审美心理规律、社会发展水平形成审美心理规律和功利追求形成审美心理规律是社会生活形成审美心理的四种基本规律,遵循的都是记忆型审美心理形成的基本机理,即在对功利物的欣赏过程中,功利物的形式在主体大脑皮层的视觉区与快感区之间建立了新的稳定的联系,从而引起原本由功利作用引起的愉快感觉。

四种规律的区别,一是功利因素的表现形式不同,二是功利因素与主体的关系不同。人际影响形成审美心理规律表现的是不同的单个人如何影响审美主体形成审美心理,形成的内容是人的形象;社会地位形成审美心理规律表现的是不同社会地位的人如何影响审美主体形成审美心理,形成的内容主要是人的行为习惯和服饰;社会发展水平形成审美心理规律表现的是较高社会发展水平的人如何影响审美主体形成审美心理,形成的内容主要是人的行为习惯和服饰;功利追求形成审美心理规律表现的是不同的功利物如何影响审美主体形成审美心理,形成的内容主要是事物形象和人的装饰。

试一试

1. 试用审美心理人际影响形成规律分析《美女与野兽》中美女对野兽审美心理的发展过程。
2. 试分析人们对名牌服饰的欣赏中包含了哪些审美心理形成规律?
3. 试分析"外国月亮比中国月亮圆"这种审美心理的形成过程。
4. 试从生活中举出一个由功利物发展为审美对象的案例,并分析其发展过程。

第七章 生理本能形成审美心理规律

> **本章议题**
> 1. 新奇本能如何形成审美心理？
> 2. 性本能如何形成审美心理？
> 3. 创造本能如何形成审美心理？
> 4. 生死本能如何形成审美心理？

需求型审美心理是指主体在生理需求得到满足的过程中，事物的形式在大脑皮层视觉区与快感区之间建立的新的联系通道。需求型审美心理最突出的特点，就是与人自身的生理需求相关，有的是在满足生理需求的过程中形成的，有的则直接与这种生理需求相联系。

需求型审美心理所涉及的人的生理需求，主要包括两个方面：一是人的生理本能需求；二是人的感觉器官需求。人的生理本能和感觉器官在审美活动中的作用，在传统美学中几乎完全被忽视，这也是当代西方身体美学盛行的重要原因。人的身体对审美活动的影响，最重要的方式就是通过生理本能和感觉器官形成新的审美心理。

关于人的生理本能，巴甫洛夫曾经说过："本能和反射同样地都是有机体对于一定动因而规律地发生的反应，所以没有使用不同名词而称呼这两者的必要。""然而像已经提及过的，很可惜，直到现在，这类的研究是没有的，尤其是关于所谓本能性反射的研究也是没有，这是不能不强调的。我们关于本能的知识是很有限的，是很断片的。"① 20 世纪以来，神经生理学有了很大的发展，但人类关于本能的了解还是很不够的。虽然如此，相关学科还是相继确定了一些人类的基本本能，这些成果为研究生理本能形成审美心理提供了可能。

本章介绍的生理本能审美心理形成规律，主要涉及人的好奇本能、性本

---

① 巴甫洛夫.大脑两半球机能讲义[M].2 版.戈绍龙,译.上海:上海医学出版社,1954:12.

能、创造本能和生死本能。

一、好奇本能形成审美心理规律

好奇本能形成审美心理规律,是指由于人的好奇本能的作用形成审美心理的一种现象。由于人们生活的环境不同,由好奇本能形成的审美心理也就不同。但是,只要了解什么是好奇本能,好奇本能如何形成人的审美心理,就能够运用好奇本能形成审美心理规律解释相关审美现象,有目的地进行相关审美活动。

1. 什么是好奇本能

好奇本能在心理学中称为好奇心。巴甫洛夫在神经生理学中最先确定了高级生物的这种本能,称其为"探索反射"和"这是什么"的反射。

在介绍隐功利审美现象发生机理时,我们曾经谈到巴甫洛夫的好奇本能理论。巴甫洛夫在研究中发现,当出现新的动因时,如陌生人、音响、环境的变化等,人类或动物就会把有关的感受器向这新的动因所在的方向转动。在生活中,人们可能都会有这样的经历,周围突然"砰"的一声响,这时无论我们在干什么,都会不由自主地迅速把注意力投向发声的地方,并且努力尽快弄清楚发生声响的原因。这就是好奇本能最基本的表现方式。

巴甫洛夫认为:"这个反射的生理学意义是很巨大的。如果动物没有这种反应,那么可以说,动物的生命也许就与悬在一发之上的危险相等了。人类的这类反射很发达。最后,它的最高形式的表现就是知识欲,创造我们的科学,对于我们给予着和预约着周围世界中的一个最高的、无穷的指南。"①

好奇本能是人作为生物生存的基本能力。在原始社会,对外部环境变化的迅速反应,是人类生存必需的条件。甚至在今天,好奇本能的这种作用对个体的人来说,在许多情况下仍然是安全的保证。不过在文明社会,这种作用的意义相对来说已经降低,好奇本能更多地体现在对新事物的探索、追求上。在好奇本能的驱使下,人们愉快地投身于对知识的学习、对大自然奥秘的探索、对人类视野中一切未知事物的研究,从而促进了个体的成长和人类社会的进步。

好奇本能是人的机体对外部环境变化的自发反应,通常表现为迅速的关注行为和强烈的探究愿望。当这种本能得到满足的时候,人的神经系统就会

---

① 巴甫洛夫.大脑两半球机能讲义[M].2版.戈绍龙,译.上海:上海医学出版社,1954:13-14.

产生愉悦感。相反,当好奇本能受到压抑,比如反复地观看同一个对象,或者反复地重复同一种活动,人对这个对象或这种活动在情感上就会渐趋淡漠乃至厌倦。好奇本能的这种情感活动方式,在很多方面成为审美心理形成的动因。

2. 好奇本能在自然景物审美中的作用

关于好奇本能在自然景物审美中的作用,我们在探讨隐功利审美现象发生机理时已经有所涉及。在此,我用一个亲身经历的故事,来开始我们对好奇本能在自然景物审美中作用的探讨。

 案 例

农妇的困惑

20世纪80年代,笔者在陕西省西安市上大学。有一个星期天,同学们相约去东郊白鹿原上的鲸鱼沟游玩。那时候白鹿原一带还很荒凉,我们是骑自行车去的。半路上下起了蒙蒙细雨,当我们到达鲸鱼沟旁的农庄,在一户农民家中寄存好自行车,兴冲冲地走向鲸鱼沟时,笔者清清楚楚地听见农户的女主人在后边自言自语地嘀咕:"有什么好看的?还淋着雨!"

农妇的话与我们当时愉悦欢快的心情形成巨大的反差,给笔者留下深刻的印象,以至于几十年过去了也难以忘怀。的确,鲸鱼沟其实只是一个不算大的水库。水库里的水顺着数公里长的山沟绵延伸展,水库两岸的山坡长满了茂密的树木和翠绿的竹子,一渠渠清水从沟坡两边汩汩而下流入水库……对于我们这些城市来的大学生来说,这儿的水,这儿的树木,这儿的竹林,以及蒙蒙细雨中清新的空气,一切都是那样的新鲜,那样的令人心旷神怡。然而,同样的自然景物,为什么却引不起农妇和她的乡邻们同样的情感呢?

在以往美学研究中,有人把这种现象产生的原因,归结于农妇们缺乏审美能力。然而,如果让这些庄稼人去看看他们从未见过的大海、沙漠、草原,他们会有什么样的表现呢?21世纪以来,随着农村生活条件的改善,愈来愈多的农村人开始外出旅游,当他们面对与他们生活环境不同的自然景物,他们同我们欣赏鲸鱼沟的情形完全一样,同样会产生审美的愉快感觉。很显然,鲸鱼沟的自然景物引不起居住在这里的人的美感,不是这些人缺乏审美能力,而是因为他们对这种景色司空见惯。

鲸鱼沟的农妇和她的乡邻们的表现,不是一种个别的、偶然的事件,而是人类社会普遍存在的一种现象。人类学家早就发现,原始人生活在漫山遍野的花草丛中,但他们却不用花草装饰自己。在原始绘画中,基本上没有花草的位置。原始人生活在自然花草之中,为什么却不能欣赏自然花草的美呢?原因与鲸鱼沟的居民是相同的,自然花草对他们来说已经司空见惯,因而不能引发他们的兴趣。那么,为什么我们这些生活在城市的大学生会如此喜欢这样的景色呢?原因不是我们的审美能力比农妇和她的乡邻们强,而是这种景色对于我们来说从未见过。

同样的自然景色,对于熟悉的主体和不熟悉的主体,为什么会引起不同的情感呢?这就是好奇本能的作用,因为新的景物可以满足人们这种本能的需要。人们面对新的自然景物产生的愉悦感,就是好奇本能得到满足后产生的快感,是人的机体自我奖励的结果。当一种自然景物引起我们的美感,如果我们接下来连续不断地欣赏这种自然景物,这时候我们就会发现,自己会逐渐失去对这种景物的兴趣,最终会厌倦这样的行为,并千方百计地逃离这种自然景物。马尔萨斯提到的那些从欣赏自然景物转向欣赏人工胡椒园的游客,就是这样的案例。

好奇本能在自然景物欣赏中的这种作用,在现代社会人们选择旅游路线时表现得最为明显。在选择旅游路线时,人们会表现出一种普遍的倾向:没有去过的地方,与生活环境反差越大的地方,离居住地越远的地方,越成为人们向往的地方。而凡是去过的地方,人们便不愿再去;与生活环境同类的地方,人们的兴趣便比较淡漠。毫无疑问,这样的倾向是人的审美心理的表现。人们为什么会有这样的审美心理呢?这就是好奇本能作用的结果。

3. 好奇本能在服饰审美中的作用

好奇本能在服饰审美中的表现非常普遍,为了说明这一点,在此列举托尔斯泰长篇小说《安娜·卡列尼娜》中的一个小故事。

 案 例

安娜的黑色天鹅绒连衣裙

安娜·卡列尼娜从彼得堡来到莫斯科,第一次参加当地上流社会的一个舞会。参加舞会的女士们一个个盛装打扮,争奇斗艳,按照小说中的描述,就是"由网纱、丝带、花边和鲜花组成的太太们"。美丽的公爵小姐吉蒂,是这个舞会上非常有魅力的女性,当她还没有走进大厅、没有放下手中的扇子,就被热情的舞蹈教练搂住腰跳起舞来。吉蒂穿着玫瑰色衬裙,上边罩着做工考究的网纱外衣,花边披肩缀着玫瑰色花结,脚上穿着玫瑰色高跟鞋,头上戴着有两片叶子的玫瑰花,她对自己的打扮非常满意。在吉蒂看来,安娜应该穿一身紫色的衣服,但出乎她的意料,安娜却穿了一件黑色的、领口很低的天鹅绒连衣长裙。小说写道,当吉蒂看到一身黑衣的安娜时,"感到自己以前并没有领略到她全部的美","她那身朴素的黑色长裙是很美的",她身上的一切都是那样的美。安娜的美不仅令吉蒂感叹,也征服了舞会上的男士,以至于当她要离开时,男主人、舞蹈教练等男士纷纷挽留,对她的离开表示遗憾。吉蒂为了沃伦斯基拒绝了列文的求婚,原想沃伦斯基一定会在舞会上向自己求婚,没想到沃伦斯基却在舞会上爱上了安娜。

身着黑色长裙的安娜是很美的,这不仅是吉蒂和舞会上众多男士们的感觉,也是作者托尔斯泰的感觉。作者在安娜第一次出现的舞会上对这件黑色天鹅绒连衣裙做了反复的描写,在安娜生命结束时依然让她穿着这件黑色的连衣裙,说明这件衣服在作者心目中的重要性——安娜的美丽与这件黑色的连衣裙紧密相连。

黑色的连衣裙成为美丽的象征,如果我们环顾周围女性的服饰,可能会对这样的事件表示疑惑。自古以来,美丽的女性始终像姹紫嫣红的鲜花一样,是与彩色相联系的。为什么在托尔斯泰的笔下,安娜黑色的连衣裙会成为美丽的象征呢?要明白这一点,就必须了解安娜所处的社会环境。那个时期俄国上流社会的女性,已经把服饰中的色彩发挥到了极致。小说中对吉蒂服饰的描写,用"网纱、丝带、花边和鲜花"称呼这些太太们,既是对现实的客观描写,也表现了作者对这种服饰的厌倦。正是在这样的环境下,安娜的黑色连衣裙就具有了特殊的审美意义。黑色的连衣裙,表现了安娜与众不同的审美观,体现了安娜与众不同的精神追求,因而在作者的心目中成为美的象征。这种厌倦司空见惯的事物,而转向对与之相反事物的追求,是好奇本能的基本特征。安娜的黑色连衣裙作为托尔斯泰时期人们的审美心理,其形成过程就是好奇本能发生作用的结果。

在现实生活中,类似安娜黑色连衣裙的现象,在人们对服饰的审美追求中非常普遍。人们普遍喜欢穿新衣服,儿童表现得尤为突出;许多女性都忌讳与别人"撞衫",追求与众不同。我国改革开放初期,整个社会急剧变化,服饰的变化更是快得惊人。两三年时间,仅女性的裤子,便经历了由窄到宽、上窄下宽、下窄上宽等多种变化。这种变化一个突出的特点就是求新,有的人甚至一看到熟人圈里有人穿与自己一样的衣服,便不再穿这样的衣服,哪怕这套衣服刚穿上几天。这些审美心理的表现,都是好奇本能作用的结果。穿新衣服意味着与过去不同,讨厌"撞衫"是避免与别人相同。这种求新求异的倾向,是好奇本能在服饰审美中最基本的表现方式。

4. 好奇本能在异性形象审美中的作用

好奇本能在审美中的作用,不仅表现在对事物的欣赏方面,也表现在对人体的欣赏,特别是对异性形象的欣赏方面。好奇本能在异性审美中最典型的表现,就是婚姻中的"七年之痒"现象。

 案 例

梦露与"七年之痒"

1955年,玛丽莲·梦露主演的电影《七年之痒》上映。电影讲述结婚七年的出版商汤姆·伊威尔,在妻儿离家到乡间度假时,偶然结识刚刚搬到楼上的女房客——一位美貌的广告小姐。梦露扮演的这个风姿绰约、性感撩人的女房客,故作无意地向汤姆·伊威尔卖弄撩人的性感,令汤姆·伊威尔心痒难熬、躁动不安,陷入连续不断的性幻想,闹出了不少笑话……

随着电影的热播,"七年之痒"成为男女不安于婚姻现状的代名词。有意思的是,中国大陆、香港和韩国等地,随后都拍摄了类似的内容不同但名字相同的电影和电视剧。"七年之痒"由此被人们看作男女相处中一种普遍的社会现象。

然而,最先揭示这种现象的不是梦露主演的《七年之痒》电影,而是美国的性学研究专家。1948年,美国学者阿尔弗雷德·金赛和他的同事发表了他们历时15年对当时美国人性生活状况的调查报告。在接受调查的2000名已婚男子中,有40%的人声称他们在第一次婚姻中便开始寻求婚外性关系,其中大部分人发生在婚后前五年;有20%的已婚女性承认有婚外性关系,其中半数是在婚后第七年之前。电影《七年之痒》的产生,显然是受到这种研究结果的影响。

不过,把男女不安于婚姻状况的这种现象称之为"七年之痒",梦露和《七年之痒》电影功不可没。因为在金赛的调查报告中,并没有把这种现象定性为七年。联合国的一份涉及62个国家、地区和民族的统计年鉴显示,结婚的第四年是离婚的高峰期。美国宾夕法尼亚州某大学对4000对夫妇的访问和20年的跟踪调查显示,婚后14年才是夫妻或情侣感情生活的重要关口,不少男女是在共同生活了14年后分道扬镳的。这些调查结果显示的时间虽有差异,但有一点却是相同的,就是指出了这样一种现象:随着婚姻生活的延续,许多原本相爱的夫妻对现有的婚姻生活特别是性生活会失去兴趣和激情乃至感到厌倦,从而给婚姻带来严重危机。

从美学的角度看,原本相爱的夫妻因为对对方失去兴趣而感到厌倦,就是审美心理发生了变化,使得原来美的对象、爱的对象变得不美了、不可爱了。为什么会发生这样的变化呢?有学者解释说,无论巧克力冰激凌的味道有多么好,紫丁香花开得有多么香,风景区的山水多么美,我们最终还是会对它失去强烈的兴趣而变得淡漠。一对新人结婚了,新娘手指上戴上了漂亮的婚戒,在婚礼后的前几个星期,她会敏锐地意识到这个婚戒的存在,不停地看着它、转动着它,意识到它是戴在自己的手指上。可是,随着时间的推移,她就会变得没有感觉,最后甚至感觉不到那个婚戒还戴在自己的手指上。人对爱与性的感受往往也是如此,即随着时间的流逝,一切都会变得习以为常,变得迟钝麻木。这样的解释,几乎是对好奇本能形象化的陈述。

英国科学家的一项研究,对于把这种现象归咎于好奇本能提供了科学依据。2003年,英国利兹大学研究人员在《自然》杂志上发表了一项研究成果。研究人员对红原鸡的交配行为进行了研究,发现雄鸡在同陌生的雌鸡第一次交配时,所排出的精液远比同熟悉的雌鸡交配时多。雄鸡在与同一只雌鸡交配时,排精量几乎是逐次递减的。在与同一只雌鸡交配大约20次后,雄鸡便性欲全无并不再排精。但是如果一只陌生的雌鸡出现,雄鸡的性欲又会油然而生。这项研究显示,生物会本能地喜欢同新的异性交往。

这些研究成果和社会现象,从不同角度说明了好奇本能在异性审美中的作用。也就是说,从生理的角度讲,人对异性的欣赏,同对自然景物和服饰的欣赏一样,存在喜新厌旧的审美倾向。封建社会有"妻不如妾,妾不如偷"之说,现代社会有"婚姻是爱情的坟墓"之说,究其实质,只不过是对这种现象的不同表述。不过,人类文明的发展过程,就是对人的自然天性的限制过程。爱情文明强调对爱情和婚姻的忠诚,所针对的、要加以限制的,就是人类喜新厌旧的天性。从美学的角度看,审美心理形成的因素是多方面的,表现在异性审美方面,既有好奇本能喜新厌旧之类的需求型审美心理形成方式,也有日久生情、情人眼里出西施之类的记忆型审美心理形成方式。建立在生理需求之上的审美心理,会因为需求的满足而消退,"七年之痒""婚姻是爱情的坟墓"等现象,就属于这样的类型。然而人作为高级动物,追求情感是不同于其他动物的突出特点。艺术教育家林风眠说过:"依照艺术家的说法,一切社会问题,应该都是感情问题。""感情为人类之第一需要。"①马斯洛(Abraham Maslow)在其著名的需求层次理论中,把人的需求分为五种,分别为生理上的需要、安全上的需要、归属和爱的需要、自尊需要和自我实现的需要。马斯洛认为,五种需求像阶梯一样,从低到高按层次逐级递升。性的需求属于生理上的需求,排在第一层次;情感的需求属于较高的需求,排在第三层次。所以性的需求容易满足,情感的需求则较难得到满足②。任何动物都会追求性的满足,而只有人注重追求情感的享受。正是因为这种原因,人类在漫长的进化过程中,才创造和发展了爱情文明,把对情爱的追求放在性爱之上,使之成为爱情发展的主流。虽然如此,我们也必须重视好奇本能在异性审美中的作用,因为它是一种客观现象,无时无刻不在影响着人的行为。

以上我们通过好奇本能在自然景物、服饰和异性审美中的作用,介绍了好奇本能形成审美心理规律。事实上,好奇本能形成审美心理规律不仅仅表现在这三个方面,而是囊括了人类生活的各个方面。好奇本能形成审美心理规律有一个非常独特的特点,就是它在建立新的审美心理的同时,经常伴随着对旧的审美心理的弱化和消解。这种奇特的作用方式,不仅表现为个人的行为,而且会表现为社会行为,表现为一种审美风尚和审美习俗。

古代美学家非常推崇对称美。古希腊哲学家毕达哥拉斯提出,人体的美"不在各因素之间的平衡,而在各部分之间的对称"③。毕达哥拉斯学派认为:"按照许多医学家和哲学家的学说,身体美确实在于各部分之间的比例对称。"④不仅人体,古代建筑特别能够体现追求对称的审美观,中国古代建筑在这一点上表现得尤为突出。

然而随着时间的推移,人们开始对对称美提出非议。17世纪英国著名画家和艺术理论家荷迦兹(1697—1764年)率先发难,他说:"有人或许以为美的

---

① 林风眠.林风眠散文[M].广州:花城出版社,1999:67-68.
② 马斯洛.动机与人格:第3版[M].许金声,等译.北京:中国人民大学出版社,2012:19-30.
③ 北京大学哲学系美学教研室.西方美学家论美和美感[M].北京:商务印书馆,1980:14.
④ 同②.

印象的最大部分,是由于美的各部分的对称所产生的结果。但是,我确信,这种普遍的看法立即就会显得没有什么根据,或者完全没有根据。"[1]他提出,绘画要避免整齐,避免对称。"当一个美丽的妇人的头稍微向一方偏时,就失去两个半边脸的丝毫不差的相似之点,把头稍靠一靠,就更能使一张拘谨的正面面孔的直线条和平行线条有所变化。""假如允许一个画家有所选择,他宁愿画建筑物的角而不愿画它的正面;因为这个看起来最好看,这样,线条的整齐就在渐渐进入远景时消失了……当他不得不画一个建筑物的正面,不得不画它所有的对称和平行的部分时,他总要打破(他们就是这么说)这种讨厌的样子……"法国印象派画家雷诺阿(1841—1919年)说:"两个眼睛即使生在最美丽的脸上,也总会有小小的差别。"他呼吁成立一个"反对平衡"的艺术协会,这个主张得到了许多艺术家尤其是印象派画家的赞同。这些艺术家对艺术规律的总结,是他们所处时代人们审美心理的反映。直到今天,艺术创作中仍然在逃避对称、整齐,绘画、雕塑、建筑无不如此。

为什么古代人以对称为美,近代和现代人却不以为然呢?这与古今生产力发展水平的变化以及由此造成人类生活环境的改变有关,人类生活环境的变化通过好奇本能的作用引起审美心理的变化。

古代由于生产力不发达,人们的生活环境基本处于自然、半自然状态,随处可见的景物都是杂乱无章的。在这样的环境中,人类显得很渺小,缺乏安全感,人们渴望按照自己的意愿改造环境,使周围的一切规范化。对称、整齐是这种规范化努力的目标,也是这种努力的结果,构成了那个时代人们的审美心理。

随着社会的发展,人类改造自然的能力越来越强,生活环境经过人的改造,越来越整齐。现代社会,驰目四望,到处是高大的楼房、宽阔的道路,田野中的庄稼地也是一块一块整整齐齐的排列,到处都表现着人类改造的烙印。终日生活在这样的环境中,由于好奇本能的作用,人们便渐渐烦腻了这种人为的整齐,转而追求变化、错杂、不对称,形成与古代人截然不同的审美心理。逃避对称、反对平衡、追求不平衡不对称的艺术主张,以及现代人追求返璞归真、喜欢欣赏自然风光,都是这种审美心理的表现,表现出现代社会普遍的审美心理。

---

[1] 马斯洛.动机与人格:第3版[M].许金声,等译.北京:中国人民大学出版社,2012:103.

总之，追求新的形象，厌倦旧的形象，是好奇本能形成审美心理规律的两种基本表现形式。在日常生活中，什么样的事物能够成为好奇本能追求的目标，不仅由当事者生活的环境所决定，而且随着这种生活环境的变化而发生变化。当某种事物的形象可以满足人们的好奇本能，或者说当某种事物形象成为好奇本能追求的目标时，这种事物形象就成为人的审美心理，这种现象构成了好奇本能形成审美心理规律。

二、性本能形成审美心理规律

性本能形成审美心理规律，是指由于人的性本能的作用形成审美心理这样一种现象。性本能形成审美心理规律引发的审美现象，往往同时伴随着各种社会因素的作用。所以，了解性本能形成审美心理规律，主要是在了解性本能的基础之上，认识性本能形成审美心理的主要因素和方式，从而达到掌握和运用规律的目的。

1. 性本能的各种解释方式

性本能是人类最基本、最强烈的本能之一。在我国古代，由于对性本能缺乏科学的认识，为了防止性本能引发的行为破坏社会秩序，对性本能相关知识的传播长期采用禁止的方法，不仅家庭教育、学校教育不能涉及，文学作品中的相关描写也受到严格限制。20世纪80年代以前的数百年内，性在中国被视为"洪水猛兽"，一般人羞于谈性、耻于谈性。这种状况造成的后果，一是人们对性本能的无知。20世纪80年代以前，许多20多岁到了结婚年龄的青年男女，竟不知性为何物，甚至出现结婚三年没有发生过真正性关系的案例。二是对性本能的狭隘化理解，性本能仅仅被理解为生殖器官的享受。鲁迅先生曾经对国人的这种心态做了深刻揭露："看见白胳膊便想到裸体、想到性交，中国人在这点上显得特别的进步。"所以，研究性本能在审美中的作用，首先必须科学地认识性本能。

科学意义上的性本能与生活中一般人理解的性概念不同，不仅仅局限于生殖的意义，也不仅仅指生殖器官的快感，而是指先天影响人与异性交往的一切生理因素。

20世纪90年代，我国大陆曾经流行一首歌曲，名字叫作《女人是老虎》。歌曲的内容出自清代袁枚的《续子不语》一书，在书中的名字叫作"沙弥思老虎"。通过这个故事，我们可以看到性本能的一个特点。

案例

女人是老虎

故事说的是五台山有一位禅师,收了一个3岁的小徒弟。五台山山势险峻,师徒俩在山顶修行,从不下山。十多年后,有一天禅师带着弟子下山,小沙弥看到牛、马、鸡、狗,都不认识。师父就一一教他:"这是牛,可以耕田;这是马,可以骑;这是鸡、狗,可以报晓、看门。"这时,迎面走过来一个年轻姑娘,小沙弥问道:"这是什么?"师父担心小沙弥受女色诱惑,就吓唬他说:"这叫老虎,人要是靠近她,就会被咬死,身体会被她吃掉。"晚上回到山上,师父问小沙弥:"白天在山下看到那么多东西,有没有让你动心的啊?"小沙弥回答:"别的都不想,就是那个吃人的老虎,心里边总是念念难忘。"

案例

绿鹅的故事

欧洲文艺复兴时期的文学名著《十日谈》中,记载了这样一个故事。一个男人在妻子去世后,带着两岁的儿子住到深山的茅草房中,一心一意地侍奉天主。为了不让儿子受到尘世的污染,男子每次下山总是独自去。儿子长到18岁了,对父亲说:"爸爸,你年龄大了,每次下山很辛苦。你为什么不带我一起下山,把你的朋友介绍给我,以后有事我就可以代替你去了。"父亲觉得儿子说的有道理,再次下山时就带上了儿子。儿子看到城里的宫殿、教堂、马车等,都觉得新鲜,一路上问个不停,父亲都一一讲给儿子听。迎面走来一群刚刚参加完宴会的姑娘,一个个打扮得花枝招展、美丽动人。儿子问父亲:"这是什么东西啊?"父亲说:"快快低下头,不要看她们!她们叫绿鹅,全都是害人的祸水!"儿子盯着远去的姑娘说:"我不懂你的话,也不明白她们为什么是祸水。我只觉得,我还没看见过这么美丽、这么惹人爱的东西呢,她们比你平日给我看的天使画像还要好看。看在上帝的份上,要是你真的疼爱我的话,就让我们赶快想个法子,给我带一只绿鹅回去,我要喂养它。"

这两个产生于不同国家的故事,有一个共同的特点,就是表现了男女之间强烈的吸引力。为什么男女之间会有这么强烈的吸引力呢?从很早的时候起,人们就开始思考这个问题,并且提出了许多有趣的猜想。

古希腊神话中有这样一种说法:最初的人是两面人,一面是男人,一面是女人。后来天神惩罚人类，把人从中间劈开，分为男人和女人。从此以后，男人总喜欢找女人，女人总喜欢找男人——人们在寻找自己的另一半。

《圣经》中亚当和夏娃的故事诞生较晚，大约在公元初年，因而更接近人类的现实生活。亚当和夏娃偷吃了智慧果，知道了害羞，懂得了遮羞，与小孩长大成人的过程非常相像。什么东西让他们害羞？他们遮蔽的是什么东西？就是性。

什么是性？从生理学的角度讲，性是人的一种先天的本能（称为性本能）。性本能同其他本能一样，是人体一种先天的规定性。这种规定性，决定了异性之间相互吸引、相互追求的行为趋向。

现代科学研究认为，女孩从11到18周岁，男孩从13到20周岁，是性功能逐渐发育成熟的时期，称为青春期。在这个时期，男孩的体内开始分泌雄性激素，女孩开始分泌雌性激素。在性激素的作用下，男孩和女孩的身体开始发生变化，体型、声音和行为都会出现明显的性别特征。与此同时，他们的心理也会发生明显的变化，表现为对异性的敏感、好奇和喜爱。

亚当和夏娃偷吃了智慧果以后的种种表现，是早期人类对男女之间相互吸引这种现象产生原因的一种解释。从现代科学研究的角度而言，这是人成长的一个自然过程，即随着身体生理发育的成熟，开始产生了自觉的性意识和性需求。导致这种现象的根本原因，就是人的性本能。人的性本能是男女相爱的生理基础，男女相爱的各种社会活动，都建立在性本能这个生理基础之上。

2. 性本能异性形象审美方式

性本能在异性审美中最直接的作用方式，就是对异性外貌的选择。

男女相爱，最直接的选择方式就是看长相。什么样的长相最有吸引力呢？放眼古今中外，标准可以说五花八门，有的甚至互相矛盾。苏轼有一句诗说得好，"短长肥瘦各有态，玉环飞燕谁敢憎"，反映的就是人体审美中这种矛盾的现象。

在现实生活中，男女相爱中的绝大多数人，对异性长相的选择，都有不尽满意之处。因为每个人都非尽善尽美，怎么能够要求对方尽善尽美呢！但是，在社会生活中，也有那么一些人，比如封建社会的帝王，他们在异性的选择上具有绝对的优势，所以他们可以完全按照自己的需要选择。分析这种不受外界条件限制选择异性的行为，可以看到人类对于异性外貌最基本的审美倾向。

案例

明熹宗选皇后的 8 道关

明朝天启元年(1621年)三月,明熹宗朱由校16岁,到了大婚年龄,按照明朝皇家的规定,开始在全国采选皇后和妃子。

第一关是海选。由负责选拔的宦官,对全国各地13~16岁的良家少女进行挑选,选拔出5000名优秀者,由皇家付给聘金和路费送到京城。

第二关是初选。5000名少女按年龄大小,每百人排成一行,由负责的太监逐一察看,把那些稍高、稍矮、稍胖、稍瘦的少女挑出来,淘汰掉1000人。

第三关是复选。初选过关的少女继续列队,太监们仔细察看每人的五官、头发、皮肤,当然也包括"三围",并让每个人自报门第、姓名、年龄等,考察音色、仪态,再淘汰掉2000人。

第四关是精选。太监们先用尺子计量少女的手和脚,再让她们走"台步",把那些脚稍大的,手腕稍粗的,举止不雅的挑出来,又淘汰掉1000人。

第五关是留宫。由宫中的老宫娥,将美女们逐一"引至密室,探其乳,嗅其腋,扪其肌理",选出其中的300人作为入选留宫的宫女。

第六关是晋嫔。皇帝选派专员,对300名留宫的美女观察一个月,依据她们的性情言语,再淘汰掉250人,剩下的50人晋级为嫔妃。

第七关是"选三"。由皇太后或者太妃,通过与剩下的50个人谈话,"试以书算诗画诸艺",从中选出3个供皇帝钦定。

第八关是钦定。皇帝亲自召见选中的3个人,最终决定谁为皇后。

分析这个选皇后的过程,第一个显而易见的标准就是健康。

按照规定,明显有残疾的女子可以免选,也就是被提前淘汰。在接下来的选择中,凡有痣、口臭、鼻炎、腋臭、痔疮、脚气以及妇科疾病的,都必须淘汰。这样的淘汰过程,体现的就是以健康为美的选择标准。

在第二关,淘汰了那些稍高、稍矮、稍胖、稍瘦的少女,也就是说,留下的都是体型适中的。这样的选择意味着什么呢?现代西方美学的一项研究成果认为,如果把一个族群的所有脸型输入电脑,让电脑计算出一个平均值,结果一定是最美的。哈佛大学心理学博士、宾夕法尼亚大学心理系助教科伦·艾皮瑟拉认为,越是平均的脸型说明基因越优秀,自然也就越受青睐。反过来,越是优质的脸型在族群中出现的次数也就越多,因此也就越平均[①]。平均的脸型意味着优秀的基因,因而成为美的相貌。平均的体型成为美的体型,应该是出于同样的原因。在当前我国现实生活中,许多人认为女孩不能长得太低,但也不能太高,体现的同样是这样的审美倾向。这种审美倾向的实质,就是以健康为美。

很长时间以来,民间把年轻女性相貌美的特征归纳为八个字:"眉清,目秀,唇红,齿白"。眉清,指眉毛茂密集中有型。目秀,指眼睛黑白分明有神,也有说瞳仁偏向上方,认为这样的眼睛对男人具有诱惑力。"眉清目秀"作为一种外在形态,实际上表现的是人体的一种内在状态,即内在的精气充盈。嘴唇的颜色与人的血气相关,嘴唇红润饱满,说明血气充沛。牙齿的颜色则与肾脏相关,牙齿洁白,说明肾气饱满。此外,诸如皮肤细白光滑之类的审美标准,实质都是身体健康的外在表现形式。

美国辛辛那提大学公布的一项研究成果,为这种传统的审美标准提供了科学依据。该项研究对1.5万名美国男女进行跟踪研究,从他们年满10岁开始,一直跟踪到24岁至35岁。研究发现,不论男女,外形越有吸引力,健康状况就越好,身体和心理方面的疾病也越少。这就是说,美的人体也就是健康的人体,人体的健康在很多方面会成为美的根源。

在皇家选妃的过程中,表现出的第二个标准是性特征。

在复选环节,要求被选的女孩自报家门,说出自己的姓名、籍贯、年龄等,把那些"稍雄、稍窳(yú)、稍浊、稍吃者去之"。其中的"稍雄",也就是声音稍粗、稍低,有点儿接近男人的声音。为什么要淘汰这种声音的女孩,因为她们的声音太像男人,而不像女人。在精选这个环节,淘汰脚大、手腕粗的女孩,同样出于这样的考量。与男人相比,女性的脚要小,手腕要细。所以脚大腕粗的女性,比起脚小腕细的女性,女性特征就显得不够,就少了一些女人味。由此不难看出,诸如此类淘汰的背后,实际上表现的是对女性性特征的选择:性特征突出的女性被选中,性特征不突出的女性则被淘汰。从审美的角度看,性特征突出的就是美的,性特征不突出的就是不美的。

现代生理学研究成果说明了这种选择标准的科学性。现代生理学研究发现,儿童在11岁之后,由于体内性激素的作用,男性和女性的身体会出现不同

[①] 人类审美的生物学基础[N].新华每日电讯,2014-04-25.

的特征。女性的特征表现为乳房隆起、骨盆变宽、臀部变大、皮肤细腻、声音细高;男性的特征表现为肌肉强健、长出胡须、喉结突出、声音粗沉。此后,随着年龄的增长,雌性激素充足的女性和雄性激素充足的男性,性特征就会越来越突出;雌性激素不足的女性和雄性激素不足的男性,则会表现出相反的特征。典型的例子如古代宫廷的太监和现代泰国的人妖,由于缺乏雄性激素,他们的声音就变得非常尖细,更加接近于女性。同时,在皮肤和体型方面,也会发生相应的变化,变得越来越不同于正常的男人。

古今中外对女性的审美中,乳房、臀部和腰部之所以始终受到人们的关注,就是因为性特征的缘故。比较普遍的审美倾向是,女性的乳房要高、臀部要大、腰却要细。在旧石器时代留下的那些雕像中,经常夸张地表现裸体女性的丰乳肥臀,说明这一审美标准悠久的历史。

关于女性的细腰,我国历史上最有影响的事件,就是春秋时期楚灵王建造了一座宫殿,把从全国各地搜集来的细腰美女安置在里边,这座宫殿被称之为"细腰宫"。当时民谣唱道:"楚王好细腰,宫中多饿死。"据说受这种风气的影响,当时楚国的许多朝臣,都是把腰扎细了才去上朝。

欧洲历史上同样有以女性腰细为美的风尚。为了使腰变得纤细,法国妇女一度盛行扎腰。扎上腰箍不能运动,也不能进食足够的食物,久而久之,就会使内脏的位置改变,引起慢性病和流产,甚至失去生育能力。由于女性普遍扎腰,法国一度人口增长率低于死亡率,引起政府震惊。政府明令禁止扎腰,违者要以法律问罪。但是,上流社会的女性为了美,竟视法律于不顾,依然我行我素。世界上的扎腰之最是由英国的埃塞尔·格兰格夫人(1905—1982年)创造的,她从25岁起一直扎腰,到30岁时腰围细到33厘米,被载入《吉尼斯世界之最大全》①。

女性的身体曲线,是女性美的重要表现形式。具有S形身体曲线的女性,普遍受到人们的喜爱。女性腰围和臀围之比为0.7,被认为是最迷人的身材。在欧洲和美国,最受欢迎的"三围"(胸围、腰围、臀围)尺寸是:90厘米、60厘米、90厘米,其腰围与臀围之比为0.67。在非洲一些国家,人们可以接受腰围与臀围之比为100∶135(约等于0.74)的女性,但重要的是腰部必须明显细于臀部。

---

① 陈起奎.世界奇风异俗[M].西安:陕西旅游出版社,1991:7.

对于这种审美标准形成的原因,存在两种说法。

一种观点认为,丰乳肥臀细腰的女性比身材平板的女性更有利于生育。具有这种身材的女人表明体内有足够的雌性激素,更容易怀孕。女性的身体在青春期之前以及更年期之后更接近于男性身体,大体呈圆筒状,但一旦进入青春期,在雌性激素的作用下,身体就会发生明显的改变,呈现出女性特有的特征。有关研究表明,若女性的身体所分泌的雌性激素较少,且在生长发育期只能通过人为的方法来满足身体对雌性激素的需求,这些女性的腰围和臀围尺寸就会比较接近。歌德认为:"达到结婚年龄的姑娘,她的自然定性是孕育孩子和给孩子哺乳,如果骨盆不够大,胸脯不够丰满,她就不会显得美。"①

另一种观点认为,在人类早期的生活中,由于不能有规律地获取食物,只能有什么吃什么。当孕妇缺少食物时,尤其在孕期最后三个月和哺乳期,身体的脂肪就会发挥重要作用。有关研究认为,一般女性大约有10千克的"可再生脂肪",分布在她们的臀部以及大腿处。这些脂肪储藏了大量的能量,可为消耗较大的怀孕过程提供能量。

分析这两种观点,前者强调有利于怀孕,后者强调有利于哺育婴儿,都是基于有益后代生育。毫无疑问,这样的作用自然会促进相关审美心理的形成。但是,当少男少女们在一起谈恋爱时,他们会想到这些吗?为什么不谙世事的男孩们,依然会喜爱具有这种特征的姑娘呢?根本的原因还在于这样的女性更具有女性的特征,或者说更有女人味。

性特征突出的人,容易得到异性的喜爱。这个规律不仅体现在男性对女性的选择,同样体现在女性对男性的选择上。武则天是中国历史上唯一一位女皇帝,武则天当了皇帝以后,起初也想同男皇帝一样,选一批美男子侍奉自己,为此下发了一道"选美少年为左右奉宸供奉"的诏令,但很快就接受臣下的劝谏予以废止。她明白,尽管自己做了皇帝,但这毕竟是男权意识占主导地位的社会,她不愿意因为这件事影响自己的形象,影响她权力的稳固和各种政令的执行。

武则天收回了选美少年的诏书,但不会放弃对美男子的需求。作为皇帝,武则天虽然年事已高,但想为她献身的男子多如过江之鲫。唐代诗人宋之问很有才华,长得也很帅气。《旧唐书》称他"伟仪貌,雄于辩"。宋之问见到武则

---

① 爱克曼.歌德谈话录[M].朱光潜,译.北京:人民文学出版社,1978:133.

天"选美少年为左右奉宸供奉"的诏令,就给武则天献了一首诗,表达了希望侍奉武则天的愿望。《太平广记》记载:"则天见其诗,谓崔融曰:'吾非不知之问有才调,但以其有口过。'盖以之问患齿疾,口常臭故也。之问终身惭愤。"宋之问虽然有才华,长得帅,但是因为有口臭,就被武则天淘汰了,可见武则天选人是很严格的。

据历史记载,武则天先后有四个男宠,也称为面首。为什么古时称这种为女人服务的男子为"面首"呢?因为古时面者,讲的是相貌之美,首者,讲的是头发之美。所以面首者,指的就是相貌漂亮的男人。武则天选择男人的标准是什么呢?有研究者总结说:"年轻、貌美、健壮,是武则天挑选男宠的三个必备条件。"①在这三个标准中,前两个与男性选择女性的标准是一致的,后一个则不同,体现的是男人的性特征。一般而言,男人高大的身材、突起的肌肉、宽阔的下巴、粗犷的额头、粗沉的嗓音,往往都会成为女性喜爱的因素。有研究者认为,这样的特点不仅象征着力量强,也象征着生育能力强。不论是什么原因,它们都是男人突出的性特征,并因此受到女性的青睐。

从生物学的角度而言,男女相爱最初的起因在于生命的延续。数万年来,人类的祖先在没有任何现代生理学知识的帮助下找到一个配偶完成这件事,所凭借的只能是外表。这种本能地对异性外表的选择,就是由人的性本能决定的,由此构成了人类对异性审美心理的重要内容。

3. 性本能异性气味审美方式

性本能对异性审美的另一种方式,就是对异性气味的选择。由于这种选择是在无意识中完成的,所以生活中人们很难察觉。不过,在一些典型的案例中,仍然可以清晰地看到异性气味因素的作用。

 案例

杨玉环的味道

在中国历史上,杨玉环是一位具有传奇色彩的美女。她14岁嫁给唐玄宗的儿子寿王李瑁,18岁又被52岁的唐玄宗看中,被封为贵妃。

白居易在《长恨歌》中写道:"后宫佳丽三千人,三千宠爱在一身。"这里的"三千",是秉承中国古代传统的叙述方法,极言其多的意思,并非实数。据《新

---

① 刘继兴,刘秉光. 你所不知道的帝王[M]. 北京:清华大学出版社,2012.

唐书》记载,开元天宝年间的唐宫,后宫嫔妃大约为四万人。

在这么多的美女中,杨玉环有什么过人之处,竟能使见多识广的唐玄宗情系一身呢?五代王仁裕在《开元天宝遗事》中,记载了杨玉环的两件事。一个是"红冰":"杨贵妃初承恩召,与父母相别,泣涕登车。时天寒,泪结为红冰。"一个是"红汗":"贵妃每至夏月,常衣轻绡,使侍儿交扇鼓风,犹不解其热。每有汗出,红腻而多香。或拭之于巾之上,其色如桃花也。"这些记载道出了杨玉环身体的一个特点,即分泌的泪水和汗水呈红色,有香味。

《杨太真外传》记载,安史之乱平定后,唐玄宗非常思念杨玉环。为了安慰皇上,臣下们纷纷拿出与杨玉环有关的纪念物献给唐玄宗。其中有个叫贺怀智的人,献上的却是自己的一个头帻,就是古代男子裹头的布,放在一个锦囊中。贺怀智讲述了关于这个头帻的故事。安史之乱前的一个夏天,唐玄宗与一位亲王下棋,贺怀智在旁边为他们弹琵琶助兴,杨贵妃站在旁边看棋。一阵风把杨贵妃的领巾吹起来,搭在贺怀智的头帻上,一直到杨贵妃转身的时候领巾才落下。贺怀智回到家内,闻到满身香气,于是把这顶头帻一直收藏在锦囊中。现在为了安慰皇上的相思之情,把它献给皇上。唐玄宗打开锦囊,果然香气犹存。唐玄宗解释说,这是交趾国进贡的"瑞龙脑香"的香气,说他曾经把瑞龙脑香用在暖池的玉莲朵上,过了很长时间再去那里,玉莲朵上尚且还有香气,更何况这种容易吸味的丝绸之物。

杨玉环的领巾仅仅在贺怀智的头帻上搭了一会,经过了安史之乱甚至更长的时间,头帻上竟然香气尚存。如果这个记载属实,那么这香气不管是出于杨玉环的体味还是她用的香料,起码可以说明一点,生活中的杨玉环的确非常之香。

案 例

清代香妃的故事

相传乾隆有一位维吾尔族的妃子,人称香妃。她"玉容未近,芳香袭人,即不是花香也不是粉香,别有一种奇芳异馥,沁人心脾"。作家金庸在小说《书剑恩仇记》中,就借用了这个传说。

据学者考证,乾隆40多位妃子中只有一位是维吾尔族人,人称霍卓氏,也作和卓氏,是阿里和卓之女。和卓族是世居新疆南部的维吾尔族部落。1757年,喀什地方的封建领主大和卓木和小和卓木发动叛乱,霍卓氏所在的族人不愿随从。霍卓氏的哥哥图尔都率领族人,配合清兵平定了叛乱。平叛后,图尔都受到清廷封赏,迁居到北京。1760年,27岁的霍卓氏进宫,被封为和贵人。霍卓氏深得乾隆喜爱,进宫第三年晋封容嫔,第九年晋封容妃,多次陪乾隆巡游。1788年去世,享年55岁,入葬清东陵裕陵园。人们普遍认为,容妃就是传说中的香妃。

人体是否会生而带有异香,至今没有科学的记载和说明。所以对于历史上流传的这些故事,许多人持怀疑的态度。有人认为是编造的,也有人认为是经常采用香草沐浴身上残留的香味。但是,人体的气味可以吸引异性,却是一个不争的事实。

很早以前,我国就有熏香草、佩香囊、洗香草浴的习俗。在西方许多国家,则盛行香水。据说拿破仑三世俘获西班牙美女尤金尼芳心的秘密武器就是一瓶香水,尤金尼闻到香水的芳香几乎如痴似狂不能自制,最后做了拿破仑三世的皇后。

很早以前,科学家就发现,一只蚂蚁找到食物以后,很快就会有许多蚂蚁陆续围拢过来;蜜蜂结群迁徙,途中被天敌冲散,很快又会重新聚集起来。这些没有语言的昆虫靠什么建立起彼此间的联系呢?

1959年1月,德国科学家皮特·卡尔森和马丁·鲁施针对同一物种个体之间分泌的用于交流信息的化学物质,提出了一个新的名词——费洛蒙。这一名词所表达的内容,既不同于当时已经存在的外激素,也不同于广为人知的荷尔蒙。科学家认为,费洛蒙源于体内的类固醇,可以从汗腺及皮肤表层细胞中发散,随风飘逸再借空气流动快速地传播到各处去。费洛蒙是动物界包括人类、哺乳动物、昆虫(蜜蜂、蚂蚁、飞蛾)等同物种之间相互沟通,并发出求偶、警戒、社交、合作等讯号的信息分子,能激发性吸引及其系列反应,所以也称为信息素或性外激素。以往人们认为,人类身上也有费洛蒙,但由于拥有语言、表情这些高级媒体,在进化的过程中,费洛蒙的作用已经微乎其微了。但是,日常生活中的一些现象,令科学家开始重新认识这个问题。

在宇宙飞行中,一半以上的宇航员会出现宇宙病,如头痛、恶心、全身不适等。后来医生建议每次乘员组至少应有一名女性,经过混合编组后,宇航员便很少发生上述症状。

澳大利亚设在南极的科考站,站上的人员一度都不同程度地得了一种怪病,有的彻夜失眠,有的精神不振,终日昏昏沉沉,所备药物均无济于事。一位医学博士前往调查施治,得出的结论是性别比例严重失调,异性气味匮乏所致。在他的建议下,澳大利亚派了女性医生去那里长驻,问题很快解决了。

科学家认为,异性的气味中就包括费洛蒙的成分。科学家发现下脑丘在费洛蒙的神奇运作过程中扮演极重要的角色,它可接收来自鼻子里犁鼻器的化学信息,从而引发适当的情感或反应。男女感知对方的气味后发生的情感反应,就可能与费洛蒙有关。

科学研究发现,异性气味影响着人的内分泌、血压、心律、呼吸和神经系统,可以使其趋于最佳状态。它们还能刺激人的呼吸中枢,使人体吸进氧气和排出二氧化碳的过程加快,引起大脑兴奋。日常生活中,人们常说:"男女搭配,干活不累",就在于异性相处的过程中,双方的气味和形象,从生理和心理上给对方以刺激,使人的精神始终处于兴奋愉悦之中,此时工作便感到分外轻松。

德国马普学会的科学家曼弗雷德·米林斯基等人研究发现,人们在挑选伴侣的过程中会本能地用上鼻子,根据气味判别对方是否适合自己。科学家解释说,这种依靠嗅觉辅助辨别心上人的功能与人体的免疫组织有关。科学家同时介绍说,这种对对方体味的辨别不会受到外加气味的影响。也就是说,尽管适当使用香水等气味可能有助于增进对方的好感,但不会起到决定性的作用。科学家认为,嗅觉的这一辨别能力是在长期进化过程中形成的。

从事免疫系统基因研究的瑞士科学家发现了人体气味更神奇的作用:在气味上最吸引女性的男性,其基因也往往与她们的基因相差更大。科学研究发现,男女相同或相近的基因,会导致后代智力和免疫力的弱化。近亲结婚之所以被禁止,就在于相似的基因会导致后代痴呆和各种疾病。很显然,对不同基因异性气味的喜欢,是人类在进化中形成的自然能力。异性之间的这种关系,已经远远超越了以往人们对性的理解。当我们看到异性感到愉悦时,其中的缘故就与这种气味相关。不过,人的气味对异性的影响并无绝对好坏标准,也就是说每一种气味都有其喜欢的人群,没有哪一种气味会受到所有人的喜欢或讨厌。

来自维也纳的科学家安娜·里科斯基证实,女人要确认一个男人是否有魅力根本不用眼睛看,而用鼻子闻。里科斯基先让15位男士连续3个晚上穿同一件衣服睡觉,最后一天早上醒来后立即将这件衣服脱下冷冻,再在实验室里用接近体温的温度加热之后,让15个女孩分别闻这些衣服,根据气味来判断男士的魅力。另外一组女性则作为对照组,通过观看这些男士给他们评分。

实验表明:两个小组的结论几乎相同。

这些现象说明,在男女交往的过程中,气味起着十分重要的作用。有一个成语,叫作"臭味相投",经常被人们用在志趣、习惯等方面,却很少用在气味上。事实上,男女相爱,气味相投是前提。这种对异性气味选择的能力,就是性本能在异性审美中的一种表现方式。

综上所述,性本能形成审美心理,主要是通过对异性健康、性特征和气味的选择三种形式完成的。这种选择的实质,是生物学意义上的选择,是人作为一种生物传递生命的本能行为。从生物学的角度看,选择的目的只有一个,就是有利于基因的延续。但是,这种生物学的规定,这种生物学的本能,是与异性的外在形貌相联系的,是通过主体的快感和不快感进行判断的。异性的外貌符合这种要求,就会引起主体的快感;反之,则会引起不快感。这样,这种生物学的选择同时也就具有了美学的意义,选择的标准就成为一种审美心理,从而构成了性本能形成审美心理规律。

三、创造本能形成审美心理规律

创造本能形成审美心理规律,是指由于创造本能的作用形成审美心理这样一种现象。创造本能形成审美心理规律不仅是重要的审美规律,而且是人生幸福的重要路径。学习和掌握创造本能形成审美心理规律,需要弄清楚什么是创造本能,创造本能如何形成审美心理,以及这种审美心理形成审美现象的特征。

1. 什么是创造本能

创造的本意,指首创前所未有的事物。唐朝颜师古说过:"创者,始造之也。"然而创造作为人的一种本能,是相对个体而言,而非对整个人类而言。个体的创造活动和创造的作品,不管此前人类有无,都属于个人创造本能的实现。

作为人的一种本能,创造本能存在于每个人身上。由于相关学科发展的缘故,长期以来创造本能没有受到人们的重视,许多人不知道什么是创造本能,有的人甚至不相信创造本能的存在。

 案 例

爱迪生吃饭的故事

据说爱迪生有次在实验室工作,一位要好的朋友来访,就坐在外边等。厨师端来饭菜,是蒸鸡,朋友饿极了,就先吃了一点,久等不见爱迪生出来就走了。爱迪生出来后,揭开饭菜盒的盖子,发现已经动过,自言自语地说:"噢,原来我已经吃过了!"扭头又返回实验室工作。

在这个案例中,爱迪生为什么连自己吃没吃过饭都弄不清楚了呢?就在于他正专注于自己的实验。吃饭是生命的自然需要,是人的本能行为,为什么这么重要的本能行为也会出错呢?就在于另一种东西吸引了他的注意力,干扰了这种本能的行为。为什么实验这样的活动可以干扰吃饭这样的本能行为呢?就在于这种活动是一种比吃饭更令人感到快乐的行为。在现实生活中,儿童沉迷于某种游戏不愿吃饭睡觉,成年人醉心于工作而废寝忘食,都属于这种现象。为什么这些活动会令人如此快乐,甚至超过进食这样的本能行为呢?就在于这种活动是人的另一种本能的表现形式,满足的是一种更高级的本能需求。这种本能就是创造本能,类似爱迪生这样的现象,就是人的创造本能的表现。

哲学家黑格尔最先注意到人的这种天性。他指出:"人有一种冲动,要在直接呈现于他面前的外在事物之中实现他自己,而且就在这实践过程中认识他自己……儿童的最早的冲动就有要以这种实践活动去改变外在事物的意味。例如一个小男孩把石头抛在河水里,以惊奇的神色去看水中所现的圆圈,觉得这是一个作品,在这个作品中他看出他自己活动的结果。这种需要贯穿在各种各样的现象里,一直到艺术作品里的那种样式的外在事物中进行自我创造(或创造自己)。不仅对外在事物人是这样办的,就是对他自己,他自己的自然形态,他也不是任其自然,而要有意地加以改变。一切装饰打扮的动机就在于此,尽管它可以是很野蛮的,丑陋的,简直是毁坏形体的,甚至很有害的,例如中国妇女缠足或是穿耳穿唇之类。"①黑格尔之后,许多哲学家都对人的这种天性做了不同的描述,马克思把这种现象称为"人的本质力量对象化"。

心理学家马斯洛认为,推动生命体活动的动力是机体的各种需要。他指出人的基本需要包括生理需要、安全需要、爱的需要和尊重的需要,同时认为,"即使以上所有需要都得到满足,我们仍然可以说,通常(如果不能说是'一定'的话)又会产生新的不满足,除非此人正在干称职的工作。音乐家必须演奏音乐,画家必须绘画,诗人必须写诗,这样才会使他们感到最大的快乐。是什么

---

① 黑格尔.美学:第一卷[M].2版.朱光潜,译.北京:商务印书馆,1981:39-40.

样的角色就应该干什么样的事。我们把这种需要叫作自我实现"[①]。马斯洛认为,自我实现的需要,"就是促使他的潜在能力得以实现的趋势。这种趋势可以说成是希望自己越来越成为所希望的人物,完成与自己的能力相称的一切事情"。按照马斯洛的理论,"自我实现的需要"作为一种动力,促使人投身于各种创造性活动之中,并在从事这种活动中得到满足和快乐。

生理学家巴甫洛夫在研究中发现,在人的各种反射(或本能)之中,有一种特殊的反射,叫作"目的反射"。目的反射表现为,人在为达到某一目的而努力时,神经系统会产生一种刺激,使得整个系统处于兴奋状态[②]。目的反射活动从主体感觉的角度看,表现为人的情绪高昂、精神兴奋。人们在日常生活中的各种创造活动,就属于这样的神经反射活动过程。

黑格尔的"人的冲动",马斯洛的"自我实现需要",巴甫洛夫的"目的反射",用不同学科的表述方式,表现了人类的一种天性和本能,即人有这样一种内在需求,在对外部世界的创造中实现自我,这种需求的满足可以使人获得快乐。人类的这一特性就是创造本能,基本的表现形式就是当人们在从事某种活动时,精神会高度的兴奋和集中,乃至达到忘我的境界。

2. 自我创造形成审美心理方式

在创造本能的满足过程中,也就是人从事创造活动的过程中,由于人体机能先天的规定性,人的神经系统处于高度集中、兴奋紧张的状态。这种生命状态从感觉的角度看,是一种非常理想的生命状态。因为我们的身体作为一个生命体,整个身心集中于一个目标时,是机体运行的最佳状态。古人修身,讲究静心、安心,孟子说过,"学问之道无他,求其放心而已"。所谓静心、安心、放心,就是抛开各种杂念,让心灵集中到一点,这样人才能感到快乐。所以,人类从事创造性活动的过程,是一个快乐的过程,是生命体的理想状态。同时,当创造活动结束,创造目的实现,人的机体还会以新的更强烈的快乐进行自我奖励。

创造本能的实现过程,始终与快乐的情感紧密联系。我们知道,审美心理的形成离不开快感,快感是审美心理的种子、胚胎。所以,创造本能的这一特点,使它成为审美心理形成的重要渠道。创造本能如何形成人的审美心理呢?我们来看这样一个案例。

---

① 林方.人的潜能与价值:人本主义心理学译文集[M].北京:华夏出版社,1987:168.
② 巴甫洛夫.高级神经活动研究论文集[M].戈绍龙,译.上海:上海医学出版社,1955:295.

案例

小外孙的"作品"

我的外孙三岁的时候,他妈妈带他到一个手工作坊玩,带回来一个他的作品。作品是在一块透明的有机玻璃上完成的。玻璃上事先有用凸起的黑色线条做成的图案,中间是一只蝴蝶,蝴蝶周围有花朵和小草。小孩只需用一种软泥一样的彩色材料,压在图案空白处,彩色材料很快就会凝固,这样就形成一幅五彩缤纷的作品。小外孙和他的爸爸妈妈当时和我们不在一起住,这个作品放在我住的地方。我发现,小外孙每次来的时候,都要动一动这个作品,或拿给别人看,或自己拿着玩。很显然,他对自己这个作品的喜爱程度,要高过屋子里买来的玩具和摆放的真正的艺术品。

在大人眼中,小外孙的这个"作品"根本算不上什么作品,更不用说艺术性了。但是,正如案例中描述的情形,在小外孙眼中,自己的这件作品比屋子里真正的艺术品更美,更让他喜欢。他不会用语言表述,但他用自己的行动表达了这种感受。

为什么这样一个几乎毫无艺术性的游戏作品,会令小外孙如此喜爱呢?这就是创造本能的作用。在小外孙完成这个作品的过程中,由于创造本能的作用,他的神经一直处于兴奋愉悦的状态。当他完成这个作品时,他的身体会给他强烈的快感奖励。创造过程中兴奋快乐,创造完成后的快感奖励,最终都物化在这件作品上。按照审美心理形成的机理,这种快感物化的实质,就是这件作品的形式在小外孙大脑皮层的视觉区与快感区之间建立了新的联系,形成了新的审美心理。所以,当小外孙看见这件作品,当初创造过程和创造完成的快感就会如约而来,使他不断地感受到曾经经历过的快乐。正是由于这种快乐的原因,他才会反复地欣赏自己的这个作品。

这个案例列举的是一种儿童行为,但这种行为却反映了人的创造本能形成审美心理的机理。在原始社会,猎人们用狩猎胜利品装饰自己,因为这些东西"可以作为他的力量、勇气和灵巧的证明和标记",使他们不断地享受到创造过程的快乐。当战士面对军功章,工人面对自己的产品,农民面对辛苦一年丰收在望的庄稼,作家面对自己的作品,母亲面对自己的孩子,都会从这些自己的创造物中得到一种特别的快乐。人们常说:"文章总是自己的好","孩子总是自己的好",原因均在于此。诸如此类审美现象的产生,无不源自相关的审美心理;而诸如此类的审美心理,无不遵循审美心理创造本能形成规律。

3. 他人创造形成审美心理方式

一个人自己创造的作品可以成为自己的审美对象,别人创造的东西能不能成为自己的审美对象呢？当我写到这儿的时候,恰好看到这样一条新闻。

《千里江山图》的故事

2017年9月15日至12月14日,"千里江山——历代青绿山水画特展"在故宫博物院午门展厅和东西雁翅楼展出。展品中北宋王希孟的《千里江山图》尤其受到人们的青睐。该图是第三次全卷展出,上次展出是在2013年,这次展出46天后,将再次"休养"3年。据媒体报道,9月15日上午8时30分,故宫一开门,观众就纷纷争相跑向午门展厅入口,9点整故宫就不得不设置三道警戒线限流,观众需要排队3小时才能看到《千里江山图》。据故宫博物院院长单霁翔介绍,《千里江山图》展出的最后一天,观众排队一直到晚上11点多。

为了观看900年前的一幅画,不惜如此大费周折,足见人们对《千里江山图》的喜爱。这样的现象说明,他人创造的作品同样可以成为自己的审美对象。有人会说,《千里江山图》是艺术作品,艺术作品当然会成为大众的审美对象。不错,人们对此类艺术品的喜爱,自然包含有艺术作为美的形式的原因。但是,其中有没有对作者创造能力的欣赏呢？

在中央电视台《挑战不可能》节目中,我们注意到与此相类似的现象。一个年轻的铲车司机,开着铲车爬上4米高的高台,又从这个高台上开下来。诸如此类的行为,同样给观众带来极大的快感。这种行为与《千里江山图》之类的艺术作品的相同之处,在于表现出了超出一般人的能力,或者说展现了人类某方面能力的最高水平。当我们观看奥运会比赛,看到运动员打破世界纪录,会像运动员一样产生兴奋的感觉。当我们观看万里长城、埃及金字塔,观看宇航员乘坐宇宙飞船遨游太空……同样会产生快乐的情感。这些现象说明,代表人类某方面创造能力的事物会成为人们普遍的审美对象。

我们知道,自己的创造物之所以能够成为自己的审美对象,是因为在创造的过程中,由于创造本能的作用形成主体相关的审美心理。那么,他人创造的代表人类某方面创造能力的事物为什么会成为人们普遍的审美对象呢？或者说相关的审美心理是怎样形成的呢？对于这个问题,我们注意到这样一种现象。当我们在观看奥运比赛时,同样是打破世界纪录,本国运动员打破纪录要比其他国家的运动员打破纪录,给我们带来的快感更为强烈。人们的这种情感活动方式,是美国 NBA 比赛和欧洲足球比赛引进中国球员的一个重要原因;有中国球员参加的比赛转播,就有更多的中国观众观看。

为什么会出现这样的现象呢?远在两千多年前,孟子就发现了其中的奥秘,并且通过丧礼的产生过程加以说明。他说,上古的时候,人死后不埋葬,直接扔到郊外的沟壑。过了几天死者的儿子从那儿经过,看见父亲的尸体被狐狸撕咬、蚊蝇吮吸,心中不忍,于是将其埋葬。虽然这种不忍产生于本心,但必须首先从自己的父亲开始。按照这种人性发展的规律,孟子提出君子"亲亲而仁民,仁民而爱物";"仁者无不爱也,急亲贤之为务"。也就是说,爱是由己及人,由爱自己的亲人推及爱他人。孟子的这个发现说明了人性的一个特点,即人的本性作用的发挥,是以自己为中心逐渐向外扩展的。

创造本能的作用,同样遵循着孟子发现的这种人的天性发挥作用的规律。由于创造本能的作用,我们看见自己创造的作品产生美感。如果我们看见自己亲人创造的作品,比如自己的父亲母亲、兄弟姐妹或者儿子女儿的作品,会产生怎样的反应呢?我们同样会产生快感。这种美感是怎样产生的呢?是因为创造本能的缘故,使我们对相关的创造行为给予肯定和赞赏。如果我们的创造本能受到压制,我们不希望他们具有这样的表现,我们就不会产生美感。同样的道理,随着创造本能这种作用的扩大,我们就会看见朋友、熟人的创造物产生美感,看见本单位、本市、本省、本国乃至人类的创造物产生美感。在这样的欣赏过程中,人的美感会以这样的规律表现出来,即美感的强弱同创造成果的大小成正比,而同与自己的距离远近成反比。由于这个原因,他人创造的代表人类某方面创造能力的事物,能够比我们自己创造的普通作品更能引起强烈的美感;而同样的比赛和胜利,本国运动员比外国运动员引发的美感更强烈。

4. 以往关于创造本能的描述

创造本能形成审美心理规律引发的审美现象,很早就引起了人们的重视。在传统美学中,黑格尔最先从哲学和美学的角度对这种现象进行了研究。费尔巴哈在黑格尔的基础上,继续了这种研究。马克思在批判地继承黑格尔和费尔巴哈研究的基础上,提出了"人的本质力量对象化"的著名论断。中国和苏联美学从马克思的论断出发,把"人的本质力量对象化"作为一切审美现象产生的原因,使之成为美学中很有影响的理论。所以,学习和掌握审美心理创造本能形成规律，有必要了解和掌握以往美学在这方面的研究成果。

在以往研究中，马克思的人的本质力量对象化理论，是在扬弃黑格尔和费尔巴哈研究成果的基础上完成的，是以往研究中最有影响的成果。不过，人的本质力量对象化与其说是一个美学命题，毋宁说是一个哲学命题，因为它首先是在哲学的层面展开的。在马克思和黑格尔、费尔巴哈各自的哲学体系中，这一命题有着不同的含义和侧重点。从美学的角度看，人的本质力量对象化在以往研究中包括四方面基本含义。

第一，对外部世界的改造活动是人的内在需要。黑格尔不仅把改造世界的活动当作人的内在需要，而且当作人的一切活动的动力，包括审美。马克思进一步指出，人的本质力量对象化，即人改造外部世界的实践活动，是"人类的特性"。

第二，人能够从体现自己本质力量的对象中获得快感。黑格尔认为，人类最理想的社会是"英雄时代"，因为这个时期人的生活环境中无处不是自己的创造物，所以人始终生活在愉悦之中。黑格尔指出，工业社会破坏了这种美好的环境，人的周围几乎全都是自己不熟悉的产品。马克思发展了黑格尔关于工业社会弊端的思想，提出"异化劳动"的理论，斥责资本主义社会使劳动者同劳动异化，同劳动产品异化，最终导致人自身的异化。异化劳动使人不再把改造外部世界的活动作为一种内在的需求，当作一种愉快的活动，而是作为维持生命的手段。在异化劳动条件下，由于劳动不是出于人自身的需要而是被迫的，所以劳动的过程就不是愉悦的而是痛苦的，劳动产品不仅不能引起劳动者的快乐，也不能引起享受劳动产品的人的快乐。

第三，人也按照美的规律改造世界。马克思指出："诚然，动物也生产。它也为自己营造巢穴或住所，如蜜蜂、海狸、蚂蚁等。但是动物只生产它自己或它的幼仔所直接需要的东西；动物的生产是片面的，而人的生产是全面的；动物只是在直接的肉体需要的支配下生产，而人甚至不受肉体需要的支配也进行生产，并且只有不受这种需要的支配时才进行真正的生产；动物只生产自身，而人却生产整个自然界；动物的产品直接同它的肉体相联系，而人则自由地对待自己的产品。动物只是按照它所属的那个种的尺度和需要来建造，而人却懂得按照任何一个种的尺度进行生产，并且懂得怎样处处都把内在的尺度运用到对象上去；因此，人也按照美的规律来建造。"①马克思通过人的生产

---

① 马克思.1844年经济学-哲学手稿[M].刘丕坤,译.北京:人民出版社,1979:51.

与动物的生产的比较,说明了人的一切生产都是按照自己的需要、有目的的活动。审美是人的一种需要,那么人在生产活动中,自然也为满足这种需要而生产,即按照人的审美心理来改造外部世界。

第四,审美对象与主体密切相关。费尔巴哈最先提出:"对象是人的显示出来的本质,是人的真正的、客观的'我'。不仅精神的对象是这样,连感觉的对象也是这样的。""理性的对象就是对象化的理性,感情的对象就是对象化的感情。如果你对于音乐没有欣赏力,没有感情,那么你听到最美的音乐,也只是像听到耳边吹过的风,或者脚下流过的水一样。那么,当音调抓住了你的时候,是什么东西抓住了你呢?你在音调里面听到了什么呢?难道听到的不是你自己心的声音吗?"① 费尔巴哈关于对象与主体密切联系的认识,无疑是符合审美现象产生的实际状况的。但是,费尔巴哈把对象与主体等同起来,用后者代替前者,认为人在音乐中听到的只是自己心的声音的观点,则是不符合审美实际的。

对此,马克思指出:"另一方面,即从主体方面来看:只有音乐才能激起人的音乐感;对于不辨音律的耳朵来说,最美的音乐也毫无意义,音乐对它来说不是对象。"② 同一切审美活动一样,音乐的欣赏也是由对象和主体共同构成的。没有音乐固然不会有音乐欣赏,没有具有音乐感的人,同样没有音乐欣赏。音乐和具有音乐感的主体是音乐欣赏活动的两大组成部分,二者缺一不可。马克思认为,音乐感也是社会实践的产物。"人的感觉、感觉的人性,都只是由于它的对象的存在,由于人化的自然界,才产生出来的。五官感觉的形成是以往全部世界历史的产物。"③ 这样,人的本质力量对象化的过程,不仅创造了审美对象,也创造了审美主体。

马克思关于人的本质力量对象化的论述,主要表现于《1844年经济学-哲学手稿》(下文简称《手稿》)。这部写于1844年的著作,直到1932年才首次公开出版。《手稿》的发表,在国际学术界引发了一场激烈的争论。争论的主要问题集中在政治、经济和哲学方面。《手稿》中的美学思想,对西方马克思主义美学和苏联美学产生了巨大的影响。苏联的"社会派"美学,开始采用《手稿》中的"自然的人化"和"人的本质力量对象化"来论述美的本质问题。在中国

---

① 费尔巴哈.十八世纪末—十九世纪初德国哲学[M].北京:商务印书馆,1975:547,551.
② 马克思.1844年经济学-哲学手稿[M].刘丕坤,译.北京:人民出版社,1979:79.
③ 同②.

20世纪50至60年代的美学大讨论中,朱光潜、李泽厚、蒋孔阳等人都曾引用过《手稿》中的思想来论证美学问题。到20世纪80年代,最终形成了以李泽厚为代表的实践美学。

李泽厚主张,必须"从'人化的自然'中来探索美的本质和根源"。他认为,"'人化的自然'不能仅仅看作是经过劳动改造了的对象。""'人化的自然'指的是人类征服自然的历史尺度,指的是整个社会发展达到一定阶段,人和自然的关系发生了根本改变。"他指出:"无论哪一种美,都必须有感性自然形式。一个没有形式(形象)的美那不是美。这种形式就正是人化的自然。"①

李泽厚推崇"人化的自然",其根本目的是希望从马克思的美学思想中寻找到能够满足柏拉图的美本质条件的东西。然而,柏拉图的美本质是一个虚幻的概念,在现实中是没有对应物的。美本质的特征,决定了寻找的对象必须具有无所不在的特性。故此,李泽厚选择了"人化的自然"。这个哲学概念在李泽厚的理论中,实际上具有马克思对实践描述的特征——创造了人的五官感觉和感觉对象,从而也创造了审美活动,同时又增加了一些审美的具体特征,如感性自然形式。实践意义上的"人化的自然",可以看作整个社会、整个世界产生的原因,当然也可以看作审美活动产生的原因。

李泽厚注意到体现人的本质力量的对象会引起人的愉悦感,他说:"人们在这客观的'美'里看到自己本质力量的对象化,看到自己实践的肯定……于是普遍必然地引起美感愉快。"②但是,囿于传统美学的思维方式,为了追求无所不能的"美本质",他没有把注意力过多地停留在这种具体的审美现象上,研究这种现象形成的规律,而是把这种认识无限推广,应用于一切审美对象上。他指出,"'人化的自然'不能仅仅看作是经过劳动改造了的对象",而且应该包括未经人类改造的对象。这样,在把"人的本质力量对象化"无限推广的同时,也使这种解释失去了原有的正确性。

作为一个重要的美学命题,人的本质力量对象化的提出,来源于人创造的劳动成果可以引起人的愉悦感这样一种审美现象,人的本质力量对象化既是对这一现象的陈述,也是对这一现象产生原因的解释。以往美学研究中,关于这种现象产生的原因在于人的"内在的需要",人能够从体现自己本质力量的

---

① 李泽厚.美的对象与范围[M]//美学:第三期.中国社会科学哲学研究所美学研究室,上海文艺出版社文艺理论编辑室.上海:上海文艺出版社,1981:17.
② 李泽厚.美学三题议:与朱光潜同志继续论辩[J].哲学研究,1962(2):59.

对象中获得快感,人也按照美的规律改造世界,审美对象与主体密切相关,这些认识无疑都是符合审美实际的,这些研究成果推动了对于相关审美现象研究的深入发展。但是,把人的本质力量对象化作为美的本质,当作一切美的事物之所以美的原因,就落入本体论美学的陷阱。更为重要的是,这样的认识不符合审美实际,因为众多的审美现象是其无法解释的,这就使得这个正确的认识跨越了它正确的范围。

在以往美学研究中,研究者注意到这种审美现象的产生与人"内在的需求"有关,然而这是一种什么样的需求呢?注意到体现人的本质力量对象化的对象能够引起人的愉悦感,然而这个过程是如何完成的呢?这些问题以往没有引起研究者的注意,而这些问题恰恰是现代美学需要重点解决的问题。

5. 创造本能对人类社会发展的影响

人的创造本能推动了人的创造活动,人在这种创造活动中建立了与创造对象相关的审美心理,从而形成了各种不同的审美现象。

然而,在现实生活中,很多人并不能从劳动创造中获得快乐。在许多人眼中,劳动是辛苦的、痛苦的、令人反感的,只有享用劳动产品才是快乐的。从这样的感受出发,他们不相信人会有什么创造本能,自然不相信审美心理创造本能形成规律的存在。

毫无疑问,这些人的感受是真实的。为什么他们会形成这样的认识呢?难道这些人就没有创造本能吗?这些问题就涉及马克思提出的异化劳动现象。在人类初期,由于生活资料的极度匮乏和劳动状况的极度艰辛,形成了人们厌恶劳动贪求享受的意识,这种意识的直接产物就是马克思等先哲批判的异化劳动现象。异化劳动观念在当代社会最普遍的影响,就是越来越多的人追求对物质生活资料永无止境的占有和享受。这种对物质生活资料永无止境的欲求,对人类社会的发展造成三大影响:一是同自然资源的有限性相矛盾,导致人与自然关系失调,人类社会无法持续发展;二是导致不同民族和国家之间的争夺加剧,严重威胁人类和平;三是导致人的身体素质弱化,人际关系淡漠、对立,个人幸福感下降。

关于异化劳动对个人生活的消极影响,马克思等先哲早就有过明确的论述。不过由于他们所处的时代,社会总体上处于物质匮乏状态,不劳而获者从与劳动者的辛苦劳动的比较中,尚能获得优越感,可以在一定程度上补偿劳动乐趣的丧失,对生命的影响还不严重。在现代社会,伴随着物质生活资料的丰富,异化劳动对人生命的危害开始凸显。

其中最为突出的,是愈来愈多的人感到生命意义的迷失。维克多·弗兰克在《无意义生活之痛苦》一书中宣称:"我们生活在一个无意义感的时代里。"①他提供了一组数据:"在美国大学生中,自杀已成为第二大死因,位居交通事故之后。同时,自杀未遂(并非以死亡为结束)的数目增长了15倍。"他列举了当时对爱达华州立大学学生的调查结果,"有85%的学生在其生活中再也看不到任何意义,而其中有93%的人在生理上和心理上都是健康的。"他特别提醒人们注意,"这种现象发生在马斯洛所说的那些基本需求似乎无一不被满足了的那种'富裕社会'"。

2014年9月,联合国世界卫生组织发布的一个调查报告显示,这种现象正在全世界蔓延。世卫组织耗时10年,调研了全球172个国家和地区,得到的统计数据显示,全球每年80万人自杀身亡,平均每40秒就有一人自杀,每年自杀死亡人数已经超过战争和自然灾害致死人数之和,其中25%的自杀发生在富裕国家。与此同时,由于物质生活资料的极大丰富,过多过度地享用生活资料,以致肥胖、"三高"等疾病滋生;由于追求感官刺激,导致酗酒、卖淫、嫖娼、吸毒等一系列社会问题蔓延。

异化劳动之所以能够对人的生命产生危害,其根本原因在于,人失去了劳动创造,也就失去了一种能够产生快乐、提供生命动力的重要的生存方式。人生有多种快乐,但最大、最普遍的快乐,是劳动创造的快乐。马克思把劳动看作"人的特性",人一旦脱离或失去劳动,也就失去了作为人最根本的快乐。长此以往,无所事事,就会精神空虚,失去生命的动力。

对于异化劳动对个人的影响,马斯洛列举了他所经历的病例:"我见过许多聪明的、富裕的无所事事的妇女逐渐发展了这些智力营养缺乏的症状;常常有些人按照我的劝告埋头做一些与她们相称的事情,结果他们自身的症状有所好转或者痊愈了。"②在这里,马斯洛所指出的"无所事事",也就是脱离了劳动。这些脱离了劳动的"富裕的"妇女因此而生病,可见劳动对人生命的意义。对于人类的这种疾病,弗兰克开出了三剂药方:"首先,在他做某事或创造某物中见出意义;其次,在他经历某事、爱某人中见出意义;再次,在他孤立无援地

---

① 弗兰克.无意义生活之痛苦[M].朱晓泉,译.北京:生活·读书·新知三联书店,1991:6-7,24,27.
② 马斯洛.动机与人格:第3版[M].许金声,等译.北京:中国人民大学出版社,2007:32.

去面对某种无望的情景中,或许也见出某种意义。"①分析这种治病良方的核心成分,实质就是回归人创造劳动的天性,满足人劳动的自然需求。由此可见,这些人并不是没有创造本能,只不过他们的创造本能被异化劳动的意识误导、遮蔽,需要通过理性的引导才能发挥作用。

在人类发展史上,除了黑格尔、马克思等哲学家,许多不同行业的人都发现了劳动创造在人生命中的重要作用。

苏联教育家苏霍姆林斯基在《给儿子的信》中写道:"什么是生活的最大乐趣?我认为,这种乐趣寓于与艺术相似的创造性劳动之中,寓于高超的技艺之中。如果一个人热爱自己所从事的劳动,他一定会竭尽全力使其劳动过程和劳动成果充满美好的东西,生活的伟大、幸福就寓于这种劳动之中。"

德国诗人歌德用一生的时间探索人的幸福问题,并通过长篇诗剧《浮士德》艺术地展示了自己的研究结果:作品主人公浮士德在生活中总是感到不快乐,于是和魔鬼靡非斯特打赌——靡非斯特做他的仆人,帮助他得到满足和幸福,如果他得到了满足和幸福,灵魂将归靡非斯特所有。靡非斯特运用魔法,帮助浮士德恢复青春,与漂亮的少女格蕾辛恋爱并结合,享受阿尔卑斯山幽美的自然风景,在罗马帝国的皇宫做官,与古希腊传说中的美女海伦结合并生了一个儿子,然而这些在世人眼中的美好生活,却仍然不能使浮士德感到满足和幸福。在浮士德的要求下,靡非斯特帮助他领导人民围海造田,在改造大自然的奋斗中,浮士德终于感到了满足和幸福。他说:

"让我对那一瞬间开口:
停一停吧,你真美丽!
我的尘世生涯的痕迹就能够
永世永劫不会消逝。
我抱着这样高度幸福的预感,
现在享受这个最高的瞬间。"②

这几句诗据说为诗人逝世前数星期所写,是诗人毕生探索成果的结晶:只有劳动创造才能带来真正的幸福。

1843年,恩格斯在《大陆上社会改革运动的进展》中谈道:"正是傅立叶第一个确立了社会哲学的伟大原理,这就是:因为每个人天生就爱好或者喜欢某

---

① 弗兰克.无意义生活之痛苦[M].朱晓泉,译.北京:生活·读书·新知三联书店,1991:26.
② 歌德.浮士德[M].钱春绮,译.上海:上海译文出版社,1982:706.

种劳动,所以这些爱好的全部总和就必然会形成一种能满足整个社会需要的力量。从这个原理可以得出下面一个结论:如果每个人的爱好都能得到满足,每个人都能做自己愿意做的事情,那么,即使没有现代社会制度所采取的那种强制手段,也同样可以满足人的需要。"①当时,年轻的马克思和恩格斯正一起研究社会主义理论,傅立叶这种思想对马克思主义的形成产生了重要的影响。马克思创立共产主义理论,是从劳动作为人的自然需要的天性出发,说明资本主义社会异化劳动及其赖以存在的私有制的不合理性,说明实现共产主义的可能性和必然性。如果人没有劳动的自然需要,资本主义社会各种异化劳动的现象以及相关的社会制度的存在就天经地义,异化劳动观念在社会中占统治地位就是必然的,改造社会现实也就失去了合理性,"劳动成为人的第一需要","各尽所能、各取所需"的共产主义社会就成了空中楼阁。马克思把改造现实社会中的异化劳动现象和人意识中的异化劳动观念,作为共产主义运动的两大任务,认为较之"各尽所能、按需分配"的共产主义的行动,"我们在思想中已经意识到的那个正在进行自我扬弃的运动,则实际上将经历一个极其艰巨而漫长的过程"②。也就是说,改变现实中的异化劳动现象——比如资本主义私有制——固然困难,但改变人们心中的异化劳动意识则更加困难。如果仅仅推翻旧的社会制度,建立新的社会制度,而异化劳动意识仍然在社会中占据主导地位,那么就会如同历史上无数次的朝代更替一样,只是不同的人作为统治者的社会角色互换而已,异化劳动所导致的各种社会矛盾依然会反复出现,人类依然难以共享和谐幸福。20世纪社会主义运动的实践,充分证明了马克思这一预见的正确性。20世纪后期世界范围内社会主义运动的挫折,是由多种原因决定的。但不可忽视的一个重要原因,就是许多掌握政权的共产党人的意识,并不是共产主义、社会主义的新意识,而是私有制社会的异化劳动意识,即好逸恶劳、贪图享受、贪婪地占有劳动产品,于是不可避免地产生了特权和腐败现象,以致泛滥成灾。

综上所述,一个人的创造本能得到发挥,就会建立起与之相关的审美心理,就能从欣赏自己和他人的创造成果中获得美感。在人类社会中,当大多数成员具有这种审美心理,人与人、人与自然就能和谐相处,人类将进入和谐的

---

① 马克思,恩格斯.马克思恩格斯全集:第一卷[M].中共中央马克思恩格斯列宁斯大林著作编译局,译.北京:人民出版社,1972:578.
② 马克思.1844年经济学-哲学手稿[M].刘丕坤,译.北京:人民出版社,1979:73.

生态文明社会。所以,创造本能形成审美心理规律关乎个人的审美,关乎人生的幸福,也关乎人类社会的健康发展。

四、生死本能形成审美心理规律

生死本能形成审美心理规律,是指人的生死本能形成审美心理这样一种现象。生死本能是人最基本的生命形式,所以每个人都会有所体验。了解生死本能形成审美心理规律,重要的是要认识生死本能及其形成审美心理的方式和特点。

1. 什么是生死本能

生死本能的概念是心理学家弗洛伊德首先提出的。弗洛伊德认为,人先天具有生本能和死本能两种相对的本能。生本能包括自卫本能和性本能,是建设性本能,目的是保护自我不受伤害和繁衍后代。死本能表现为攻击和毁灭,是破坏性本能,目的是让人走向死亡,获得真正的平静。生本能和死本能相伴而行,生命的最终目的是死亡,所以生本能是为死本能服务的。

现代美学中的生死本能,与弗洛伊德的生本能和死本能的含义不尽相同,是指人喜爱生命厌恶死亡这样一种行为倾向。为了说明生死本能的这种特点,我们来看一个案例。

 案例

孔子谈守孝

有一天,孔子的学生宰我问孔子:"丧礼规定父母去世守孝三年,这时间是不是太长了。三年时间,君子不学习礼仪,礼仪就会荒废;不演奏音乐,音乐就会失传。依我看啊,就像旧谷子吃完新谷子登场,或者春夏秋冬取火的燧木换一个轮回,一年的时间就可以了。"

孔子说:"父母去世一年,你吃白米饭、穿彩色绸衣的时候,心里觉得舒服吗?"

宰我回答:"舒服啊。"

孔子说:"你舒服,你就守一年。君子守孝的时候,吃美味没有味道,听音乐没有快乐,住在家里不觉得舒适,所以才不这样做。现在你觉得舒服,那你就这样做吧!"

这个故事的重点,本来是讨论守孝时间以多长为宜,但是在孔子的话中,我们可以看到古人在父母去世后的情感状况。为什么当父母去世,人们会食不甘味，美妙的音乐和舒服的环境都不能让人感到快乐，就在于他们处在深深的痛苦之中。为什么人们会感到痛苦？这就是生死本能的作用，因为这种本能的作用，人们把死亡看作一件痛苦的事情，所以厌恶死亡，逃避死亡。

纵观人类发展的历史，人类情感的发展与个体的发展相类似，总体上是从感性走向理性。上古就像人类的儿童时期，感性思维的成分更重，所以人的行为更多地体现跟着感觉走的特点。在现代社会，越来越多的人会理性地对待死亡，把生死看作生命的自然过程，这是理性思维的结果。在理性思维的发展过程中，本能的感性因素会被遮蔽和改变。庄子丧妻的故事，就体现了人类思维发展的这一特点。

 案 例

庄子丧妻

庄子的妻子去世了，庄子的朋友惠子去吊唁，看见庄子两腿伸开坐在地上，腿中间夹着一个瓦盆，一边敲盆一边唱歌。惠子责备庄子说："夫人与你一起生活了这么多年，为你生了孩子，现在去世了，你不哭也就罢了，还鼓盆而歌，这也太过分了！"

庄子说："你这样说不对。当她刚死去的时候，我怎么能不伤心悲痛！但是我仔细想了一下，人原本是没有生命的，不仅没有生命，连形体也没有，不仅没有形体，也没有气。人从混沌的自然界，变而为气，气变成形，形变成生命。现在生命又变成死亡，就像春夏秋冬四季循环一样。死去的人快乐地回到起初来的地方，我却跟在她的后面哇哇地哭，我认为这样做不符合生命之道，所以就不伤心痛苦了。"

在这个案例中，庄子讲自己在妻子去世后感情的变化，就是理性对本能的改造。我们今天对于生死的态度，实际上是经过几千年理性改造的结果。不过，在这个案例中我们依然可以看到，庄子作为杰出的思想家，虽然有鼓盆而歌的非常之举，但在妻子刚刚去世的时候，他也同普通人一样伤心悲痛。他最初这种行为，就是本能的自然流露，是人的生死本能在面对死亡时基本的表现方式。

与面对死亡的表现截然相反，人们面对生命的诞生表现为强烈的喜悦之情。在现实生活中，人们称怀孕为"有喜"，称生小孩为"弄璋之喜""弄瓦之喜"。孩子出生之后，还会以各种方式进行"庆生"活动。人们对庆祝生日的重视程度，可以从一首歌的命运中得到表现。

案例

歌曲《祝你生日快乐》的来历

1893年,美国肯塔基州路易维尔的米尔德丽德和帕蒂·希尔姐妹俩创作了一首歌,名字叫作《祝大家早安》,发表后很长时间没有人注意。1935年,姐妹俩用"生日"代替原歌词中的"早晨",再次发表,变了两个字,这首歌很快流传开来。据有关方面统计,《祝你生日快乐》是20世纪全世界最流行和被演唱最多的歌曲。这首歌以"风靡全球之歌"被列入1984年出版的《吉尼斯世界之最大全》。1969年3月8日,这首歌的录音被"阿波罗9号"宇宙飞船带到太空播放。

在这个案例中,一首起先不为人们关注的歌曲,后来仅仅因为歌词与庆祝生日联系起来,一跃成为全世界最流行和被演唱最多的歌曲,可见人们对于生命诞生的重视。人对生命的热爱,还表现为对健康的追求。据有关统计,目前人类体育运动的方式达上百种之多。四年一次的奥运会,已经成为全世界人民的体育盛会。据美国商业信息统计,2002年1月美国健身俱乐部有17807家,3000多万美国人参与健身。在中国参加健身的人数虽然比不上西方发达国家,但群众性体育活动却很有特色,特别是中国大妈的广场舞和全民行走锻炼,可以说世界罕见。

锻炼身体的一个重要目的,就是延长生命。在中国古代,为了延长生命,许多人探索炼制长生不老的丹药,这项活动发明了火药,成为中国近代化学物理的前驱。秦始皇派人寻找长生不老药的传说,更是典型地表现了人类的这一愿望。古代"万岁""千岁"之类的称谓,古今"万寿无疆""长命百岁""祝您身体健康"之类的祝福,都体现了人类这种普遍的行为倾向。

人的生死本能,导致人喜爱生命厌恶死亡的行为倾向。生死本能在引导着人的行为的同时,也成为人形成审美心理的重要因素。

2. 生死本能形成人体形象的审美心理

庄子把人的生老病死看得如同春夏秋冬四季循环,这和老子所说的"天地不仁,以万物为刍狗"一样,都是理性思维的结果。依理性思维来看,人的生老病死,自然界的春夏秋冬,都是自然运行的不同表现方式,不应该厚此薄彼,喜欢这个不喜欢那个。但是,人是有感情的动物,人的天性使得人们把不同的事物与不同的情感联系在一起。

本章第二节在介绍性本能形成审美心理规律时,谈到古代皇家选美的标准,不管是男皇帝选妃,还是女皇帝选面首,年轻、健康是两个必备的条件。这两个选择异性的标准,在人类社会具有普遍性。现实生活中,许多社会地位优越的人士选择年轻异性作为伴侣,有的甚至比他们的儿女还要年轻。年轻、健康,意味着生命力旺盛,意味着远离死亡。在这种审美标准的背后,隐藏着生死本能的作用。

人们对年轻生命的喜爱,最典型的表现就是对儿童的喜爱。正是由于这个原因,才有了广告创作中的"3B"原则。

 案 例

广告创作的"3B"原则

广告创作的"3B"原则,是由美国广告大师大卫·奥格威提出的,指的是 beauty——美女、beast——动物、baby—婴儿。奥格威认为,用这三种因素创作的广告,最能引起人们的关注,最容易实现广告的目的。奥格威这种观点被广告界所普遍接受,被称为广告创作的"3B"原则。

"3B"原则被广泛地运用于广告创作之中,产生了众多的成功案例。20世纪末,立邦漆曾经在北京东三环附近做过一个路牌广告。画面上8个肤色不同形态各异的小孩,站在绿茵茵的草坪上,全身上下一丝不挂,背对观众,手扶低矮的篱笆朝外观望。一个个胖嘟嘟的小屁股上,涂着五颜六色的立邦漆。广告吸引了过往驾车司机的目光,有人因多看而造成汽车追尾。《北京晨报》记者曾经写了一篇报道,题目叫作《招人广告,招事不少》,专门报道了这个现象①。

立邦漆这则广告的成功,体现了"3B"原则的规律性。然而,为什么光屁股小孩就能够这样吸引人呢?有广告人解释说,因为儿童"具有成年人所不能企及的魅力,这种魅力是人人都经历过的,因此也都能够心领神会,从而直达内心"。的确,人人都能感受到这种魅力,然而这种魅力从何而来,大多数人却并不明白。这种魅力,就来自人的生死本能。

在现实生活中,儿童有儿童的形象,年轻人有年轻人的形象,老年人有老年人的形象,为什么人们就喜欢儿童的形象和年轻人的形象,喜欢鹤发童颜,

---

① 於春.处处放光彩:成功广告语访谈录[M].北京:中国经济出版社,2003:28.

而不喜欢真正的老年人的形象呢？因为前者表现的是旺盛的生命活力，后者表现的是生命活力的衰竭，表现的生命意义不同，引发的情感也就不同。为什么人们喜爱生命力旺盛的形象，不喜欢生命力衰竭的形象呢？就是因为生死本能的作用。生死本能的这种作用方式，形成了人们这样的审美心理。

喜爱生命厌恶死亡，在现实中的另一种表现方式，就是喜爱健康厌恶疾病。生死本能的这种表现方式形成人们以"健康为美，以疾病为不美"的审美心理。在20世纪90年代初，宋丹丹在电视剧《爱你没商量》中扮演女主角周华，完全按照角色在生活中的实际情况，把自己装扮成一个"真真正正"患病多年的病人，因而受到观众的批评。电视剧导演为宋丹丹鸣不平，说她为艺术不惜丑化自己的形象，却不为人们赏识。观众为什么不喜欢宋丹丹扮演的角色呢？就在于这个角色太像老病号，太丑了。为什么这样的形象人们会觉得丑，就在于生死本能形成的审美心理。当时的电视剧导演和宋丹丹不明白这种审美心理，可是早在两千多年前，有一个聪明的女性就明白了这一点，她就是汉武帝的妃子李夫人。

 案 例

李夫人拒见汉武帝

汉武帝的宠妃李夫人病重，汉武帝前去探望，李夫人蒙着被子辞谢道："妾长期卧病，容颜憔悴，不可以见陛下。希望能把儿子和兄弟托付给陛下。"汉武帝说："夫人病重，恐难痊愈，见一面嘱托后事，岂不快哉？"李夫人说："妇人容貌未曾修饰，不可以见君父。妾不敢以轻慢懈怠的态度见陛下。"汉武帝说："夫人如见我一面，将加赠千金的赏赐，授予你的兄弟尊贵的官职。"李夫人说："授不授官都在陛下，不在于见妾一面。"汉武帝坚持要见，李夫人便转过脸叹息流泪，不再说话，汉武帝只好悻悻地离开了。

汉武帝走后，李夫人的姐妹责备她说："您为什么不可以见一见陛下以嘱托兄弟呢？难道这样痛恨陛下吗？"李夫人说："我之所以不愿见陛下，正是为了能托付好兄弟之事。我因为容貌美好，得以从微贱地位获得宠爱。陛下之所以念念不忘来看我，正因为我平日美好的容貌。如果陛下见到我现在的容貌，一定会心生厌恶，还怎么会记得照顾我的兄弟呢！"

不久，李夫人便去世了，汉武帝始终未能见上一面。李夫人逝世后，汉武帝思念不已，命画师将她的容貌画下来挂在宫中，又找来方士设坛作法，在帐帷里看到李夫人的身影，为此还作了一首赋："是邪？非邪？立而望之，偏何姗姗其来迟。"后来,汉武帝任命李夫人的大哥李广利为贰师将军封海西侯,二哥李延年为协律都尉。

宋丹丹以病容示观众,引来观众的批评;李夫人病重至死不让汉武帝再见一面,引得汉武帝终生怀念,重重赏赐了她的家人。不同的行为,不同的结果,其中的缘由就在于生死本能形成的审美心理。为什么人们喜爱健康的形象,因为这样的形象象征着旺盛的生命力;为什么人们厌恶病态,因为这样的形象象征着生命力的衰竭。不同的形象,代表着生命的不同形态;不同的生命形态,与不同的情感相联系。生死本能由此形成人们对健康形象和疾病形象的不同审美心理。

在长期的社会生活中,喜爱生命厌恶死亡,生死本能的这种特点,使得体现生命活力的形象在人大脑皮层的视觉区与快感区形成稳定的联系通道,使得体现生命衰亡的形象在人大脑皮层的视觉区与不快感区形成稳定的联系通道,这种联系通道构成有关人体形象的审美心理。这种审美心理在现实生活中最基本的表现形式,就是以年轻和健康形象为美,以年老和病态形象为不美。

3. 生死本能形成自然景物的审美心理

生死本能形成有关自然景物的审美心理,典型的表现是中国传统文化对于春天景色和秋天景色的感情态度。

在中国传统文化中,春天的景色是令人愉快和喜爱的。唐代诗人白居易在《忆江南》中写道:"江南好,风景旧曾谙。日出江花红胜火,春来江水绿如蓝。能不忆江南?"诗人夸江南好,夸的是江南春天的景色;忆江南,忆的是春天的江南。宋代诗人宋祁在《玉楼春》中写道:"东城渐觉风光好,縠皱波纹迎客棹。绿杨烟外晓寒轻,红杏枝头春意闹。"为什么诗人觉得城外的风光渐渐好起来了呢?因为冬天的脚步渐渐远去,湖水中、空气中、树枝上,到处都荡漾着春天的气息,一个"闹"字,写出了诗人欢快的心情。与这种直接叫好不同,杜甫的《绝句》没有一个称赞之词,却可以令人分享到诗人的感受。

《绝句》

杜 甫

迟日江山丽,春风花草香。

泥融飞燕子,沙暖睡鸳鸯。

在这首诗中,山是美的,风是香的,沙子是温暖的,筑巢的燕子是欢快的,闭目养神的鸳鸯是享受的。这是诗人的感受,是春天的感受,也是感受中的春天。这种感受的特点,就是快乐、舒适和喜爱。

中国文化对春天的喜爱,最典型的事件是春节。春节又称为"新年""新岁""大年",是中华民族最重要的节日。

案例

春节

春节起源于殷商时期年头岁尾的祭祖祭神活动,以每年正月的第一天为"正日"。汉朝以前的正月各不相同,夏朝用孟春的元月为正月,商朝用腊月(十二月)为正月,秦始皇统一六国后以十月为正月,汉朝初期沿用秦历。公元前104年(元封六年),汉武帝下令改定历法,采用天文学家落下闳、邓平等人制订的《太初历》,也就是我们当今使用的阴历(即农历)。《太初历》与夏历相同,规定以孟春正月为岁首,所以也称为夏历,此后一直沿用至今。

提起春节,中国人都不会陌生,春节最突出的特点就是欢乐。春节期间人们比较普遍的行为,一是贴春联,二是放鞭炮,三是挂灯笼,无一不是喜庆欢快的行为。从1979年开始,观看中央电视台的春节联欢晚会成为大多数人的春节活动选项,原因也在于其喜庆欢快的性质。经过上千年的发展,春节已经成为中国人普遍的审美心理。1928年,国民党政府曾经发布命令,规定以公历元旦为年节,废除阴历春节的习俗,春节期间机关学校团体不准放假,对关门的商铺强制营业,对违反规定过春节的行为进行处罚。春节禁令遭到社会的普遍批评和抵制,民间依然如故。国民党政府最终不得不于1934年取消禁令。

与令人愉悦喜爱的春天景色相反,中国文化自古以来一直存在悲秋情结。学术界一般认为,中国文化中的悲秋情结起源于战国时期楚人宋玉的《九辨》。其实,在中国文学史上,在《九辨》之前,《诗经》之中就有"秋日凄凄,百卉俱腓""蒹葭苍苍,白露为霜"的描写,屈原也有"袅袅兮秋风,洞庭波兮木叶下"的诗句。但是,《九辨》开篇以"悲哉,秋之为气也"的一声长叹,明确赋予了秋天景色悲伤的基调,喊出了悲秋文学的主题,这篇长赋所涉及的悲秋题材,几乎囊括了后世悲秋文学的所有范畴,因而在后世产生了"每逢悲秋思宋玉"的影响,宋玉因此被奉为"悲秋之祖"。

悲秋文学佳作纷呈,杜甫的《登高》一诗,被称为悲秋文学的绝唱,从中可以一窥悲秋文学的特点。

案例

《登高》

杜 甫

风急天高猿啸哀,渚清沙白鸟飞回。
无边落木萧萧下,不尽长江滚滚来。
万里悲秋常作客,百年多病独登台。
艰难苦恨繁霜鬓,潦倒新停浊酒杯。

这首诗前四句写景,其中的"猿啸哀",使人想起"巴东三峡巫峡长,猿鸣三声泪沾裳"的民谣,猿猴的啼叫本身就使人有悲哀之感,更何况在风急天高的深秋;落叶萧萧、大江东去,使人联想到屈原的悲秋名句,产生孔子"逝者如斯夫"的感叹。后四句写事,其中客居异乡、年老体衰、穷困潦倒、疾病缠身、独登高台,基本包含了悲秋文学的大部分题材。全诗不论写景叙事,无一不使人萌生伤感之情。

宋朝无门慧开禅师有一首被人们广为传颂的诗:"春有百花秋有月,夏有凉风冬有雪。若无闲事挂心头,便是人间好时节。"按照诗中所言,春夏秋冬各有其美妙之处,为什么春天的景色令人愉悦而秋天的景色却使人悲伤呢?

在中国古代天人合一的认识体系中,春天与东方、日出、新生相对应,秋天与西方、日暮、衰老相对应。古人用生命的特征描述四季,称为"春生、夏长、秋收、冬藏"。"生"即生命的诞生、开始,"收"是成熟也是衰老,趋向死亡。《管子》称:"东方曰星,其时曰春,其气曰风,风生木与骨","西方曰辰,其时曰秋,其气曰阴,阴生金与甲"。春天是生命萌生的季节,所以人们把与生命诞生相关的事物与春天相联系。比如,把男女思慕之情称为"春心""春情",把鸟兽求偶的鸣叫称为"叫春",等等。秋天是生命衰亡的季节,所以古时把秋天规定为行刑和征战的季节,以便使人的行为顺合天意。《管子》称:"秋行五刑,诛大罪,所以禁淫邪,止盗贼。"欧阳修在《秋声赋》中写道:"夫秋,刑官也,于时为阴;又兵象也,于行用金。是谓天地之义气,常以肃杀而为心。天之于物,春生秋实,故其在乐也,商声主西方之音,夷则为七月之律。商,伤也,物既老而悲伤;夷,戮也,物过盛而当杀。"

中国古代文化建立在经验的基础之上,重视观察,重视感受。人们在长期的生活中,不仅感受到春天是生命诞生的季节,而且感受到春天的景色是令人愉悦的,所谓春暖花开、春色撩人、春山如笑、春光明媚等,都是这种愉悦情感的反映。人们不仅感受到秋天是生命衰亡的季节,而且感受到秋天的景色令人悲伤,悲秋文学就是这种感受的反映。在悲秋文学的各种因素中,生命的衰亡是基本的因素,远行客旅、怀才不遇、家国之忧等是附加的因素,是因为秋景引发、重叠从而加剧的悲伤感情。为什么人们对春天和秋天会产生截然不同的感受呢?从现代科学的角度讲,就是因为生死本能的作用。春天的景色表现的是生命的新生和勃起,秋天的景色表现的是生命的衰老和死亡,生死本能喜爱生命厌恶死亡的特点,使得人们对于这两种不同的景色产生了不同的情感。

4. 生死本能形成以小为美的审美心理

2017年,电视剧《军师联盟》在中国大陆热播,剧中有这样一个情节:曹操千方百计想把王位传给小儿子曹植,为此不惜用各种方法打压长子曹丕。曹操的这种做法在历史上不是个别现象,不仅表现在帝王之家,也表现在普通百姓的生活中。这种现象在历史上有一个典故,叫作《触龙说赵太后》。

 案 例

触龙说赵太后

这个故事出自西汉刘向编著的《战国策》,说的是战国时期,秦国趁赵国政权交替之机大举进攻赵国,赵国无奈只好向齐国求援,齐国要求主政者赵太后的小儿子长安君为人质才肯出兵。赵太后溺爱长安君执意不肯,致使国家陷入危机。触龙说服了赵太后,让长安君到齐国做了人质,解除了赵国的危机。

这个故事中有一个有趣的现象,首先是齐国执意要赵太后的小儿子做人质。为什么齐国执意要赵太后的小儿子做人质呢?因为齐国人了解到赵太后最疼爱小儿子,所以用她的小儿子做人质更有价值。果然,赵太后因为疼爱小儿子而不舍得让他去做人质,谁劝也不行,谁劝收拾谁。触龙是怎样说服赵太后的呢?他先向赵太后为自己的小儿子求官。这时候,两人有一段意味深长的对话:"太后曰:'丈夫亦爱怜其少子乎?'对曰:'甚于妇人。'太后笑曰:'妇人异甚。'"赵太后惊奇男人也疼爱小儿子,触龙说男人比女人更疼爱小儿子,赵太后认为还是女人更厉害。在这个问题上,他们俩达成了共识,父母都会偏爱小儿子。在这个共识基础上,触龙用如何疼爱才是真爱的方法,最后说服了赵太后。

与父母疼爱小儿子相类似,生活中还有一种有趣的现象,民间称为"隔辈亲",指的是爷爷奶奶疼爱孙子孙女超过了对待儿子女儿。民间有一句话形容爷爷溺爱孙子的程度,叫作"爷孙没正经,拔了胡子拜弟兄"。许多人对孙辈的溺爱惯纵,与年轻时对儿女的严厉苛责形成鲜明的对照。

为什么父母会疼爱小儿子?为什么爷爷奶奶疼爱孙子会超过儿女呢?这种审美心理依然是生死本能作用的结果。人们在年轻时,生命力蓬勃旺盛,生死本能在生命中的作用还不太强烈。辛弃疾在《丑奴儿·书博山道中壁》这首词中,描写的就是少年时人们的这种心理状况。

 案 例

辛弃疾《丑奴儿·书博山道中壁》

少年不识愁滋味,爱上层楼。爱上层楼,为赋新词强说愁。而今识尽愁滋味,欲说还休。欲说还休,却道天凉好个秋。

在这首悲秋诗中,登高临远是产生悲伤情怀的一种类型。辛弃疾用自己的体验说明,年轻时登高并没有太多的悲伤感觉,只不过为了写诗填词才抒发这样的登高感受。年龄老了,悲秋的感觉强烈了,却不愿再直接抒说,反而采用顾左右而言他的方法。

人在年轻时,因为生命力旺盛,所以不论是对人类生命的变化现象,还是对自然界生命的变化现象,感觉都不够敏感和强烈。但是,随着年龄的增长和身体的衰老,对这些生命变化现象的感觉会变得越来越敏感,越来越强烈。俗话说,"人老三件事,怕死、爱钱、没瞌睡",第一点表现的就是这样的感觉。这种感觉来源于生死本能的作用,这种作用通常表现为两种形式:一种是对于生命衰亡现象的伤感,另一种是对于富有生命活力的人或物的喜爱。前者导致悲秋情绪往往老年人常有,后者产生了父母疼爱小儿子小女儿、爷爷奶奶疼爱孙子、孙女这样的现象。为什么父母普遍疼爱小儿子小女儿?因为在自然生育的年代,小儿子小女儿生长的时候,意味着父母已经不能再生育了,已经开始步入老年。为什么爷爷奶奶疼爱孙子?同样是因为爷爷奶奶已经老了。人老了以后,随着生命力的衰弱,生死本能的作用日趋强烈,因而对小儿子小女儿的感情就会超过其他孩子,对孙子、孙女的感情就会超过儿子女儿,由此产生了这样的审美心理和审美现象。

小儿子、小女儿、小孙子、小孙女,这些美好的对象有一个共同的特点:

"小"。小是生命初期的形状特征,在这种特征的背后,是生命的活力和未来。人们在喜爱这些形象的过程中,会在不知不觉之中把他们的形态特点抽绎出来,从而形成以小为美的审美心理。人们在生活中经常喜欢把心爱的人或者宠物,称为"小宝贝""小心肝"等,就是这种审美心理的体现。德国福斯金龟汽车,中国人称作"甲壳虫",在美国上市时有一个经典广告,广告词是"想想还是小的好"①,就是利用了人们这种以小为美的审美心理,从而取得了理想的广告效果。

5. 生死本能形成以生命力顽强为美的审美心理

在中国文化中,松、竹、梅被称为"岁寒三友",受到人们特别的喜爱。人们为什么喜爱这三种植物?明代程敏政在《寒岁三友图赋》中说:"松竹越冬而不凋,梅耐寒而开花,谓岁寒三友。"这就是说,人们喜爱松树和竹子,是因为它们在寒冷的冬天依然能够保持叶子常绿不凋;喜爱梅花,是因为它能够在冬天含苞绽放。

为什么人们喜欢这种能够抵抗寒冷的植物呢?因为人们把冬天叶绿不凋、含苞开花的植物,看作生命力顽强的表现,这种特点符合了人潜意识中的生死本能,从而引起人的愉悦感,进而发展为一种普遍的社会性审美心理。

关于耐寒的植物与生命力的关系,刘义庆在《世说新语》中记载了一个故事,很好地表现了人们在这个问题上的认识。

案例

顾悦说白头发

东晋简文帝司马昱与尚书顾悦年龄一样大,可是顾悦的头发早早就白了。有一天,简文帝问顾悦:"你的头发为什么比我先白了呢?"顾悦回答说:"蒲柳之姿,望秋而落;松柏之姿,经霜弥茂。"

在这个故事中,顾悦把自己比作蒲柳,把简文帝比作松柏,明确地表现了人们在观察植物时的一个特点,就是把植物的特点同人生命的特点相对应,把其中生命力顽强的对象作为美的对象。

综上所述,由于生死本能的作用,形成人们以年轻健康为美、以老年病容为不美的审美心理。这种审美心理进一步扩展,就使得各种能够体现生命活

---

① 白光.外国当代广告评析 150 例[M].北京:中国广播电视出版社,2003:91.

力的形象成为美的形象。生死本能形成的这种审美心理,在中国传统文化中上升为一种生命力顽强的精神,使得相关的审美心理有了更为广阔的内容。诸如古代神话中的"精卫填海""夸父逐日""愚公移山""刑天舞干戚",关汉卿笔下的"铜豌豆",郑板桥画中的石头,等等,都是这种审美心理的具体表现。

本章小结

本章介绍了生理本能形成审美心理的四种规律,即好奇本能形成审美心理规律、性本能形成审美心理规律、创造本能形成审美心理规律和生死本能形成审美心理规律。

好奇本能形成审美心理规律,是指由于人的好奇本能的作用形成审美心理的一种现象。好奇本能又称为"好奇心",是人对外部环境变化的自发反应,通常表现为迅速的关注行为和强烈的探究愿望。当这种本能得到满足的时候,人的神经系统会产生愉悦感,反之则会产生压抑感和厌倦感。本章主要介绍了好奇本能在自然景物、人类服饰和异性形象审美中的作用,在现实生活中好奇本能的作用实际囊括了人类生活的各个方面。好奇本能形成审美心理规律最基本的表现形式,就是追求新形象,厌倦旧形象,或者说以新的形象为美,以旧的形象为不美。这种作用不仅表现在具体的审美心理的形成上,而且表现在对各种审美心理的影响上。

性本能形成审美心理规律,是指由于人的性本能的作用形成审美心理的一种现象。现代美学研究中的性本能,是指先天影响人与异性交往态度、行为的一切生理因素。性本能是男女相爱的生理基础,男女相爱的各种社会活动,都建立在性本能这个生理基础之上。性本能形成审美心理,主要通过对异性形体健康、性特征和气味三种形式的选择来完成。

创造本能形成审美心理规律,是指由于人的创造本能的作用形成审美心理的一种现象。创造本能又被称为"目的反射""自我实现需要"等,是指人先天有一种内在的需求,需要在对外部世界的创造中实现自我。创造本能在现实生活中,表现为人主动从事某种活动时,精神会高度集中和兴奋。由于人在创造过程中精神处于兴奋状态,创造完成后肌体会产生快感奖励,这就使得创造物的形式在大脑皮层的视觉区与快感区之间建立起稳定的联系通道,从而形成新的审美心理。一个人的创造本能得到发挥,就会建立起与之相关的审美心理,就能从欣赏自己和他人的创造成果中获得美感。然而,由于各种复杂的原因,人类社会形成了"异化劳动观念":鄙视劳动创造,贪婪劳动成果。被"异化劳动"心理主导的人,不仅不能从自己的创造过程中形成审美心理,也难以欣赏其他人的创造作品,从而失去人生最重要的快乐途径,成为人类社会发展的重大问题。

生死本能形成审美心理规律,是指由于人的生死本能的作用形成审美心理的一种现象。现代美学中的生死本能,指的是人喜爱生命厌恶死亡的一种行为倾向。生死本能的这种特点,使得体现生命活力的形象在人大脑皮层的视觉区与快感区形成稳定的联系通道,使得体现生命衰亡的形象在人大脑皮层的视觉区与不快感区形成稳定的联系通道,从而构成相关的审美心理。这种审美心理进一步扩展,就使得各种能够体现生命活力的形象成为美的形象。生死本能形成的审美心理,在人体方面表现为以年轻和健康形象为美,以年老和病态形象为不美;在自然景物方面,最典型的表现就是中国文化中的"迎春情结"和"悲秋情结"。在这些审美心理基础上,进一步形成了"以小为美""以顽强生命力为美"等庞大的审美心理内容。

在传统美学中,生理本能被视为赤裸裸的功利因素,因而被排斥在审美研究之外。通过以上四种生理本能形成审美心理规律的分析,我们可以看到生理本能在审美中的重要作用。可以说,如果不研究生理本能对审美活动的影响,生活中许多司空见惯的审美现象也就无法得到解释。

在以上四种生理本能形成审美心理规律中我们看到,生理本能可以形成普遍的社会性审美心理,这是因为人类具有相同的先天本能。虽然如此,审美心理的形成依然是通过具体的个人的行为完成的,因而在大致相同的社会性审美心理中,仍然存在着个性的差异。比如同样是"悲秋情结",年轻人和老年人的感受就不同,由于这种原因,在写秋天景色的作品中同样存在着快乐的感受。所以,审美研究必须始终建立在对具体审美现象研究的基础之上,从具体现象中总结审美心理形成的规律。

在以上四种生理本能形成审美心理规律特别是生死本能形成审美心理规律中,可以清晰地看到审美心理形成中的一种奇妙的现象:生理本能犹如树根,其上生长出的最基本的审美心理如同树干,在树干上生出枝杈,枝杈上再生出新的枝条。这种现象在生活环境形成审美心理规律中虽然同样存在,不过没有在生理本能形成审美心理规律中表现的这样集中和明显。这种审美心理形成现象的机理,用生理学的表述方式来说,就是"以确实的条件反射为基础而形成新的条件反射"。实际就是在一种审美心理的基础上,进一步发展出新的审美心理内容。人神经系统的这种活动方式,增加了审美现象形成原因的复杂性。比如生死本能形成人们喜爱年轻形象的审美心理,这种审美心理使得老年父母偏爱小儿子、小女儿,爷爷奶奶喜爱小孙子、小孙女;在小儿子、小女儿、小孙子、小孙女这种特殊的审美心理中,又形成以小为美的审美心理。如果这种审美心理表现在某种具体的审美对象上,要寻找其中的原因显然就不是一件简单的事了。所以,掌握审美现象发生的机理和审美心理形成的基本规律,对研究具体的审美现象就显得非常重要。

在生死本能形成审美心理规律中我们看到,春天的景色、秋天的景色以及"岁寒三友"等审美对象,之所以引起人们不同的情感,就在于它们唤起人对于生死的不同情感。在传统美学中,解释这种审美现象使用最普遍的词就是"象征",费舍尔心理学美学研究的顶点,被称为"美学上的象征主义"①。这种解释虽然不够科学,但应该说是正确的,正是以往众多的诸如此类的研究成果,促使了现代美学的诞生。

试一试

1. 试谈谈生理本能形成审美心理的基本方式。
2. 试根据自己旅游中的感受谈谈好奇本能在审美中的作用。
3. 试根据性本能形成审美心理规律分析维纳斯或大卫雕像引起人美感的原因。
4. 试谈谈你印象最深的一次创造本能实现的体验。

---

① 李斯托威尔.近代美学史评述[M].蒋孔阳,译.上海:上海译文出版社,1982:41.

第八章 感觉器官在审美中的作用

> **本章议题**
> 1. 人的感觉器官如何影响审美活动的结果？
> 2. 人的视觉如何影响审美活动的结果？
> 3. 人的嗅觉如何影响审美活动的结果？
> 4. 人的触觉如何影响审美活动的结果？
> 5. 人的温度感如何影响审美活动的结果？
> 6. 人的空间感如何影响审美活动的结果？
> 7. 人的听觉如何影响审美活动的结果？

上一章我们提到，传统美学忽视人的身体在审美中的作用，导致了现代身体美学的流行。人的身体在审美中如何发生作用，如何影响美感的产生，一是通过生理本能的作用，这是上一章介绍的内容；二是通过人的感觉器官的作用，这就是本章要介绍的内容。

人的感觉器官影响审美结果的方式，同生活环境和生理本能的方式一样，仍然是通过快感与不快感的方式影响审美活动的最终结果。当感官机能的某种影响持续使人产生快感，这种影响就会使相关形象在人大脑皮层视觉区与快感区之间形成新的联系通道，即形成新的审美心理。人的感觉器官很多，本章主要介绍人的视觉、嗅觉、触觉、温度感、空间感和听觉如何形成审美心理的规律。

一、视觉在审美中的作用

1. 视觉形成审美心理的特点

我们知道，不管是后天环境形成的审美心理，还是先天本能形成的审美心理，在具体审美活动中大多要依靠视觉完成。那么，是不是意味着这些审美心理都属于视觉形成的范畴呢？回答是否定的。虽然这些审美心理引发的审美活动需要依靠视觉完成，但是视觉对引发美感的作用不是决定性的。本章讨论的视觉形成的审美心理,指的是因为视觉的特殊作用形成审美心理,从而引发美感产生这样的审美现象。在这种审美现象中,视觉对美感的产生起着决定性的作用。

人的视觉感受器官是眼,由含有感光细胞的视网膜和作为附属结构的折光系统等因素组成。外部事物以光的形式传入人眼,通过折光系统在视网膜聚焦成像,视网膜的视杆和视锥细胞将外界光刺激所包含的视觉信息转变为电信号,以动作电位的形式输入神经纤维传向大脑。在这个过程中,人眼作为视觉感受器官所起的作用主要表现为三个方面:一是接受外界传入的光信号,二是把这种光信号转换为神经电信号,三是把这种电信号送入神经纤维传向大脑。视觉在发挥这些作用的过程中,形成了许多具体的生理特点,这些生理特点会影响到人的感觉,进而形成不同的审美心理,称为视觉形成的审美心理。

人眼所能接收的光信号是波长 370~740 纳米的电磁波,在这个范围内的光谱称为可见光谱。这也就是说,人眼所能接收的光波是有限的,比这个范围短或长的光波,人眼就看不见了。同时也说明,正是人的视觉器官的这种规定性,使得我们看到的是我们现在看到的这样的世界,如果人的视觉器官不是这样的构造,我们眼中的世界就不会是目前看到的样子。为了理解这一点,我们来看一个案例。

 案 例

谜语照片

一张照片挂在美术展览馆的正门口,请观众猜猜照的是什么。

一位地质学家翻过来、倒过去看了半天,说:"太平洋板块漂移。"

一位天文学家说:"宇宙大爆炸,星座错位。"

一个厨师说:"像我铺子里烤糊了的芝麻烧饼。"他老伴说:"看花纹更像我屁股下的坐垫。"

过了两天,谜底出来了:"放大十万倍的'香港小姐'的脸。"

这个故事可以从不同角度理解,但有一点是显而易见的,这就是我们所看到的事物的样子,与我们的视觉器官的构造有关。把照片放大看,只不过是视觉能力的改变而已。由此可以看出,忽视审美主体的作用,忽视人的身体的作用,我们就不会得到符合实际的对审美现象的科学解释,更不用说科学规律了。

据生理学研究统计，人脑所接收的信息大约有95%来自视觉，可见眼睛无疑是人体最重要的感觉器官[①]。研究者还发现，如果人类同时用视觉和另一感觉器官接收信息，并且两个信息彼此矛盾，人们所反应的一定是视觉信息。这些现象说明，视觉在审美活动中具有十分重要的作用。不过，这个意义上的重要性，主要指的是广泛性和必要性。也就是说，对绝大多数审美现象，如果没有正常的视觉的参与是无法进行的。不过，在这些审美现象中，视觉的作用虽然必不可少，但这种作用主要是传递信号，与视觉形成审美心理的审美现象是不同的。

视觉形成审美心理，指的是这样一些特殊的审美现象，在这些审美现象中，视觉的作用不仅仅是传递信号，而是直接决定审美活动的结果，并由此形成特定的审美心理内容。

2. 色彩感形成的审美心理

颜色是事物形象的重要组成部分，人们观察事物，首先接触到的就是颜色。中世纪的西方人对颜色充满了神秘感，认为颜色是上帝在世间的显现形式。

色彩感指的是人感知色彩的能力。人如何获知外部事物的颜色呢？生理学研究表明，人辨别颜色的能力是由视网膜上的视锥细胞完成的。人眼在光谱上一般可以区分出红、橙、黄、绿、青、蓝、紫等7种主要颜色，每种颜色都与一定波长的光线对应。但如果做进一步的细分检查，人眼在光谱上可以区分的色泽实际超过150种。

视锥细胞如何辨别这么多种类的色泽呢？早在牛顿时代人们就知道，一种颜色不仅可以由某一固定波长的光线引起，也可以由两种或更多种波长的光线混合引起。用红、绿、蓝三种色光做适当混合，可以引起光谱上所有颜色的感觉。早在19世纪初，西方就出现了视觉"三原色学说"，认为在人的视网膜上存在着三种对不同波长的光线特别敏感的视锥细胞，当波长介于这三者之间的光线作用于视网膜时，这些光线可对敏感波长与之相近的两种视锥细胞起不同程度的刺激作用，就会产生介于三原色之间的其他颜色的感觉。三原色学说在20世纪70年代为现代实验技术所证实。如果人由于先天或后天的原因，导致某一种视锥细胞缺损，就会失去对相关颜色的感觉。根据所缺少

---

① 张镜如.生理学[M].4版.北京：人民卫生出版社，1996：272.

的颜色感觉,人们分别称之为红色盲、绿色盲和蓝色盲。对患有色盲症的人来说,相关的色彩就不能成为他们欣赏的对象。三原色混合原理揭示了人类色彩感产生的机理,根据这种感知颜色的生理特性,人类发明了彩色照相、彩色电影、彩色电视,大大丰富了我们审美活动的方式。

关于人类色彩感觉的来源,与三原色学说同时出现的还有另一种学说,叫作对比色学说。这种学说的出现,源于人们在欣赏颜色的过程中发现的一种奇特现象:把某种颜色的物体置于另一种特定颜色的背景中,比如把一块蓝色的纸板放在黄色的背景中,人们会感觉蓝色纸板特别蓝,黄色背景也特别黄。人们把这种现象称为颜色对比,把具有这种特点的两种颜色称为对比色或互补色。相关研究发现,把三原色光中任意两种色光等量混合,就可以得到三原色光中另一种色光的互补色光。比如:红色与绿色混合得到黄色,黄色与蓝色互补;红色与蓝色混合得到紫色,紫色与绿色互补;绿色与蓝色混合得到青色,青色与红色互补。人们还发现,三原色光中某一种色光如果与三原色光以外的某种色光混合形成白色,则这两种色光为互补色光。除此之外,人们还发现红色与绿色、黑色与白色也是互补色光。两种颜色学说提出的初期,三原色学说由于不断得到证实而处于有利地位。但后来的研究发现,三原色学说主要表现在视锥细胞层面,在这个层面,视觉以不同色光引起三种不同视锥细胞产生不同大小的电信号进行编码;这种颜色电信号在随后进入水平细胞之后,不同颜色又按照同一细胞对互为对比色的颜色产生的电反应重新编码,最终输送到神经中枢。这就意味着,三原色学说和对比色学说都是人类产生颜色感觉的方式,不过表现在视觉神经系统不同的层面。人通过对比色感知色彩的生理特性,形成了丰富的有关色彩感的审美心理。比如人们经常提到的"黑白分明""万绿丛中一点红"等审美现象,都是因为视觉这种生理特性所引起的。实验证明,把两种互补色光的颜色放在一起,能够产生使人比较舒服的感觉。

色彩感引起的另一种审美心理,表现为较长的光波(如红色)使人产生兴奋的感觉,较短的光波(如蓝色)使人产生安静的感觉,其他颜色随光波的长短在两种感觉间变化。当视觉感受到的光波波长由短转长时,人体血液循环会随之加快,肌肉向外扩张,情绪不断兴奋;当光波波长由长转短时,血液循环减慢,肌体向中心部位收缩,情绪趋于平静。人的呼吸、汗腺、血压、血流、体温等生理状态,在不同颜色的刺激下,也会不由自主地发生变化。这种审美心理引发的审美现象,在现实生活中表现为,希望兴奋的人会喜爱较长光波的颜色,比如儿童大多喜爱鲜艳的色彩,如红色;在交通不便的农村,人们普遍喜爱鲜艳的颜色,如大红大绿;在距今1.7万年前的山顶洞人遗址,装饰物的穿孔几乎都涂着红颜色,尸体旁也撒着红粉,说明红色是人类初年喜爱的颜色。与此相反,古代修道之人、现代城市人特别是知识分子,总体上希望得到安静,所以喜欢较短光波的颜色,比如白色、灰色、蓝色、紫色等。

瑞士美学家布洛曾发现,颜色对人来说有重量感,有的轻,有的重。如果把浅颜色放在深颜色之下,人们就会产生上重下轻的感觉。比如有人穿一件白色裤子,黑色上衣,人们就觉得轻重颠倒,很不协调。如果物体或建筑物的颜色也是上浅下深,就使人产生不稳定的感觉。由于这种原因,生活中人们总是把深色放在下边,浅色放在上边,艺术创作更是如此。布洛把这种上下之间颜色的配合规律称作"重量原理"。

人们还发现,颜色会使人产生不同的质量感,黑色使人形体凝缩,白色则使人形体扩张。由于这种原因,人们普遍认为,男性穿黑衣服较为适宜,女性穿白衣服效果较佳。黑色显得整齐、庄重、有力,能增加男子汉精干强悍的气质;白色反光,使女性脸上富有色彩,显得洁净而有生气。民间的一句俗语就表现了这种规律:"男要俏,一身皂;女要俏,一身孝。"皂就是黑色,孝就是白色。男子穿黑衣服、女子穿白衣服之所以好看,其原因就是颜色产生的质量感。

色彩感是视觉的一种生理功能,不仅扩大了人类审美活动的方式,而且形成了众多的审美心理内容。色彩感形成的审美心理,对绝大多数人来说是无意识的,但这种审美心理对人的感觉却起着实实在在的影响。下面这个案例,有助于我们了解人体的这一特点。

 案 例

大桥的颜色与人的自杀

伦敦泰晤士河上有一座布莱克弗赖尔桥,桥身最初是黑颜色的。有一段时间,在这座桥上跳河自杀的人特别多。后来,有人建议把黑颜色的桥身漆成绿色,在桥上自杀的人竟然减少了。

布莱克弗赖尔桥的黑颜色虽然不是自杀者自杀的根本原因,但是大桥的黑颜色增强了自杀者的压抑情感,所以成为"压垮骆驼的最后一根稻草"。不同的颜色会引起人不同的情感,遵循色彩感形成的审美心理规律,有助于人保持较好的感觉状态。相反,如果长期处于令人压抑或兴奋的颜色环境,就会影响人的精神状态。

3. 似动知觉与影视审美

在现代社会，欣赏影视作品已经成为人们重要的审美方式。但是很少有人知道，人们之所以能够欣赏影视作品，在于人类视觉系统具有的似动知觉能力。

似动知觉是人在一定条件下对静止物体产生的运动知觉。人们一般把似动知觉产生的似动现象分为动景运动、自主运动、诱发运动和运动后效四种类型。

动景运动是指在一定的时间间隔和空间间距条件下交替出现的静止物体所产生的运动知觉现象。最典型的例子就是人们在电影、电视中看到的物体运动，实际上是由一系列略有区别的静止画面形成的。

自主运动是指人在特定条件下注视静止的物体产生的运动现象。比如在黑暗中注视一个细小的光点，就会看到它来回飘动。

诱发运动是指周围物体的运动导致静止的物体产生运动感觉的现象。比如夜空中飘动的云朵，会使人对云朵后的月亮产生徐徐移动的感觉。

运动后效是指在观看运动物体以后观看静止物体产生运动感觉的现象。比如注视一会儿瀑布后，将视线移到旁边的悬崖上，悬崖看起来似乎也在向上运动。

很早以前，人们就发现了似动现象。1833年，普拉托设计和制造了第一个动景器。在一个圆盘分成的各个扇形平面上，依次画上各不相同但又相互联系着的舞姿，当圆盘旋转时，人们即可看到连续运动的舞蹈动作。19世纪90年代，爱迪生发明了"电影视镜"，通过这台机器可以看到连续的动作画面。法国的奥古斯特·卢米埃尔和路易·卢米埃尔兄弟对爱迪生的"电影视镜"很感兴趣，他们研制出具有摄影、放映和洗印三种功能的"活动电影机"，以每秒16画格的速度拍摄和放映影片，图像清晰稳定。1895年12月28日，卢米埃尔兄弟在巴黎的卡普辛路14号大咖啡馆里，公映了他们自己摄制的12部纪实短片。这一天被后人确定为电影的诞生日，卢米埃尔兄弟由此被称为"电影之父"。

电影电视的产生起源于似动现象的发现，但是似动现象是如何形成的呢？20世纪初，德国心理学家M.韦特海默用实验方法研究了似动现象。他相继展示出一条垂直的发光线段和一条水平发光线段，不断改变两条线段出现的时距，并测量人对两条线段的知觉经验。结果发现，当两条线段出现的时距短于30毫秒时，人们看到两条线段是同时出现的；当两条线段出现的时距长于

200毫秒时,看到两条线段是先后出现的;当两条线段的时距约为60毫秒时,就会看到线段从垂直状态向水平状态运动。

韦特海默的实验,对似动现象中的动景运动现象的产生条件,从时间上做了精确的说明。这种现象产生的原因是什么呢?韦特海默提出,当视网膜受到两条线段的刺激后,会引起大脑皮层相应区域的兴奋。在适当的时空条件下,这两个兴奋回路之间发生融合,形成短路,因而得到运动的印象。

在韦特海默之后,人们又发现了视觉活动的另一个特点:当人观看的物体消失后,人眼所看到的影像仍能继续保留0.1～0.4秒左右。这种现象被称为视觉后像现象或视觉暂留现象。按照视觉活动的这一个特点,如果把连续出现的静态图像的时距保持在视觉暂留的范围之内,人就会产生运动的感觉。

虽然对似动知觉产生的机理目前还没有定论,但毫无疑问这是人视觉感官的一种特殊能力。正是视觉感官的这种能力,使得人类能够发明电影电视并从事相关的审美活动。

4. 视野与黄金分割

黄金分割又称为黄金比、神圣比,是人类从实践中总结出的一种审美规律。有的研究者认为,大约在公元前5世纪,古希腊的毕达哥拉斯学派就掌握了黄金分割。

黄金分割

黄金分割,也称"黄金分割律""中外比",是指寻求造型艺术和日常用品长与宽之间美的比例的方法。具体地讲,就是把一条线段分割为两部分,使其中较长部分与全长之比等于较短部分与较长部分的比。比如设直线为L,较长部分为X,则可以表示为:$L:X=X:(L-X)$。黄金分割的比值是一个无理数,一般取小数点后三位数字的近似值,就是0.618。从古希腊时期开始,人们普遍认为按照这样的比例形成的图形,会使人感觉更美,因此"黄金分割"被广泛地运用在绘画、建筑、雕塑、摄影等方面。

黄金分割在西方一直受到人们的重视,在中世纪甚至被披上神圣的外衣,意大利数学家帕乔利将其称为"神圣比例",德国天文学家开普勒称其为"神圣分割"。黄金分割被人们广泛地运用于生活、建筑和艺术领域。早在古希腊时期艺术家就发现,虽然现实生活中一般人腰身以下的长度平均只占身高的

0.58，但如果按 0.618∶1 的比例设计人的腿长与身高，就能得到最美的人体效果。艺术家按照这个规律，在雕塑维纳斯女神、太阳神阿波罗、大卫等形象时，有意延长了双腿的长度，使之与身高的比例符合黄金分割，于是创造出了众多美的艺术形象。

黄金分割作为一种审美规律，其产生方法来源于审美研究的社会归纳方法。同一切社会归纳方法的研究结果一样，黄金分割虽然可以被实践证明，但黄金分割的图形何以使人产生美感，长期以来却一直是个谜。

根据现代生理学与心理学的研究成果，我们推测黄金分割规律的形成与人眼的视野有关。

人眼的视野，指的是单眼固定地注视前方一点不动所能看到的范围。我们可以做这样一个实验：睁大眼睛，在不转动眼球的前提下，感受我们的视野形成的范围。对大多数人来说，在这种情况下视野形成的是一个高大于宽的长方形。

为什么会产生这种的结果呢？这与人眼的盲点有关。盲点的产生，是由于人眼节细胞层的神经突触在视网膜表面形成视神经乳头，因为在这个范围内没有感光细胞，所以落在这个范围的光线或图像就不能被人感知。下面的方法，可以使人体验到盲点。

 案 例

寻找盲点的方法

请闭上或遮住一只眼睛并凝视正前方，垂直地举起一个手指，把它放在距鼻尖约 1 英尺（约 0.3 米）的地方，使指尖和眼睛的中心差不多处在同一水平。然后在水平方向向左或向右移动手指使它偏离凝视中心约 15 度。在这个区域来回搜索，你就会发现一个看不见指尖的地方（眼睛一定要凝视正前方），这个看不见指尖的区域就是人眼的盲区。①

当我们双眼凝视前方不动的时候，盲点也就是我们视野的横向边界。接下来，让我们再做一个实验：用一个符合"黄金分割"的物体，如一张纸或一本书，放在能挡住我们视线的位置。我们会发现，这个图形基本上恰好填充了我们的视野。如果把图形倒放，会发现或者上下挡不住视线，或者左右看不到图

---

① 克里克.惊人的假说[M].汪云九，齐玥琳，吴新年，等译校.长沙：湖南科学技术出版社，1999：32.

形的边缘。

由此可以推断,黄金分割的图形之所以令人感到舒适,在于它与人视野的自然结构相吻合。同样的图形如果把它倒放,比如把门倒放,人看上去就会感到不舒服。这就说明黄金分割这种审美心理的形成是由于人视野的自然结构,相关图形因为符合了人的这种内在尺度,因而成为人审美心理的内容。

二、嗅觉在审美中的作用

嗅觉是人感知气味的能力,嗅觉的感受器官是鼻子。嗅觉感受器是位于鼻道及鼻中隔后半部的嗅上皮,两侧总面积约5平方厘米。由于它们的位置较高,平静呼吸时气流不易到达,因此在嗅一些不太显著的气味时,要用力吸气,使气流上冲,才能到达嗅上皮。嗅上皮受到存在于空气中的物质分子的刺激,将感受到的气味转变为电信号传向嗅觉中枢,引起嗅觉。嗅上皮大约有五百万个有专门分工的嗅觉神经接收细胞,它也是人体神经中唯一能再生的细胞,每一至两个月更换一次。大脑皮层掌管嗅觉的部位与掌管认识、感情的区域具有复杂的联系,所以气味能唤起人包括情感的许多回忆。嗅觉记忆比其他记忆更持久,它几乎不随时间流逝而衰退。

嗅觉对人类来说十分重要,伤风感冒患者常常抱怨吃东西没有味道,其实是嗅觉出了问题,而不在于味觉。人对食物的感觉,一个重要的途径是通过呼气使嘴里食物的气味分子直扑鼻子内顶端的嗅觉神经细胞,产生味道的感觉。没有嗅觉的人只能尝出甜、酸、苦、咸,其他滋味就一概尝不出来了。

18世纪瑞典著名植物学家林奈将气味分为七类,即芳香、芬香、麝香、大蒜气味、羊膻气,另外两种被称为"令人讨厌"和"使人恶心"。一直到现在,气味分类仍以此为基础。有人分析了600种有气味的物质和它们的化学结构,认为至少存在七种基本气味,其他众多的气味则可能由这些基本气味的组合引起。这七种基本气味被称为:樟脑味、麝香味、花卉味、薄荷味、乙醚味、辛辣味和腐腥味。

一般说来,一个人只能说出几种普通气味,但实际上人可以分辨出许多气味,只是难以用语言表达。如果事先知道气味的名称,那么一个人可以分辨出80多种气味。要是适当地给各种气味标上序号,人就能辨别数百种气味,可见人嗅觉的潜能之大!

嗅觉在审美中的作用正如一切功利物一样,它是审美心理形成的重要因素。事物的气味引起人的快感,它们的形象也会受到人们的喜爱;事物的气味引起人的不快感,它们的形象就难以被人们喜爱。花儿是美好的,但是如果它们散发的不是芳香,而是令人作呕的臭味,人们也就不会感觉到它们的美。夏日的清泉令人喜爱,因为其沁人的清气,倘若泉水是热气腾腾的汗臭味,它也就不会那么可爱了。味道对形象的影响,巨魔芋花是一个典型的例子。

案例

巨魔芋花

巨魔芋原产印尼苏门答腊的热带雨林,是世界上最大的花。该花的花冠呈深红色,形如一个大酒杯,直径可达一米多;黄色的花蕊像一把利剑,直指蓝天,可以高达三米多。巨魔芋开花的时候,散发出一种令人作呕的气味,如尸体腐烂一般。所以,人们又将其称作"尸花""大鬼芋"。

无论是从开花的时间还是从花的大小来说,巨魔芋花都是十分罕见的。所以,无论是英国伦敦的丘尔花园还是美国加州恩西尼塔斯的恐怖植物园的巨魔芋开花的时候,都会有许多人慕名前来欣赏,但是观看的人不得不屏住呼吸,或者捂住鼻子,匆匆看一眼了事,因为巨魔芋花的味道实在太难闻了。这一点,从这种花的别名就可以知道人们对它的感觉,而这种感觉主要是由嗅觉决定的。

很早以前,人们就发现了嗅觉与形象之间这种神秘的关系。在我国历史上,人们很早就佩戴香草,用香料沐浴,如屈原的《离骚》就有相关的描写。埃及、印度、罗马、希腊、波斯等文明古国的人很早就发明了各种香水,11世纪香水被带到欧洲,逐渐为欧洲人所接受。在现代社会,香水已经成为众多女性增加魅力的秘密武器。

嗅觉形成审美心理的机理,首先是通过嗅觉引起人的愉悦感,在这种活动反复进行中,愉悦感就会与同时出现的形象在大脑皮层视觉区与快感区之间形成稳定的联系通道,从而成为新的审美心理内容。嗅觉是审美活动中的"无名英雄",它为人们创造了美感,但人们往往把功劳都记在视觉的"功劳簿"上了。

三、触觉在审美中的作用

触觉也称为"压觉",是皮肤下的感受器受到外部压力或者接触到外部事物时产生的感觉。生理学研究发现,人体皮肤下分布着触觉、痛觉、冷觉、温觉等多种感受器,触觉和痛觉共同构成皮肤与外物接触的感觉,痛觉引起人的不快感,触觉则引起快感,触觉因此成为形成审美心理的因素。

触觉感受器在人体各部位的分布密度不同,脸面、嘴唇、指尖等处密度较高,手背、背部则较低。感受器密度高的部位触觉的灵敏度就大,反之密度低的部位灵敏度就小。触觉分为被动触觉和主动触觉两种类型。被动触觉是外部事物接触我们的皮肤所致,主动触觉为我们主动接触外物所产生。

吻和爱抚,在不违背主体意愿的情况下,无论作为被动触觉还是作为主动触觉,都会使人产生愉悦的感觉。有一首流行歌曲叫作《妈妈的吻》,说妈妈那充满母爱的吻能温暖幼小的心灵,给孩子无限的欢欣。我们在第七章介绍"人际影响正作用形成审美心理规律"时,曾经谈到母亲的形象如何成为子女审美心理的过程,在这个过程中,母亲的吻和爱抚带来的快感是其中重要的因素。

吻和爱抚为什么会令人愉悦呢?1974年,美国科学家西蒙发现,人大脑的某些细胞表面薄膜上有一种特别的吗啡受体。一年后,英国人休斯和凯斯特勒两人几乎与美国及瑞典的两个科研小组同时发现,人的大脑能产生一种化学结构相似的物质,这种物质被称为"内生吗啡"。内生吗啡也被人称为快感的激素、疼痛的镇静剂,它的功效与止痛药物以及产生快感的物质中的吗啡相似。我们的痛觉、愉快和抑郁,往往取决于大脑产生的内生吗啡的多少。科学家们发现,爱抚会促使内生吗啡增加,从而使被爱抚者产生快乐的感觉。

20世纪初,瑞典和加拿大医生发现,人类有一种特殊的神经,他们称之为"C-触觉神经"。该神经与一般触觉神经不同的是,它仅对轻微、缓慢的爱抚产生反应,并刺激大脑神经中枢产生兴奋。强烈的外部因素,都不会使"C-触觉神经"产生反应。研究人员认为,"C-触觉神经"可以唤醒人的浪漫情绪和性爱,所以也有人称其为"爱情神经"。

触觉形成审美心理的另一种形式,表现在人们对衣服布料手感的选择上。一般而言,人们总是倾向于选择比较细腻光滑的材料,特别是选择贴身衣服的材料时更是如此。在古代,当丝绸出现后,人们对丝绸的喜爱远远超出当时的粗布,这一爱好导致了著名的"丝绸之路"的产生。为什么细腻光滑的材料较之粗糙的材料更为人们喜爱呢?因为细微的刺激能够通过皮肤浅层的触觉感觉器引起人愉悦的感觉,生活中人们追求手感的舒服,实际上就是追求这种愉悦的感觉。丝绸之类细腻光滑的材料之所以为人们喜爱,原因就在于此。在这种审美现象的背后,起决定作用的正是人的触觉。

触觉在审美现象中的作用,如同一切功利物一样,根本的原因仍在于能够给人带来愉悦。人在享受这种愉悦的过程中,引起愉悦的事物形象就会在大脑皮层的视觉区与快感区之间建立新的联系通道,成为新的审美心理内容。

四、温度感在审美中的作用

温度感的感觉器官是人体皮肤下的冷觉感受器和温觉感受器,二者的感知能力统称为温度感。人体正常的温度是 36～37℃,相关研究认为,当环境温度在 18～25℃时,人通常会产生舒服的感觉,最理想的温度是人体体温和 0℃的黄金分割点,大约为 23℃。当环境温度超过舒适温度的上限 25℃时,人便会感觉到热,若超过 37℃时就会感到酷热,一般人们能够忍受的温度上限是 52℃;当环境温度低于舒适温度下限 18℃时,人就会产生冷的感觉。温度感能够使人在不同的温度下产生舒适或者不适的感觉,根据审美现象发生的机理,这样的感觉就会影响到人对与相关温度同时出现的视觉形象的感觉,从而形成相关的审美心理内容。下面我们通过一首诗,分析对温度的感觉如何转换为对事物形象的感觉。

《绝句》

杜 甫

迟日江山丽,
春风花草香。
泥融飞燕子,
沙暖睡鸳鸯。

春天的景色是温度感形成审美心理最典型的例子。杜甫这首咏春的绝句,生动地表现了作者对春天景色的感觉。诗中首句写太阳,强调是"迟日"而不是朝阳,为什么呢?因为春天清晨的太阳还不够温暖,只有高高升起的"迟日",才有温暖的感觉。第二句写春风中弥漫着花草的芳香,会使人立即有春暖花香的感觉。第三句写燕子衔着融化了的泥块构筑新巢,其中一个"融"字,生动地写出了温度。第四句写一对鸳鸯依偎在温暖的沙窝,直接用一个"暖"字写出了温度。在人们的感觉中,春天的景色无疑是美好的。春天的景色为什么美好呢?杜甫的这首诗透露了其中的一个秘密,这就是温度。如果离开这种宜人的温度,离开人的温度感,这一切还能这么美好吗?我们可以用思想实验的方法,设想春天热得让人窒息,或者冷得令人发抖,春天还会这么美丽可爱吗？春天的美丽，一个重要的原因，就是春天的温暖对刚刚度过寒冬的人来说，就像久旱逢甘霖，饥饿的人遇到美餐，产生的愉悦感会非常的强烈。

在现实生活中，正如嗅觉的遭遇一样，人们一般不会把这种功劳记在温度感的账上，而是归功于视觉。因为春天的景色总是同温度感引起的愉悦感一起进入人的神经系统，于是就在大脑皮层的视觉区和快感区之间建立了直接的稳定的联系，成为人对春天景色的审美心理。然而在这种审美心理的背后，温度感才是真正的无名英雄。

清晨的美丽也是与人的温度感分不开的。提到清晨，人们想到的往往是清新的空气和景物，似乎与温度没有关系。但是只要仔细地想一想就会发现，人们赞美清晨，其实更多的是赞美春天、夏天和秋天的清晨，而很少赞美冬天的清晨。冬天的早晨，空气和景色同样是清新的，但寒冷的温度使人感到不舒服甚至难受，所以冬天的景色在人们的眼中便不那么美丽。相反，春天、夏天和秋天的清晨，因为温度宜人，使人感觉舒服，所以景色也就显得格外美丽。

事实上，温度感不仅会形成人对某种事物的审美心理，而且会使人对同一个对象产生不同的感受。譬如冬天的大海、山泉和夏天的大海、山泉，冬天的月亮和夏天的月亮等，都会使人产生完全不同的感受。冬天的中午，红彤彤的太阳在人们的眼中是美好的；炎夏的中午，当人们皱着眉头望着火红的太阳时，感觉就完全是另外一回事了。

春秋时期，晋国的赵衰、赵盾父子曾经先后主持朝政。赵衰为政宽和，人们称他是"冬天的太阳"；赵盾为政严苛，人们称他为"夏天的太阳"。父子虽然同样被称为"太阳"，但人们对他们的好恶却完全不同，这就是用不同的温度感表达出不同的情感。

五、空间感在审美中的作用

空间感是人对外部空间的感觉能力，空间感的感觉器官包括视觉、听觉、触觉和前庭器官。前庭器官位于内耳迷路中，由三个半规管、椭圆囊和球囊组成，是人体对自身运动状态和头在空间位置的感受器。

人生活在一定的空间，空间范围的变化会引起人不同的感觉，在适当的空间范围人会觉得舒服，反之则会不舒服。当人体感觉舒服的时候，大脑皮层会形成快感兴奋中心，按照审美现象发生的机理，这时候进入大脑皮层的视觉形象就会在视觉区与快感区之间建立新的联系通道，类似的活动反复进行，这种联系通道就会固定下来，成为人的审美心理。

空间感在审美中的作用，首先表现在人际交往方面。两个人在一起谈话，需要保持适当的距离。当对方靠近你超过了适当的距离，你就会感到不舒服，就会不由自主地往后退。人际交往的空间感受，会在潜意识中转化为对对方形象的感受。一个能够使对方保持良好空间感受的人，会增加自身的魅力；一个使对方空间感受不舒服的人，则会降低自己的形象。前者往往被称为"优雅"和"绅士风度"，后者被称为"轻佻"和"不知分寸"。

人际交往的空间感受，会随人与人之间的关系以及所处的环境发生变化。一个女孩在很近的距离与男友谈话自然愉快，同样的距离与陌生男人交谈就会感到不安。在人满为患的餐厅，一个陌生人坐到你身旁的空位上，你会感到很自然；如果整个餐厅就你一个人，他这样做你就会很不舒服。国外相关研究发现，不同民族的人相处的空间感会有所不同，南美洲人较之北美洲人谈话的空间距离要近得多。有人曾经观察一个南美人和一个北美人的谈话，谈话开始时他们在一个40英尺长（约12.192米）的大厅的一端，谈话结束时却到了大厅的另一端。原来，谈话过程中南美人为了保持适当的距离不断地靠近，北美人为了同样的目的不断地后退。

空间感在审美中的作用，其次表现在生活环境方面。一条狭窄的街道，两边耸立着高高的楼房，行人就会感到很压抑。现代城市高楼林立，住房空间较小，人的空间感普遍处于压抑状态，因而导致了释放空间感的内在要求。这种内在的要求促使人们走出城市，走进广袤的原野、草原、沙漠，在这种环境中人就会感到豁然开朗，轻松愉快。现代城市人喜欢大自然，喜欢外出旅游……在这些审美现象的背后，就是空间感形成的审美心理在悄悄发生作用。

人对环境的空间感受，与自身的生存状态和心理状态相关。如果偌大的电影院只有一个人观看，或者一个人在高大宽敞的礼堂过夜，人就会产生不舒服的感觉。终日在野外奔波的人，会喜欢较小的封闭的空间，这种空间会使人感到温暖、安全和舒适。在美国西部影片中，经常会出现热闹的小酒吧。牛仔们之所以喜欢在那儿聚会，因为那样的环境能够满足他们终日野外奔波产生的空间感需求。同样的道理，生活在天高地广的自然环境中的人，会喜欢比较封闭的空间。古代人居住在高高的城墙、寨墙、院墙之中，喜欢四合院之类的建筑，不仅是安全的需要，也是审美的需要。

前多年，网上有一个帖子，探讨"为什么皇帝的卧房不超过十平方米"这个问题。帖子指出，在占地72万平方米的故宫中，皇帝的卧室不过10平方米左右，皇帝睡觉时床前还要放下两道帘子，这就使空间变得更小。为什么会出现这样的现象呢？文章提供了两种观点：一种用古代风水学"屋大人少是凶屋"的理论解释，认为房子大消耗人气，房子小有利于健康；另一种从北京的地理环境出发，认为房子小是为了保暖。前一种说法，显然没有科学依据；后一种说法似乎有点道理，但是如果考虑到北京故宫是以南京故宫为蓝本而建，这种说法就难以成立。退一步说，皇帝会因为没办法保暖选择小卧室吗？从现代美学的角度看，这种现象反映的是一种审美心理。故宫始建于明成祖永乐四年（1406年），以南京故宫为蓝本营建，那时候中国总体上还处在自然环境状态，加之明朝之前多年战乱，安全感的需要使人们形成喜爱封闭和狭小空间的审美心理，这种审美心理形成了相应的审美现象。

空间感作为人一种内在的需要，随着人生活环境和心理状态的变化而变化，在生活中表现为不同的审美形式。"会当凌绝顶，一览众山小"，视觉的一望无际，感觉的无限延伸，会给人带来愉悦感；"面壁十年图破壁"，外部空间的限制，将人的感觉引向内心，使人心灵平静的同时，同样会给人带来愉悦感。空间感需求得到满足给人带来愉悦的感觉，在这个过程中同时出现的视觉形象，就会形成人的审美心理。

六、听觉在审美中的作用

听觉是听觉感受器官将声波信息传入听觉中枢后引起的感觉。听觉的感受器官是耳朵，人耳由外耳、中耳和内耳三部分构成。外耳和中耳将收集到的声音传递到内耳，引起内耳科蒂器官的神经冲动，将声音信息进行编码，传递到大脑皮层听觉中枢，产生听觉。生理学认为，"科蒂器官和其中所含的毛细胞，是真正的声音感受装置"[①]。

在人类各种感觉中，听觉的重要性一般认为仅次于视觉。之所以把听觉放在感觉器官的最后介绍，是因为听觉在审美中的作用具有不同于其他感觉器官的独特之处。上述介绍过的包括视觉在内的感觉器官，引起的都是关于视觉形象的审美心理和审美现象，听觉则不仅能形成有关视觉形象的审美心理，而且能引发有关听觉的审美现象。按照审美心理形成的原因，听觉形成的审美心理和引发的审美现象可以分为两类：一类是按照听觉自身运行规律形成的审美心理和审美现象；另一类是按照一般审美心理形成机理形成的审美

---

① 张镜如.生理学[M].4版.北京：人民卫生出版社，1996：287.

心理和审美现象。前者又可以分为音强、音调和音色三个方面,每一个方面的因素都可以独立地影响听觉的感受。

1. 音强在审美中的作用

音强又称为音量,指声音的大小。音强由声波的振幅决定。振幅越大,音强越高;振幅越小,音强越低。音强的计量单位为分贝,缩写为 dB,0 分贝指正常听觉下可觉察的最小声音。人耳所能接受的音强,在 16 分贝至 160 分贝之间。人说话的音强大约为 60 分贝,雷声约为 120 分贝。音强在 16 分贝以下,一般人就很难听到;超过 90 分贝,人就会感到声音刺耳;超过 140 分贝,会引起耳膜的疼痛感觉。

音强作为人听觉的一种特性,存在舒服与不舒服的区间。在舒服区间的音强,可以引起人愉悦的感觉;超出了这个范围,则会使人感觉难受。人们常说声音悦耳,就与音强的大小有关。再美好的音乐,如果播放的音量超过了人耳正常的接受范围,人就不再能感受到音乐的美好,而变成了噪音的折磨。不同环境的人对音强的感受会有所差别,只有人们喜欢的音强才能使他们产生愉悦的感觉。

2. 音调在审美中的作用

音调又称为音高,由声波的频率决定。声波的频率以每秒钟波幅振动的次数为计量单位,用赫兹表示,缩写为 Hz。人类听觉所能感受到的声波的频率,在 20 赫兹到 20000 赫兹之间,频率低于或高于这个区间的声波,一般人是听不到的。不过,研究者认为,不同年龄人的听觉范围有所不同,儿童能听到 30000~40000 赫兹的声波,50 岁以上的人一般只能听到 13000 赫兹的声波。

人耳所能感受到的每一种频率,都有一个刚好能引起听觉的最小振动强度,生理学称为听阈。当振动强度在听阈以上继续增加时,听觉的感受会随之增强,当振动强度增加到一定程度时,就会引起鼓膜的疼痛感觉,生理学把这个限度称为最大可听域。人耳最敏感的频率为 1000~3000 赫兹,人们日常说话的频率比这个范围略低,语音的强度则处在听阈和最大听阈的中间处。

人耳的这种生理特点,决定了人对不同的音调会产生不同的感受。声波在人耳比较敏感的频率范围内,一般会使人产生比较舒服的感受,超出了这个范围则会感到不舒服。由于这个原因,日常生活中有些频率的声音会使人难以接受。例如,陕西关中农村把四种声音称为"四难听",即"发锯、刮锅、驴叫唤、破锣腔口唱乱弹"。"发锯"指用铁锉锉锯齿发出的声音,"刮锅"指铁铲刮铁锅发出的声音,"驴叫唤"指毛驴的叫声,"破锣腔口唱乱弹"指用像破锣一样的嗓音唱秦腔,四种声音的共同特点就是刺耳。这四种声音之所以引起人刺耳的感受,就在于频率过高。

为什么频率过高会引起人的不适感呢?这与不同频率的声波在人耳中的传播方式有关。声波进入人耳后,鼓膜将声波转化为振动,科蒂器官中基底膜和听毛细胞将振动转化为神经冲动。生理学研究发现,声波振动引起的基底膜振动,是以行波的形式沿基底膜的底部向顶部方向传播,就像人在抖动一条绸带时,由行波沿绸带向远端传播一样[①]。位于耳蜗中的基底膜就像盘旋上升的山路一样,从蜗轴底部拾级而上直达蜗顶,总长为30～35毫米。这条"山路"并非上下一样宽,基底膜的底部也就是靠近蜗轴底部的地方最窄,宽约40～80微米;沿蜗轴旋转上升时,"山路"越走越宽,到达蜗顶时,基底膜宽达500微米,大约增宽了10倍。不同频率的声音引起的行波都从基底膜的底部开始,当最大振幅出现后行波结束。振动频率越低,传播的距离越远,最大振幅出现的位置越靠近耳蜗顶部;振动频率越高,行波传播越近,最大振幅出现的位置越靠近基底膜底部。生理学研究认为,由于基底膜下窄上宽的结构形式,使得基底膜越靠近底部共振频率越高,越靠近顶部共振频率越低,这就使得低频振动引起的行波传播阻力较小,高频振动引起的行波传播阻力较大[②]。高频率声音在人耳传播中的这种状况,表现在人的感受上,就使人产生难听的感觉。

3. 音色在审美中的作用

音色又称为音质、音品,是听觉感受到的声音的特色。我们知道,声音总是表现为一定的频率,具有单一频率正弦波的声音称为纯音,比如音叉发出的声音。一般的声音都是由一系列不同频率和振幅的声波组成的,称为混合音。混合音中由发声体整体振动产生的最低频率的声波称为基音,由发声体部分振动产生的其他频率的声波称为泛音或者陪音。基音与泛音的组合方式构成声音的质量特征,也就是音色。不同的发声体一般具有不同的音色,比如男声、女声、水声、风声、钢琴声、锣鼓声等。

不同的音色引起人的感觉不同,能够使人产生愉悦感的声音被称为乐音,使人产生不舒服感觉的声音被称为噪音。以人说话的声音为例,有的人的声

---

① 张镜如.生理学[M].4版.北京:人民卫生出版社,1996:290.
② 同①291.

音特别好听，比如带磁性的男性声音，清脆的女性声音，歌手、主持人往往具有这种嗓音；有的人的声音特别难听，比如男性的公鸡嗓、太监声，女性粗哑或者尖厉的嗓音，会让人听起来很不舒服。

远在人类初年，人们就发现了不同音色与人的感受之间这种微妙的关系，开始选择各种能够产生乐音的材料，制作出不同的乐器。1978年在湖北随县出土的战国曾侯乙墓葬中，发现了124件古代乐器，包括金、石、丝、竹、匏、土、革、木等材料，说明早在周朝时期，我国制作乐器的材料就已经非常广泛。在现代社会，音乐几乎已经成了人们生活中不可或缺的组成部分，然而这一切的产生，都源于音色可以使人产生愉悦感这一特点。

4. 听觉形成的一般审美心理

一般审美心理的形成，从神经生理学的角度讲，就是一种新的条件反射的形成。巴甫洛夫在研究条件反射时采用的一种实验方法，就是观察生物的听觉与唾液腺反应之间的联系。实验时先摇动铃响再给生物进食，如此反复多次以后，发现生物只听铃声不进食，就会引起原本只有进食才会出现的分泌唾液反应，由此证明铃声与生物的唾液分泌形成了新的条件反射。这种实验方法在美学研究中的意义，就是说明听觉是条件反射形成的一种基本因素，因此也就成为一般审美心理形成的基本因素。

听觉形成一般审美心理最常见的现象，就是儿童听到父母声音的反应。父母由于经常给儿童带来快乐，所以一般情况下父母在儿童心目中都是美的形象。由于父母的声音与形象总是同时出现，所以父母的声音也就成为儿童审美心理的内容，儿童听见父母的声音就会产生愉悦的感觉。同样的道理，情人的声音、亲人的声音、朋友的声音……一切我们喜爱的人或生物的声音，同我们喜爱的人的形象一样，都会成为我们审美心理的内容。现实生活中有一种司空见惯的现象，生活在异国他乡的人，听到乡音，听到祖国的语言，会感到特别亲切。这种现象的实质，就是在这些人的神经系统中，乡音和国语已经与快感建立了直接的联系，已经成为他们的审美心理。

听觉形成一般审美心理的另一种比较普遍的现象，就是乐曲与歌词之间的联系和影响。优秀的乐曲因为符合了人的听觉规律，可以独立地引起人的美感。由于人的听觉感官大致相同，所以优秀的乐曲就具有普遍的审美特性。慈禧太后与《马赛曲》的故事，就是这方面的典型案例。

案例

慈禧太后与《马赛曲》

《马赛曲》原名《莱茵军进行曲》，是法国大革命期间受民众喜爱、流行最广的歌曲。1792年4月，满怀革命热情的爱国青年德·利尔创作了这首歌曲。马赛民众组成的义勇军唱着这首歌进军巴黎，揭开了法国大革命的序幕，《马赛曲》因此得名。

1795年，法国封建王朝被推翻后成立的督政府宣布《马赛曲》为国歌。1804年拿破仑称帝后曾经下令取消《马赛曲》的国歌地位。1879年、1946年以及1958年通过的三部法兰西共和国宪法，确定《马赛曲》为法国国歌。

慈禧太后是中国最后一个封建王朝的实权人物，亲手扼杀了中国学习西方变革的戊戌变法。然而，慈禧太后有一次观看袁世凯西洋乐队的演出，乐队演奏了《马赛曲》，慈禧太后听了竟大为赞赏，当即赏给乐队白银九百两。

封建王朝统治者却喜爱听封建王朝的丧歌，这件事听起来有点滑稽，但恰恰反映了乐曲的特点。在中国历史上，虽然一直流传着钟子期赏琴的故事，说钟子期能够从伯牙的琴声中听出伯牙所要表达的形象。但是，对于绝大多数人来说，乐曲只不过是一系列好听的声音。乐曲的好听，就在于悦耳，是听觉神经的一种感受，而不是其中所要表达的意义或者形象。因为人类具有大致相同的听觉器官，所以好听的音乐就可以跨越国界、族群，跨越意识形态的分歧，引起不同国家、不同民族、不同价值观的人共同的感受。慈禧太后与《马赛曲》的故事，就是音乐这一特点的具体表现。

然而，乐曲配上歌词以后，就与歌词所表现的社会内容、政治倾向形成了密切的联系，表现为一种新的审美倾向。同一首乐曲，填的歌词不同，表现的审美倾向就会相异。在第23届奥运会上，中国队和中国台北队入场时演奏同一首乐曲，就是这方面一个典型案例。

 案例

奥运会两度奏响的入场乐曲

1984年7月28日，第23届奥林匹克运动会开幕式在美国洛杉矶举行。这是中华人民共和国代表队第一次参加奥运会，也是台湾第一次以"中华台北"的名义参加奥运会。中国队运动员入场时，乐队演奏的是中国人民解放军的军歌《三大纪律八项注意》的曲子，中华台北队运动员入场时演奏的也是这首曲子。在奥运会历史上，这是首次两度奏响的同一首入场进行曲。

为什么中国队与中华台北队会选取同一首入场乐曲呢？原来，这首乐曲最早的名字叫《皇帝练兵歌》，是清朝末年李鸿章和袁世凯在天津小站操练新兵时军队唱的歌。北伐战争时期，国民革命军为这首乐曲重新填词，改名为《国民革命军军歌》。南昌起义后，朱德、贺龙领导的原国民革命军把这首歌带上井冈山，工农红军重新为这首乐曲填词，就成了今天人们熟悉的《三大纪律八项注意》。

虽然中国队和中华台北队入场时演奏的是同一首乐曲，但是在中国队队员和中华台北队队员、中国大陆观众和台湾观众心目中，这首乐曲所引起的感受却是不同的。这种不同的感受，就是因为乐曲在各自感觉中所联系的歌词内容不同。这种现象的产生，根源在于乐曲和歌词影响人的不同方式。乐曲诉诸人的听觉感官，一般人只是觉得好听，却说不出为什么好听，为什么这样的乐曲会让人喜欢；歌词诉诸人的意识，人们喜欢不喜欢，为什么喜欢或者不喜欢，自己一听就知道。优秀的乐曲之所以让人喜欢，就是因为符合了人的听觉规律从而使人产生愉悦感，但是这种感觉无法上升为明确意识，所以这种愉悦感在意识层面缺乏明确的指向。当乐曲通过填词为人们歌唱时，乐曲以及乐曲所产生的愉悦感就会与歌词的内容结合在一起。熟悉的歌曲，人们听到乐曲就会想到歌词，看到歌词就会想到乐曲。这时候，歌词与乐曲以及乐曲所产生的愉悦感，就会在人的神经系统建立起稳定的联系，成为人新的审美心理内容。

歌曲形成审美心理的实质，是在音乐通过听觉引起人愉悦感的基础上，利用审美心理形成的机理，把具有明确社会内容的歌词与能够引起人美感的乐曲结合在一起，从而使二者在人的神经系统中形成稳定的联系通道。在中国古代，人们很早就在实践中掌握了这种方法。比如，创造不同形式的乐曲，作为诗或词的基本曲牌，然后按照规定填词即可吟唱出不同的内容。不同的戏剧形成不同套路的曲牌，按照需要选择曲牌填词即形成新的戏曲。民歌也是如此，比如陕北信天游、东北二人转，都有固定的曲调，歌手甚至可以按照这些乐曲现场编词演唱。用这种方法创造艺术作品，在世界各个国家和民族中都非常普遍，美国国歌就是这种旧曲填新词的产物。

☕ 案例

美国国歌的来历

美国国歌的乐曲,最初是英国一家贵族酒社的社歌,原名为《致天上的阿奈克里翁》。阿奈克里是古希腊抒情诗人,也是该酒社成员崇拜的偶像。原歌以极不恭敬的口吻赞美女性,在英国一般是不能在女性面前哼唱的。

1814 年,美国第二次独立战争期间,青年律师弗朗西斯·斯科特·基到英军军舰营救被捕的友人,获悉英军将要进攻美军占领的巴尔的摩港口麦克亨利要塞。英军为了防止走漏消息,扣押了弗朗西斯。当天夜里,英军在猛烈的炮火掩护下进攻美军要塞。弗朗西斯一夜心急如焚,天刚拂晓便迫不及待地眺望要塞,透过未尽的硝烟看到要塞上飘扬的美国星条旗,知道英军的进攻失败了。弗朗西斯激动不已,撕开一个旧信封,以满腔的激情写下《星条旗》一诗,并配上当时流行的《致天上的阿奈克里翁》的乐曲。这首爱国诗篇和敌国酒徒之曲组成的歌,很快在美国军队中传开。

1890 年,美国陆军和海军开始把《星条旗》作为礼仪用乐。1931 年 3 月 3 日,美国国会通过并经第 31 届总统胡佛签字,正式规定《星条旗》为美国国歌。

在这个案例中,《星条旗》之所以成为美国国歌,显然在于这首歌当时在美国的巨大影响。美国人之所以喜爱这首歌,一方面在于歌词中火热的爱国情怀,另一方面在于乐曲美妙的旋律。如果把歌词比作歌曲的灵魂,乐曲就是歌曲的翅膀。虽然《星条旗》的翅膀来自敌对之国,但听觉引起美感的普遍性和潜意识性特点,仍然使其受到美国民众的普遍喜爱,最终成为美国的国歌。

在现实生活中,听觉形成一般审美心理的现象非常普遍,但就其形成的方式而言可以分为两类:一类是声音与功利对象相联系形成审美心理,如父母的声音、亲人的声音、情人的声音等,这是生活中听觉形成一般审美心理最普遍的方式;一类是某种事物与美的声音相联系形成审美心理,如歌词与乐曲、戏词与乐曲等,这种方式更多地表现在艺术创作活动方面。

以上我们从音强、音调、音色和形成一般审美心理四个方面介绍了听觉在审美中的作用。虽然由于生理学等相关学科发展的限制,目前关于听觉在审美中发挥作用的细节研究还很不够,但是根据一些发现和现实案例推断,听觉引起的审美活动,对于人的影响可能会远远超乎人们现有的认识。进入 21 世纪以来,神经生理研究者利用仪器监测人的大脑活动,发现人在弹奏和聆听音乐时大脑就像燃放烟花,到处都会闪动活跃的电信号,似乎整个大脑皮层都在兴奋地活动,这与一般审美现象中美感只引起大脑皮层局部兴奋的状况明显不同。现实生活中发生的一些令人惊奇的案例,在一定程度上证实了听觉审美的这种特殊功能。

偶像歌声唤醒昏迷女孩

21世纪初,德国有一个名叫艾斯德的女孩,在一次交通事故中受伤昏迷,医生和家人经过多日的努力也未能让她苏醒。精神病专家迪高医生从她的家人那里得知,女孩是流行歌手伊利阿斯的歌迷,于是开了一张奇怪的药方:每天为她不停地播放这名歌手的唱片。两周后,女孩竟然睁开了眼睛,恢复了意识和知觉,并在最后完全康复。

事实上,案例中迪高医生的治疗方法,在历史上早已存在。古埃及时期,人们就把音乐称为"灵魂之药",用来治病。2000多年前,我国的《乐记》就记载音乐可以涵养人的德性。《黄帝内经》提出五音(角、徵、宫、商、羽)可以通过五脏(肝、心、肺、脾、肾)进入人体,影响人的情绪。金代医学家张子和,以针灸配合乐舞给人治病。我国古代的"以戏代药""乐疗"以及现代社会的各种利用音乐治疗疾病的方法,都是运用听觉影响人身体运行的方法。神经科学家的新发现和各种运用听觉治病的现象,都与听觉在审美活动中的特殊作用相关。

本章小结

本章我们从视觉、嗅觉、触觉、温度感、空间感和听觉六个方面,介绍了感觉器官在审美中的作用。

视觉器官在审美中除了形成一般审美心理之外,其特殊的活动方式也是审美心理形成的一种渠道。关于视觉形成的审美心理,本章主要介绍了三个方面的内容:一是色彩感形成的审美心理,包括三原色光、互补色光的特性对审美的作用和不同长短光波的色彩形成的重量感、质量感对人情感的影响;二是似动知觉在影视作品欣赏中的作用;三是视野的特性形成的黄金分割审美现象。

嗅觉、触觉、温度感和空间感等感觉器官在审美中的作用,同一般审美心理形成的原理是相同的。这些感觉器官的生理特性,使得它们在一定的状况下会使人产生愉悦感,这种愉悦感与同时出现的视觉形象,通过审美心理形成的机理,在人大脑皮层的视觉区与快感区之间形成新的稳定的联系通道,成为新的审美心理内容。

听觉器官在审美中的作用,一是其独特的活动特性可以像视觉器官一样成为一种特殊的审美心理形成渠道,即在不同声音与快感之间建立新的稳定的联系。二是同其他感觉器官一样形成一般的审美心理。听觉器官形成有关声音的特殊的审美心理,主要与听觉器官对音强、音调和音色的接受范围有关,适宜相关范围的声音因为符合了感觉器官的生理特性使人产生愉悦感,这种声音就与快感形成紧密的联系,成为审美心理的内容。听觉形成一般审美心理主要表现为两种方式:一是与引起愉悦感的对象一起出现的声音,在大脑皮层听觉区与快感区之间建立新的稳定的联系通道,引起原本由对象的功利作用引起的愉悦感,从而成为新的审美心理内容;二是与能够引起愉悦感的乐曲一起出现的歌词,在大脑皮层与快感区之间建立新的稳定的联系,引起原乐曲所能带给人的愉悦感,成为这种愉悦感的象征。

在传统美学中,因为不了解审美现象发生的机理,因而排斥功利在审美中的作用,感觉器官在审美中的作用长期得不到应有的重视,使得许多审美现象长期得不到合理的解释。现代美学关于感觉器官在审美中作用的研究成果,在一定程度上改变了这种现象,促进了人类对相关审美现象的理解。但是,这方面的研究才刚刚开始,对于感觉器官在审美中发挥作用的细节、规律和范围,还需要进行大量艰苦细致的研究。

试一试

1.试着在现实生活中寻找一个感觉器官影响审美结果的案例,并用相关审美规律说明其中的原理。

2.雷锋说:"对待同志要像春天般的温暖,对待工作要像夏天一样火热,对待个人主义要像秋风扫落叶一样,对待敌人要像严冬一样残酷无情。"试用温度感在审美中作用的原理,分析这段话中温度与感情的关系。

3.试用听觉形成一般审美心理的原理,分析乡音使人产生亲切感的原因。

4.试用具体的审美现象,说明感觉器官影响审美结果的基本规律。

第九章 审美心理变化规律

> **本章议题**
> 1. 审美心理形成之后如何发生变化？
> 2. 审美主体如何导致审美心理的变化？
> 3. 审美对象如何导致审美心理的变化？

审美心理作为一种生理结构形式，一旦形成就成为一种现实存在，具有不以人的意志为转移的特点：对象如果符合我们的审美心理，我们欣赏它就不能不产生美感；对象如果不符合我们的审美心理，我们就无法对它产生美感。

审美心理形成后并非一劳永逸，而是处在不断地变化过程之中。审美心理的变化主要表现为两种形式：一种是增强，一种是衰退。生活中不难发现，有的审美心理如昙花一现，有的却能长久保持，甚至数百年而不衰。不同审美心理的变化具有不同的原因，但其中又有一定的共性，这种共性就形成审美心理的变化规律。

一、审美心理增强规律

审美心理增强，指大脑皮层相关审美心理联系通道更加畅通和稳定，外在的表现就是在审美活动中引起的美感更加强烈。引起审美心理增强的因素来源于两个方面：一是审美主体的因素，二是审美对象的因素。因此，审美心理增强规律也分为两种：一种是审美心理主体内在需求增强规律，另一种是审美心理对象功利因素增强规律。

1. 审美心理主体需求增强规律

审美心理主体需求增强规律，是指审美心理因为长期得不到满足导致需求增强，当审美现象发生时美感异常强烈的这样一种现象。20世纪80年代中期中国大陆盛行一时的"武侠热"，就属于这样的审美现象。

> **案例**

20世纪80年代"武侠热"

20世纪80年代中期,中国大陆曾经出现了一场"武侠热"。当时各种武侠电影、电视剧特别为人们喜爱,亲朋好友之间有一盘武侠类的录像带,大家会争相传看。当时社会上公开经营的录像厅很多,通宵达旦营业,生意非常火爆。社会上频繁出现年轻人打架斗殴现象,许多人把原因归咎于武打录像的影响,一些地方政府主管部门一度下令录像厅一律停业整顿,对武打片的演出严加限制。

1983年,中国大陆引进第一部香港电视剧《霍元甲》,播放时盛况空前,媒体称之为"万人空巷"。笔者那时候正上大学,班内有一台黑白电视机,放在生活委员的宿舍。每到《霍元甲》播出时间,宿舍的架子床上上下下挤满了人,观看的人从宿舍挤到楼道,来得迟的同学在楼道站到板凳上看,场面十分火爆。当时街上小偷非常多,公安机关发布的统计称,在电视剧《霍元甲》播放时段几乎没有盗窃案发生,估计小偷也忙着去看电视剧了。

武侠影视剧作为一种审美对象,为什么在那个时期如此受到人们的喜爱呢?原因就在于20世纪我国六七十年代,由于极"左"思潮的影响,武侠类电影、电视和文学作品遭到封杀,人们相关的审美心理长期得不到满足而"畸形"增强。改革开放以后,相关的禁令逐渐解除,加之电视机、录像机开始普及,人们的审美需求和社会的满足条件共振,于是导致了这种社会性审美现象的产生。

我们知道,审美心理形成涉及后天功利、先天本能和感觉器官三方面的因素,其中先天本能和感觉器官形成的审美心理,有的直接与人的内在需要相联系。如果这些内在的需要长期得不到满足,就会导致相关审美心理的增强。在这方面,好奇本能、性本能形成的相关审美心理尤为突出。如果一个人常年居住在喧嚣拥挤的大城市,与好奇本能和空间感相关的审美心理长期得不到满足,这时候即使一片杂草丛生的旷野,也会给他带来难以想象的快感。诸如此类的现象,就是审美心理主体需求增强规律的表现。

2. 审美心理对象功利因素增强规律

审美心理对象功利因素增强规律,是指审美对象在既有审美心理形成功利因素之上新增加功利因素导致审美心理增强,在审美现象中引起更加强烈的美感这样一种现象。中国人喜爱红旗,就属于这样的审美现象。

案例

红旗因何而美的争论

"五星红旗迎风飘扬,胜利的歌声多么嘹亮……"这首名为《歌唱祖国》的歌曲创作于20世纪50年代,被人们广为传唱,有人称之为"第二国歌"。红旗招展,鼓乐喧天,是新中国每逢喜庆时刻常见的景象。这些现象表现了中国人对红旗的喜爱,许多人认为红旗较之其他颜色的旗帜更美。

为什么国人对于红旗会产生这样的感觉呢?20世纪80年代,美学界为此发生了一场争论。有人认为因为红旗美,才被确定为国旗;有人认为因为红旗被确立为国旗,因此被赋予美的价值。双方各执一词,争论激烈,但谁也说服不了谁。

分析争论双方的观点,应该说都有道理。但是彼此的观点都建立在感觉的基础上,缺乏对其中审美机理的分析,所以无法通过交流达成共识。

红旗自古就有,作为一种彩旗,红旗以其夺目的色彩受到人们的喜爱。在这个层面,红旗之所以成为审美对象,是因为红色是人的视觉所能感受到的最长光波,是人感知颜色的三种基本色光之一,所以较之其他颜色的旗帜,红旗能够给人更强烈的视觉刺激。红旗建立在这个基础上的审美心理,属于感觉器官形成审美心理规律的范畴。

2018年俄罗斯世界杯足球赛期间,《瞭望智库》曾经刊发过一篇文章,文章比较全世界各国国旗的颜色,发现红色是全世界国旗使用最多的颜色,各国国旗使用红色所代表的含义有三种,分别是革命、勇敢和鲜血。红色代表鲜血很容易理解,是直接选用了鲜血的颜色。为什么红色能够代表革命和勇敢呢?分析这种审美心理的形成过程,原因在于红色引起的强烈情感与革命和勇敢所引起的情感具有相近或相同的特点,所以成为革命和勇敢的象征。红色国旗作为革命和勇敢象征这种审美心理的形成,是审美心理感觉器官形成规律和审美心理功利象征形成规律共同作用的结果。这种审美心理是中国人和世界上许多国家人民喜爱红色国旗的重要原因。

除此之外,红旗之所以受到国人的喜爱,还因为在中国历史的发展过程中,红色被赋予喜庆的内涵,作为喜庆的象征受到人们的喜爱。红色作为喜庆色彩审美心理的形成过程,我们在第六章介绍躲避灾害形成审美心理规律时专门讨论过,这里不再赘述。总之,上述三种因素都可以作为因为红旗美才被确定为国旗的观点的佐证。

与此同时，众多的现象表明，自从中国共产党党旗和中华人民共和国国旗采用红色，红旗便在一切热爱新中国的人心目中有了特别的意义。虽然红旗自古以来在中国人眼中就是美的对象，但是红旗在1949年之前与之后引起国人的情感，显然具有明显的差别。在20世纪中叶之前，红旗在各种彩旗之中并没有突出的地位。但是在当代中国人眼中，红旗较之其他彩旗引起的美感显然更加强烈。

这种现象形成的原因，就在于中国共产党党旗和中华人民共和国国旗属于功利象征物，是中国共产党和中华人民共和国的象征。当新党员面对党旗宣誓，当天安门广场五星红旗升起时，为什么人们会热血沸腾热泪盈眶，就是因为人们意识到自己面对的就是党组织和祖国。党旗和国旗引发的这种情感，会与红旗结合在一起，在人们原有的关于红旗的审美心理之上，增加新的情感内容，使得原来的审美心理进一步增强，引发的美感更加强烈。

在中国历史上，人们对于服装的颜色在不同时期有不同的偏爱。这种现象产生的原因，同样在于不同服装颜色增加了新的功利因素。

 案 例

中国古代服装颜色的规定

大约在殷末周初时期，我国出现一种"五行-五方色说"，把"五行"——金、木、水、火、土，与"五色"——青、赤、白、黑、黄对应起来。到了战国末年，齐国阴阳学家邹衍在此基础上提出"五德终始"说，把五行、五色进一步与朝代的更替对应起来。按照这种学说，虞代为土德，黄为代表色；夏代为木德，青为代表色；商代为金德，白为代表色；周代为火德，赤为代表色；秦代为水德，黑为代表色。以此循环，汉代为土德，黄为代表色，所以汉代把黄色确定为帝王的服装颜色。

汉代延续了400多年，黄色形成了人们稳定的审美心理，以至汉代以后完全忽略了这种帝王之色形成的原因，而把黄色始终作为帝王之色。所以"黄袍加身"就成了登基称帝的同义语，赐黄马褂就表示无以复加的荣耀。

到了唐代，进一步规定了各级官员的服装颜色：三品以上为紫色，四品深绯，五品浅绯，六品深绿，七品浅绿，八品深青，九品浅青。一般百姓不能穿这种彩色衣服，只能穿白色衣服，所以没做过官的秀才就被称为"白衣秀才"。

颜色是服装重要的审美因素，不同的人可能会喜欢不同的色彩。但是，当社会对服装的颜色做出这种严格的规定以后，不同颜色的服装就不仅仅是一种审美对象,而成为不同官级的标志,成为一种功利对象。唐僖宗李儇喜爱猴子,有人给他进献了一只能听懂人话的猴子,唐僖宗非常高兴,就赏给献猴人一件浅绯色官袍。这件事在当时让很多官员心理很不平衡,有一个叫罗隐的诗人为此专门写了一首诗发泄不满情绪:"十二三年就试期,五湖烟月奈相违。何如买取猢狲弄,一笑君王便著绯。"意思是说大家为了准备科举考试,在十几年的时间里都不敢欣赏山水风光,历经千辛万苦才能得到一官半职。早知道皇上会这样做还不如买一只猴子,哄得君王高兴就可以做五品官了。一件浅绯色衣服引得官员们如此愤愤不平,可以想见当时人们对于服装色彩的感受了。这种对服装色彩的强烈情感,就在于不同颜色的服装成了不同级别官职的象征,成了具有现实作用的功利物。

我们知道,审美活动的实质是事物形式引起原本由功利物引起的快感。但是当审美对象增加新的功利属性,而且这种功利因素可以直接发生作用的时候,审美对象就不仅仅是以形式引起美感,而是同时以功利属性引起人的快感。如果把审美心理的作用比作看见葡萄产生酸的感觉,功利属性的作用就是吃葡萄产生酸的感觉。当审美对象增加新的功利属性之后,大脑皮层视觉区与快感区之间的联系通道就会进一步增强,外在的表现就是事物引起的美感会更加强烈。为什么中国人特别喜爱红色,就因为红色在中国历史上叠加了太多的功利因素。为什么唐朝的官员们会对一件浅绯色服装耿耿于怀,就在于穿这种衣服就代表着具有五品官员的待遇。审美对象在既有审美心理功利因素之外新增加功利属性,会引起相关审美心理增强,新增加的功利因素愈多,相关的审美心理愈强,引发的美感就愈加强烈,这种现象就形成审美心理对象功利因素增强规律。

二、审美心理衰退规律

审美心理衰退,是指大脑皮层相关审美心理联系通道弱化乃至中断,外在的表现就是审美对象引起的美感减弱甚至不再引起美感。引起审美心理衰退的因素来源于审美主体和审美对象两个方面,所以审美心理衰退规律也分为两种类型:一类是因为审美主体方面的因素引发的衰退,另一类是因为审美对象方面的因素引发的衰退。

1. 审美心理过度满足衰退规律

审美心理过度满足衰退规律,是指审美心理因为过度满足导致联系通道衰退,在审美现象中引起美感弱化甚至不再引起美感的一种现象。为了了解审美心理过度满足衰退规律,我们来看一个案例。

苏门答腊岛的观光者

　　印度尼西亚的苏门答腊岛属热带雨林气候,交叠错落的山脉覆盖着原始森林,是一座天然的生物宝库。岛上仅哺乳类动物就有 176 种之多,包括猩猩、猿、大象、虎、犀牛等珍贵动物。

　　早在 18 世纪,欧洲的旅游者就纷纷涌到苏门答腊岛观光。康德在《判断力批判》中记述了一批在苏门答腊岛观光的游客,他们起初被岛上的原始森林风光所吸引,但是游览了一段时间以后,渐渐对这种自然风光失去了兴趣,宁愿去观看人工种植的胡椒园。

　　在这个案例中,这些欧洲游客千里迢迢跑到苏门答腊岛,初衷显然是为了欣赏岛上原始森林所特有的自然风光。可以肯定的是,在最初的几天里,他们也确实为这里的自然风光所陶醉。但是,为什么一段时间以后,这种自然风光对他们就不再具有诱惑力了呢?

　　我们知道,自然风光作为审美对象,源于人们建立在好奇本能之上的审美心理。这种建立在先天本能基础之上的审美心理,同时也就具有先天本能的特性。正如过度饱食会使人厌倦某种食物一样,过度欣赏也会使相关的审美心理因为过度满足而衰退。这群苏门答腊的欧洲游客,就属于这样的情形。连续多日欣赏原始森林风光,使他们关于自然风光的审美心理完全得到满足,满足之后仍然继续欣赏,好奇本能的另一种特性便发生作用,引起相关审美心理的衰退,外在的表现就是这种景色不再能引起他们的美感。

　　在文学艺术欣赏中,因欣赏过度导致审美心理衰退的现象更为普遍。比如连续反复地观看同一部电影、电视剧或者小说,随着时间的增长,这些艺术作品的魅力就会形成一条向下的曲线,直至完全消失。甚至长时间反复观看同一类文学艺术作品,也会出现这样的现象。

　　20 世纪六七十年代,中国大陆在极"左"思潮的影响下,舞台上只剩下八个"样板戏",天天唱,反复唱,电影、戏剧都如此,直唱得人人生厌。其实,从艺术的角度讲,"样板戏"无论是人物造型、情节安排乃至音乐唱词都具有相当高的艺术水平。"文革"结束后,"样板戏"一度停演。1991 年为纪念徽班进京 200 周年,京剧《红灯记》在北京重新演出,立即引起了极大的轰动。当时《文艺报》报道，未到开演时间，已"座无虚席"，"全场演出共获得热烈掌声45次"，"这样的反响，是'文革'时期看《红灯记》所不曾有过的"。对于这种现象，当时有人从政治的角度提出批评，也有人从艺术的角度大加赞赏。其实，从美学的角度看，这只不过是审美心理的变化规律在发生作用：前期因为欣赏过度形成审美心理衰退，后期因长时间禁演形成审美心理需求增强。

2. 审美心理需求影响衰退规律

审美心理需求影响衰退规律，是指审美主体其他方面的功利需求主导神经系统，抑制相关审美心理的作用引发的审美心理衰退现象。为了了解审美心理需求影响衰退规律，我们来看一个案例。

 案 例

美女荒岛求生

2002年，广东电视台"生存大挑战"栏目开设了《太平洋荒岛求生》节目。节目组从全国报名者中挑选了12位才色俱佳的美女，安排在100天内，通过《太平洋荒岛求生》等环节，以逐步淘汰的方式，选出获胜者。

美女接受考验的塞班岛，宛如一片远离尘世的世外桃源，以世界上最清澈的蔚蓝色海水和动人的热带景色闻名。但岛上淡水极缺，而且矿化严重，根本无法直接饮用。美女们除每天供应两杯淡水外，其余饮水要靠自己接雨水、采摘椰子补充，食物则完全靠自己去找。

美女们住在海滩的树林里，空气潮湿闷热，走几步就是一身汗。并且她们每天要步行两个多小时才能找到食物。在这种艰苦的求生过程中，美女们对塞班岛美丽的景色几乎完全失去了感觉。接受记者采访时，有个美女说："成天饿着肚子，一门心思想着吃饭喝水，它就是美成画儿我也看不见。"

在这个案例中，参加活动的姑娘们因为要非常辛苦地寻找食物和饮用水，因而塞班岛美丽的景色不再能引起她们的美感。这种现象的背后，隐藏着一种主体心理活动的规律。这就是当主体神经系统处于功利需求主导状态时，审美心理就会受到抑制，从而无法发挥作用。

审美也是人的一种需求，为什么当功利因素主导神经系统时，审美心理就会受到抑制无法发挥作用呢？这与不同需求对于人体的作用有关。美国心理学家马斯洛把人的基本需求分为五个层次：生理需要、安全需要、归属和爱的需要、自尊需要和自我实现的需要。在此之外，马斯洛又提出了两个基本的认知需要:认知和理解的欲望、审美需要①。后两个需要又称为自我超越需要,马斯洛起初没有将其列入五个基本需要的层次,不过他后来认为,这两个需要应该位于自尊需要和自我实现需要之间。按照马斯洛的需求理论,层次低的需要较之层次高的需要具有优先得到满足的要求,"一个同时缺乏食物、安全、爱和尊重的人,对于食物的渴望可能最为强烈"②。马斯洛的需求层次理论,很好地解释了案例中的美女为什么会对塞班岛美丽的景色视而不见。因为她们的神经系统被更为强烈的功利需求主导,这种功利需求抑制了相关审美心理的作用,使得美丽的自然景色不再能引起她们的美感,或者说不再能吸引她们的注意力。在现实生活中,终日为生计奔波的人,或者忙于其他事务的人,大多不能为自然景物所吸引,其中的原因也在于此。

从审美现象发生的机理来看,审美心理是在功利活动中大脑皮层形成的事物形式与快感之间的神经联系通道,较之功利与快感的联系而言是次一级的条件反射。所以在审美需要与功利需要发生矛盾的时候,审美需要毫无疑问要让位于功利需要。人体这种内在的规定性,决定了审美活动中这种现象的出现:当功利需求主导神经系统时,审美心理的作用就会受到抑制,审美对象就不再能引起人的美感。这种现象如果反复出现或者持续存在,就会导致相关审美心理的衰退。

3. 审美心理的不快感影响衰退规律

审美心理的不快感影响衰退规律,是指审美主体的不快感主导神经系统,抑制审美心理的作用引发的审美心理衰退现象。为了了解审美心理的不快感影响衰退规律,我们来看一个案例。

案 例

《春望》

杜 甫

国破山河在,城春草木深。
感时花溅泪,恨别鸟惊心。
烽火连三月,家书抵万金。
白头搔更短,浑欲不胜簪。

---

① 马斯洛.动机与人格:第3版[M].许金声,等译.北京:中国人民大学出版社,2007:19-34.
② 同①20.

天宝十四年（755年）十一月，安禄山起兵叛唐。次年六月，叛军攻陷潼关，唐玄宗匆忙逃往四川。七月，太子李亨即位于灵武（今属宁夏），史称肃宗，改元至德。杜甫闻讯，将家属安顿在鄜州，只身一人投奔肃宗朝廷，途中被叛军俘获解送至长安，后来因为官职卑微被释放。第二年春天，身处沦陷区的杜甫目睹破碎的山河，惦念妻儿的安危，写下了这首传诵千古的名作。

这首诗是律诗的经典之作，也是审美心理衰退规律的经典案例。为什么面对青草如茵、姹紫嫣红、莺啼蝶舞的春日美景，诗人不能像往日那样感受到快乐，相反却倍感痛苦呢？因为亡国和思亲之痛主导了诗人的神经系统，相关审美心理受到抑制而无法发挥作用，所以一般人眼中美丽的春天景色，不仅不能引起诗人的美感，反而触发了他心中的忧伤。

在现实生活中，类似的现象很多。古时丧礼期间禁止娱乐，就是出于这样的心理需要。因为当人的神经系统被痛苦的感觉主导时，平日愉悦的形式不仅不能使人快乐，反而因为与主导神经系统的情感形成矛盾，使人产生更加不愉快的感觉。近年来，我国出现了多起官员在灾难现场微笑的事件，引起人们强烈的不满和批评。从审美心理的角度分析，官员的笑容之所以为人们所反感，就在于与灾难中大多数人痛苦的感情相悖，引起人们新的不愉快感觉。

这种现象反映了审美活动中的一种普遍现象，就是主体心理、生理状态对审美活动的影响。在上述案例中，影响杜甫从春天景色中获得美感的是他当时的心理状态。在现实生活中，类似的状况很多，比如主体刚刚失恋或者受到挫折等情况下的心理状态，都会影响审美心理的正常活动。除此之外，生理方面的不适也会抑制审美心理，比如连续长时间观看艺术作品引起的疲倦，或当肌体昏昏欲睡的时候，审美对象就无法引起人的美感。不管是心理因素还是生理因素的原因，当审美主体不愉快的感觉占据神经系统的主导地位时，面对审美对象就无法像平日那样产生美感。这时候不管出于什么方面的原因要求主体进行审美活动，肌体都会以它自己的方式进行抗议，直接的表现就是不再产生美感。这种现象的实质，就是神经系统中的不愉快感觉抑制了审美心理的作用。这种现象如果反复出现或者长期存在，就会引起相关审美心理的衰退。

主体心理、生理状态对审美心理不仅会产生抑制作用，也会产生促进作用，当肌体活力十足心情愉快的时候，一些平时不太注意的事物也会引起人愉快的感觉。俗话说，人逢喜事精神爽，扫帚星也会变福星，就属于这样的现象。

在以往美学研究中,有一种被称之为"审美态度说"的学派。滕守尧在《审美心理描述》一书中指出:"审美态度说,是继审美趣味说之后兴起的另一派有影响的审美经验学说,所谓审美态度,是指唯有审美时,才出现的一种奇特的心理状态,而且外物美和不美,或能否发现外物的美,都由这种态度所决定。"①很显然,研究者发现了审美主体的心理、生理状态对审美结果的影响,但是不明白其中具体的发生机理,于是将其想象为一种唯有审美时才有的特定心理状态,作为事物美与不美的决定性因素。

在审美态度说中,瑞士美学家布洛(Edward Bullough,1880—1934年)的"距离说"影响最大。布洛以海上雾景为例说明审美"距离说":人们乘船在茫茫的大海上航行,突然遇到了弥天大雾,乘客由于担心延误旅程,害怕撞船和触礁的危险,不由感到忧虑、惊慌甚至恐惧。如果这时候能够抛开这些不愉快的感觉,超脱功利作用欣赏海上雾景,就能够欣赏到美。布洛由此得出结论,只要与对象保持合理的心理距离,对象就可以成为审美对象。后来有人把这种距离延伸到空间和时间方面,比如欣赏一幅画,太近看不全,太远看不清,只有合适的距离才能产生美的感觉;一件事物或者一个事件,刚刚经历不觉得美,时间长了就会忘记,只有在合适的时间想起才会觉得美。

在美学发展史上,布洛的"距离说"曾经产生过非常大的影响。但是,作为一种解释审美现象的学说,很早就有人认识到"'距离'作为一个心理科学的概念来说,它是相当的不严格,而且带有一定的猜测性和含混性。'距离'的远、近和适中的界限究竟在哪里呢?这是十分玄妙和笼统的,布洛也并没有做出合乎科学概念的论证和说明"②。从审美心理变化的角度看,布洛提到的乘客不能欣赏海上雾景的现象,属于不愉快心理主导神经系统导致相关审美心理衰退的案例。在现实生活中,除非令人担忧、害怕的因素消失,否则很难通过人为插入一个"心理距离"来引起美感。

4. 审美心理对象功利丧失衰退规律

审美心理对象功利丧失衰退规律,指审美对象形成审美心理的功利因素丧失导致审美心理衰退,引起的美感减弱或者不再引起美感这样一种现象。为了了解审美心理对象功利丧失衰退规律,我们来看一个案例。

---

① 滕守尧.审美心理描述[M].成都:四川人民出版社,1998:21.
② 同①26.

> **案例**

20世纪60年代中国大陆的军装热

20世纪60年代中后期,中国大陆一度流行以穿草绿色军装为美的时尚。当时年轻人纷纷想办法弄一套军装穿,弄不到的就请人做同样颜色的制服。相比较军服来说,军帽因为不容易做而显得更为难得,于是就出现了抢军帽现象,一些年轻人为一顶军帽不惜大打出手。

20世纪70年代后期,随着政治运动的结束,国家管理恢复正常,特别是改革开放以后,"左倾"思想受到批判,"文革"被彻底否定,以草绿色军装为美的时尚也逐渐消退。

这个案例表现了审美心理变化的一个普遍规律,即当审美对象形成审美心理的功利因素丧失以后,相关的审美心理就会逐渐衰退。这个规律被称为审美心理对象功利丧失衰退规律。这个规律的形成机理,与审美心理的形成机理有关。我们知道,审美心理的形成过程,是功利物在大脑皮层形成兴奋中心,同时进入大脑皮层的功利物样子的信号,从视觉区向兴奋中心集中,在视觉区与快感区之间建立起新的联系通道,引起原本由功利物引起的快感。审美心理这种联系通道,在生理学上属于条件反射的范畴。巴甫洛夫在研究中发现:"如果条件刺激物不同时并用有关的无条件刺激物,该条件刺激物就会迅速地或者慢慢地丧失条件作用的现象,这就是我们称为条件反射的消去。"①这种变化,就像人看见葡萄产生酸的感觉,来源于以往吃酸葡萄的体验,如果改吃甜葡萄而不再吃酸葡萄,就会逐渐形成看见葡萄不再产生酸的感觉。审美对象形成审美心理的功利因素丧失,导致相关审美心理衰退的机理,从生理学的角度看就属于这种条件反射消失的原理。

5. 审美心理对象新增痛感衰退规律

审美心理新增痛感衰退规律,是指审美对象新增加痛感因素导致审美心理衰退,引起美感的减弱或者不再引起美感这样一种现象。为了了解审美对象新增痛感衰退规律,我们来看一个案例。

---

① 巴甫洛夫.大脑两半球机能讲义[M].2版.戈绍龙,译.上海:上海医学出版社,1954:49.

案例

邓友梅的《红灯记》印象

1984年,当时的全国作协副主席邓友梅与著名京剧表演艺术家刘长瑜围绕《红灯记》发生了一次争论。刘长瑜认为《红灯记》很有艺术性,很受群众欢迎。邓友梅则认为演这种戏只能引起人痛苦的回忆:关牛棚、挨批斗……二人相持不下,并引发了一场全国性的争论。

在这个案例中,值得关注的是邓友梅关于《红灯记》的印象。《红灯记》是一部著名的戏剧作品,根据1963年沈默君和罗静创作的电影剧本《自有后来人》改编,描写了抗日战争时期祖孙三代人护送密电码的故事。为什么在邓友梅的印象中,这个艺术作品却只能让人想到"关牛棚、挨批斗"这样的痛苦回忆呢?这与邓友梅个人的经历有关。邓友梅在"文革"中是受批判的对象,当他被关在牛棚或者接受批判的时候,广播里经常播放着京剧《红灯记》的唱段,这种反复出现的场景,使得痛苦的感觉与《红灯记》的音乐唱词在邓友梅的神经系统中建立了联系通道,使得他一听到《红灯记》的音乐唱词就会想起当时痛苦的感觉。

《红灯记》作为著名的红色艺术作品,"文革"前已经产生,这个时期邓友梅应该看过这个作品,相信这时候作品一定会使邓友梅产生美感。但是,有了"文革"期间的痛苦经历,《红灯记》就再也无法引起邓友梅的美感,因为在他的神经系统中,《红灯记》已经与痛感联系在一起。邓友梅对《红灯记》感觉的变化,就是审美心理对象新增痛感衰退规律的表现。

法国美学家狄德罗很早就发现了这种现象,他指出:"这个前厅总是瑰丽的,但是我的朋友却在那里丧失了生命。这座剧院并未失其为美,但是自从我在那里得了倒彩之后,我就不能看到它而耳中不响着倒彩的噪音。我在这个前厅,只看见我那濒于气绝的朋友,我就不再感到它的美。"①

审美心理新增痛感衰退规律的形成机理,是在大脑皮层审美对象与快感的联系通道变成了与痛感的联系通道,或者说审美对象在视觉区与痛感区新建的联系通道代替了原来的通道,审美对象由此不再引起美感而只能引起痛感。值得注意的是,审美心理的建立一般是在潜意识层面进行,需要较长的时

---

① 狄德罗.美之根源及性质的哲学的研究[J].文艺理论译丛,1958(1):15.

间和多次反复才能完成。痛感的产生是在意识层面发生的,一次强烈的痛感就会改变原有的审美心理,正如狄德罗所谈到的那样。

本章小结

本章介绍了审美心理的变化规律。审美心理的变化分别沿着两个方向发展,一个方向是增强,另一个方向是衰退,由此形成审美心理增强规律和审美心理衰退规律。

审美心理增强,是指大脑皮层审美心理联系通道更加畅通和稳定,外在的表现就是审美对象引起的美感更加强烈。审美心理增强规律表现在两个方面:一是审美心理主体需求增强规律,指审美心理因为长期得不到满足导致需求增强,当审美现象发生时美感异常强烈的一种现象;二是审美心理对象功利因素增强规律,是指审美对象在既有审美心理形成功利因素之上新增加功利因素导致审美心理增强,在审美现象中引起更加强烈的美感这样一种现象。

审美心理衰退,是指大脑皮层相关审美心理联系通道弱化乃至中断,外在的表现就是审美对象引起的美感减弱甚至不再引起美感。审美心理衰退规律表现在五个方面:一是审美心理过度满足衰退规律,指审美心理因为过度满足导致联系通道衰退,在审美现象中引起美感弱化甚至不再引起美感这样一种现象;二是审美心理需求影响衰退规律,指审美主体功利需求主导神经系统,抑制审美心理的作用引发的审美心理衰退现象;三是审美心理不快感影响衰退规律,指审美主体不快感主导神经系统,抑制审美心理的作用引发的审美心理衰退现象;四是审美心理对象功利丧失衰退规律,指审美对象形成审美心理的功利因素丧失导致审美心理衰退,引起的美感减弱或者不再引起美感这样一种现象;五是审美心理新增痛感衰退规律,指审美对象新增加痛感因素导致审美心理衰退,引起的美感减弱或者不再引起美感这样一种现象。

审美心理主体需求增强规律、审美心理过度满足衰退规律、审美心理需求影响衰退规律和审美心理不快感影响衰退规律,属于审美主体方面的因素导致审美心理发生变化。这种导致审美心理发生变化的因素,一方面表现为与已有的审美心理相关,比如长期得不到满足而增强,或者过度满足而衰退;另一方面表现为与审美活动中主体的心理生理状态有关,比如愉快的心情和良好的身体状态能够增加美感的强度,不愉快的心情和身体的不适会抑制审美心理的作用,导致审美心理的变化。

审美心理对象功利因素增强规律、审美心理对象功利丧失衰退规律和审美心理对象新增痛感衰退规律,属于审美对象方面的因素导致审美心理发生的变化。审美对象导致审美心理变化的核心是功利作用,功利作用增加,审美心理增强;功利作用丧失,审美心理衰退。审美对象同时具有功利物的属性,相关审美心理就会具有功利活动的表现特征。审美对象突然增加痛感因素,审美心理就会迅速衰退甚至完全丧失。

试一试

1.试着从现实生活中寻找一个审美心理增强的案例,并用审美心理增强规律分析变化的过程。

2.试着从现实生活中寻找一个审美心理衰退的案例,并用审美心理衰退规律分析变化的过程。

3.试用审美心理变化规律分析"距离说"的合理性与不合理性。

第十章　艺术审美的机理与规律

> **本章议题**
> 1. 什么是艺术？
> 2. 艺术形式如何引起人的美感？
> 3. 艺术内容如何引起人的美感？
> 4. 艺术欣赏有哪些特殊的审美规律？
> 5. 艺术欣赏中的美感有哪些特点？

美学研究分为不同的层面，第一个层面研究审美现象发生的基本原理和规律，研究成果构成美学的基本原理。第二个层面研究特定领域的审美规律，诸如研究艺术、爱情、教育、传播、建筑、服饰等活动中的审美规律；艺术进一步还可以分为小说、诗歌、电影等范畴，传播也可以分为报纸、电视、广播等范畴，诸如此类的研究成果构成不同的部门美学。

部门美学研究的领域和任务非常庞大，远非一本教材和一门课程所能承担。因为艺术和美育在传统美学中的特殊地位，加之艺术和教育专业的内容与人们的生活密切联系，我们下面简略地介绍这两个部门美学的研究成果。

传统美学中有一种观点，把艺术作为美学研究的唯一对象。但是在现代美学看来，这种观点有失偏颇，不利于人们科学真实地认识审美现象。现代美学认为，艺术创作和欣赏是一种特殊的审美现象，与现实生活中的审美现象有着不同的特点，只有运用审美现象发生的一般规律，才能认识艺术审美现象的特殊规律。对艺术审美规律的研究成果构成艺术美学，也有人将文学与艺术并列称为文艺美学，不论如何称谓，对艺术审美现象的研究都属于部门美学的范畴。

一、艺术的定义

什么是艺术？历来存在争议，至今也未有定论，分析美学甚至认为艺术不能被定义。虽然学术界存在这样的认识，但是在以往的研究中还是留下了许多关于艺术的定义。分析这些不同的定义,可以看出这些对艺术的定义存在两个不同的层面:一种是艺术的广义概念,即被广泛地用于日常生活中的艺术概念;另一种是艺术的狭义概念,即对特定门类的生产方式及其产品的称谓。

1. 现实生活中的艺术概念

广义的艺术概念,即被广泛地用于日常生活中的艺术概念,以往大体在三个小层面的意义上被运用。

第一个层面的艺术定义,是指把事情做好的方法。从文字学的角度讲,方法、办法是艺术的基本意思。《晋书·艺术传序》称:"艺术之兴,由来尚矣。先王以是决犹豫,定吉凶,审存亡,省祸福。"这里的"艺术",指的是占卜,可见我国古代把阴阳占卜的方法称为艺术。在现代生活中,人们说把事情做好,要讲究方法、讲究艺术,用的就是这个意思。

方法、艺术、性格、道德、本领、思想等词,一般都有两种用法:一种是泛指这一领域所有的对象,另一种是特指这一领域中正面的、优秀的对象。性格有好有坏,但说某人"有性格",则是一种褒扬;思想人人有,说某人"有思想",则是指对事情有主见,有深刻而独到的认识。同样,"艺术"既泛指方式方法,又特指优秀的方式方法。现代人在生活中用"艺术"一词,更多是用后一种含义。譬如,人们常讲领导艺术、管理艺术、军事艺术、说话艺术、烹调艺术……可以说做什么事情都有什么事情的艺术。这里的艺术,就是指方法,指把事情做好的方法。

第二个层面的艺术定义,是指一种完美的形式,是由方法的含义引申而来的意思。把事情做好的方法叫作艺术,按照这种方法创造的产品,就叫作艺术品,也简称为艺术。譬如做一把椅子,一般人不会做,做出来歪七扭八,既难看又不结实。如果一个木匠做,做出来的就是正儿八经的椅子。如果是鲁班做的椅子,那就是艺术品,要放在博物馆供大家欣赏。西方有一个故事,可以帮助我们理解对艺术的认识。

 案 例

圣母的祝福

中世纪西方流传一个故事:两个悔罪的人在圣母像前乞求保佑。第一个人是音乐家,他除了一把小提琴,什么也没有。于是,他为圣母演奏了一支他最拿手的曲子,他要求的祝福得到了满足。

第二个人感到很惶恐,因为他是个鞋匠,只会做鞋,对艺术一窍不通。"做鞋怎么能与音乐相提并论呢?"他想。但是,他除了做鞋没有其他能力,只好硬着头皮,使出自己的看家本领,为圣母做了一双特别漂亮的金色鞋子,他也得到了圣母的祝福。

这个故事告诉人们一个道理:最漂亮的鞋子与最优美的音乐具有同等的价值,它们都属于艺术——艺术就是人创造的同类事物中最完美的形式。

第三个层面的艺术定义,是指一种赞许性的评价。《国语·晋语八》中有"骄泰奢侈,贪欲无艺",这里的"艺",指的是度。"艺"这个词,在我国古代表示标准、准则、法度、限度的意思。现代生活中人们常评价某人,话说得很艺术,事做得很艺术,都是赞扬其说话生动准确,做事恰到好处,增之则过,减之则不及。"艺术"在这里就是够标准、上档次,也就是好的意思。既然把事情做好的方法称作艺术,做得最完美的产品称为艺术品,那么反过来,也就可以用艺术来称赞那些做得好的事情。所以,作为评价的艺术含义,第三个层面的艺术定义是由前两层含义发展而来的。

以上三个层面的含义,基本囊括了日常生活中广义"艺术"概念的内涵,指的是对某一方面优秀的方法、产品以及行为的评价。

2. 艺术理论中的艺术概念

艺术的狭义概念,是指对文学、音乐、舞蹈、绘画、雕塑、戏剧、电影、电视等作品及其创作方法的总称,是现代社会对"艺术"一词最普遍的用法。如何对这些艺术形式进行概括,或者说对狭义的艺术下定义,至今艺术界尚未达成共识。

分析美学从这种现象出发,认为"艺术不能下定义"。艺术真的不能下定义吗?事实并非如此,以往人们就已经给艺术下了很多定义。分析这些定义,会发现它们是从不同的角度观察艺术的结果,不同的观察角度必然有不同的认识结果,譬如从政治、教化、娱乐、审美等不同的角度,就会对艺术形成不同的认识。但是,以往人们从本体思维方式出发,认为任何事物都有一种孤立不变的存在形式,因而必然有一种唯一正确的定义。所以分析美学无法接受这种从不同角度得到的不同的艺术定义,而要求一个能使各方面都满意的定义。这实际就像从前后左右不同方位观察一个人,却要求有一个描述,能满足从四个方向观察的结果一样。这样的定义当然是不会有的。但是,如果抛弃本体思维方式,要求从一个角度、从一个方面为艺术下定义,那不仅是可能的,而且已经存在这样的定义。

《辞海》"艺术"条目下的解释是:"通过塑造形象具体地反映社会生活,表现作者思想感情的一种社会意识形态。"在这个定义中,"塑造形象"讲的是艺术的方法和形式特点,"反映社会生活""表现作者思想感情"讲的是艺术的目的和内容特点,它们所修饰的,是作者对艺术最根本特征的认识,即"一种社会意识形态"。这种定义带有明显的时代烙印,是从政治的角度对艺术的定义,指出的是艺术的社会属性。对于一般人来说,"社会意识形态"比艺术更难以理解,如果他想进一步了解什么是"社会意识形态",《辞海》的答案是:"指政治、法律、道德、哲学、艺术、宗教等社会意识的各种形式"。这是一种循环解释,如同猫就是咪,咪就是猫一样,大多数人看了这样的解释,对艺术仍然难以形成清晰的概念。

在传统艺术理论中,人们普遍认为:"艺术是现实的反映"。这种观点来源于哲学上的反映论。列宁说过:"我们的感觉、我们的意识只是外部世界的映象,不言而喻,没有被反映者,就不能有反映,被反映者是不依赖于反映者而存在的。"这段话是反映论的基础,把这种原理运用到艺术上,即认为艺术美是"经过人们的艺术创作活动,把现实中的自然美加以概括和提炼,集中地表现在艺术作品中的美"①。由于政治的原因,20世纪中后期,"艺术是现实的反映"的观点在我国和苏联曾经居于主流地位。

20世纪80年代以后,随着我国改革开放的深入推进,思想禁锢的打破,相对论、量子力学等现代物理学成果的广泛传播,哲学上的反映论开始受到质疑。从逻辑的角度讲,反映论的推理过程存在片面性:没有被反映者固然没有反映,没有反映者就可以有反映吗?被反映者和反映者是矛盾统一体的两个方面,相互联系,相互依赖,缺一构不成反映活动。离开认识活动,离开被反映的对象,人就不是反映者。反映者不能离开被反映者而作为反映者独立存在,被反映者也不能离开反映者作为被反映者而独立存在。相对论、量子力学等现代物理学理论证明,认识对象的存在方式与作为认识主体的人密切相关。

这种认识成果,同样适用于艺术上的反映论。譬如同一个题材,《水浒传》和《荡寇志》哪一个是现实的反映?人们可以站在某一立场上,指责其中一个违反现实,是虚假的反映;但站在相反的立场上,人们也可以把同样的指责加

---

① 辞海:1979年版[M].上海:上海辞书出版社,1980:580.

在另一方。这样,评判结果的标准就不是现实,而是评判者的社会立场。事实上,对同一艺术作品两种相对的评价,不过是现实中两种不同立场观点的反映。所以,艺术反映的不仅是现实生活中的各种现象,更重要的是艺术家的立场观点,是他们观察社会现实的角度和方法。用不同的角度和方法考察艺术,于是就形成了以往对艺术的不同定义。

"艺术是感情的表现"是以往艺术理论中很有影响的观点。《尚书》提出:"诗言志,歌永言。"《毛诗序》提出:"诗者,志之所之也,在心为志,发言为诗。情动于中而形于言,言之不足故嗟叹之,嗟叹之不足故永歌之,永歌之不足,不知手之舞之,足之蹈之也。"近代西方艺术美学明确提出:"美就是感情的表现;而且,凡是这样的表现没有任何例外都是美的。"①克罗齐认为,艺术或美,从认识的特点看,无非是"直觉",是在概念形成之前的思维阶段,具有完全不同于物质的现实,不同于有用的东西,不同于给人快感的东西,不同于道德的行为,也不同于概念和知识;从来源的角度看,则是表现,再现了心灵、情欲、感情和人格的各种境界。遵循这种理论,西方现代表现主义诸流派的艺术家,把注意力集中在人的内心精神世界上,用各种怪诞的手法表现人的心灵活动。

"艺术是对自然的模仿"是西方文艺理论中一个著名观点,其历史可以追溯到古希腊时期。德谟克利特和卢克莱修认为艺术的力量就是模仿。柏拉图认为艺术是"理念"的再现。亚里士多德认为模仿之所以成为艺术创造力的原因,在于它是人的本能,人能够通过模仿得到满足。文艺复兴时期的思想家,以及古典主义、启蒙运动中的艺术家,大都信奉艺术是现实的模仿这一认识。"艺术是对自然的模仿"与"艺术是现实的反映"有相同之处,现实主义、自然主义可以看作是这种理论在实践中的表现。

"艺术即游戏"是西方理论界很有影响的观点。康德在审美研究中,"经常使用'游戏'一词来表示构成审美判断的各种心理能力的和谐的自由活动,因而也就是指音乐和色彩一类感觉显出艺术魅力时在时间上的任何一种连续过程"②。席勒进一步发挥了这个论点,认为艺术是一种"游戏冲动",这种冲动表现了"形式冲动"和"感情冲动"的综合。"形式冲动"是理性给道德意志和认识判断制定的规律,"感情冲动"则包括了人的低级天性中的各种冲动和欲望。因此,艺术是感情世界和精神世界的协调。赫伯特·斯宾塞则认为,审美活动

---

① 李斯托威尔.近代美学史评述[M].蒋孔阳,译.上海:上海译文出版社,1980:7.
② 鲍桑葵.美学史[M].张今,译.北京:商务印书馆,1985:381.

实际上就是一种游戏,因为"我们称为游戏的那些活动,是由于这样的一种特征而和审美活动联系起来的:那就是,它们都不以任何直接的方式,来推动有利于生命的过程"①。

传统艺术理论中这些不同的定义,是从艺术不同特点方面得出的结论,要使这些不同的认识统一起来,就需要一个新的视角,一个能够涵盖这些不同认识的视角。这就如同盲人摸象的故事,要统一由触觉得来的各种不同的认识,就要变换视角的观察角度一样。艺术美学,即从审美的角度研究艺术,提供的就是这样的一个新视角。

3. 艺术美学中的艺术概念

艺术的美学概念,就是从审美的角度对艺术的定义。审美研究中的"艺术",在上述两个层面的艺术概念中,指的是艺术的狭义概念。

从审美的角度看,艺术作品与现实生活中美的事物一样,有一个共同的特点,即通过形式给人以情感享受。这种形式可以是语言、文字、图画、音响,也可以是木头、石头、泥巴、电波、色彩等,它们或构成某种形象,或形成一定的音节,但最终的作用和效果是相同的,都是为了给人以情感享受。因此,艺术美学研究的艺术,指的是人运用语言、音响、色彩等特定材料创造的可以给人以情感享受的形式。

在艺术活动中,并非所有运用艺术方法创造的作品都能成为审美对象。艺术作品作为审美对象必不可少的条件,与现实生活中审美对象相同,都必须能够给人以情感享受。庸俗的作品,艺术性差的作品,如某些打油诗、政治概念化的小说、低劣的电视剧和电影等,不能或极少给人以情感享受,尽管冠以"艺术"之名,却不能成为审美对象。它们就像蹩脚的厨师做出来的食品一样,虽有食品之名,却难以下咽。一些只强调技巧性而忽视审美性的艺术作品,如某些古代的骈体文、现代的朦胧诗,尽管技艺性很强,但同样不能成为引起人美感的审美对象。

艺术作品和艺术欣赏作为社会现象,本身具有多重性质。《最后的晚餐》是艺术品,也是宗教宣传;《列宁在1918》是艺术品,也是政治宣传;《铡美案》是艺术品,也是道德教化……艺术的美学概念,就是从审美角度揭示的艺术特征。从审美的角度研究艺术,就是把艺术作品作为审美对象,把艺术作品欣赏

---

① 李斯托威尔.近代美学史评述[M].蒋孔阳,译.上海:上海译文出版社,1980:18.

作为审美现象进行研究,探讨艺术创作和欣赏中的审美规律。

二、艺术基本形式引起美感的机理

艺术基本形式是指艺术作品运用的材料和形成的结构,比如语言、音响、色彩等以及用这些材料构成的形式特点。艺术基本形式又称为艺术类型,比如小说、音乐、绘画、雕塑、戏剧、电影等。艺术基本形式引起美感的机理,主要介绍艺术基本形式的形成以及引起美感的路径和机理。

1. 艺术基本形式的形成

关于艺术的起源,当前学术界较有影响的观点有艺术起源于劳动、艺术起源于模仿、艺术起源于游戏、艺术起源于巫术、艺术起源于情感和思想交流的需要等。从研究的结果看,每一种说法都有支持的证据,研究者往往各执己见,否认其他说法。其实,从美学的角度考察,这些认识实际上表现了某种艺术基本形式在某一方面的形成过程。在各自叙述的方面它们是正确的,但是把某一方面的形成过程作为艺术唯一的起源,则超出了其正确的范围。

单世联在《西方美学初步》中谈道:"丢勒曾记述了 16 世纪他在安特卫普街上看到的一次宗教游行,参加的人有金匠、画匠、泥瓦匠、雕塑匠、细木工、木匠、水手、渔夫、屠夫、皮匠、裁缝、面包师傅、成衣匠、鞋匠、店主、商人等。这就是艺术家在当时所属的社会群体。当时的社会组织以行会为基础,而艺术家没有自己的行会,只好根据十分模糊的标准附属到其他行会,比如从 1378 年开始,佛罗伦萨的画家就依附于医生和药剂师的行会,建筑家和雕塑家则属于泥瓦匠和木匠行会。"①

从这些记载可以看出,起码在 16 世纪之前,绘画、雕塑等艺术形式,在欧洲还没有完全从功利活动中独立出来。当时这些艺术形式,还属于宏观的艺术概念,注重的是"技艺"。这时候的画匠、雕塑匠与今天的画家、雕塑家虽然做着同样的事,但创作目的存在本质的差异。作为艺术基本形式的绘画、雕塑,与作为早期工匠绘画、雕塑的区别,就如同书法与写字,不仅目的不同,表现形式也存在本质的差异。在中国绘画史上,宫廷画家的画大多没有文人画受人们重视,原因就是这种不同创作目的所导致的作品的不同特点。

从审美的角度考察艺术的起源,会发现在人类早期生活中,人们的各种活动都是以生存为目的的功利性活动。在这种生活中,人们发现了某些形式的

---

① 单世联. 西方美学初步[M]. 广州:广东人民出版社,1999:185-186.

特殊作用，于是一步步地把它们独立出来，加以改进，形成了艺术的基本形式。譬如：劳动号子使人们对节奏有了特殊的感受，在重现劳动的过程中，逐渐产生了最早的音乐和舞蹈；在记载事物和事件的过程中，技巧的提高形成了绘画；在祭祀和各种表达情感的活动中，人们发现了韵语的作用，从而形成了诗歌……

关于中国古代文学，人们常讲一句话，叫作"文史哲不分家"，意思是古代的文学、历史、哲学是混合在一起的，三个学科在当时属于"一家"。从美学的角度考察，这句话传达出的信息，实际是当时文学还没有独立的地位，作为艺术基本形式的文学还没有形成。考察当时的实际状况就会发现，庄周写《逍遥游》是为了阐释自己的哲学观点；李斯上《谏逐客书》是尽臣子的职责，为了说服秦王保住自己的官位；左丘明著《左传》、司马迁撰《史记》，是尽史官的职责，记载历史事件和人物行为……在当时，他们谁也没有想到写小说和散文。但是，人们在这些文章著作中发现了一种奇特的东西，一种能够触动人的情感、令人愉悦的形式，于是一步步将它们从原来的活动中分离出来，由此产生了唐代的散文和传奇，进而发展出现代散文和小说这样的艺术形式。古代诗歌、绘画、舞蹈、雕塑等艺术基本形式，都是这样一步步从原有的功利活动中分化出来，最终成为专门创造艺术作品的方式。

不同的艺术形式不断地从功利性活动中解放出来，纷纷获得了独立的社会地位。这些不同的艺术形式差异是如此之大，如何把它们归属于社会活动的一种类型，就成为艺术研究者面临的问题。虽然人们很早就用"艺术"称谓这些艺术形式及其作品，但是它们共同的特点到底是什么，一直存在争论。单世联指出："古代到中世纪，关于艺术的分类，提出了多种方案，但缺乏一个统一的标准把各种艺术形式归属于同一类活动。文艺复兴时代才终于找到了，这就是'美'。美一方面成为各种艺术形式的共同目标，又是它区别于其他活动的标志。"[1]

在传统美学中，"美"的概念既有实体元素的含义，也有感觉评价的含义。在后一种含义上，用美作为艺术标志的说法不仅是正确的，而且是准确的，这就是艺术基本形式的审美特点。艺术是运用语言、音响、色彩等特定材料创造的可以给人以情感享受的形式，这是艺术的基本特征，也是艺术创作和艺术作

---

[1] 单世联.西方美学初步[M].广州：广东人民出版社，1999：186.

品区别于各种功利性技艺活动和产品的特点。

2. 艺术形象性引起美感的机理

艺术基本形式的形象性,指艺术用各种材料形成的基本结构都是具体可感的形象,通过形象表现内容引起美感的特点。

为什么形象性能够成为艺术引起人美感的重要路径呢？这与人体神经活动的方式有关。人的思维从承载材料的角度讲,存在两种活动方式:一种是形象思维,思维内容以形象作为承载方式;一种是抽象思维,思维内容以语言文字作为承载方式。形象思维是人与生俱来的能力,抽象思维则是后天通过学习形成的,神经生理学称形象思维为"第一信号系统",抽象思维为"第二信号系统"。形象思维是人与生俱来的能力,因而更容易为人所接受。牙牙学语的儿童,不识字甚至不会说话,但却可以翻看图画,并且普遍表现出对图画很有兴趣,这就是人形象思维天性的表现。人的这种天性,使得形象化的形式成为人们普遍喜爱的形式。

艺术的形象性,对绘画、雕塑、戏剧、电影等造型艺术而言,本身就是这些艺术形式的特点。虽然这种特点是其成为艺术的重要因素,但因为先天存在,使得人们很少注意到形象性在这些艺术形式形成中的作用。这就如同呼吸是人生存的第一需要,但很少有人强调呼吸作为人的一种能力的重要性。这些艺术形式之所以成为基本的艺术形式,最根本的原因就在于它们具有的形象性特点。

形象性作为艺术基本形式的第一要素,最典型地表现在诗歌、小说、散文等语言艺术形式的形成过程和作品的创作过程之中。同样是记载历史,《春秋》用抽象的语言说明发生了什么事,《左传》《史记》用形象的语言描述发生的故事。人们在欣赏这些历史记载时发现,形象的描述比起抽象的说明,更能给人留下印象,更能给人带来情感的享受,于是后人把这种形式从史学中分离出来,小说的形式便由此诞生。现代散文作为一种艺术形式,不同于生活中一般文章的重要特点之一,也在于具有形象性的特点。

艺术基本形式的形象性特点,在艺术创作和欣赏中表现为两个不同的层面。第一个层面的形象,是相对于语言、文字而言,由此形成绘画、雕塑、戏剧、电影等造型类艺术形式。第二个层面的形象,是相对于抽象的语言和文字而言,由此形成小说、散文、诗歌等文学类艺术形式。第一个层面的形式因为具有形象性的特点而成为艺术基本形式,第二个层面的形式因为追求形象性而成为艺术基本形式,由此可见形象性对于艺术基本形式的重要性。

从审美的角度而言,美的事物之所以成为美的事物,就在于其形式即形象可以引起人的美感。美的事物首先在于形象,没有形象就没有美的事物。艺术基本形式的形成,也首先在于形象性。在社会生活中,艺术作品的成功与否,首先在于形象性是否突出。只有形象性突出的艺术作品,才能引起人的美感,受到人们的喜爱。宗教、政治、道德等功利活动借助于艺术,首先是借助于艺术的形象性特点,通过形象性特点引起人们的关注,打动人的情感,从而达到所追求的功利目的。

3. 艺术故事性引起人美感的机理

艺术的故事性是艺术形象性的延伸。人、动物、神仙鬼怪等艺术形象,他们的所作所为就构成故事。艺术故事性引起美感的机理,与艺术形象性引起美感的机理相同,在于人神经系统先天形成的形象思维方式。所以对故事的喜爱与对形象的喜爱一样,是人的一种天性。许多儿童都爱听故事,有的甚至形成晚上要求爸爸妈妈讲一个故事才肯睡觉的习惯。戏剧、电影、电视剧等综合性艺术形式,是文学作品舞台化、屏幕化的结果。作为这些艺术形式源头的小说,滥觞于神话故事、民间故事。

中国古代文化,历来有讲故事的传统。庄子、孟子、韩非子等诸子文章中,就充满了各种真实的或虚构的故事。《左传》《史记》与一般史学著作的不同之处,也在于记载了大量的故事。禅宗更以故事作为传承教义的重要方式,称为"公案"。西晋干宝的《搜神记》,记载大量神怪故事,开我国志怪小说之风。南北朝刘义庆的《世说新语》,通过一系列的人物故事,倡导儒家理想的人生标准,开用故事宣扬政治理念新风,推动了志人小说的发展。唐代传奇小说,乃至蒲松龄的《聊斋志异》,都是由一个个故事组成。这些不同目的、不同体裁的作品,一个共同的特点,就是故事性。人们一步步把这种形式抽绎出来,就形成小说这种体裁,进而发展出戏剧、电影、电视剧等艺术形式。

故事性不仅是文学作品和综合性艺术的特点,也是绘画、雕塑、摄影等作品引起人美感的重要因素。这些艺术形式表现的是一个瞬间,如何选择这个瞬间呢?作家通过他们的作品告诉人们,选择的法则就是故事性:通过这个瞬间,欣赏者既可以了解到以前发生的过程,也可以预料到后来的结果。古希腊著名雕塑《拉奥孔》,表现的是特洛伊城祭师拉奥孔因为触怒希腊保护神雅典娜和海神波塞多,被海神派来的两条巨蛇咬死的故事。雕像中,拉奥孔位于中间,正在极力使自己和他的孩子从两条蛇的缠绕中挣脱出来。他抓住了一条蛇,但同时臀部被咬住了;他左侧的长子似乎还没有受伤,但被惊呆了,正在奋力想把腿从蛇的缠绕中挣脱出来;他右侧的次子已被蛇紧紧缠住,绝望地高高举起右臂。故事是一个很长的过程,但作者通过这个瞬间,形象地反映了整个故事。这个瞬间是整个故事的最高潮,是以往情节的结果,也预示了未来的结局。这种对故事瞬间的选择,不仅是《拉奥孔》成功的关键,也是绘画、雕塑这些艺术形式获得最佳审美效果的基本规律。

4. 艺术情感性引起美感的机理

艺术基本形式在情感方面的作用,从创作者的角度看在于其表现感情的作用,从欣赏者的角度看在于其激发感情的作用。艺术基本形式表现情感和激发情感的特点构成艺术的情感性。

艺术情感性是艺术基本形式形成的重要因素。在文学理论中,关于诗歌的起源有两种较有影响的说法。一种是劳动起源说。按照鲁迅的说法,人们在劳动中出于多种原因,有情感需要表达,于是有人先"杭育杭育"的喊叫起来,这种表达方式进一步发展,就形成了最初的诗。《淮南子·原道训》称:"今夫举大木者,前呼'邪许',后也应之,此举重劝力之歌也",记载的就是这样的现象。另一种是祭祀起源说。《诗经》是中国第一部诗集,总计收录了305首诗,其中"颂"类诗40篇,是王侯举行祭祀或重大典礼专用的乐歌,说明诗歌在周代祭祀中是一种普遍具有特别重要的意义的形式。劳动说和祭祀说,表现的是诗歌产生的不同社会活动,但就诗歌自身而言,两种活动中共同的特点就是表现情感。远在先秦时期,人们就认识到诗歌起源于情感表达的需要。《毛诗序》提出:"诗者,志之所之也,在心为志,发言为诗。情动于中而形于言,言之不足,故嗟叹之,嗟叹之不足,故永歌之,永歌之不足,不知手之舞之足之蹈之也。"诗歌之所以被人们从功利活动中抽绎出来,作为一种基本的艺术形式,就在于其表现情感的特点。

在文学类、综合类艺术基本形式的形成过程中,表现情感作为重要因素比较容易被人们理解,在绘画、雕塑等造型类艺术的形成过程中,情感性是否依然是促成的因素呢?中国绘画史上,文人画与工匠画受到的不同待遇就回答了这个问题。为什么文人画比工匠画更为人们所喜爱,原因就在于文人画较之工匠画更注重表现情感。中国绘画史上的南宗画和北宗画的发展轨迹,说明不仅传递感情关乎艺术作品的审美功能,传递什么样的情感同样关乎艺术作品的审美作用。南宗画以表现平和淡泊的情感为特征,北宗画以表现激越怨愤的情感为特征,对不同情感的追求,导致了色彩、技法等方面的不同变化,最终形成了不同的艺术风格。南宗画之所以最终成为中国传统绘画的主流,就在于传递的情感符合中国古代人格修养的标准。

作为表达感情的艺术基本形式,情感性是如何引起欣赏者美感的呢?从美学的角度考察,艺术基本形式引起美感有两种路径:一种是通过欣赏符合主体审美心理的形象产生,艺术形象性、故事性以及艺术内容欣赏中美感的产生,基本属于这种路径;另一种是通过欣赏符合主体审美心理的情感激发,也就是艺术理论中所说的"以情感人"。艺术情感性引起欣赏者美感属于后一种现象。在艺术欣赏中经常会看到这样的现象:随着艺术人物的喜怒哀乐,欣赏者或开怀大笑,或哀声长叹……欣赏者的情感完全随着艺术人物的情感变化而变化。民间有一种说法:"演戏的是疯子,看戏的是傻子"。意思是说,演员的情感像"疯子"一样瞬息万变,观众却像"傻子"一样信以为真,随着演员的表演哭哭笑笑。

为什么艺术表现的情感会引发同样的情感,原因在于人类生理、心理结构的相似性。人类作为一种生物种类,具有相似的表现情感的生理、心理结构。这种生理、心理结构的相似性,使得人看到同类情感的表现形式,就会产生相应的情感反应。人类神经系统的这种活动特点,是艺术情感性引起美感的机理,也是艺术基本形式形成的重要原因。

艺术情感性引起美感的具体方式,可以划分为两种类型。一种类型因为艺术表现的形式引发。五代画家荆浩在《画说》中提出:"若要笑,眉弯嘴挠。若要哭,眉锁额蹙。"意思是说,画人笑的表情,需要把眉毛和嘴角画弯;画人哭的表情,需要把眉毛和额头画得皱起。民间俗语说得更具体,"若要笑,眼角朝下嘴角翘;若要恶,眉毛口鼻齐一撮"。画家按照这样的规律,寥寥几笔就可以使欣赏者产生某种感情。为什么这种特定的形式会引起人特定的感情呢?原因就在于人类都有这样的表现感情的方式。每个人哭笑时的感情都是按照这样的形式表现的,看到这样的形式就会产生相应的感情。所以艺术只要表现出相应的形式,欣赏者就会产生相应的感情。另一种类型因为艺术表现的感情引发。艺术表现的感情引发欣赏者的感情,又包括两种情况。一种引起的是欣赏者曾经经历的感情。比如20世纪40年代歌剧《白毛女》演出时,每次都引发观众激烈的感情。在首次演出中,坐在中央领导人身后的许多女同志失声痛哭,使得中央领导不得不回身劝慰。在为前线战士的演出中,发生战士愤怒之下举枪向扮演地主黄世仁的演员射击的事件,所幸被旁边的人阻止未酿成大祸,部队后来规定看戏时一律子弹退膛。为什么《白毛女》会引发如此强烈的情感,就在于当时众多的观众与白毛女一样,都有着饱受地主压迫和欺凌的经历,艺术的作用在于激发了他们曾经经历的情感。另一种引发的是欣赏者天性中的自然情感。孟子说过:"恻隐之心,人皆有之。"恻隐之心就是同情心,为什么看到遭受灾难的人以后,人们普遍会产生同情心呢?原因就在于人天性中存在这样的生理、心理结构,或者说存在这样的本能。正是人先天存在的这种类型的生理本能,使得一定的艺术内容会引起相应的感情。

艺术情感性引起欣赏者美感的另一个特点,就是艺术需要遵循感性思维的规律。以往人们把艺术称为形象思维,与抽象思维相对,这是从思维载体的角度进行的划分。人的思维活动从主导因素的角度进行考察,又分为感性思维和理性思维。在感性思维中,感情主导思维的运行方向和结果;在理性思维中,理性主导思维的运行方向和结果。楚汉相争,刘邦是胜利者,项羽是失败者,但人们读司马迁的《史记》,会觉得项羽比刘邦更可爱。宋代女诗人李清照有一首《夏日绝句》:"生当作人杰,死亦为鬼雄。至今思项羽,不肯过江东。"这首诗千百年来为人们传颂,就在于表现了人们的这种感受。为什么人们会产生这样的感受呢?原因就在于项羽是感性的,刘邦是理性的,人们把司马迁的《项羽本纪》作为艺术作品欣赏,遵循的是感性思维的规律,所以感性的项羽就比理性的刘邦可爱。2017年网络上有一篇文章,题目就是《项羽,因为反智,所以迷人》。同样的道理,鲁智深倒拔垂杨柳、刘玄德跃马过檀溪、关云长刮骨疗毒等艺术故事,从理性的角度讲可以说是不真实、不可能的,但从感性的角度讲却可以令欣赏者感情舒畅、印象深刻,从而成为艺术佳作。所以,艺术基本形式的情感性不仅表现为抒发情感的需要产生艺术,艺术通过情感引起人的美感,而且在于艺术作品必须遵循感性思维的规律。鲍姆嘉通把美学称之为"感性认识的科学",而他所研究的对象却是艺术,说明他意识到艺术不同于理性思维的感性思维特点。

考察艺术的发展过程,艺术基本形式的形成与现实生活中美的事物的形成一样,是在长期的社会生活中,逐步从功利事物中进化而来的,具有自然发展的色彩和不可复制性的特点。艺术家按照艺术基本形式生产的艺术品,则与现实生活中美的事物的形成具有明显的不同,它们的生产过程无须欣赏者参与,由艺术家在短暂的时间内即可完成,更多地显示出人工生产的特点,可以根据人们的需要不断生产。艺术作品的生产,类似于现实生活中工业产品的生产,即按照一定的标准和方法生产所需要的产品。艺术作品生产的标准和方法就是艺术的基本形式,其中基本的因素就是形象性、故事性和情感性。

三、艺术内容引起美感的机理

艺术的内容,指艺术表现的对象、情节、情感、环境等因素。艺术内容引起美感的原因,相比现实生活中美的事物引起美感的原因,既有相同之处,也有不同之处。相同之处在于,符合主体审美心理的内容必然会引起审美主体的美感;不同之处在于,能够满足主体功利需求的内容,同样会引起审美主体的美感,甚至是更加强烈的美感。

对艺术内容不同于现实生活中美的事物引起美感的特点,以往理论界存在不同的看法。19世纪30年代,法国艺术界出现一种称为"为艺术而艺术"的理论主张。1834年5月,法国作家泰奥菲尔·戈蒂耶为他的小说《莫班小姐》所写的长序,被认为是"为艺术而艺术"的宣言,序言提出:"真正称得上美的东西只有毫无用处的东西。一切有用的东西都是丑的,因为它体现了某种需要。而人的需要就像其可怜虚弱的天性一样是极其肮脏、令人作呕的。"①英国唯美主义艺术运动倡导者奥斯卡·王尔德(Oscar Wilde,1854—1900年)认为:"唯一美的事物是跟我们无关的事物。只要一件事物对我们有用或必要,或者在某种程度上影响我们,使我们痛苦或快乐,或者强烈地引起我们的同情,或者组成了我们生活环境极其重要的部分,它就在真正的艺术范围之外。"②德国现象学美学代表人物莫里茨·盖格尔(Moritz Geiger,1880—1937年)在《艺术的意味》中,把由欣赏内容引起的情感称为艺术的"表层效果",把由形式引起的情感称为艺术的"深层效果",把艺术欣赏中对内容的专注称为"内在的专注",把对形式的关注称为"外在的关注"。他认为,只有"深层效果"才是审美效果,只有"外在的专注"才是审美的态度。"由一首情调感伤的民间歌曲激起的情感只能触及自我的表层。同样,存在于一出情节剧带来的激动,或者一个冒险故事那肤浅的紧张状态之中的快乐,总是存在于自我的表层激动之中的快乐,它距离艺术情感所具有的深层效果还很远……它把艺术作品

---

① 赵澧,徐京安.唯美主义[M].北京:中国人民大学出版社,1988:44.
② 同①117.

的心理意味和我们从打扑克、吃吃喝喝、赛马，或者从一场学生娱乐中获得的快乐并列起来了。"①盖格尔认为："不论对主观音乐还是就客观音乐而言，外在的专注都是一种合适的态度；存在于音乐体验中的内在专注在任何情况下都是业余爱好。"②

为什么这些人要否定艺术内容特别是功利性内容引发的情感呢？翻开西方美学发展的历史，就不难找到其中的原因。戈蒂耶出生前21年，也就是1790年，西方美学界发生了一件划时代的事件，这就是康德美学名著《判断力批判》的出版。在这部著作中，康德提出了一个在美学界影响巨大的观点，即美不涉及功利，只与人的快感相关。"一个关于美的判断，只要夹杂着极少的利害感在里面，就会有偏爱而不是纯粹的欣赏判断了。"③这种认识不仅对美学的发展影响巨大，对欧洲乃至世界艺术理论的发展也产生了巨大的影响，有学者指出，"后来的各种形式主义和纯艺术论大都溯源于此"④。康德美学不涉及功利的观点，是分析现实生活中审美现象发生瞬间的结果，即审美主体接触到审美对象，无须思考美感瞬间产生的特点。在这一点上他是正确的。但是，他不明白这种现象产生的机理，不知道这种现象产生的真正原因在于审美心理的作用，不明白审美心理的形成是建立在事物功利性基础上的。从审美现象发生机理来看，离开功利性就没有审美心理，功利性是美的事物之所以美的原因，是美感产生的原因，是审美现象发生的根本原因。美不涉及功利观点的合理成分促进了美学的发展，不合理成分则阻碍了美学的发展，类似"为艺术而艺术"的理论和实践，就是这种副作用的表现。

虽然美感的前身是功利性快感，但在现实审美活动中，美感的产生却仅仅与事物的形式有关。为什么在艺术审美活动中，艺术作品内容引起的情感却可以称为美感呢？原因就在于，相对于现实生活来说，不仅艺术的形式是一种形式，艺术的内容也是一种形式。比如《射雕英雄传》描写黄蓉做的菜精妙无比，馋得丐帮帮主洪七公口水连连，不惜把看家功夫"降龙十八掌"教给郭靖作为交换。读者欣赏这段内容，有美味引起的愉悦，却不需要真正的美味功能。艺术画的饼不论如何逼真，如何引起人的情感，都不能填饱肚子。艺术内容引

---

① 盖格尔.艺术的意味[M].艾彦,译.北京:华夏出版社,1999:61.
② 同①107.
③ 康德.判断力批判:上卷[M].宗白华,译.北京:商务印书馆,1964:41.
④ 北京大学哲学系美学教研室.西方美学家论美和美感[M].北京:商务印书馆,1982:153.

起欣赏者情感的方式,与现实生活中美的事物一样,也是依靠形式引起人的情感,所以同样属于美感。

艺术内容引起美感的特点,使得一些研究者认为:"一切事物,无论是美的、丑的、强的、弱的、善的、恶的、恐怖的、怜爱的,全都成为审美对象,成为艺术本身就相当于进入审美方式之中,一切非美客体都因艺术形式而成为审美对象,也就表明了一切非美事物只要用审美方式去看都可以成为审美对象。"① 这种观点本质上属于审美态度说,不过是把艺术审美现象作为证据。然而,现实生活中的非美对象在艺术中成为审美对象,并不等于在现实生活中能够成为审美对象,否则现实生活中也就没有美丑之分了,所以这种艺术现象并不能证明审美态度说的合理性。艺术审美中虽然存在现实非美事物成为审美对象的现象,但是绝非任何事物在艺术中都可以成为审美对象,否则就不会有那么多艺术作品受到冷遇,甚至引起人们的反感和反对。

什么样的艺术内容能够引起人们的美感呢?或者说艺术内容引起美感遵循什么样的规律呢?从艺术美学的角度分析,艺术欣赏作为一种审美现象,必然遵循基本的审美规律。美的事物之所以美,在于符合了主体的审美心理。艺术内容之所以能够引起人的美感,同样在于符合了欣赏者的审美心理。审美心理的形成具有不同的规律,这些规律构成不同的审美心理内容。不同的审美心理内容,不仅与一定的事物形式相联系,也与事物形式背后的功利作用相联系。现实生活中的事物形式和功利性一起进入艺术,成为艺术作品的内容,在相关审美心理的作用下引起人的美感,这就是艺术内容引起美感的机理。艺术内容符合欣赏者的审美心理,就会引起欣赏者的美感,受到欣赏者的喜爱。艺术内容违背欣赏者的审美心理,就会引起欣赏者的不快感,受到欣赏者的冷淡、反感、反对。

艺术内容符合欣赏者的审美心理引起美感,是艺术内容引起美感的基本原理。具体的艺术内容引起美感的审美心理是具体的,对艺术内容与审美心理之间具体联系的研究是一项庞大的难以穷尽的工程。这里选择几种带有普遍性的艺术内容,介绍其如何在审美心理的作用下引起美感的机理。

1. 善的艺术内容引起美感的机理

审美现象发生的实质,是在功利活动的过程中,事物的形式与功利作用引

---

① 张法.美学导论[M].北京:中国人民大学出版社,1999:78.

起的快感在大脑皮层建立起新的联系通道,从而引起原本由事物功利性引发的快感。功利追求形成审美心理规律最明显地体现了审美现象发生的这一特点。功利追求形成审美心理规律,是指通过直接的功利需求形成审美心理的一种现象。功利追求形成审美心理规律表现在艺术欣赏和创作中,使得表现现实生活中善的内容成为艺术美的内容,艺术创作成为一种变善为美的创造过程。

现实生活中的善,是指一切对人有益的因素,在艺术中最突出的表现就是价值取向。各种艺术作品成功与否,能不能受到人们的喜爱,首先在于价值取向是否符合欣赏者的要求。只有符合了欣赏者的价值取向,作品中人物的命运才能吸引观众,人物的悲欢离合才能在观众心中引起共鸣。《水浒传》与《荡寇志》是一个典型的案例。

 案 例

《水浒传》与《荡寇志》

《水浒传》是元末明初诞生的章回小说,反映北宋末年以宋江为首的梁山泊英雄好汉揭竿起义的故事。《水浒传》的成功之处,除了优美的文字、生动的情节、鲜明的人物形象,更重要的是其价值取向。它歌颂的除暴安良、杀富济贫,一直是中国古典小说尊奉的不二法门;它描绘的大秤分金银,大碗喝烧酒,不分出身贵贱,人人以兄弟相称的梁山泊,几近于空想社会主义的乌托邦,反映了下层人民群众的理想。《水浒传》诞生数百年来一直流传不衰,被称为中国古代小说四大名著之一,有英、法、德、意、俄、匈、捷、波、朝、越、日及拉丁等多种译本,深受国内外读者喜爱。

但是,这样一本受欢迎的艺术作品,在具有不同价值取向的封建权贵眼中,却是异端邪说、"洪水猛兽"。清代文人俞万春就是这些封建权贵的代表性人物。俞万春的父亲是一位清朝大官僚,在广东做官时当地百姓造反,他父亲带领军队进行镇压,得知造反的原因是百姓不堪忍受官吏的敲诈勒索,于是有人用《水浒传》的故事鼓动人们造反。后来俞万春的父亲又被调到广西做官,当地也发动了农民暴动,起义者仍然是效法《水浒传》中的英雄,"推生员罗帼瑞为宋大哥"。俞万春的父亲深感《水浒传》之害,要求俞万春写一部消除《水浒传》影响的书。

俞万春按照父亲的要求,写成了长篇小说《荡寇志》。书中的主人公陈希真、陈丽卿父女,原为占山为王的绿林好汉,后招安归顺朝廷,带人把梁山泊一百零八个好汉,捉的捉,杀的杀,有的甚至千刀万剐,剖腹挖心。该书一出,立即受到下层民众的反对。太平天国起义的士兵在苏州惩办了俞万春的老婆,火烧了《荡寇志》的印版。

同样的题材,甚至许多人物也相同,为什么《水浒传》为民众喜爱,《荡寇志》却为民众仇视呢?原因就在于不同的价值取向,前者同广大民众的价值取向相同,后者同广大民众的价值取向相悖。艺术作品能不能引起欣赏者的美感,一个至关重要的因素是作品的价值取向是不是符合欣赏者的价值取向。只有符合欣赏者价值取向的艺术作品,才能引起欣赏者的喜爱和关注,由此构成的作品内容才能引起欣赏者的美感。

在现实生活中,政治主张是价值取向的重要表现形式。关于文艺与政治的关系,一直是理论界争论不休的话题。新中国成立到20世纪80年代以前,文艺为政治服务的观点居主流位置;改革开放到20世纪末,"文艺祛政治化"的观点比较流行;21世纪以后,"文艺再政治化"的呼声又开始高涨。主张文艺"祛政治化"的理论基础,就是"为艺术而艺术"的观点。这种观点在我国艺术界一直存在,新中国成立前的"新月派""自由人""第三种人"等文学派别,都是这种观点的表现。

在政治社会中,不可能存在无政治的艺术。任何文学艺术作品,总会体现出一定的对社会发展的看法和主张,即使作家本人没有明确的意识,他的作品也会起到这样的作用。"商女不知亡国恨,隔江犹唱后庭花",诗人表达的是一种政治主张,唱歌的"商女"表现的也是一种对社会如何发展的态度。两种行为都会对社会发展产生影响,都属于政治行为。事实上,"为艺术而艺术"的理论和实践,在现实生活中实际表现出的也是一种政治倾向。

政治倾向是艺术不可回避的内容,可以通过艺术内容表现出来,也可以通过艺术效果表现出来。所谓纯粹的艺术,即不涉及政治的艺术是不存在的,在现实中艺术不可能完全与政治无关。通常情况下,对统治阶级而言,艺术是维护社会稳定的有效工具;对反抗者而言,艺术则是消解反抗力量的腐蚀剂。早在古希腊时期,柏拉图就主张把诗人驱逐出理想国,因为宣扬柔弱感情的诗人对培养坚强的理想国保卫者有害。基督教早期敌视艺术,公元4世纪基督教成为罗马帝国的国教以后转而支持艺术。因为早期基督教是政权镇压的对象,而晚期是政权的组成部分。抗日战争和解放战争时期,以鲁迅为代表的文人反对"为艺术而艺术",因为这样的艺术有害于中国人民反侵略求解放的斗争。对所谓纯艺术内容的态度,实际上取决于人们在现实生活中的政治地位。

政治倾向是价值取向最集中的表现,在社会矛盾激烈斗争的时期,政治倾向就成为艺术最受人们关注的内容。在这种社会背景下,表现与欣赏者同样政治倾向的作品,最能引起欣赏者的喜爱,最能给人以强烈的情感享受。小说《钢铁是怎样炼成的》和《班主任》典型地表现了这一点。

 案 例

《钢铁是怎样炼成的》引起的不同感受

《钢铁是怎样炼成的》是苏联作家尼古拉·阿列克谢耶维奇·奥斯特洛夫斯基(1904—1936年)所著的自传体长篇小说,主人公保尔·柯察金出生在一个贫穷的工人家庭,上了三年小学就被迫退学做童工,受尽各种欺凌。长大后参加红军,成为一名英勇的骑兵战士,战斗负伤回到地方工作,由于伤病发作,双目失明,全身瘫痪,他依靠口述,请亲友记录,历时三年,完成了这部长篇小说的创作。

《钢铁是怎样炼成的》出版后,引起极大的轰动。在苏联解体之前,这部著作先后用 61 种文字印行了 600 多次共 3000 余万册,同时流传国外。

20 世纪 30 年代,年轻的翻译工作者梅益受中国共产党的委托,用了 5 年时间把《钢铁是怎样炼成的》译成中文,受到广大中国读者的欢迎。该书至 20 世纪 90 年代,先后在国内印刷了 300 多万册,刷新了中国出版界外国文学作品印刷量的最高纪录,影响了几代中国人。在 20 世纪以后,这部世界名著的中译本起码有 20 多种。

奥斯特洛夫斯基只上了三年小学,32 岁去世,这样的文化水平决定了这部小说在艺术形式上不可能有多么完美,这也是一些西方学者贬低这部小说的原因之一。事实上,不了解艺术内容审美规律的人,很难理解这种类型艺术作品的美。当年奥斯特洛夫斯基兴冲冲把小说寄给出版社,没想到一开始就吃了闭门羹,出版社以达不到出版要求退稿。后来在朋友的帮助下,一家杂志小心翼翼地接受了这部作品,在不显要的位置分 11 期刊登了小说的第一部和第二部。作品发表三年间,评论界没有一点声音,似乎这部作品压根就没有问世一样。

然而,作品还在手稿期间,就受到许多读者的喜爱。杂志连载期间,图书馆里借阅的人排成了长队。人们迫不及待地盼望每一期杂志的出版,信件雪片似的飞向编辑部。有一位读者直接给作者写信:"尼古拉,好兄弟！给你写信的是克拉斯诺达尔机车库一个你不认识的钳工。现在是清晨五点,我一整夜都在读你的保尔的故事。我太喜爱他了。他的冤家对头,全让我用钢笔尖给戳了个遍。杂志戳烂了。如今我呆坐着,不知道怎么还到图书馆去。"通过这样的故事,可以想象读者激动的心情。

1934年末,著名记者和作家米·科利佐夫采访了奥斯特洛夫斯基,他于1935年3月17日在《真理报》上发表通讯报道《英勇》,奥斯特洛夫斯基的名字和事迹一夜之间传遍了苏联各个角落。同年10月,奥斯特洛夫斯基被授予苏联国家级最高荣誉——列宁勋章。此后两年间,《钢铁是怎样炼成的》用各种语言重印再版了50次。

为什么《钢铁是怎样炼成的》诞生之初,苏联出版和评论界的专家并不看好它,因为专家们关注的是作品的形式。为什么广大读者喜欢《钢铁是怎样炼成的》,因为读者关注的是作品的内容及其体现的价值倾向。作品主人公的经历、感受和奋斗的目标,与当时千千万万劳苦大众是相同的,所以作品能够唤起他们记忆中的感受,激发他们奋斗的激情,给他们带来强烈的美感享受。

 案 例

《班主任》引发的不同感受

1977年11月,《人民文学》在刊物头条位置,刊登了刘心武的短篇小说《班主任》。作品通过谢慧敏等中学生的形象,表现了"文革"时期极"左"路线对青少年心理造成的伤害。

《班主任》发表以后,在社会上引起了极大的反响。据责任编辑回忆,刊物发行不久,就收到大量的读者来信,办公室书柜放不下,不得不去买麻袋来装。1978年2月,《人民文学》刊登了一组读者来信:"《班主任》说出了我们想说的话";"这是一篇别开生面的好作品";"它提出了发人深省的社会问题";"作者用他那深刻的真知灼见,启发、激励我们战斗、前进"。这些充满感情的语言,表现了读者阅读作品后的感受。1978年,首届全国优秀短篇小说奖评选,《班主任》的读者推荐票数遥遥领先,成为首届全国优秀短篇小说获奖冠军。有评论说,"在新时期文学的道路上,《班主任》是一座高高屹立的里程碑[①]"。

---

① 崔道怡.《班主任》是永远的:文学史上的一座里程碑[EB/OL].(2017-05-18)[2020-08-03]. http://blog.sina.com.cu/u/181667364.

《班主任》虽然当时轰动一时,但是对于今天的读者来说,阅读这篇小说的感受却会大不相同。2018年2月,在一篇介绍《班主任》的文章后有这样一个跟帖:"刘心武的《班主任》在当年名声很响,我也看过,但基本都忘了,刚看到林斤澜的文章,对这篇小说评价很高,我又找到《班主任》这篇小说,结果只读了三个章节就读不下去了,感觉根本就不叫小说,无论是主题、情节还是语言,完全是概念化的东西,毫无文学性可言。"如果从艺术形式的角度分析,《班主任》的结构、情节和语言可以说非常的不艺术。很不艺术的作品为什么当时会受到人们的欢迎,就在于它的内容符合了当时民众普遍的政治诉求。1976年粉碎"四人帮"后,中国社会开始逐渐摆脱极"左"思潮的影响。然而,十多年极"左"路线的影响根深蒂固,在每一个人身上都留下了烙印。如何消除这种影响,是当时社会面临的一项急迫而艰难的任务。特别是在怎样看待"文革"的问题上,社会上存在截然不同的认识,国家层面还没有做出明确的结论。《班主任》从艺术领域实现了突破,率先把这个问题摆在全国人民面前。作品通过几个中学生的形象和发生在他们身上的琐事,揭露和批判了"文革"对社会环境和人的心理造成的深刻影响。作品较少使用艺术性的描写,更多采用直白抽象的诉说,虽然不符合艺术形式的规律,但却能更加清晰地表现政治倾向。作品的这种特点,是在今天引不起读者美感的原因,在当年却成为有助于引起读者美感的因素。1977年,基于长期以来形成的对政治高压的恐惧,还没有人敢于明确地表达对极"左"路线的痛恨,或者说还没有找到这种情绪有效的发泄方式。《班主任》对极"左"路线危害的揭露和批判,与当时大多数社会成员的政治诉求相吻合,说出了大家想说而没有说出来的感受,引起了人们情感上的共鸣,给人们带来了强烈的情感享受,因而受到了人们的普遍欢迎。

　　特定的社会环境会形成社会成员某种共同的价值取向,较好反映这种价值取向的艺术作品,因为符合大多数社会成员的功利需求,就会受到人们的喜爱和追捧,成为轰动一时的"热门艺术"。

2. 性爱艺术内容引起美感的机理

　　在人类初年的艺术作品中,性爱是非常普遍的内容。世界各地发现的原始洞穴壁画和岩石雕刻,都有表现男女性特征的内容。我国最早的诗歌总集《诗经》,相传为孔子删订而成,被尊为五经之一,开篇就是描写男女相爱的《关雎》。我国早期的短篇小说集《三言二拍》和《聊斋志异》,其中充满了有关性爱的故事。我国第一部文人独立创作的长篇白话小说《金瓶梅》,被人们称为描写性爱的典范。欧洲文艺复兴的巨著《十日谈》,性爱也是其中重要的内容。随着人类文明的发展,以描写男女爱情为主题的作品,逐渐取代赤裸裸展示性爱的作品,成为艺术发展的主流。"爱情是艺术永恒的题材","戏不够,爱情凑",就是人们总结的艺术规律。

　　有关性爱的艺术内容为什么能够引起人们的美感呢?原因就在于性本能形成审美心理规律的作用。性本能形成审美心理规律,指由于性本能的作用形成审美心理这样一种现象。长期以来,许多人尊崇爱情,却鄙视性爱,这是历史原因形成的认识误区。事实上,无论多么崇高的爱情,都是建立在性爱基础之上的。性本能是性爱的基础,性爱是爱情的基础,正如善是美的基础一样。正是因为这样的原因,自古以来有关性爱的艺术内容受到人们的普遍青睐。

　　性爱在中国艺术中,长期以来是一个比较敏感的话题。20世纪中期,曾经有一段时间,艺术是不允许反映性爱和爱情的。在那个时期,艺术中的男女英雄多是独身,没有男女情感,也没有家庭生活。20世纪80年代中期,出版界出版了弗洛伊德的几本著作,文学中出现了一些有关性爱的描写,曾经有人为此忧心忡忡,如临大敌。著名文学史家唐弢以《不必大惊小怪》为题,撰文指出:"在中国,涉及性和生理现象的区域禁忌最多,人们也因此不约而同地向这一禁区进攻。"他引用清末维新派领袖谭嗣同的话说:"向使生民之初,即相习以淫为朝聘宴飨之巨典,行之于朝庙,行之于都市,行之于稠人广众,为中国之长揖拜跪,西国之抱腰接吻,沿袭至今,亦孰知其恶者?""如果不是人们故意将其神秘化,则男女构精也同握手行礼一样,无可指责。"唐先生之意,无非是要人们科学地看待性和文学中关于性爱的描写,特别是克服长期封建社会形成的把性爱神秘化和庸俗化的意识。因为如果不能正确地认识这个问题,就不能正确认识一些审美现象,甚至会把美当作丑。

　　20世纪后期以来,交际舞、迪斯科舞在国人眼中已经习以为常,不仅出现在一般社交场合和一些高雅的宴会,国家电视台也经常播放这些舞蹈的比赛。然而在20世纪80年代以前相当长的历史时期,这些舞蹈在我国是被禁止的,原因是"有伤风化"。以致后来开禁时,许多人也怯于叫交际舞,而改叫"交谊舞"。

　　在音乐方面,爵士乐、摇滚乐等现代音乐,也曾经因为涉及性爱被禁演。

爵士乐是19世纪末、20世纪初产生于美国新奥尔良的一种舞曲性质的音乐，是因奴隶贩卖而传入美国的西非黑人民间音乐在都市环境中发展演变的产物。苏联建国初期就反对爵士乐，苏联第一任人民教育委员卢那察尔斯基说："爵士乐是色情的、逗人睡觉的音乐。"高尔基在《论胖子们的音乐》中写道："（爵士乐队的演奏）恰像一块污泥丢到透明纯净的水中，发出野蛮的嗥叫声、嗤嗤声、隆隆声、咆哮声、怒号声、噼啪声；怪异的声音会突然闯进来，使人联想到马嘶声；又有蠢猪的呼噜声，驴叫声，青蛙求爱的咯咯声。这些疯狂般的声音形成一片混乱，而以一种几乎无法捉摸的演奏表达出来。这样的哀叫声如果听上一二分钟，能令人认为这是一个疯子的乐队在演奏。"高尔基的这段话与其说是听音乐时的感受，倒不如说是用艺术的语言表达对这种音乐的厌恶情绪。苏联的音乐词典中这样表述："爵士乐是现代资本主义城市的产物，资产阶级的爵士乐队所演奏的乐曲都是故作兴奋的，律动十分刻板的，无精打采的，下流而庸俗的。"①

新中国成立之初，一切学习苏联，因而也接受了苏联对爵士乐的认识。我国直到20世纪80年代改革开放之前，从发表在报纸杂志上的文章来看，对爵士乐基本持反对态度。一位颇有名望的音乐家说："爵士乐是资本主义社会的一种'意识形态'，它主要在夜总会、舞厅、酒吧间等游乐场所演奏，因而是资本家谋利的一种'商品'。"这位音乐家还对"流行音乐"的特定含义及在我国的具体表现做了说明，认为我国现在一般人所说的"流行音乐"，"它指的就是美国十九世纪末、二十世纪初形成的以爵士乐为代表的一类音乐。这种音乐在二三十年代就传到了我国。比如黎锦晖等人写的《桃花江》《毛毛雨》《何日君再来》《蔷薇蔷薇处处开》等歌曲，就是这类音乐在中国的典型代表。由于这些歌曲吸收了我国民族音调，歌词是汉语，所以在我国人民中间的影响远比国外的'流行音乐'大得多。在当时国难当头，民族存亡的严酷现实中起到了粉饰太平、麻痹人民意志的消极作用。"②

在这位音乐家看来，爵士乐是一种很受民众欢迎的音乐，为什么要反对这种音乐呢？理由可以归纳为两点：①爵士乐是资产阶级的音乐，是"在夜总会、舞厅、酒吧间等游乐场所演奏"的音乐。②这种音乐在国难当头的时候麻痹人民的意志，具有消极的作用。

---

① 驰平,成义,立伟,等.现代青年交际大全[M].哈尔滨:黑龙江朝鲜民族出版社,1985:413.
② 同①.

第一条理由不仅指出了爵士乐是资产阶级的音乐,而且特别强调了它的演出地点。为什么要强调后者呢?就在于资本主义社会的音乐有些我们也可以欣赏,而在"夜总会、舞厅、酒吧间等游乐场所演奏"的音乐却是必须反对的。因为在那个时代国人的眼中,"夜总会、舞厅、酒吧间等游乐场所",无异于色情、下流的代名词。当时一些肯定爵士乐的人,在强调爵士乐"是劳动群众创造并为劳动群众所喜爱、所接受的音乐"的同时,也要补充一句:"虽然爵士乐中有大量的低级、庸俗、黄色、颓废的东西,但对它还不能全盘否定"。

为什么这种音乐会被看作是"色情""下流"呢?20世纪80年代《人民音乐》曾经刊载一篇题为《什么是音乐审美中的"低级趣味"》的文章,对此做了说明:"当歌唱者用自然的发声(即本嗓)来歌唱时,如果模仿了(不论自觉与否)生活中表现情歌的人声效果,就会使听者在生理上或心理上下意识地'回忆'起或感受到某种情欲。表现情欲的人声,程度不同地伴随着人的一生,而在青少年时期最多。这本是正常的。但如果不适当地强调、夸张、扭曲这种人声效果(向软的极端变形是各种色彩的慵懒的语气——所谓靡靡之音,向硬的极端变形则是各种色彩的喊叫——所谓歇斯底里),就形成一种低级趣味的音乐形态了。西方的流行音乐(也包括一些拉美地区的民歌)的典型发声特征是某种'沙哑'性。这种唱法是把离原祖的生理性基础很近的情欲人声中的'沙哑'特质单独抽象出来或'过滤'出来而形成的。无疑,就形式的审美价值而论,它比'美声唱法'要低,而且易于表现低级趣味的内容。在器乐中,对于情欲人声的模仿,最典型的莫如爵士乐了,爵士乐里最典型的又莫如萨克斯风、小号、电吉他模仿的这种情欲人声效果了,例如各种滑音、喉音效果,电吉他的'哇哇'声,等等。'哇哇'声实际隐喻着人声的发嗲,某些港澳流行歌星咬字特有的'扁韵'(声母发出后立即将韵母收拢呈扁状)也即'哇哇'声的等义。虽然对爵士乐的某些手法若借鉴得合乎高级趣味的目的,也极有意义;但不可否认的是,爵士乐的发生发展还是以生理性的情欲发泄为首要目的的。"

这篇文章显然出自一位音乐行家的手笔,作者对这种音乐现象的描述是准确的:某种声律易于激起人的生理情感(作者称之为"人声情欲")。作者认为,这种声律作为人的正常语音,青少年时期最多;作为音乐,西方的流行音乐、拉美的民歌和港澳流行歌星的唱法最典型;作为器乐,爵士乐最典型。我们知道,青少年是人生最美好的时期,青少年的声音在大多数成年人听来,无异于天使的声音,然而在这里却遭到否定。西方的流行音乐、拉美的民歌和港澳流行歌星的唱法,显然都是这些地区民众喜爱的艺术形式,在这里也遭到否定。

导致这种评价标准的原因,除了几千年封建社会"存天理,灭人欲"的传统观念影响外,缺乏对性本能形成审美心理规律在艺术中作用的认识,不能说不是一种重要的因素。从我国社会发展的实际看,近百年以来,艺术一直担负着整个社会冲击封建传统观念束缚的先锋作用。改革开放以来,我国艺术同整个社会一样,发生了巨大的变化。不仅爵士乐等西方音乐逐渐为人们接受,而且过去被斥责的艺术形式,有的竟成了艺术的主流。譬如"沙哑"的唱法,以腾格尔、那英、田震等歌手为代表,一度风靡歌坛,受到人们的普遍欢迎。

社会道德的发展是一个渐进的过程,艺术的发展不能完全超越道德。但是,纵观人类社会发展的历史,人们对性爱的态度,总体上是沿着从封闭到开放的轨迹发展。在这个发展过程中,艺术始终承担着开路先锋的作用。艺术之所以能够具有这样的作用,根本的原因在于性本能形成审美心理的规律,使得有关性爱的内容能够引起人们的美感,从而受到人们的欢迎。

3. 权贵名人的艺术内容引起美感的机理

1944年,毛泽东在延安看了评剧《逼上梁山》后,给编剧杨绍萱和导演齐燕铭写了一封信,提出后来影响广泛的艺术观点:"历史是人民创造的,但在旧戏舞台上(在一切离开人民的旧文学旧艺术上)人民却成了渣滓,由老爷太太少爷小姐们统治着舞台,这种历史的颠倒,现在由你们颠倒过来,恢复了历史的面目,从此旧剧开了新局面,所以值得祝贺。"但是,在这封信发出半个多世纪之后,曾经被极力反对批判的"帝王将相、才子佳人、牛鬼蛇神",在中国艺术中依然占据着十分重要的地位,特别是反映宫廷争斗的电视剧更是一度充斥银屏。

为什么会出现这样的现象呢?这就是社会地位形成审美心理规律作用的结果。社会地位形成审美心理规律,指的是因为社会地位的原因形成审美心理的规律,主要表现为两个方面:一方面是下层人模仿上层人形成审美心理的规律,另一方面是上层人区别下层人形成审美心理的规律。社会地位形成审美心理规律在艺术中的作用,首先表现为人们普遍喜欢欣赏有关社会地位高的人的艺术内容。

为什么人们普遍喜爱有关权贵名人的艺术内容?因为在社会地位分明的社会,人们总是普遍希望自己能够具有较高的社会地位。因此,社会地位高的人的爱好、行为、服饰等,就成为人们学习的对象。这种审美规律的表现形式之一,就是人们关注社会地位高的人的兴趣,远远胜过关注社会地位低的人。

早在古希腊时期,亚里士多德就意识到这种审美规律在艺术欣赏中的作用。有一位画家为亚里士多德的母亲画像,画得惟妙惟肖。作为对这位画家的回报,亚里士多德说了一句流传千古的名言:"去画亚历山大吧!"什么意思呢?就是说,你已经具有了很高的绘画才能,但只有创作有关亚历山大大帝这样重大内容的作品,才能引起人们的关注和喜爱,为自己赢得财富和社会地位。为什么为亚里士多德母亲之类的人画像不能赢得社会声誉,画亚历山大之类的题材就可以达到这样的目的呢?原因就在于亚历山大的社会地位。

案例

亚历山大大帝

亚历山大大帝(Alexander the Great,前356—前323),即亚历山大三世,马其顿王国国王,著名的军事家和政治家,先后统一希腊全境,横扫中东地区,占领埃及全境,荡平波斯帝国,一直进军到印度河流域,建立了当时世界上领土面积最大的帝国。

在中国文学史上,有两首表现爱情的长篇叙事诗,一首叫作《孔雀东南飞》,为东汉末年无名氏所作,表现庐江府小吏焦仲卿和妻子刘氏的爱情故事;一首叫作《长恨歌》,唐朝大诗人白居易所作,表现唐玄宗李隆基和贵妃杨玉环的爱情故事。虽然都是描写爱情的诗篇,前者的主题、结构和情节甚至强于后者,但是后者显然要比前者为更多的人关注和熟悉。为什么会出现这样的现象呢?因为后者的主人公和作者的社会地位要远远高于前者。尽管人们在欣赏艺术作品时未必有意识地想到这一点,但是这丝毫不影响社会地位形成审美心理规律在其中发挥作用。

社会地位形成审美心理规律的作用,使得有关社会地位高的人的艺术内容更能引起人们的关注,通过简单的思想实验就可以证明这一点:毛泽东的传记和一个普通红军战士的传记放在一起,大多数人会选择看哪一个呢?一个电视台播出名人的生活信息,一个电视台播出普通百姓的生活信息,人们会看哪一个呢?毫无悬念,大多数人会选择前者。

社会地位形成审美心理规律在艺术欣赏中的另一种作用方式,表现为社会地位高的人创作的艺术作品更容易受到人们的喜爱。这种作用在书法和绘画作品欣赏中表现得最为突出。从古到今,我国有作品传世的书法家有几个是平民百姓？不是民间没有艺术成就高的书法家,而是他们的作品不能为世人所见所识。20世纪末到21世纪初的一段时间,中国大陆"官本位"观念盛行,一个书法家如果成为协会的领导,作品的价格马上就可以翻倍。于是许多书法家通过各种途径谋求头衔,一个省级书法协会的副主席曾经多达60多个。人们称这种现象为"字以人名",意思是书法作品因为作者的身份地位而出名。这种现象表现在欣赏者方面,就是欣赏者以人论艺,按照作者评价艺术作品,为此闹出了不少笑话。

 案 例

名人癖

唐代有一位叫李邕的书法家,在当时很有名气。他平时很瞧不起一个叫肖诚的书法家的作品。有一次,肖诚找了一张陈年旧纸,在上面写了一幅字,还做了一些伪装,然后告诉李邕说:"我找到一幅古帖,是王羲之的真迹,你看怎么样？"李邕看了,连声道好。肖诚听完哈哈大笑,把真实情况告诉李邕。李邕急忙拿过帖子,又看了一遍说:"仔细看一看,这字实在不怎么样。"

唐初有个叫张率的少年诗人,天资聪慧,十五岁便能写文作诗。有一次,他把自己的20多首诗作,送给一个叫虞纳的老前辈品评。虞纳随手翻了翻,不屑地说:"这样的诗都值得送给我看吗？"张率听了非常气愤,便把这些诗拿回家,放进火炉里烧了。过了几天,气愤不过的张率又写了几首诗,再次送给虞纳品评,假说是抄写当时一位有名诗人沈钧的作品。虞纳看了,击案赞道:"字字珠玑,妙语天成,名家手笔,果然不凡！"张率冷笑着说:"是吗？这可是你所瞧不上眼的张率写的！"

这样的现象在艺术欣赏中不是少数,为什么同一个艺术作品,作者不同便会引起不同的欣赏效果呢？其中一个重要的原因,就是社会地位形成审美心理规律的作用。这种作用的实质,是欣赏者把对作者的崇敬之情混同于欣赏作品的感觉。虽然如此,欣赏者的感觉是真实的,是因为艺术作品而起的,所以仍然属于审美的范畴,是一种特殊的艺术审美现象。在现实生活中,这种现象的发生往往还有另一种原因,就是欣赏者出于自己的个人目的,有意识地奉承和吹捧作者。这种原因引发的现象,虽然与社会地位形成审美心理规律作用的表现形式相同,但已经超出了艺术欣赏和审美活动的范畴,本质上属于一种社会功利行为。

4. 新奇艺术内容引起美感的机理

中国小说的滥觞是唐代传奇、魏晋志怪，尽管描写社会现实成为当代文艺作品的主流，但武侠小说、神怪小说、侦探小说、惊险小说以及同样内容的电影、电视剧依然盛行不衰。不仅文化水平低的人和儿童喜爱，许多受过高等教育的专家学者也乐此不疲。金庸封笔数年后，凭借其武侠小说的版税收入，仍然长时间名列全球华人收入最高的十大作家之列。著名数学家华罗庚喜爱武侠小说，有一次二人相遇，金庸问华罗庚对武侠小说的看法，华罗庚说了一句很有意味的话："武侠小说是成年人的童话。"武侠小说中的侠客飞檐走壁，神怪小说中的神仙腾云驾雾，妖怪成精变形，是现实生活中看不到的。侦探小说的曲折离奇、复杂变化也是一般生活中难以经历的。它们给读者以不同于现实生活的新鲜感受，人们的生活越单调，便越喜爱这类作品。

这些艺术作品最突出的特点就是新奇。为什么新奇的艺术内容能够引起人的美感呢？原因就在于人的好奇本能以及由好奇本能形成审美心理规律的作用。人的好奇本能表现为对新事物迅速的关注行为和强烈的探究愿望。好奇本能得到满足，神经系统就会产生愉悦感。好奇本能这种情感活动方式，使得新奇的事物形象在人大脑皮层视觉区与快感区建立起联系通道，形成好奇本能形成审美心理规律。武侠、志怪、侦探、惊险类艺术作品，表现了好奇本能形成审美心理规律在艺术创作和欣赏中的第一种作用，即形成了一种特殊类型的艺术形式。

好奇本能形成审美心理规律在艺术中的第二种作用，形成艺术创作和欣赏追求新奇的特点。人们常说的"无巧不成书""文贵创新"等格言，表达的就是对这种特点的认识。围绕求新创新，文坛上留下了无数佳话。

案例

李白搁笔

天宝三年（744年）三月，李白携友游览黄鹤楼，看到开元诗人崔颢的题诗《黄鹤楼》："昔人已乘黄鹤去，此地空余黄鹤楼。黄鹤一去不复返，白云千载空悠悠。晴川历历汉阳树，芳草萋萋鹦鹉洲。日暮乡关何处是？烟波江上使人愁。"李白不禁连声赞叹："好诗！好诗！"友人怂恿李白也来一首，李白诗兴勃发，提笔四望，几番构思，难出新意，不禁掷笔在地，叹道："眼前有景道不得，崔颢题诗在上头!"此事李白始终难忘,当年秋天,他登临金陵(今江苏省南京市)城外的凤凰台,触景生情,又想起崔颢的诗,步其原韵,写成七律《登金陵凤凰台歌》:"凤凰台上凤凰游,凤去台空江自流。吴宫花草埋幽径,晋代衣冠成古丘。三山半落青天外,二水中分白鹭洲。总为浮云能蔽日,长安不见使人愁。"

李白《登金陵凤凰台歌》与崔颢《黄鹤楼》的韵脚相同,首联写典,颔联怀古,颈联写景,尾联叙情,格式也完全一致,可见后者对前者的影响。李白号称"诗仙",面对黄鹤楼的美景诗兴勃发,却因为无法在崔颢的诗外另出新意而搁笔,在数月之后才如愿以偿,创作中的求新精神由此可见一斑。我国古代类似的故事,还有曹操焚书、王安石毁稿、谢榛删诗等,作家为了追求与前人不同,不惜把多年的心血付之一炬。这些故事反映了作家创作中的求新倾向,这种倾向形成的原因在于读者求新的需求,作家创新和读者求新都是好奇本能形成审美心理规律在艺术创作和欣赏中作用的结果。

好奇本能形成审美心理规律在艺术中的第三种作用,是促进艺术形式和艺术风格的不断变化。

 案 例

毕加索的自白

1996年初,爆发了一条震惊世界艺术界的消息:英国前内阁大臣格莱德文男爵公布了一份毕加索的自白,那是这位世界著名绘画大师1951年70岁时接受意大利艺术史研究专家帕比尼访问时的一份谈话记录。在这份自白中,毕加索告诉世人,他晚年的作品是一堆乱七八糟的东西,他自己不过是一个"哗众取宠的人罢了,是靠着同时代人士的低能、虚荣和贪婪而获取最大的利益"。他说:"他们越不懂就越仰慕我……我一个人的时候从不敢以艺术家自居。"

毕加索的自白一经问世,立即引起轩然大波。《人民日报》刊登了一篇题为《毕加索的玩笑》的署名文章,认为"毕加索这个玩笑开得太大了,有点谑近于虐,把他的无数崇拜者推到了一个极为尴尬的境地"。文章指出:"曾几何时,毕加索晚期的立体主义绘画被一些评论家吹捧得神乎其神,他成了20世纪最伟大的艺术家,许多人群起效仿他的风格,他的作品在欧美拍卖市场价格扶摇直上达到数百万乃至上千万美元,就连国内的美术界人士也常常以能够理解和诠释毕加索的作品为荣。然而毕加索毕竟还保留了最后一点真诚。当年东方绘画大师张大千到欧洲登门拜访毕加索,毕加索第一句话就是'你到这里来学什么?'这可以看作是他对自己这份略带忏悔式的自白的一个注脚。"

很显然,文章作者是要借毕加索的自白来教训那些"崇洋媚外"的作家和评论家,开导那些喜爱西方现代派艺术品的观众和读者,不要盲目崇拜西方现代派作品。作者批评某些作家写作是"立志要别人看不懂",批评某些观众和读者不懂装懂,这些现象都是存在的,批评也是必要的。但是,作者根据这条消息,便完全断定毕加索是个骗子,立体主义绘画是毕加索恶作剧的产物,却是值得商榷的。

撇开这条消息的真假不论,即使毕加索真的有这么一个谈话,又能说明什么问题呢?我们完全可以设想,毕加索不是用立体主义绘画,而是用这个谈话和世人开一个玩笑——他要考验他的崇拜者,是仅仅崇拜他的名气,还是真的喜爱他的作品。文章的作者提到这样一个事实:"我曾见到过毕加索少年时代绘画的印刷品,正如这位大师自己所说的那样,他十五六岁就能画得跟拉斐尔一样好,但却要花60年的时间才能画得跟小孩一样。他为什么要放弃早期的写实风格,而把大半生精力用来开创一个立体主义绘画派别,最终自己又将它全盘否定?"作者认为"这不是本文想要讨论的范围",然而不弄清楚这个问题,就很难对毕加索的自白做出正确的判断。

毕加索从小学习绘画,熟悉传统的写实画法,他之所以放弃传统,创立立体主义画派,必然深知其中的奥妙。即使他不知道,他的绘画受欢迎,完全是"瞎猫碰上死耗子",也不能因此得出否定西方现代派绘画的结论。西方绘画艺术在19世纪以前,以宗教题材为主,不管是教会文化、文艺复兴,还是巴洛克、新古典主义,都是把写实作为主要的表现手法和目的;19世纪的浪漫主义、写实主义,内容上偏向现实生活,形式上依然延续写实的风格;20世纪以后,名目繁多的现代派绘画,共同的特征就是反传统,从传统的写实风格向写意风格转变。西方绘画的这种特点,与中国绘画完全不同。中国绘画大约从唐代开始,写意画就开始占据主流地位,特别是众多的文人画,更是以写意著称。这可能是毕加索不理解张大千为什么要到欧洲学习绘画的原因。

从欣赏的角度讲,生活中尽管不乏《皇帝的新衣》之类的故事,但审美毕竟不是官场,人们大可不必不懂装懂。特别是在绘画欣赏方面,这种假装是要付出代价的。如果让谁用数百万元乃至上千万元去买一幅自己并不欣赏的画,可能再附庸风雅的人也会捂紧自己的钱袋。即使毕加索在骗人,19世纪中期以来的印象派、野兽派、表现主义、超现实主义、抽象主义、后现代主义诸绘画流派都在骗人吗？百余年间，无数的欣赏者为什么这么心甘情愿地被骗，而且至今还不悔改呢？

从审美的角度分析，这绝非个别画家的心血来潮，而是这一时期人们审美心理的反映。仅仅从艺术角度研究艺术的人，不了解审美心理决定艺术变化的规律，所以难以理解这种与传统相悖的艺术现象。他们喜欢强调传统，认为理想的艺术是一成不变的，美的东西永远是美的。他们不知道艺术对传统不仅有继承的一面，而且有反叛的一面。现代西方艺术就是以反叛传统为旗帜，尽管在这一潮流下，鱼龙混杂，泥沙俱下，有许多滥竽充数的东西，但如果由此否定西方现代艺术，要求艺术返回传统，则无疑是要今人留长辫、穿长袍马褂，只能成为后人的笑柄。造成西方艺术这一变化的内在原因，就是好奇本能形成审美心理规律的作用。

好奇本能形成审美心理规律是不同艺术形式和艺术流派发展变化的内在动力。西方从古希腊艺术，到中世纪艺术，再到文艺复兴艺术，从哥特式艺术到巴洛克式艺术和罗可可式艺术，再到浪漫派、写实派，又到印象派、现代派；中国散文从"饰其所，而遗其意"的骈体到韩愈的"文从字顺"、平易写实的散文的转变，绘画从院体的精美形式和工笔装饰到徐渭的写意花鸟的转变；建筑雕塑从古代追求平衡对称到现代反对平衡对称的转变，其中根本的原因是人们对旧的形式的厌倦和对新形式的追求。纵观中外艺术史，有长盛不衰永不变化的艺术派别吗？没有。为什么呢？这就在于人们的好奇本能，就在于人对新事物永无止境的追求。没有创新，艺术就没有生命，唯有不断创新的艺术才会受到人们的喜爱。

"江山代有才人出，各领风骚数百年。"这是艺术发展的真实写照，也是对艺术发展规律的总结。这种现象形成的原因和艺术发展的规律，就是好奇本能形成审美心理规律在艺术创作和欣赏中作用的结果。

5. 艺术人物命运引起美感的机理

文学理论常讲一句话，叫作"文学是人学"，此话相传为高尔基首倡。钱谷融把这个观点扩展到整个文学艺术领域，提出"文艺的对象，文学的题材，应该是人，应该是时时在行动的人，应该是处在各种各样复杂的社会关系中的人"①。艺术应该表现人,这一点人们似乎没有分歧。但是从欣赏者的角度考察,艺术人物的哪些方面最受欣赏者关注呢?毫无疑问,是艺术人物的生命状态。当艺术人物为欣赏者所关注的时候,欣赏者的感情就会随着艺术人物的生命状态不断变化。欣赏者喜爱的艺术人物高兴,欣赏者会跟着高兴;喜爱的艺术人物痛苦,则会跟着痛苦。欣赏者不喜爱的艺术人物高兴,欣赏者则会不高兴;不喜爱的艺术人物痛苦,欣赏者反倒快乐。这种心理有时是有意识的,有时是无意识的,不管是有意识还是无意识,这种心理都会主导欣赏者情感的变化。中国戏剧中关于《汾河湾》衍生《王宝钏》的故事,就是这种欣赏心理的生动写照。

 案 例

《汾河湾》与《王宝钏》

在中国传统戏剧中,有一个表现唐朝名将薛仁贵的《汾河湾》,还有一个表现唐朝大将薛平贵的《王宝钏》。后者在京剧中名为《红鬃烈马》,在秦腔中名为《五典坡》,1999年拍成电视剧《王宝钏与薛平贵》。在秦晋交界黄河两岸的民间,流传着这样一种说法:《王宝钏》实际来源于《汾河湾》。

据说在很早以前,山西一个大户人家为母亲祝寿,请戏班子演唱《汾河湾》。《汾河湾》写薛仁贵婚后投军,十多年不能回家。妻子柳英环生下儿子薛丁山,独自把他养大成人。薛仁贵回乡探亲,在汾河湾箭射老虎,不幸射中了薛丁山。回到家中见到柳英环,才知道汾河湾射中的原来是自己的儿子。戏剧演出结束,大户人家的母亲仍然惦记剧中人物的命运,问戏班班主薛仁贵和柳英环最后的结局。班主回答说,根据戏班师祖相传,薛仁贵数日后离开妻子回到军中,柳英环因为生活艰辛,疾病缠身,加之思夫心切,最后病死在寒窑。这位母亲听后禁不住伤心流泪,感叹这样好的女人为什么就没有一个好的下场,以至于忧伤成疾,卧病不起。大户人家的儿子听从一位名医"心病还需心药治"的建议,花巨资请人撰写夫妻大团圆的剧本,于是就有了戏剧《王宝钏》。两出戏情节大同小异,不同的是薛仁贵变成了薛平贵,柳英环变成了王宝钏,王宝钏苦等寒窑十八载,薛平贵登上西凉国的王位,王宝钏苦尽甘来做了王后。

---

① 钱谷融.论"文学是人学"[M]//钱谷融.钱谷融论文学.上海:华东师范大学出版社,2008.

《汾河湾》与《王宝钏》的故事尽管是传说，但符合民间文学发展的规律。这个故事值得关注的是，大户人家的老太太在看完戏后，依然关注剧中人物的结局，听到女主人公病死寒窑，竟然伤心成疾，可见其用情之深。

为什么艺术人物的命运能够如此牵动欣赏者的情感呢？原因就在于生死本能形成审美心理规律的作用。生死本能指人喜爱生命厌恶死亡这样一种行为倾向。生死本能使得体现生命活力的事物形象成为审美心理的内容，称为生死本能形成审美心理规律。上述案例表现了生死本能形成审美心理规律在艺术欣赏中的第一种表现方式，即艺术人物的生命状态成为欣赏者关注的焦点，主导欣赏者情感的变化。

观众牵挂艺术人物的最终归宿，在艺术欣赏中非常普遍。1982年，路遥发表小说《人生》，在社会上引起强烈反响。阿里巴巴的创始人马云就曾经说过："18岁时，我正在蹬三轮，是《人生》改变了我的人生。"在受到作品鼓舞感动的同时，许多读者牵挂着"高加林"最终的归宿。陕西咸阳一位农民企业家找到路遥，请求作家写一本《人生》续集，他愿意自己出钱把续集拍成电影。这个请求被路遥拒绝了，在留下"《人生》没有续集"这句名言的同时，也留下了一个欣赏者牵挂艺术人物生命归宿的生动故事。

欣赏者牵挂艺术人物生命的归宿，希望他们喜爱的艺术人物有一个美好的结局，这是生死本能形成审美心理规律在艺术欣赏中的第二种表现方式。《汾河湾》中的柳英环病死寒窑，让那位山西老太太伤心致病；《王宝钏》中的大团圆结局，却让这位伤心致病的老太太恢复了健康。这种现象的背后，就是生死本能形成审美心理规律的作用。

爱者欲其生，恨者欲其死。爱与生，恨与死，在艺术欣赏中是相互联系的情感和生命状态。生死本能形成审美心理规律在艺术欣赏中的第三种表现方式，就是欣赏者希望他们痛恨的艺术人物得到应有的惩罚。

 案 例

中共中央决定枪毙"黄世仁"

1945年4月22日，延安鲁迅艺术学院排演的歌剧《白毛女》正式公演。公演时剧情的结尾是召开公审大会，控诉黄世仁的罪行，交给人民政府处理。公演结束之后，很多人对剧中黄世仁的处理结果非常不满。第二天，中共中央办公厅向剧组传达了中共中央书记处专门会议的意见，在肯定《白毛女》艺术成就的同时，指出黄世仁如此作恶多端，不枪毙是不对的，应当枪毙。从此以后，枪毙黄世仁就成了《白毛女》的法定结局。

　　一个艺术人物的命运,需要通过中共中央书记处特别会议决定,这在艺术发展史上是独一无二的。这个事件在今天看起来有点不可思议,但在当时却是非常必要的。为什么《白毛女》的编剧最初不枪毙黄世仁呢?因为在抗日战争时期,民族矛盾大于阶级矛盾,为了战胜日本帝国主义的侵略,中国共产党强调团结一切可以团结的力量一致对外,包括黄世仁这样的恶霸地主,只要抗日就是团结的对象。在这种背景下,枪毙黄世仁就违背了中央精神,影响了抗日统一战线的团结。但是,为什么中央书记处又下令枪毙黄世仁呢?因为到了1945年,抗日战争即将结束,民族矛盾的地位开始下降,阶级矛盾重新上升为中国社会的主要矛盾,中国共产党的战略方针需要随之进行转变。然而这种社会矛盾转变导致战略方针的变化,是编剧们难以把握的,也是他们不能决定的,必须由中共中央决定。所以,中共中央书记处判处黄世仁死刑,不仅是对一个艺术人物命运的决定,而且标志着中国革命战略方针的转向。

　　根据社会发展的需要决定杀不杀黄世仁,这是一个理性的选择,就如同"西安事变"后对蒋介石的处理一样。但是作为艺术人物,黄世仁的生死对欣赏者却意味着完全不同的情感。在《白毛女》演出过程中曾经发生过这样的事件,一个愤怒的战士忘记了自己是看戏,突然举枪瞄准台上的黄世仁准备射击,幸亏旁边的班长反应迅速,"黄世仁"才得以逃过一劫。后来部队不得不规定,看戏时一律子弹退膛。即使这样,"黄世仁"有一次还是被观众扔水果砸中眼眶。在那个阶级矛盾尖锐的社会,不要说一般的年轻战士难以控制自己的情感,就是毛泽东这样的伟人,在观看《白毛女》时也禁不住潸然泪下,演出结束后上台接见演员,竟然不愿与扮演《黄世仁》的演员握手。

　　欣赏者的仇恨如此强烈,"黄世仁"却得不到严惩,人们的情感自然得不到满足。《白毛女》编剧贺敬之曾经回忆说,第一次公演后他去食堂打饭,炊事员说:"你呀,黄世仁这就算完了,不枪毙啦?不枪毙今天这菜就要给你少打!"生活需要理智,艺术欣赏却是感情主导。如果由于现实的原因,黄世仁得不到严惩,《白毛女》就不能成为优秀的艺术作品。中共中央书记处的决定虽然是基于当时社会发展的大局做出的,但这个决定恰恰符合了生死本能形成审美心理规律在艺术欣赏中的作用,因而成就了《白毛女》。

　　中国传统文学作品,历来讲究"善有善报,恶有恶报",这样的认识虽带有宿命论的色彩,在现实生活中并非都能如此,但艺术作品却必须如此,因为这是生死本能形成审美心理规律的要求。生活中可以说"如若不报,时辰没到",但艺术作品却必须是现报,一部艺术作品就是一个完整的世界,不能这个作品人物的报应在另一个作品完成,因为一部作品完成了欣赏者的一次情感旅程。古往今来,艺术作品遵循这个规律就会受到欣赏者喜爱,违背这个规律就会引起欣赏者的不满。金圣叹删改《水浒传》,就是遵循这种规律的表现。

 案 例

金圣叹删削《水浒传》

金圣叹(1608—1661年)是明末清初著名的文学家和文学批评家。在金圣叹生活的年代,社会上流行的是120回本的《水浒传》。金圣叹认为后50回不是施耐庵所写,是罗贯中"横添狗尾",降低了作品的艺术性,所以自行砍去,成为后来流传的70回本《水浒传》。

关于金圣叹删改《水浒传》的原因,有一种说法是金圣叹过于喜爱《水浒传》。金圣叹曾经说,古往今来最好的文学作品是《水浒传》,古往今来最明事理的君子是施耐庵。当时文人们有"天下十大才子书"的评定,施耐庵的《水浒传》名列第五,第一是罗贯中的《三国演义》。金圣叹对此大为不满,他要让他喜爱的《水浒传》成为第一,于是以后50回是罗贯中"横添狗尾"为由,把《水浒传》删改为70回,到忠义堂英雄排座次结束。

金圣叹删改后的70回《水浒传》,被后世称为艺术性最强的版本,极大地推动了《水浒传》的传播。但是,尽管人们普遍感觉金圣叹删改后的版本要比原来的版本好,但究竟好在什么地方,长期以来却无人道出其中的奥妙。其实,金圣叹70回《水浒传》较之120回版本的高明之处,就在于遵从了艺术作品欣赏中的生死本能形成审美心理规律。以宋江为首的108个梁山好汉,是《水浒传》塑造的正面艺术形象,也是读者喜爱的艺术人物。梁山泊一百单八将的生命状态,是读者关注的焦点,也是他们情感牵挂的焦点。在120回《水浒传》中,一百单八将有的战死,有的伤残,有的死于乱军,有的死于疾病,这就违背了艺术欣赏中的生死本能形成审美心理规律,因而读者看得难受,看得闹心。反观金圣叹删削后的70回《水浒传》,以梁山泊英雄排座次结束,显然符合了欣赏者的情感需要,读者看得高兴,看得畅快,作品自然大受欢迎。

6. 艺术创造力引起美感的机理

艺术创造力在不同的艺术形式中具有不同的特点,其共同之处就在于表现了人类的创造能力,并因为这个原因使得艺术作品引起人的美感。绘画《清明上河图》的欣赏就典型地表现了这一点。

案例

《清明上河图》

《清明上河图》为北宋翰林画院画史张择端所作,为绢本,淡着色,画幅高24.8厘米,长528.7厘米,画的是当时宋朝首都汴梁的景象。全图分三部分,首段描写郊原景色,枯树草桥,行旅不绝;中段描写虹桥之景,大船穿过虹桥,桥头摊商栉比,行人云集;末段画城内街景,歌楼酒市,作坊医家,各类人物活动其间,一派繁华景象。

《清明上河图》问世以来,受到人们的普遍喜爱,历代都有临摹本。据统计,目前国内外公私所藏的《清明上河图》摹本就有30幅。《清明上河图》的魅力何在?人们为什么如此喜爱这部作品呢?

从历代的评论看,人们首先惊叹于作品宏大自然的艺术结构。《清明上河图》画的是北宋汴京升平时期的繁荣景象,从郊外一直延伸到城中,图中原野、大河、商廊、舟车、人物、摊铺、摆设、招牌……大小事物组合在一起,繁而不乱,严密紧凑,行云流水,真实自然,令人有如临其境之感。其次是惟妙惟肖的绘画技巧。据齐藤谦所撰《拙堂文话·卷八》统计,《清明上河图》上共有各色人物1643人,动物208头(只),比古典小说《三国演义》(1191人)、《红楼梦》(975人)、《水浒传》(787人)中任何一部描绘的人物都要多。人物大不足3厘米,小者如豆粒,仔细品察,个个形神毕备,毫纤俱现,极富情趣。把如此宏大的场景盈缩于区区画纸,大小得当,惟妙惟肖,体现了作者非凡的艺术创造力。

为什么体现艺术创造力的作品能够引起人的美感呢?原因就在于创造本能形成审美心理规律的作用。创造本能是指人通过创造活动实现自我的内在需求。创造本能形成审美心理规律,指由于创造本能的作用形成审美心理的现象。按照创造本能形成审美心理规律,每个人都有通过创造活动实现自我的内在需要,这种内在的需要使得人不仅能在欣赏自己创造的对象中产生美感,也能在欣赏代表人类某方面创造力的事物中产生美感。《清明上河图》之所以能够引起人们强烈的美感,就在于体现了人类在绘画方面高超的艺术创造力。

艺术作品因为创造力使人产生美感,在绘画中表现得非常普遍。如齐白石笔下的虾比起生活中的虾更能引起人的美感,莫奈的向日葵比起田野的向日葵更能引起人的美感。黑格尔认为"艺术美高于自然美",在这样的审美现象中无疑是正确的。不过其中的原因,不是因为他所说的艺术美是自觉的存在、自然美是不自觉的存在,而是因为艺术作品体现的艺术创造能力使人产生了美感。

文学作品欣赏过程中,也会存在因为艺术创造力使人产生美感的现象。我们通过下面这首诗来加以说明。

《咏柳》

贺知章

碧玉妆成一树高,
万千垂下绿丝绦。
不知细叶谁裁出,
二月春风似剪刀。

唐代诗人贺知章的这首绝句,一千多年来被人们广为传颂。以至于人们每次见到春日垂柳,就会想起这首诗。这首诗的魅力何在?为什么让人们如此喜爱呢?原因就在于其中的艺术创造力。

该诗首句用"碧玉"一词,一是表现柳树的颜色,二是借用南朝乐府诗《碧玉歌》中"碧玉破瓜时""碧玉小家女"的典故,把柳树比作梳妆打扮后亭亭玉立的妙龄少女。次句承接上句比喻,化用《南史》刘悛之为齐武帝献蜀柳"条甚长,状若丝缕"的典故,把随风摇曳的柳枝比作姑娘衣服上的绿色丝带。柳树嫩绿的新叶、细长的枝条,与女性形象的相似之处,在于体现的都是轻柔之美。用少女形象描写柳树,通过这种相似性就把柳树的特点写活了。第三、四句从比喻转入写实,先问细细的柳叶是谁裁出来的,再用"二月春风似剪刀"回答。短短四句诗,用"碧玉"少女比喻柳树,用"绿丝绦"比喻柳枝,用"剪刀"比喻春风,在描述柳树美丽形象的同时,传达了作者欣赏柳树的美好感受。其构思之精妙,表现之传神,令人拍案叫绝。《唐诗笺注》评价这首诗"赋物入妙,语意温柔",确实非常恰当。作品的这一特点,是作者卓越艺术创造力的体现。这种卓越的艺术创造力,通过创造本能形成审美心理规律的作用引起人们的美感,是诸如此类文学作品受到人们喜爱的重要原因。

创造本能形成审美心理规律在艺术欣赏中的作用,在表演艺术欣赏中表现得最为明显。当戏剧演员漂亮地完成一段难度很大的唱腔或者动作，当歌手在很高的音域从容自如地唱完最后一句歌词，当相声演员惟妙惟肖地模仿各种人物说话或者唱歌……观众立即会报以热烈的掌声。掌声是观众快乐情感的流露，也是对演员最大的奖赏。为什么诸如此类的表演会引起观众强烈的美感呢？原因就在于表现了高超的艺术创造力，这种高超的艺术创造力通过创造本能形成审美心理规律的作用，引发了观众的美感。表演艺术的欣赏环境，使得观众的感受可以直接得到表现，由此也可以直接观察到艺术创造力与观众美感之间的联系。事实上，任何艺术都需要艺术创造力，体现艺术创造力的作品都会引起欣赏者的美感，艺术创造力越强，一般人越难以企及，引发的美感就越强烈。

7. 生产力先进国家艺术引起美感的机理

在世界文学艺术发展史上，许多国家都曾经一度独领风骚。有趣的是，他们在世界文学艺术中最有影响的时期，都发生在该国经济在世界上处于领先地位的同时或者之后。古希腊、古罗马、西班牙、英国、法国、德国、美国等国家的艺术发展，都曾经有过这样的经历。

在这种现象中，西班牙文学的表现最为典型。15 世纪末地理大发现之后，西班牙对美洲进行了残酷的殖民活动，掠夺了大量财富。1519 年，西班牙国王查理一世当选为神圣罗马帝国皇帝，改称查理五世，西班牙成为称霸欧洲、美洲的强大王国。虽然西班牙的强盛时期十分短暂，16 世纪中叶便开始衰落，但是在 16 世纪后半期，西班牙的文学仍然在世界范围得到广泛的传播，成为西班牙文学的"黄金时代"。

为什么经济发展领先的国家，其艺术也会领跑世界，受到其他国家人们的喜爱呢？以往人们只从文学艺术自身的角度看待这种现象，没有从审美的角度或从欣赏者审美心理的角度看待这种现象，所以无法认识这种现象形成的真正原因。从美学的角度看，一种艺术能够受到追捧，根本的原因在于符合了欣赏者的审美需要。为什么一个国家在强盛之后，他们的文学艺术会在世界上广为传播，原因就在于社会发展水平形成审美心理规律的作用。

社会发展水平形成审美心理规律，指社会发展水平低的地方的人学习和模仿社会发展水平高的地方的人的行为习惯，从而形成新的审美心理的现象。按照社会发展水平形成审美心理规律，生产力欠发达国家和地区的人总是喜欢向生产力先进国家和地区的人学习，希望通过学习生产力先进国家和地区进而达到同样的水平。这种活动有的是有意识的理智的学习，有的则是无意识的模仿，这种有意识或无意识的学习模仿活动，最终使得社会发展水平高的国家的人的行为习惯成为社会发展水平低的国家的人的审美心理。在这种审美心理的作用下，经济发展领先国家的文学艺术于是成为其他国家人们的审美对象。

中国近代以来，文学艺术最初受到西欧国家的影响较多，新中国成立后受苏联的影响加大。20世纪80年代以后，随着美国成为世界上唯一的超级大国，美国的文学艺术也成为中国人青睐的审美对象，好莱坞的电影甚至一度超过了国产电影的影响。在这种艺术现象的背后，基本的推动力量就是社会发展水平形成审美心理规律的作用。

21世纪以来，随着中国经济的快速发展，中国文化开始在世界各地传播，如雨后春笋般发展的孔子学院就是一个典型的例证。根据媒体报道，越来越多爱好文身的欧美青少年喜欢在身上文汉字。从网上发布的照片来看，许多外国人显然不理解所文汉字的意义，有的女性在身上文上"鸡""贱女""野女孩""寡妇"等有贬义的汉字，男性则有文"猪""丑""无恶不作"等汉字。相对于这样的文身，英国足球明星贝克汉姆身上文的"生死有命富贵在天"，就受到网友的称赞。中国文化受到欢迎的魅力来自何方呢？来自中国迅速发展的生产力，来自中国综合实力的强大，这就是社会发展水平形成审美心理规律作用的结果。

8. 艺术爱好引起美感的机理

不同地方的人有不同的艺术爱好，比如北京人喜欢京剧，上海人喜欢沪剧，西北人喜欢秦腔，东北人喜欢二人转……这样的艺术爱好是怎样形成的呢？这就在于人际影响形成审美心理规律的作用。

人际影响形成审美心理规律，指主体受他人的影响形成审美心理的规律。这个规律在人的一生中都会发生作用，但是最重要的作用是在童年时期。童年时期人的身体，具有非常广泛的适应性。生理学家研究发现，平原上的母羊在海拔5000米的地带分娩，所生的小羊也能适应这样高度的环境。把在平原出生的同样品种的小羊带到5000米的地带，小羊就会因为不适应环境而无法生存。这个研究成果在说明生物出生时具有广泛适应性的同时，也表现出这样一种规律：当这种广泛适应性中的某一种一旦确定，就会成为生物在现实世界的基本特点，或者说最佳的现实适应性。人在童年时期，主要依靠感觉认识外部世界，这时候形成的审美心理，就会影响人的一生。我所熟悉的一位老人的戏剧爱好，生动地表现了这一点。

一个生活在陕西的"豫剧迷"

在陕西省关中地区的农村，生活着一个80多岁老人，非常喜欢戏剧。但是，他不像当地人那样喜欢秦腔，而是爱听豫剧。原来，老人祖籍是河南省，十几岁从河南老家来到陕西，此后60多年一直生活在陕西，却一直保持着对豫剧的爱好。

一个地方有一个地方的戏剧，一个地方的人爱好当地的戏剧，这在现实生活中是非常普遍的现象。但是，案例中的这个老人在河南老家生活不到20年，在陕西却生活了60多年，为什么依然喜欢豫剧而不喜欢秦腔呢？这就是人际影响形成审美心理规律的典型表现。老人虽然在河南老家生活的时间远远没有在陕西时间长，但因为童年生活在河南，所以豫剧就形成了他的审美心理，伴随着他的一生。有关资料显示，我国有360多种戏剧形式，这些不同的剧种能够长期存在，生生不息，就在于各自有一批自己的观众。这些观众的形成过程，就是人际影响形成审美心理规律的作用，是不同地区的人在童年时期形成了对不同剧种的审美心理。

在20世纪80年代以前，戏剧是农村普遍的娱乐形式，村村都有舞台，经常有戏剧演出。特别是每年春节，人们欢聚在戏台下，享受戏剧和各种美味小吃，儿童们更是玩得不亦乐乎。在现实生活中，年龄大的人多喜欢戏剧，其中一个重要的原因，就是年龄大的人在童年形成了对戏剧的审美心理。年轻人大多不喜欢戏剧，因为20世纪80年代以后出生的人，童年时已经没有戏剧的氛围，没有形成相关的审美心理。如果家长不带自己的孩子欣赏戏剧，人们在童年时期不能经常欣赏戏剧，这些不同的剧种就会一步步走向式微，几代人之后就会逐渐消失。

人际影响形成审美心理规律在艺术欣赏中的作用，还表现在对艺术家成长的影响。许多作家、艺术家从艺的道路，都与童年的生活有关，许多艺术家都是由于亲人的影响而走上艺术道路的。父母喜欢小说，孩子往往也喜欢小说；父母喜欢戏剧电影，孩子往往也喜欢戏剧电影。童年形成的审美心理，引导爱看小说的小孩最后成为作家，爱看戏剧、电影的最终成为演员、导演，从而影响人生的轨迹。

人际影响形成审美心理规律的作用,是人们形成艺术爱好的重要途径。家长希望孩子形成艺术爱好,就需要在孩子幼年时期多带孩子参加艺术活动;国家希望壮大民族艺术,就需要从青少年入手,形成普遍的社会审美心理,才能造就未来的观众和艺术家。

以上我们从八个方面介绍了艺术内容引起美感的机理,这八个方面在艺术欣赏中非常普遍,但却不能囊括艺术审美的全部内容。艺术内容引起美感的机理非常复杂,这种复杂性不仅表现为艺术内容的庞大多样,而且表现在欣赏主体审美心理的复杂多样。所以,企图完整地揭示艺术内容引起美感的机理,基本上是不可能完成的任务。美学研究所能做到的,是揭示其中的一般规律和基本原理。以上八个方面的机理,属于艺术内容欣赏的一般规律。这些一般规律表现了艺术内容审美的基本原理,艺术内容之所以能够引起人的美感,就在于符合了欣赏者的审美心理;唯有符合欣赏者审美心理的艺术内容,才能引起他们的美感,受到他们的喜爱。

四、艺术欣赏中美感的特点与类型

艺术基本形式是从功利活动中分化出来的,是创造艺术美的方式。通过艺术基本形式,不仅生活中美的事物成为艺术的内容,作为美的基础的善、善的对立物恶、美的对立物丑等,一切生活内容都能够成为艺术的内容。艺术不仅成为生活中美的反映,也成为变善为美、化恶为美、化丑为美的神奇魔法棒。艺术作品这种不同于现实生活中审美对象的特点,使得艺术欣赏产生了明显不同于现实审美活动的美感,进而形成不同类型的艺术作品。

1. 艺术欣赏中美感的特点

(1)艺术美感的多样化特点。

现实生活中的审美活动,美感必然是愉悦的。无论是漂亮的姑娘还是英俊的小伙,奇山异峰还是碧海蓝天,姹紫嫣红还是冰封雪飘……审美对象引起的情感无不属于愉悦的范畴。

在艺术欣赏中,绘画、雕塑之类造型艺术作品引起的情感是单一的,并且以愉悦为主,同现实生活中审美活动中的情感表现方式大体一致。文学、戏剧、电影、电视剧等语言性和综合性艺术作品,引起的美感则与现实审美活动的美感不同。

在电影《白毛女》中,"北风吹,雪花飘"的优美旋律,喜儿扎上红头绳迎接新年的欢快场面,令观众沉醉于欢乐之中;而除夕之夜突然逼债上门的恶霸地主黄世仁及其同伙的出现,顿使观众变得紧张担心;杨白劳被逼死,喜儿被抢走,引起观众深深的悲痛;喜儿在黄世仁家遭受折磨、蹂躏,激起观众强烈的愤怒;喜儿与大春在山洞相认,黄世仁被枪毙,观众感到欢欣鼓舞。

快乐、紧张、担心、悲痛、愤怒……电影《白毛女》欣赏中产生的这些情感,表现了综合性艺术欣赏中美感多样化的特点。这种多样化的情感,基本包括了人类所有的情感类型,构成艺术审美不同于现实审美的美感特点。艺术欣赏中的美感不仅包括人类所有的情感,这些情感还具有不同于现实生活中美感的强度。为了说明这一点,我们来看一个案例。

 案 例

世界"最好""最坏"演员

意大利有位戏剧演员,以演反派人物出名。有一次演出莎士比亚的名剧《奥赛罗》,他把诡计多端的坏蛋依雅古演得惟妙惟肖,观众看得直咬牙,有一位观众忍不住跳起来,拔出手枪,把这位演员击倒在舞台上。人们为了纪念这位演员,特地为他建造了一座很漂亮的陵墓。苏联戏剧大师斯坦尼斯拉夫斯基来到这里,认为这是一位好演员,因为他使自己与角色融为一体,使观众忘记了演员与角色的区别。斯坦尼斯拉夫斯基为死者立了一块碑,上面写着:"世界最好演员之墓"。德国戏剧大师布莱希特也来到这里,听了这个不幸的故事,认为这是一个糟糕的演员,因为他不去批判角色,反而使观众着了迷,失去了理智。布莱希特在墓旁另立了一块碑,上面写着:"世界最坏演员之墓"。

不同的评价来自不同的角度,斯坦尼斯拉夫斯基的称赞源于艺术激发观众情感的目的,布莱希特的批评则基于艺术的社会作用。不管大师如何评价这位演员,这个案例充分说明,艺术欣赏引起的情感不仅形式上不同于现实生活中的审美,而且在强度上也与现实审美具有明显的区别。在艺术欣赏中,欣赏者有因为愤怒杀人者,有因悲伤自尽者,有喜爱成痴者,如此种种,都体现了美感多样化的特点。

艺术欣赏美感多样化的特点,源自艺术欣赏过程性的特点。现实生活中美感之所以具有单一性,是因为欣赏的对象是单一的,所以美感瞬间产生,性质瞬间确定。综合性艺术作品欣赏则不然,欣赏对象是一系列情节,众多人物活动其中,构成一幅幅不同的画面。不同的情节、画面引起不同的情感,欣赏者的情感随着作品情节的变化而变化,呈现为一个连续的过程。艺术美感由多样化情感不断变化组成一个连续的过程,由此构成艺术美感不同于现实审美美感的特点。艺术欣赏中结局固然重要,但更重要的是欣赏的这一过程,有的欣赏者往往急于知道结局,这就如同足球比赛不看过程只看结果一样,就难以享受到艺术的魅力。

(2)艺术美感的显意识性特点。

在现实美的欣赏中,审美心理处于潜意识状态。美感如幽灵,倏忽而来,倏忽而去,欣赏者不知道它缘何而来?来自何方?越是成熟的审美心理,审美活动中这种特征就愈强烈。

艺术欣赏中也存在这种现象,特别是音乐、绘画、雕塑等作品的欣赏。据说著名歌手那英初学唱歌的时候,有位老师认为她没有发展前途,原因是她的嗓子略带沙哑的味道。然而,正是这个特点后来使她赢得了人们的喜爱。有研究者认为,这种嗓音最容易引起人原始情感的冲动,正确与否,姑且不论,人们喜爱这种嗓音,说不出喜爱的原因,却是不争的事实。在绘画风格上,粗犷和细腻两种画风为不同的人喜爱,其中的原因人们也难以说清楚。这种现象同现实生活中的审美现象是相同的:审美标准由潜意识的审美心理决定,与意识完全无关。

然而,在大多数艺术欣赏中,意识却发挥着重要的作用。当阅读《水浒传》时,我们也清楚地知道,梁山泊英雄除暴安良、杀富济贫的壮举令我们喜爱,我们深深地关心他们的命运,为他们担心,为他们高兴;我们清楚地知道,高俅、蔡京、梁中书之类贪官污吏及其爪牙,令我们痛恶,他们的横行霸道令我们气愤,他们被惩罚、被诛灭令我们高兴。同样是描写梁山好汉的《荡寇志》,为什么我们不喜欢,因为我们清楚地知道,作品的价值取向和是非标准与我们不同。在文学、戏剧、电影、电视剧等艺术欣赏中,人们对内容的欣赏,都是在意识的指导下进行的。这是与现实生活中审美活动完全不同的。

对艺术形式的欣赏,更加需要依靠意识。俗话说:"外行看热闹,内行看门道。"所谓的"门道",就是一定的艺术标准。当面对《蒙娜丽莎》,我们欣赏它的构图,称赞它的用色,我们是用一定的艺术标准对它进行比较,进行评判的。当阅读路遥的《人生》,我们通过高加林与刘巧珍爱情的破灭、高加林与黄亚萍爱情的破灭,看到古往今来至高无上的爱情在一张城镇户籍卡前的软弱无力,清醒地意识到传统的户籍制度造成城乡差别的深刻程度——它已不是物质上的,而是精神上的。我们感叹作家的观察力和表现力,在情感享受的同时,也得到了认识的提高。这一切,都与意识的活动有关。

意识的参与,使得艺术欣赏中情感表现的形式,较之现实美的欣赏要激烈得多。在许多时候,这种艺术欣赏的情感更接近于生活中对待善的对象或恶的对象时的情感。当年轻的解放军战士准备向舞台上的黄世仁开枪,当冲动的意大利观众把扮演坏蛋依雅古的演员击毙在舞台上,他们是在强烈的意识指导下行动的。在他们的意识中,眼前的演员,就是真正的"黄世仁",真正的"依雅古"。这种意识的作用,增强了艺术欣赏中情感的激烈程度。

艺术欣赏中因意识的参与引发的强烈情感,曾经引起一些美学研究者的非议,莫里茨·盖格尔就主张把这类情感排斥在审美范畴之外。不管人们怎样评价这种现象,意识的参与使艺术欣赏中的情感增强,却是艺术审美有别于现实审美的事实。这种现象的存在,构成艺术欣赏中美感意识性特点。

2. 艺术欣赏中美感的类型

艺术欣赏中的美感虽然具有多样性,但优秀的艺术作品往往各自具有在欣赏过程中占主流地位的情感。不同的主流情感,就形成了艺术作品不同的风格和艺术欣赏中不同的美感类型。

在中国传统文艺理论中,对艺术风格一直存在各种不同的分类方法。曹丕在《典论·论文》中,把文章风格分为四种类型,即"奏议宜雅,书论宜理,铭诔尚实,诗赋欲丽"。南朝刘勰在《文心雕龙·体性》中,把文学风格分为八种体类,即"一曰典雅,二曰远奥,三曰精约,四曰显附,五曰繁缛,六曰壮丽,七曰新奇,八曰轻靡"。晚唐司空图作《二十四诗品》,列举了 24 种诗歌风格,经后人效仿,又出现了多种形式的《画品》《书品》《词品》《文品》等。清代姚鼐在《复鲁絜非书》中,把以往众多的艺术风格概括为"阳刚"和"阴柔"两种,认为:"其得于阳与刚之美者,则其文如霆,如电,如长风之出谷,如崇山峻崖,如决大川,如奔骐骥;其光也,如杲日,如火,如金镠铁;其于人也,如凭高视远,如君而朝万众,如鼓万勇士而战之。其得于阴与柔之美者,则其文如升初日,如清风,如云,如霞,如烟,如幽林曲涧,如沦,如漾,如珠玉之辉,如鸿鹄之鸣而入寥廓;其于人也,漻乎其如叹,邈乎其如有思,暖乎其如喜,愀乎其如悲。"近代美学家王国维提出"优美"和"宏壮"两种艺术类型,他认为:"无我之境,人唯于静中得之。有我之境,于由动之静时得之。故一优美,一宏壮也。"姚鼐和王国维的两种类型,名异而实同,比较符合审美的实际,与西方美学对美的分类吻合。西方美学把美的类型分为"优美、崇高、悲剧、喜剧"四种。虽然有人把这种划分用于现实生活中的审美对象,然而这种划分实际主要着眼于艺术领域的审美对象。这种对艺术对象的评价,实际上表现的是欣赏者对艺术作品的感受,所以从艺术欣赏美感的角度,更容易理解这种艺术类型的划分。

(1)优美型美感特点。

"优美"一词,原意指"美好"。优美作为一种美感类型,指一般普遍意义上的美感,即平和的愉悦感。

优美作为一个美学概念,在古希腊时期就已经出现,其含义与"美"等同。罗马时期的朗吉努斯(213—273年)把"优美"与"崇高"作为一组相对的感念提出,把优美等同于美。后来许多美学家都对优美做了不同的描述,主要是区别优美不同于崇高的特点。

优美概念的提出,其主要原因在于人们在审美过程中发现了不同类型的情感。事实上,在审美活动中,每一个审美对象引起的感觉都存在差异。即使同一个审美主体在不同的时期欣赏同一个审美对象,感觉也会有所不同。比如一个人第一次游华山后,过了几天再去,两次欣赏产生的情感就会有所不同。如果欣赏不同的审美对象,产生的美感肯定差异更大。发现审美活动中这种差异,并对这种差异进行研究,是美学研究的一大进步。不过,当时人们把这种情感产生的原因,完全归之于审美对象的作用,因而提出这些概念主要是用来区别不同的审美对象。

作为一种审美对象类型,优美等同于我国艺术理论中的"秀美"和"阴柔美",比如姚鼐列举的阴柔美的对象,就体现了优美的特点。事实上,优美和崇高两种类型的美感和审美对象,不仅存在于艺术欣赏之中,同样存在于社会生活和自然景物之中。姚鼐用自然现象比喻艺术风格,就已经说明了这一点。只不过从美感的角度看,艺术欣赏中两种情感的差异,较之对社会美和自然美的欣赏更为明显,因而引起了人们的重视。

在现实审美活动中,优美对象的外在形式特点,体积表现为"小",外表表现为光滑,力度表现为轻柔,相对应的美感特征就是愉悦。在艺术欣赏中,优美的艺术作品,形式上通常具有类似现实生活中美的事物的特点,比如语言的清新、色彩的柔和、笔画的圆润等;内容上,一是表现现实生活中美的事物,二是表现平和细腻的情感。中国绘画中的南宗画,文学创作中"为艺术而艺术"的作品,是优美艺术作品的典型表现。

在美学研究中，康德认为优美不给人带来压抑，而是一种促进生命，使生命处于放松状态的感觉。里普斯认为凡不是猛烈、粗暴、强霸的，而是以柔和、肃静的本色侵袭我们的，便是优美的。李斯托威尔认为优美是对象处于不费力、无阻碍的运动之中，使我们产生了纯粹的无冲突、无痛苦、无混杂的喜悦。从这些论述中不难看出，优美突出的是单一柔和的愉悦情感，排斥的是悲伤、愤怒、紧张、惊惧、兴奋等不同类型的激烈情感。在艺术欣赏中，只有绘画、雕塑、田园诗歌之类的作品引起的情感是单一和柔和的，小说、戏剧、电影、电视剧等作品引起的情感多是复杂多样和激烈的。由此我们可以得出这样的结论：优美作为一种美感类型和审美对象，在现实审美活动中处于主流地位，在艺术欣赏中却不具有这样的地位。

(2)崇高型美感特点。

"崇高"一词，在汉语中原意为"最高的、最高尚的"，前者指有形的物体，后者指抽象的道德、精神等。崇高作为一种美感类型，指震惊、激动、振奋、崇敬、向往等强烈的情感状态。

崇高作为一个美学概念，一般认为是朗吉努斯最早提出的。朗吉努斯在《论崇高》一文中，提出自己看了凯齐留斯的《论崇高》，对其中的观点感到不满，说明此前已经有人提出了这个概念。不过，朗吉努斯对这个概念的阐发，使得这个概念为人们所重视并得以保留。朗吉努斯提出崇高的概念，主要是针对当时罗马文艺界重形式轻内容的风气。在此之前，欧洲文艺界"模仿说"居主流地位，追求形式和技巧，忽视思想内容。朗吉努斯提出，文艺作品的崇高风格应包括五个方面的内容，即庄严伟大的思想、慷慨激昂的感情、辞格的藻饰、高雅的措辞和尊严的结构，而从根本上说，"崇高是伟大心灵的回声"[①]。朗吉努斯虽然主要谈的是当时流行的修辞学，但显然是从艺术作品和艺术欣赏的角度谈论崇高。

朗吉努斯之后，英国的博克、德国的康德和黑格尔等人，都对崇高有所论述，但主要是从现实生活中的对象谈论崇高。博克把崇高与优美作为一对概念进行研究，使崇高成为与优美并列的美学范畴。博克提出，崇高事物庞大的形体使人感到恐惧和痛苦，但是人如果同对象保持一定距离，使其不能够威胁到自身的安全，就会产生惊叹和欣赏，这种感觉就是崇高感。康德把崇高分为

---

① 冯才权.崇高的美学范畴研究[J].文学教育,2018(14):39.

两种，一种是数学的，即对象具有无限大的体积和数量；一种是力学的，即对象具有无比巨大的力量。这种量的无限大和力的无比大，都是感官无法把握、想象力不能企及的，只有理性才能把握和适应。康德提出，对象巨大的形体和强大的威力使人的力量相形见绌，但是只要人是安全的，这种对象对人就具有巨大的吸引力。博克与康德对欣赏崇高对象与主体安全关系的论述，与后来布洛提出的欣赏"海上雾景"的情形颇为相似，实际上已经隐含了审美"距离说"的因素。康德认为，人们之所以喜欢欣赏崇高的事物，"因为它把我们灵魂的力量提高到了那样一种高度，远远地超出了庸俗的平凡，并在我们的内心里发现了另外一种完全不同的抵抗力量，它使我们有勇气去和自然这种看来是全能的力量，进行较量"。康德认为，这种主观的抵抗力量来自理性，与一个人的道德情操和文化修养有关。所以"真正的崇高不能含在任何感性的形式里，而只涉及理性的观念"①。黑格尔进一步认为，崇高是观念胜于形式，或者说"无限"观念的呈现。康德和黑格尔对崇高的这种认识，完全否定了感性对象的作用，实际是他们哲学观的表现。

以往对自然界崇高对象特点的研究，主要集中在对象形式的巨大和威力的强大；对社会生活中崇高对象的研究，主要集中在精神的伟大。然而，对社会生活中精神的欣赏，显然属于功利范畴而非审美范畴。自然界的崇高对象，类似于中国传统文艺理论中的"阳刚美"、"壮美"，虽然与"美"或者"优美"对象欣赏中的情感有所不同，但并没有太大的差异。比如我们游览苏州园林与黄山的情感，实际上仍然会以愉悦为主。至于博克与康德提到的危险性，是作为欣赏活动的前提，而非欣赏活动的内容。比如关在笼子内的虎豹可以作为欣赏对象，如果人直面虎豹随时可能发动的攻击，自然不能属于欣赏活动的范畴。

但是，作为艺术欣赏的美感类型，崇高与优美确实存在巨大的差异。当欣赏一幅山水画、一首爱情诗，欣赏者的感情是平和愉悦的；当欣赏《水浒传》《白毛女》之类的作品，欣赏者的感情则处于紧张、愤怒、喜悦等激烈状态。虽然每一个艺术对象引起的情感都会有所差异，但上述现象表明艺术欣赏存在两种完全不同的情感类型。一种主要通过形式或者愉悦的、单一的内容引起欣赏者的情感，一种主要通过人与人、人与各种对象复杂激烈的行为引起欣赏者的情感。前者引起情感的特征是平和愉悦，后者引起情感的特征是激烈昂扬，这

---

① 康德.判断力批判：上卷[M].宗白华,译.北京:商务印书馆,1964:84-85.

就是艺术欣赏中的优美和崇高两种美感类型。

(3)悲剧型美感特点。

"悲剧"一词,本意为一种戏剧形式,后引申为生活中的不幸遭遇。悲剧作为一种美感类型,指以悲伤、痛苦为特点的情感状态。

悲剧作为一个美学范畴,最早为古希腊的亚里士多德提出。当时古希腊盛行悲剧和喜剧,亚里士多德对"悲剧"和"喜剧"两个概念进行了深入的探讨。亚里士多德提出,悲剧是对"优于实际的人的行动"的模仿,这种人因为命运或过失的原因,不可避免地遭受厄运,引起人的"怜悯和恐惧",使人的情绪得到宣泄,由痛感转为快感,心灵得到陶冶和净化。

受亚里士多德的影响,此后许多人都对悲剧的特点进行了深入的探讨。这些探讨大体分为三个层面:一是关于悲剧的主人公。李斯托威尔提出悲剧的主人公是"人格伟大的人"。叔本华提出三种人:邪恶的人,如《威尼斯商人》中的夏洛克;高尚的人,如《俄狄浦斯王》和《罗密欧与朱丽叶》的主人公;普通人,如《浮士德》和《哈姆莱特》的主人公。恩格斯提出悲剧的主人公是代表"历史必然要求"的人。二是引起悲剧的原因。"命运悲剧说"认为,"不可捉摸的命运"是悲剧产生的原因;"性格悲剧说"认为,人物性格的缺陷是导致悲剧的原因;"社会悲剧说"认为,历史的必然要求和这个要求实际上不可能实现的现实矛盾是悲剧产生的原因。三是悲剧的作用。"灵魂净化说"(亚里士多德)认为,悲剧使人的情绪得到宣泄,心灵由此得到陶冶和净化。"人格提高说"(李斯托威尔)认为,悲剧性人物的人格伟大和不幸遭遇,使我们看到坚强的灵魂和不可摧毁的勇气,把我们提高到悲剧中英雄的水平上,从而振作起精神;"人生解脱说"(叔本华)认为,人生充满了悲剧性,艺术将这种悲剧性表现出来,可以使人自愿退出人生苦海,得到精神上的解脱;"历史启示说"(恩格斯)认为,代表历史必然要求人物的奋斗和失败,使人们认识到正义、进步、革命力量的合理性和必然性,引起人们同情和向往,激发为之奋斗的精神。

以往关于悲剧的各种探讨,或者从具体艺术作品出发,或者从某种哲学观念出发,从不同角度深化了对悲剧的认识。总体而言,悲剧性艺术作品的共同特征,就是艺术人物最终遭遇到不幸的结局,欣赏引起的情感基本特点是悲伤。从艺术实践的角度看,各种人物都可以成为悲剧的主人公,命运、性格或者社会因素都可以成为人物悲剧的原因,灵魂的净化、认识的提高、精神的鼓舞都是悲剧欣赏产生的社会作用。

作为一种艺术美感的类型,悲剧怎样将悲伤转化为愉悦呢?从审美的角度分析,主要基于以下三种原理。

一是情感运动规律。人的情感活动有一个规律,就是神经系统的任何兴奋活动结束时,如果没有什么危害依然使人受到威胁,这种情感活动就会使人感到轻松愉悦。为什么会产生这样的现象?原因在于肌体的兴奋实际上是神经系统动员起来准备应对某种情况,如果成功应对了情况,肌体便会以快感的形式予以奖赏。在艺术欣赏中,尽管"情况"是虚假的,但神经系统的活动却是真实的。于是,当活动结束之后,奖赏也就随之而来,如同现实生活中真正的经历一样。

现实生活中,一个人深夜穿过茂密的森林,恐惧感始终会笼罩神经系统,当安全到达目的地后,恐惧感消失,快感会接踵而来。探险者经过种种艰辛,终于到达珠穆朗玛峰顶,随着惊险、紧张、劳累感的消失,快感会油然而生。学生考试也是如此,考试的过程实际上是一个神经高度紧张的过程,之所以紧张,在于对考试结果的担忧。当考试成功结束,这种担忧紧张感自然消失,快感的奖赏会迅速降临。

1990年8月,美国领导的联盟军队对伊拉克发动了"海湾战争"。在这场战争中,许多美军士兵由于紧张过度患上精神抑郁症,随军医生采用的治疗方法,有一种就是让他们哭。大哭之后,这些士兵的病情大为好转,很快恢复了健康。这种治疗方法,就是把哭当作一种感情的宣泄,哭的过程可能是痛苦的,但哭过之后的感觉却是轻松舒适的。

悲剧对人情感的作用,类似于上述现象中的情感活动方式。艺术作品是一种形式,尽管在欣赏过程中,它会激起包括悲痛在内的各种情感,但当欣赏活动结束以后,这些情感产生的原因消失,人们的情感就会像得到一番锻炼一样,产生轻松愉快的感觉。亚里士多德用情感宣泄、心灵净化解释悲剧的作用,就是基于对这种情感运动规律的感悟。

二是创造本能奖励规律。人的认识活动,本质上是一种思维的探索创造活动。在认识活动中,新认识的发现、精神的提高,都是探索创造活动的成果。按照创造本能的活动规律,当探索创造取得成果,肌体就会产生快感奖励。因此,不管是得到"人格提高",还是"人生解脱",抑或"历史启示",这些认识成果的获得都会得到肌体的奖励,因而在悲伤的欣赏过程结束之后,就会产生愉悦的感觉。

三是价值观激励原理。在艺术欣赏中,具有共同价值倾向的艺术人物,会得到欣赏者的喜爱和关注,欣赏者的情感会随着人物命运的变化而变化。在悲剧艺术中,优秀的主人公往往体现着一种时代精神,这种精神深深打动和吸引了欣赏者,令他们向往和崇敬。由于各种各样的原因,主人公追求的精神无法实现,他们的牺牲却使得这种精神在欣赏者心中得到升华。如《红岩》《红灯记》《董存瑞》《焦裕禄》等作品,主人公的英勇就义,如凤凰涅槃,如羽化登仙,观众在悲痛的同时,精神得到感动、升华和激励,悲痛因此转化为愉快的情感享受。

艺术有各种社会作用,但从审美的角度而言,根本目的在于情感的享受。悲剧作为一种美感类型,虽然以悲伤为特征,但最终目的却不是悲痛而是愉悦。虽然存在以上三种把悲痛转化为愉悦的机理,但实践中并非每一个艺术作品都能成功地使欣赏者实现这种情感的转化。悲剧艺术欣赏中主体情感转化的程度,体现的是艺术家和艺术作品的艺术水平。

为了转化艺术人物的毁灭给欣赏者带来的悲痛,优秀的艺术家通常会采用一些特别的方法。我国古代艺术作品中,最著名的当数《梁山伯与祝英台》中化蝶的结局。虽然在许多理性的人看来,这是明显的艺术虚构,但人们还是喜欢这样的艺术结局,因为它使欣赏者的情感得到了华丽的转身。在电影《泰坦尼克号》中,目睹了泰坦尼克号沉海的悲惨场面以及男主人公的悲惨死去,观众的情感被沉重的悲哀所笼罩。从现实的角度而言,这就是结局。但是电影如果就此结束,观众悲痛的感情将难以转化为愉悦。聪明的导演意识到了这一点,先是在老年露丝住处的墙壁上,安排了一幅幅青年露丝各种形态欢快的生活照,接着安排船上的乘客和船员列队请年轻的露丝和杰克进入豪华的船舱,热情地拥抱、接吻。前一组镜头从故事情节上讲还说得过去,后一组镜头则从故事的情节上讲是完全不可能的。因为整个剧情已经结束,观众亲眼看见了杰克的去世;即使在露丝的记忆中,也不会出现这样的场面,这是故事中所没有的。很显然,这是导演有意安排的,是为了观众欣赏心理的需要而安排的。诸如此类的情节安排,体现了优秀艺术家对悲剧审美心理的理解,属于艺术创造中的神来之笔!

(4)喜剧型美感特点。

"喜剧"一词,本意为一种戏剧形式,后来成为一种美学范畴。喜剧作为一种美感类型,是指以喜悦、欢笑为特点的情感状态。

喜剧是古希腊时期一种重要的戏剧形式，起源于当时农民在收获葡萄季节祭祀酒神的狂欢游行。柏拉图和亚里士多德都曾经对喜剧的特点以及引发人们情感的原因进行过研究，从而使喜剧成为一个美学范畴。以往对喜剧的研究，主要集中在以下几个方面。

一是关于喜剧主人公的界定。柏拉图提出喜剧表现的对象是"自以为美"、"自以为智"和"自以为富"的人。亚里士多德提出喜剧所模仿的是比一般人较差的人物。黑格尔则提出是"自命不凡的"人。英国本·琼森却认为是"缺乏德行的人"。在诸如此类的界定中，实际上隐含着一种倾向，即喜剧人物只能是社会地位低下的人，不能把高尚人物作为喜剧人物。正是由于这样的理由，本·琼森曾经明确反对古希腊喜剧大师阿里斯多芬在喜剧《云》中，将苏格拉底作为讽刺对象的做法。这种倾向的实质，是封建社会等级观念的影响。在现实生活中，任何人都可能犯错误，因而都有可能成为喜剧嘲讽的对象。从艺术实践看，喜剧主人公有反面人物，也有正面人物，可以说各种人物都有。把喜剧人物限定在特殊的人群，体现的是一种社会等级偏见，不仅不符合喜剧发展的实际，也与现代社会人人平等的理念相悖。我国当代一位很有名气的小品演员，总是把农村人和残疾人作为嘲笑的对象，就曾经受到观众的抵制和批评。

二是关于喜剧的表现形态。从表现方式的角度，人们通常把讽刺、幽默、滑稽、揶揄、戏谑、插科打诨等归于喜剧的范畴，这些表现方式的共同特征就是引人发笑。同时，根据这些表现方式在戏剧中的作用，人们又将喜剧分为讽刺喜剧、幽默喜剧、欢乐喜剧、正喜剧、荒诞喜剧、闹剧等类型，这些喜剧类型的共同形式是大团圆结局。因此，也有人把大团圆结尾作为喜剧的标志。

三是关于喜剧引人发笑的机理。主要存在两种说法：一种为英国霍布斯首先提出，被称为"优越说"。霍布斯认为，人们在欣赏中发现喜剧人物的荒唐，从而产生一种优越感，并因此产生喜悦的欢笑。另一种为康德首先提出，被称为"乖讹说"。康德认为，喜剧性源于人紧张的期待，喜剧人物出人意料的乖讹行为，使紧张的期待突然消失于虚无，从而使人发笑。比较两种说法，共同之处在于都把喜剧人物违背常理的行为作为引人发笑的外因，不同之处在于对这种外因引发主体情感机理的解释。相比较而言，康德的"乖讹说"更接近人们的喜剧体验。在喜剧作品中，有以智慧令人发笑的，有以愚蠢令人发笑的，原因虽然不同，但表现形式无一不是出人意料，正是这种出人意料的效果，引起人发笑的情感。为了说明这一点，我们来看一个案例。

☕ 案 例

简雍戏谏刘备

刘备在蜀国称帝时,有一年大旱,为了节约粮食,就下了一道禁止酿酒的命令。官吏在一户人家中发现酿酒的工具,就把户主抓起来,准备按违反禁酒令处置。刘备同简雍外出,见前面有一男子,简雍说:"这是个强奸犯,快把他抓起来!"刘备惊奇地问:"何以见得?"简雍说:"他有淫具,就像有酿酒工具就是想酿酒一样,应该杀头。"刘备听了大笑,让人释放了那个因有酿酒工具被抓的人。

在这个案例中,如果没有因酿酒工具抓捕人的前提,简雍的说法就非常的愚蠢;有了这个前提,就非常的智慧。所以,同样的形式,既可以出于智慧,也可以出于愚蠢,二者都可以引人发笑。

刘备听了简雍的话为什么大笑,首先是因为这样的说法太违背常理了,这种违背常理正好说明了此前处罚持有酿酒工具人的不合理性。为什么处罚有酿酒工具的人不使人感到可笑,处罚有淫具的人就令人感到可笑呢?因为前者的乖讹度比较隐晦,后者的乖讹度比较明显。喜剧常用的方法,就是夸大这种乖讹度,使人认识某种行为的乖讹,乖讹度越大的行为,引人发笑的程度就越强烈。为什么出人意料的乖讹行为会令人发笑,按照康德的说法,是因为人紧张的期待落空后的自然反应。紧张期待落空如何引起发笑,目前生理学、心理学尚没有支持这种说法的研究成果。在现实生活中,与此相类似的行为,是人们紧张期待的结果如期而至的时候,人们往往会因极度兴奋而大笑,这是功利目的实现后肌体奖赏机制的结果,严格地说,属于创造本能的范畴。喜剧欣赏中的情感反应,应该就属于这种类型。因为人们紧张期待的,就是喜剧人物出人意料的行为,当这样的行为出现的时候,人们因紧张期待目的的实现而兴奋大笑。

刘备听了简雍的话大笑的另一个原因,是他由此认识到此前处罚持有酿酒工具人行为的荒谬,由于认识得到提升产生了快感。认识提升同生活中新的发现产生快感的原因相同,也是创造本能作用的结果。在喜剧欣赏中,有因为智慧使人发笑的,有因为愚蠢使人发笑的。前者如简雍之类的机智幽默,后者如闹剧中的装疯卖傻、无厘头逗乐。前者使人回味无穷,越看越爱看;后者使人觉得乏味,笑过之后往往失去继续观赏的兴趣。其中的原因,就在于后者缺乏这种因为认识提升得到的快感。

以往关于喜剧的研究,着眼点主要在艺术作品,也就是审美对象。事实上,人们之所以将其称之为喜剧,根本原因还在于欣赏中的感受。这种感受的产生,同一切审美活动一样,是主客体共同作用的结果。从美感的角度看,喜悦、兴奋、欢笑是其基本的特征,由此构成喜剧型美感与其他类型美感的区别。

(5) 艺术美感类型比较。

优美、崇高、悲剧和喜剧,是艺术欣赏中美感的四种类型。四种美感类型表现了人们在艺术欣赏中的四种情感,四种情感使得人们将艺术作品划分为四种类型。虽然人们常常把这些概念运用到现实生活中,用这些概念表述现实生活中的审美现象,但严格地说来,这些概念只是艺术欣赏的结果。现实生活中虽然存在与艺术作品相类似的优美、崇高、悲剧和喜剧对象,但欣赏活动的性质和引起的感觉与艺术欣赏是不同的。以简雍戏谏刘备为例,现实生活中简雍这样做的目的,绝不是为了逗刘备发笑,而是规谏刘备的行为。这与艺术家把这个故事呈现给读者的目的是完全不同的,所以人们欣赏这个故事与现实中故事人物的情感也是完全不同的。在现实生活中这是一种功利活动,在艺术欣赏中却是一种审美活动。

在四种美感类型中,优美与崇高相对,是从情感强度的角度,表现和区别两种不同的美感和艺术对象。优美型美感的特征是平和愉悦,崇高型美感的特征是激昂崇敬,由此区分出两种类型的艺术作品。悲剧和喜剧相对,是从情感性质的角度,表现和区别两种不同的美感和艺术对象。悲剧型美感的特征是悲痛,喜剧型美感的特征是喜悦,相应的行为是哭和笑,由此区分出两种类型的艺术作品。在两对美感范畴中,从情感强度的角度看,崇高、悲剧和喜剧都具有激烈的特点,不同于优美的平和。从情感性质的角度看,优美与喜剧相近,都属于快乐的类型;崇高与悲剧相近,不仅都包含有非快感的因素,而且存在重合现象,即艺术作品会同时引起崇敬和悲痛的情感。

四种美感类型的划分,是借助传统美学研究的概念对艺术欣赏中美感的大致分类。这种分类的意义,首先在于具体说明艺术欣赏与现实审美活动的不同之处,其次在于说明艺术欣赏中存在着不同的美感表现形式。然而,这并不意味着艺术欣赏只存在这四种情感。事实上,每一种艺术形式、每一个艺术作品的欣赏,都会产生不同强度、不同性质的情感。

虽然我们从理论上可以划分出不同的美感类型和艺术作品,但在艺术创作和欣赏中,一部艺术作品往往同时包含各种类型的美感,小说、戏剧、电影、电视剧之类的综合艺术作品更是如此。这种现象不仅是现实存在,而且是审美效果的需要。因为综合艺术作品的欣赏是一个较长的过程,长时间的欣赏过程不能是单一的情感。如果让观众一刻不停地笑,由于人的肌体生理活动的特性,欣赏者的感觉能力就会下降,甚至会产生厌倦的感觉。如果欣赏活动在不同情感中巧妙地转换,不仅会使欣赏者感觉舒服,而且不同情感相互衬托会大大增强艺术的感染力。比如《白毛女》中,喜儿迎接新年的欢快,使接踵而来的厄运更令观众悲伤;在黄世仁家受欺凌、在深山艰难求生的痛苦,使重见天日与亲人相会变得更加欢乐;黄世仁的恶行令观众愤怒、憎恨,当他最终被处决,原来的愤怒和憎恨便大大增强了观众的愉悦感。这种乐极生悲、否极泰来的情感活动方式,不仅增强了情感活动的丰富性,也使得不同情感在"起跳前伏下身子",从而达到令人惊叹的高度。

五、艺术审美的特殊规律

艺术作品的形成过程、引起美感的方式以及产生的美感,与现实生活中美的事物相比都有明显的不同。这些现象表明,艺术欣赏是一种不同于现实生活中审美现象的特殊审美现象。作为特殊的审美现象,艺术欣赏活动存在着不同于现实审美的特殊规律。

1. 艺术内容真假选择规律

艺术内容真假选择规律,是关于如何处理艺术真实与生活真实矛盾问题的规律。艺术理论中有一种观点,认为艺术是对现实生活的模仿。受这种观点的影响,生活的真实性长期被看作是艺术创作的标准。违反这种标准的艺术作品,通常被批评为"不真实"和"虚假"。但另一种观点认为,艺术创作不是简单的照相,艺术作品要源于生活而高于生活,体现艺术家创造力的作品才更具有艺术性。由于这两种不同观点的存在,艺术理论中一直存在艺术真实与生活真实的争论。如何看待这两种观点,我们先来看一个案例。

斗牛尾巴该夹还是该翘

唐代画家戴嵩有一幅《斗牛图》,这幅画到了宋代,传到四川一个姓杜的收藏家手里。杜处士视为至宝,平日锁在箱子里,从不轻易示人。有一天,风和日丽,杜处士把画拿出来在庭院晾晒,碰巧他家的牧童看见了,不禁拍手大笑。杜处士问他笑什么,牧童说:"我整天放牛,牛斗架看得不少,还从没见过画上这种样儿的。牛斗架,力气集中在角上,尾巴总是死命地夹在两腿间,有力气的汉子拉也拉不出来。画上的牛斗架,看起来劲蛮大,尾巴却高高地竖起,像根吹火棒,您说好笑不好笑?"杜处士听了不禁连连点头称是。

这个故事最早见于苏东坡的记载,所以杜处士的"点头",实际上也就是苏东坡的"点头"。不仅是苏东坡,许多人对这个故事中的观点也都点头,都认为牧童说得对,认为戴嵩的画有问题。这个故事曾经被编入小学二年级课本,网上有人求用一句话指出画中的错误,被认为最佳的答案是:"牛尾巴应该垂下"。20世纪中期以来,这种观点在中国大陆文艺理论中一直占据主流地位。苏轼在《书黄筌画雀》中,还讲了一个故事:黄筌画的飞鸟,脖子和爪都伸展着。有人说:"鸟飞的时候,脖子缩着爪子才伸直,爪子缩着脖子才伸直,从没有二者都伸展的。"仔细考察,果然如此。这与前一个故事一样,表现的是同一种评价标准。

那么,戴嵩和黄筌是不是由于观察不仔细才闹出这样的笑话? 以前许多人正是这样批评他们的。戴嵩与牧童的故事,在被编入小学二年级语文课本时还增加了这样的情节。小牧童批评戴嵩说:"两牛相斗的时候,全身的力气都用在角上,尾巴是夹在后腿中间的。您画的牛尾巴是翘起来的,那是牛尾巴驱赶蚊蝇的样子。您没有见过两牛相斗的情形吧?"戴嵩听了,感到非常惭愧,连连拱手说:"多谢你的指导。"网上还有人考证说,牛斗架的时候,有的牛夹尾巴,有的牛扬尾巴。这些说法虽然不一,但共同的特点,都是把生活真实作为评判艺术的标准,批评艺术家疏于观察生活。然而,如果看看历史上记载有关戴嵩、黄筌的另外两个故事,我们会发现这两个人绝非是不重视观察生活的艺术家。

一件是关于戴嵩的。相传北宋时有人向画家米芾推销戴嵩的《牧牛图》,米芾说:"让我看两天,只要不是赝品我就买。"两天之后,卖画人来找米芾。米芾说:"这不是真迹,我不要!"卖画人一边埋怨米芾不识货,一边检看画幅,看完后不禁勃然大怒:"这不是我的画,快把我的画还我!"米芾说,"怎么会不是呢?"卖画人指着画中的牛说:"我那张画上,牛眼睛内有牧童的影子,而这张却没有,这不是假的是什么?"米芾只好红着脸拿出原画。原来,他想用自己的摹本替换戴嵩的真迹。

一件是关于黄筌的。后蜀主王衍得到六只仙鹤,甚是喜爱,命黄筌为鹤画像。黄筌运笔如飞,很快完成。黄筌把画挂到树上,园中的鹤纷纷飞来,把画中的鹤误认作同伴。王衍十分惊叹,便把黄筌画像的殿改名为"六鹤殿"。

一个连牛眼中的映像都不放过的艺术家,岂能注意不到牛斗架时尾巴的样子?一个画鹤能骗过真鹤的艺术家,岂能注意不到鹤飞时颈和爪伸缩的样子?这显然是不可能的。这就产生了一个问题,既然知道为什么不如实表现,却要留人以"笑柄"呢?这就涉及生活真实与艺术审美的关系,也就是应该如何理解艺术真实。下面这个案例,有助于我们对这个问题的认识。

《李广夺胡儿马》

宋代画家李公麟有幅画,名为《李广夺胡儿马挟》,表现的是汉代名将李广受伤被俘,佯装伤重,乘敌兵不备,夺其马和弓箭南归的故事。画面上李广催马急驰,敌兵紧追;李广弯弓搭箭,紧对追兵,箭尚未射出,敌兵却已经应弦而倒。

箭未发而敌先倒,这显然是违背生活真实的。但是著名诗人、画家黄庭坚却认为,此画"含不尽之意"。李公麟说得更直白:"使俗子为之,当作箭中追骑矣。"也就是说,在一般画家的笔下,李广的箭肯定是射在追兵身上。这样的画法显然是符合生活真实的,但却少了黄庭坚所说的"含不尽之意"。从审美的角度讲,就是大大降低了作品的美感。下面这个案例,可以使我们更加清晰地感受到这一点。

两个不同的骨雕大象

法国有一个名画家,有一次请苏联作家爱伦堡欣赏非洲黑人用骨头雕刻的两头大象。其中一头大象的牙齿和鼻子一起向上翘起来,看上去怒气冲冲,栩栩如生。爱伦堡说他喜欢这一头。法国画家很佩服爱伦堡的鉴赏力,感慨地说:"有一个傻瓜说,大象的牙齿翘不起来;黑人听了他的话,雕刻了另外一个……请看,这里的牙齿在原来的地方,但是艺术没有了。"①

这个案例通过两个不同骨雕大象的比较告诉人们,艺术创作有时突破生活真实,会取得更好的艺术效果。由此我们可以重新思考《斗牛图》中的斗牛尾巴,是夹在两股间好看还是翘起来好看?绘画中的飞鸟是颈爪齐伸好看还

---

① 马畏安.象牙和牛尾[N].光明日报,1989-02-28(3).

是缩起来好看？实际上，这两个问题与骨雕大象案例的性质是完全相同的。

德国诗人、文艺评论家歌德，有一次同秘书爱克曼欣赏荷兰画家吕邦斯（1577—1640年）的一幅风景画。画面是夏天的傍晚，接近前景的地方有几棵大树，前景左方有几个农夫正下工回家，中部一条路上，一群羊正走向村舍，右边有几堆干草和一辆装满干草的大车，几匹马在附近吃草，远方是一些村庄和小镇出现在地平线上。在歌德的启发下，爱克曼突然发现，画中的农夫、羊群、马等受到的都是与观赏者相对方向光线的照射，阴影落在画前边；旁边的树却得到观赏者所在方向光线的照射，阴影落在画中，正好成为人物的衬景，使受到明亮光照的农夫显得更高大。爱克曼惊叫起来："天哪，光是从两个相反的方向射来的，这是违反自然的啊！"歌德笑着说："关键正在这里！光从相反的两个方向射来，这当然是牵强歪曲，你可以说，这是违反自然。不过我还是要说它高于自然，要说这是大画师的大胆手笔，他用这种天才的方式向世人显示：艺术并不完全服从自然界的必然之理，而是有它自己的规律。"

在这些艺术实践中，戴嵩的牛、黄筌的鹤、李公麟的箭和吕邦斯的光线，采取的都是违背生活真实的手法，并且都是有意识这样做的。他们为什么要这样做呢？原因只能是追求艺术的审美效果，给欣赏者更加强烈的美感。优秀的艺术家不是不知道生活真实的样子，只是认为生活真实有碍于实现艺术目的，因而对作品进行了大胆的改造。

在艺术发展史上，用生活真实要求艺术的人不在少数，有的甚至达到荒谬的程度。晚唐诗人杜牧的《江南春》绝句写道："千里莺啼绿映红，水村山郭酒旗风。南朝四百八十寺，多少楼台烟雨中。"明朝文学家杨慎却认为，"千里莺啼绿映红"的描写是不真实的。他说："千里莺啼，谁人听得？千里绿映红，谁人见得？若作十里，则莺啼绿红之景，村郭、楼台、僧寺、酒旗，皆在其中矣。"清代何文焕看出了杨慎的谬误，他说："即作'十里'，亦未必尽听得着看得见。题为《江南春》，江南方广千里，千里之中莺啼而绿映焉，水村山郭无处无酒，四百八十寺楼台多在烟雨中也。此诗之意，意既广不得专指一处，故总而命曰《江南春》，诗家善立题者也。"何文焕看出杨慎的说法有问题，却不知道问题出在哪里。他认为方圆十里人确实看不全听不清，作者之所以这样写，是因为江南景色处处如此，在具体描写之后用题目将各处联系到一处，是一种善于利用题目的表现方法。按照何文焕的解释，似乎诗人是跑完江南才写的这四句诗。如果按照这种逻辑，不知道该如何解释"白发三千丈"这样的诗句？何文焕与杨慎对这首诗的评价不同,然而其评价的标准却相同,都是用生活真实裁判艺术作品。

很早以来,就有人发现用生活真实评判艺术的弊端,提出艺术源于生活而高于生活的观点,提出生活真实和艺术真实的概念。但是,如何区分艺术真实与违反自然,又成为一个争论的问题。苏轼就曾说过:"论画以形似,见与儿童邻;赋诗必此诗,定非知诗人。"但是,他还是用生活真实要求戴嵩和黄筌的画,对他们的艺术创造提出批评。苏轼的例子说明,所谓的艺术真实是一个十分模糊的概念,在现实中很难把握和操作。

关于艺术真实,前人有许多巧妙的论述。齐白石说:"作画妙在似与不似之间,太似为媚俗,不似为欺世。""我画实物,并不一味地苛求似,能在不似之中得似,方得显出神韵。"作为一种理论主张,这种观点似乎很容易理解。但如果具体操作起来,如何区别"太似"和"不似",如何把握"似与不似之间"和"不似之中的似",恐怕只能是各人有各人的见解了。譬如戴嵩之牛、黄筌之鹤、李公麟之箭、吕邦斯之光,可以被人说成是艺术真实,也可以说成是违反自然。同样的艺术作品,得到两种完全相反的评价。如果评价者一个是放牛娃,一个是艺术大师,人们还容易选择;如果出现在苏轼和爱伦堡这样的大师之间,就使人很难分辨和选择了。产生这种现象的原因,在于评判标准的模糊性。艺术真实的观点虽然比用生活真实评判艺术更符合艺术规律,但依然未摆脱"艺术是现实的反映"的影响,依然在于强调艺术必须"真实"。

艺术为了什么?为了表现自然,为了反映生活,还是为了使人获得审美的愉快?如果为了前者,可以另当别论;如果为了后者,那就不应该以真实与否来评判艺术。从审美的角度看,艺术的真是为了美,不真也是为了美。艺术评价的最高标准,应该是审美效果。一切能给人带来情感享受的作品,就是优秀的艺术品;一切能增强艺术感染力的表现手法和细节,就应该受到肯定和赞扬。反之,就应该受到批评和抛弃。

事实上,我国古典小说的作家,似乎很少受到"真实"与否问题的困扰。《三国演义》中,"刘皇叔跃马过檀溪"一节,按照生活的常理,马陷到淤泥中,没有坚固的立足点,何以能腾跃?即使能腾跃,又怎么能一跃三丈,直上高岸?然而如果平平常常地跑过去,何以显出刘备天子之相,何以能给读者留下深刻的印象。"关云长刮骨疗毒"一节写道:"佗乃下刀,割开皮肉,直至于骨,骨上已青;佗用刀刮骨,悉悉有声。帐上帐下见者,皆掩面失色。公饮酒食肉,谈笑弈棋,全无痛苦之色。"人体生理结构大体相同,岂有割肉刮骨而不疼之理?即使意志坚强,强力忍受,岂可"谈笑弈棋,全无痛苦之色"?然而正是这种不真实的描写,凸显出关云长的英雄气概。《水浒传》中"花和尚倒拔垂杨柳"一节,写绿杨树上老鸦筑了巢,众泼皮有的要架梯子上,有的要盘上去,鲁智深则"用右手向下,把身倒缴着,却把左手拔住上截,把腰只一趁,将那株绿杨树带根拔起"。可以让老鸦筑巢、能够架住梯子、一个成年人能盘上去的树有多粗?这么粗的树盘根错节,需要多大的力量才能拔起?如果仔细思考,会发现自古至今也没有这么大力气的人。但作者就敢这样写,就这么一个细节,把力大无穷的鲁智深写得活灵活现。

分析生活真实与艺术真实的争论,实质是艺术创作和欣赏目的的争论。在艺术创作中,生活真实往往会与艺术作品的审美效果发生矛盾,影响艺术目的的完美实现。这时候,只有根据艺术效果的需要改造生活真实,才能取得良好的审美效果。在艺术实践中,优秀的艺术家正是这样选择的。这种不同于生活真实但有利于提高审美效果的艺术表现,表现了艺术美学中的艺术内容真假选择规律,即生活真实与艺术审美效果发生矛盾,应当坚持审美效果优先的原则,按照审美效果的需要改造生活真实,否则会影响艺术的审美效果。

2. 艺术形象美丑选择规律

艺术形象美丑选择规律,指造型艺术人物形象与语言艺术人物形象具有不同的审美要求,需要根据各自的艺术形式进行选择。为了说明这一点,我们来看一个案例。

 案 例

两个女演员的造型

20世纪80年代,斯琴高娃出演电影《骆驼祥子》的女主角虎妞。按照老舍的小说,虎妞是一位十分丑陋的嫁不出去的老姑娘。斯琴高娃扮演的虎妞,造型却比较漂亮。于是,有人对此提出批评,认为这种造型有违原著。但是,批评归批评,这位漂亮的虎妞却得到观众的接受和喜爱。

与此相反,宋丹丹扮演电视剧《爱你没商量》中的女主角周华,完全按照角色在生活中的实际情况,把自己装扮成一个"真真正正"的患病多年的病人。但是,对宋丹丹倾注心血的演出,观众却不买账——他们不喜欢这个病恹恹的女主人公。

在这个案例中，斯琴高娃的故事表现了造型艺术人物形象与语言艺术人物形象的区别，宋丹丹的故事表现了造型艺术人物形象与现实生活中人物形象的区别。前者不同于小说中的人物形象，受到观众的喜爱；后者真实地再现了生活中的人物形象，却受到了冷遇。为什么会出现这样的现象呢？这就在于造型艺术人物形象与语言艺术人物形象以及现实生活人物形象的不同要求。早在古希腊罗马时期，艺术家就注意到不同艺术对人物形象的不同要求。德国文艺理论家莱辛最早从理论上揭示了这一艺术规律。

1506年，古罗马时期著名的拉奥孔雕像被发现，雕像栩栩如生的形象在当时引起了轰动，人们纷纷称赞这是难得的艺术珍品。莱辛把拉奥孔雕像与罗马著名诗人维吉尔在史诗《伊尼特》中对拉奥孔故事的描写进行对比，发现雕像在许多地方不仅与维吉尔在诗中的描写相悖，有的地方也不符合一般生活常识。维吉尔在诗中写道，当毒蛇缠住拉奥孔，"他向着天发出可怕的呼号"。雕像中的拉奥孔却半张着嘴，面部表情不像极度恐惧和痛苦那样激烈，更像是在发出淡淡的、无可奈何的叹息。在诗中，拉奥孔是穿着衣服的，按照一般常理，祭司也不会赤身裸体站在公众面前，但是雕像中的拉奥孔和他的两个儿子却是一丝不挂。

为什么会出现这样的差别呢？雕塑家为什么要违反原著和生活真实呢？莱辛认为，这是视觉艺术与语言艺术的区别造成的。如果把拉奥孔塑造成因哀号大张着嘴巴，因痛苦面孔扭曲，就会破坏作品形象的视觉美；如果给他穿上衣服，就无法通过肌肉表达其痛苦和抽搐的感觉。古代艺术家注意到视觉艺术的特点，并严格地遵循了这种规律，才使雕像达到了最佳的审美效果。

为什么造型艺术与语言艺术具有如此不同的表现特点呢？从审美的角度讲，根本的原因在于二者诉诸欣赏者的方式不同。文学作品通过文字语言描写人物形象，这种人物形象对欣赏者来说是模糊不确定的，需要欣赏者根据自己的经历想象才能最后完成。人们常说"一千个人眼中有一千个哈姆雷特"，反映的就是语言艺术人物形象的这种特点。语言艺术描写的人物无论多么丑陋，欣赏者在还原的过程中都不会使自己产生厌恶的感觉。造型艺术则以具体的形象诉诸欣赏者，如果人们喜爱的艺术人物却以丑陋的面目出现，因为违背了欣赏者的审美心理，就会引起不愉快的感觉，从而产生与艺术创作初衷相反的效果。为什么斯琴高娃违背老舍小说中的描写却受到观众喜爱，宋丹丹忠于生活真实不惜丑化自己却受到观众冷遇，原因就在于此。对造型艺术人物来说,美的外形可以增加人物的美感,丑的外形则会削弱人物的美感。病中的周华完全不必要丑化,她只要让观众知道有病就行了。相反,她如果装扮得漂亮一些,则会赢得观众更大的好感和同情。斯琴高娃是幸运的,不用丑化自己的形象便获得了观众的喜爱;宋丹丹是不幸的,丑化了自己的形象却仍然没有得到观众的认可——这就是艺术审美规律的作用。

20世纪之前,模仿说在西方艺术界一直占据重要地位。受这种理论影响,西方造型艺术中的人物形象,在美丑选择这个审美规律上经历了一个漫长艰难的探索过程。电影《巴黎圣母院》中敲钟人卡西莫多形象的变化,就生动地表现了这一点。

在维克多·雨果的笔下,卡西莫多是一个"有着四棱形鼻子和马掌状嘴巴的罗圈腿的家伙","丑陋的脸上,左眼很小,藏在蓬乱的红眉毛下,右眼完全被肉瘤盖住了",而他那"参差不齐、残缺不全的牙齿像是要塞的射击孔"。这样的相貌,雨果似乎是要表现人类对丑陋的最大想象力。在这样丑陋的外表下面,却有一颗金子般的心。这样的描写,对文学作品来说,读者是可以接受的。然而,当人们将其转变为视觉艺术时,问题就发生了。

1836年,《巴黎圣母院》被编成歌剧,1844年被搬上舞台,自1905年至1999年间,丑陋的卡西莫多被多次搬上银幕。最初,人们同情他,甚至让他赢得美丽的艾丝美拉达的芳心。但是,艺术家却迟迟不敢给他做"整容手术",他们缺乏古代艺术家的魄力和见识。他们固守着这样的观念:如果让卡西莫多变得漂亮,就是对原作的背叛。

1923年电影《钟楼怪人》中的卡西莫多,演员朗·钱尼钻进一件橡胶紧身衣中,上面黏有成缕的动物皮毛,背上用40磅重的橡胶做成驼背,前面再用30磅重的皮革板来平衡。他扮演的卡西莫多不能奔跑,只能用弯曲的膝盖像猴子似的蹦来蹦去,如蜘蛛般爬行。有评论说,这简直是"一个怪物,一个不快乐的怪物,对人的视觉来说简直是一种伤害"。

16年后,1939年查尔斯·劳顿扮演的卡西莫多走进各家影院。他的驼背由制型纸做成,只有2磅重,他的那副尊容虽有了人样,但其丑陋怪异之甚,依然令一个堂堂男儿也会望而生畏。

1956年安东尼·奎因扮演的"敲钟人",显然已经做了较大的"整形手术"。卡西莫多的五官已经同正常人一样,黑黑的眉毛,高高的鼻子,大大的嘴巴,眼睛小一点,虽有一点丑,但与十多年前他的样子比起来,简直可以称得上美男子。安东尼·奎因的演出获得了成功,今天对许多人来说,他已经成了"敲钟人"的化身。

20世纪90年代,卡西莫多进入迪斯尼。在《钟楼怪人》中,他的形象变成了一个好笑的侏儒。不管评论界如何评说,观众们还是接受了这个形象。

经过一百多年的风风雨雨,欧洲的艺术家们终于一点一点地回归了审美规律。如果想想古希腊拉奥孔的雕像,古今这种巨大的反差不能不令人震惊!造成这种反差的原因是什么?是什么东西影响了现代艺术家对艺术规律的理解?原因是多方面的,但把文学艺术理论运用到造型艺术,而没有注意到二者在审美上的差别,应该是其中至关重要的原因。

艺术欣赏是一种审美活动,作品的好坏最终要由欣赏者的感受判定。造型艺术诉诸人的视觉,视觉信号在人的感觉系统中是作用最强烈的信号。如果造型艺术表现的人物,虽然有各种善心和义举,但其相貌却与一般审美心理相悖,这个人物就很难为观众所喜爱。电影《大话西游之大圣娶亲》中有一个细节,紫霞和青霞是一对亲姐妹,长得一模一样。主人公至尊宝深爱紫霞,却经常把姐妹俩分不清。虽然如此,青霞被"移魂大法"与猪八戒换了形体以后,至尊宝在与其接吻时也忍不住作呕,可见视觉的影响之大。

造型艺术实践中正反两方面的经验教训,形成了艺术形象美丑选择规律,即造型艺术中希望受到欣赏者喜爱的艺术人物,外在形象不能违背一般的审美心理,否则会影响艺术的审美效果。

3. 艺术情感形式选择规律

艺术情感形式选择规律,指不同类型的情感如何选择艺术表现形式的规律。

钱钟书在《中国诗与中国画》一文中,指出了中国古代艺术发展中的一种奇异现象:"相当于南宗画风的诗不是诗中高品或正宗,而相当于神韵派诗风的画却是画中高品或正宗。""诗原通画""诗画一律",是艺术理论的基本常识。何以在中国古代同样的环境中,诗与画两种姊妹艺术,却会形成不同的评价标准和主流风格呢?

把绘画分为南宗和北宗两种风格,是明代董其昌首先提出的。此论一出,"遂风行一世,成为当时及其后最有影响的学说。它对以前的把握,对当时的影响,对以后的左右,都产生了巨大的作用"①。"南北宗画论"指出了我国自唐代以来绘画中一种普遍的现象,即两种不同风格画风的存在;同时,阐明了一种绘画理念——一种绘画中早已存在,而董其昌予以理论总结和阐释的绘画理念。正是在这种绘画理念的指导下,明清出现了南宗画风一统天下数百年的局面。

关于南北宗画,学界存在以下不同的说法。

一是"文硬说"。与董其昌同时期的画家陈继儒指出:"山水画自唐始变古法,盖有两宗,李思训、王维是也。……李派粗硬,无士人气。王派虚和萧瑟,此又慧能之禅,非神秀所及也。"他进一步提出:"文则南,硬则北,不在形似,以笔墨求之。"②

二是"简繁说"。钱钟书在《中国诗与中国画》中,分析了南北方人、南北宗禅和南北宗画的区别,最后的结论是:"体现在造型艺术里,这个趋向就是绘画的笔墨'从简'、'用减'、'笔不周'"③。他由此把"简"与"繁"作为南北宗画的区分标准。

三是"柔刚说"。陈传席在《中国绘画美学史》一书中指出:"不论诗、词、文、书,皆以风格豪迈、奔放雄浑者为北宗,以婉约、清淡、轻秀者为南宗;以刚性为北宗,以柔性为南宗。这正是董其昌山水画南北分宗的风格标准。"④

独立地看,这些说法各有其道理。但是,是什么因素把这些不同的特点统一在一起呢?中国古人何以要选择这种画风而非那种画风呢?这些问题仅仅从绘画作品中是难以找到答案的。一个时代的主流艺术,是当时时代审美风尚的表现,是那个时代人们审美追求的结果。如果把艺术比作树木的枝叶,审美心理则是深植于泥土中的根。艺术现象产生的原因及本质,必须在社会审美心理的发展过程中去寻找和把握。这就像陆游讲的作诗的诀窍——"功夫在诗外"。

较之西方,中国古代更重视人的感觉。庄子提出:"世之所贵道者,书也。书不过语,语有贵也。语之所贵者,意也。意有所随,意之所随者,不可以言传也。"什么样的东西难以用语言表达呢?庄子用轮扁斫轮的故事加以说明。古

---

① 陈传席.中国绘画美学史[M].北京:人民美术出版社,2000:491.
② 陈传席.中国绘画美学史[M].北京:人民美术出版社,2000:422,428.
③ 钱钟书.钱钟书散文[M].杭州:浙江文艺出版社,1997:203-204.
④ 同①484.

代用木头做车轮,车轮的弧度要靠斧头完成。轮扁斫了一辈子车轮,称自己斫轮"得之于手而应于心,口不能言,有数存乎其间。臣不能以喻臣之子,臣之子亦不能受之于臣"。轮扁所讲的,就是一种感觉。中国古代艺术重视表现人的感觉,因而较之西方艺术,显得含蓄、朦胧。所以,"西洋批评家看五光十色的中国旧诗都成了韦尔兰向往的'灰暗的诗歌'"①。

这种重视表现和传递人的感觉的特点,在中国古代画中表现得尤为突出。中国古代绘画自觉的审美追求,自汉末魏晋时期开始,可以划分为三个阶段。

第一个阶段的追求目标,是表现描写对象的精神风貌。最早表现这一特点的,是顾恺之的"传神论"。他提出:"四体妍蚩,本无关于妙处,传神写照,正在阿堵中。"②在顾恺之之前,绘画主要表现对象的外形。对外形的描写依靠眼睛的直接观察,而神态却要在视觉的基础上靠感觉来把握。谢赫在"传神论"的基础上,提出了"气韵"的概念,要求绘画表现人的神态风度。谢赫的"气韵",主要指对人物的表现。此后,荆浩将其用于对山水的表现。再后来,"气韵"又被扩大到整个作品对人的感受,即作品的艺术风格。谢赫"气韵说"的提出,标志着我国古代绘画表现客体对象的审美追求达到了顶峰。

中国古代绘画审美追求的第二个阶段,是表现画家的主观情感,即"写意"。绘画从写实到写意的转变,是伴随着从人物画到山水画的转变完成的。唐宋时期,随着经济的发展,城市的繁荣,自然山水日益成为人们喜爱的审美对象。宋代郭熙在《山水训》中,对这种心理做了深刻的剖析:"尘嚣缰锁,此人情所常厌也;烟霞仙圣,此人情所常愿而不得见也……今得妙手,郁然出之,不下堂筵,坐穷泉壑;猿声鸟啼,依约在耳;山光水色,滉漾夺目。此岂不快人意实获我心哉!此世之所以贵夫山水之本意也。"③欧洲人对山水画的喜爱,直到19世纪才发生。普列汉诺夫研究认为,原因在于对城市风光的厌倦④。这与郭熙的看法是一致的。

山水画替代人物画成为绘画的主流,是人的审美心理使然。对于这一点,没有美学学理的古人是不清楚的。但是,古人在山水画的欣赏过程中,无疑体验到了这种强烈的审美感受。我国古代第一部山水画论的作者宗炳就提出,

---

① 陈传席. 中国绘画美学史[M]. 北京:人民美术出版社,2000:206.
② 赵惠霞. 世说新语今译[M]. 西安:西北大学出版社,2016:358.
③ 北京大学哲学系美学教研室. 中国美学史资料选编:下册[M]. 北京:中华书局,1981:12.
④ 普列汉诺夫. 普列汉诺夫美学论文集:第1册[M]. 曹葆华,译. 北京:人民出版社,1983:331.

山水画的功能在于"畅神而已",认为"神之所畅,孰有先焉"①,把山水画愉悦情性的审美功能一下子提升到无以复加的地位。

绘画的作用既然不是"模写"而是"畅神",那么重心就不是"形似",而是传达画家在欣赏山水时的感受,使欣赏者能够借此产生同样的体验。继宗炳之后,王微提出"明神降之",姚最提出"立万象于胸怀",萧绎提出"格高而思逸",张彦远提出"书画之艺,皆须意气而成",朱景玄提出"万类由心"……这些论述语言形式不同,但出发点却是一致的,即把画家的主观感受视作绘画表现的主要内容,把是否表现出画家的主观感受作为衡量作品高低的标准。在这种理论指导下,中国古代绘画进入写意时代。

绘画要表现画家的主观情感,是否只要表达出情感的作品就是好的作品呢?或者说绘画情感的表达是否需要选择呢?中国古代绘画从理论到实践对此都给予了肯定的回答。这种对表达情感的选择,使中国古代绘画的审美追求进入第三阶段,即选择表现最佳情感的时代。这种对表现情感的选择,最终导致"南宗画风"成为绘画的最高标准。

南宗画风的审美追求首先表现在对绘画作品的评价上。唐李嗣真品评书画,首标"逸品",将其作为最高的品第。唐朱景玄著《唐朝名画录》,分"神、妙、能、逸"四品。北宋黄休复作《益州名画录》,将画家和画分为"逸格、神格、妙格、能格",将"逸格"作为绘画的最高标准。尽管各人对"逸品"的理解存在差异,但这种逸品审美观却最终成了中国古代画坛的终世之论。

"逸品"标准的提出,确定了中国古代绘画情感选择的方向。但"逸品"如同中国古代艺术评论中许多概念一样,具有强烈的感觉色彩,可以意会却难以言传,在实践中往往产生歧义。南宋邓椿就指出:"画之逸格,至孙位极矣,后人往往益为狂肆,石恪、孙太古犹之可也,然未免乎粗鄙。至贯休、云子辈,则又无所忌惮者,意欲高而未尝不卑。"②这种批评与苏轼在《题王逸少帖》中对怀素、张旭书法批评的主旨是一致的,即反对放纵激越的情感。这种批评从反面规定了中国古代绘画中情感选择的方向。

从正面对这种审美追求进行理论建设,影响最大的首先是欧阳修。欧阳修提出:"萧条淡泊,此难画之意……故飞走迟速,意浅之物易见,而闲和严静趣远之心难形"。"萧条淡泊"和"闲和严静趣远",由此成为中国古代画的最

---

① 陈传席.中国绘画美学史[M].北京:人民美术出版社,2000:178.
② 同①282.

高标准。苏轼在此基础上,提出了"萧散简远,妙在笔画之外……发纤秾于简古,寄至味于淡泊"的标准,并对这种审美追求做出了进一步的界定。米芾和倪瓒作为画家,不仅从理论上而且从实践上,对完成这种审美追求做出了重要的贡献。米芾主张绘画应"平淡天真",反对"富艳""丑怪""多巧"和"雄杰",创造了著名的"米家山水"画法。倪瓒提出:"诗亡而为骚,至汉为五言,吟咏得情性之正者,其惟渊明乎。韦(应物)、柳(宗元)冲淡消散,皆得陶诗之旨趣,下则王摩诘矣……至若李(白)、杜(甫)、韩(愈)、苏(轼),固已煊赫煌煌,出入今古,逾前绝后,较期情性,有正始之遗风,则间然矣。"①在这里,倪瓒把情性分为两种,平淡自然为正,激烈怨愤为不正。倪瓒认为,绘画是为了娱乐,所以唯有表现平淡和悦的正性情,才能达到目的,而表现激昂怨愤的情感对人则是有害的。他说:"仆之所谓画者,不过逸笔草草,不求形似,聊以自娱耳。"正是从娱悦情性的角度出发,早于倪瓒的苏轼和晚于其后的董其昌等人,都对有"诗圣""诗仙"之称的杜甫、李白委婉地提出了批评,不过却是用绘画的标准要求诗歌。

从绘画为了"畅神",到对表现情感的选择,中国绘画一步步完成了自己的探索,至宋元时期达到了巅峰。"南北宗画论"正是在这些艺术实践基础上对中国古代绘画审美追求过程的系统总结。理论虽将南北宗画并举,实质是要倡导南宗画风,北宗画风更多的只是将与南宗画风相反的特点归于一起而已。

南北宗画风的区别,核心是表现和倡导情感的区别。南宗以平和淡泊为旗帜,北宗以激越怨愤为特点。表现情感的不同,导致技法、风格以及欣赏者感受的不同。南宗画风体现了中国绘画自觉审美追求的方向和成果,北宗画风则更多的带有自发的感情特点。清代恽南田说,"画至于静,其登峰矣乎"②,道出了中国古代绘画追求的理想效果。

为什么中国古代绘画要选择表现"平和淡泊"的情感呢?因为中国古代绘画的目的是修身养性,古人认为修身养性的最佳效果就是静心。庄子说过:"夫虚静恬淡寂寞无为者,天地之本而道德之至,故帝王圣人休焉。"庄子讲静心,出发点是为了"宁静致远"。他写梓庆削木为鐻,"见者惊犹鬼神",其奥秘在于"必齐心静心";写"佝偻者承蜩,犹掇之也",其要诀在于"用志不分,乃凝于神"。南宗画讲静心,更多地强调静对身心健康的作用。董其昌说过:"黄大

---

① 陈传席.中国绘画美学史[M].北京:人民美术出版社,2000:334-335.
② 同①534.

痴九十而貌如童颜,米友仁八十余神明不衰,无疾而逝。盖画中烟火供养也。"[1]强调的就是南宗画能够使人长寿的作用。

从娱悦情性的目的出发,以表现平和淡泊情感为特征的南宗画风,最终成为中国古代绘画的主流和正宗标准。与此相反,在诗歌领域,以杜甫、李白为代表的,以反映社会事件、社会情感为特征的诗风,却始终处于主流和正宗的地位。导致这种诗画评价标准相异现象产生的原因,首先在于中国古代文人的两大文化情结。

"文以载道"和"娱乐情性",是始终纠缠在中国古代文人心中的两大文化情结。前者指的是艺术的社会功能,后者指的是艺术对个体的审美功能。虽然前者同样能给人以审美感受,但人们看重的更多的却是其中的社会功能。总体而言,在中国古代的文化传统中以及文人的心目中,"载道"要比"娱情"的地位高。孔子说:"志于道,据于德,依于仁,游于艺。""道"的地位最高,"艺"只是玩玩而已。曹丕说"文章乃经国之大业,不朽之盛事",强调的也是艺术的社会功能。中国古代讲"修身、齐家、治国、平天下","修身、齐家"是基础,"治国、平天下"则是最高目的。"达则兼济天下,穷则独善其身。"只有到不得已的时候才讲修身,能兼济天下则首先要兼济天下。陶渊明就是官做不下去了才隐逸的。总之,在"文以载道"和"娱乐情性"两大情结中,前者是人们的优先选项。

为什么诗歌要强调社会功能,绘画却强调娱乐情性呢?这是在社会功能优先的前提下,根据两种艺术形式的不同特点做出的选择。

关于诗与画的区别,前人有很多论述。其中最有影响的,当数"诗乃时间艺术,画乃空间艺术"的说法。莱辛在《拉奥孔》中论述绘画或造型艺术和诗歌或文字艺术的主要区别,就是绘画宜于表现"物体"或形态,诗歌宜于表现"动作"或情事。晋代陆机提出:"宣物莫大于言,存形莫善于画。"这里的"物"指的就是"事",与莱辛讲的是同一个道理。诗歌与绘画在表现对象上的这种差别,使得前者更适合表现具有时间延续性的社会事件,后者在这方面显然受到局限。诸如杜甫的"三吏""三别",白居易的《长恨歌》《琵琶行》之类的作品,就很难用绘画表现,即使勉强表现,也没有诗歌这样的效果。诗歌作为语言艺术这一特点,是人们之所以将其作为"载道"工具的第一个原因。

---

[1] 陈传席.中国绘画美学史[M].北京:人民美术出版社,2000:431.

诗与画的另一不同特点,是其诉求方式,即诗通过语言文字直接诉诸人的意识,画则通过视觉诉诸人的感觉。北宋邵雍说:"画笔善状物,长于运丹青。丹青入巧思,万物无遁形。诗笔善状物,长于运丹诚。丹诚入秀句,万物无遁情。"诗与画均可状物写事,但画长于色彩形貌,诗长于思想情感。这是由各自不同的诉求形式所决定的。语言文字是思维的基本元素,所以用语言文字作为诉求形式的诗歌,可以明确地表达出各种不同的情感,绘画显然难以达到这一点。如杜甫"国破山河在,城春草木深。感时花溅泪,恨别鸟惊心"之类的情感,就是画不出来的;苏轼"横看成岭侧成峰,远近高低各不同。不识庐山真面目,只缘身在此山中"之类的哲理,也是画笔所难企及的。特别是在社会矛盾激烈,社会情感迫切需要表达的时候,诗歌较之绘画显然具有表现感情迅速、准确的优势。革命战争时期留下了大量为人称颂的诗歌,却鲜能见到表现这个时期社会情感的绘画,就是一个明显的例子。明确诉求于人的意识这一特点是诗歌成为古代"载道"工具的第二个原因。

古代诗与画分工的第三个原因,是两种艺术不同的传播方式、欣赏对象和欣赏环境。古代的诗歌,不仅可以吟咏,而且可以传唱。唐时"宫掖所传,梨园弟子所歌,旗亭所唱,边将所进,率当时名士所为绝句"。王昌龄、高适和王之涣三人旗亭唱诗的故事,就充分地印证了这一点。因为诗可以在公众场合传唱,为大众所欣赏,所以适合抒发社会性情感,适宜承担"载道"的社会功能。古代绘画则与此大不相同,由于缺乏印刷技术,古代绘画的传播方式主要是欣赏真迹,而有影响的作品则多为个人或宫廷收藏,有幸一览的人实属寥寥无几。所以,即使绘画可以承担社会功能,其作用也是十分有限的。欣赏个人收藏的绘画,多为闲暇之时的活动,正如私人聚会不适宜讨论国事一样,休闲时间欣赏的绘画,也不适宜表现社会性的情感。这是导致中国古代诗与画分工最终形成不同评价标准的直接原因。

中国古代诗与画评价标准相异,在于二者分别承担了"载道"和"娱情"两种不同的社会功能。诗与画的这种分工,是在"载道"和"娱情"两大文化情结并存,前者优先于后者的前提下,根据诗与画表现题材、诉求方式、传播途径、欣赏对象和欣赏环境的不同特点决定的。诗与画不同的目的,导致了各自不同的评价标准和主流传统,形成了中国古代诗与画评价标准相异的奇特艺术现象。

中国古代诗画标准相异的现象,集中地表现了艺术创作和欣赏中的一个重要规律,即不同的艺术形式适宜表现不同的情感内容,承担不同的社会功能。一般而言,造型艺术适宜表现较为单纯的情感内容,比如现实生活中美的事物;语言艺术和综合性艺术适宜表现较为复杂的情感内容,比如现实生活中的善恶矛盾斗争。艺术情感形式选择规律,就是要根据表现的情感内容选择适合的艺术形式,否则会降低艺术作品的审美效果。

4. 艺术审美新旧选择规律

艺术审美新旧选择规律,指艺术创作和欣赏如何处理审美心理定势与好奇本能作用两种矛盾心理的规律。

艺术审美心理定势,指艺术形式和艺术家因为经常给人们带来愉悦,其形式或形象会在欣赏者大脑皮层的视觉区与快感区之间建立直接稳定的联系通道,从而形成一种审美心理,当这种审美心理形成以后,只要与之相关的因素都会给欣赏者带来愉悦,甚至超出艺术欣赏范畴的现象。

众所周知,爱神维纳斯的雕塑是断臂的。那么,原雕塑中的手臂是什么样子呢？许多艺术家曾试图将其复原,但均不能得到令人满意的效果。1999年,人们发现了100多年前法国舰长杜蒙·居维尔的回忆录,回忆录记载:1820年春天,希腊米洛一位名叫伊奥尔科斯的农民在刨地时发现了这座雕像。出土时的维纳斯右臂下垂,手扶衣袂,左上臂伸过头,握着一只苹果。当时法国驻米洛领事路易斯·布勒斯特得知此事后,赶往伊奥尔科斯住处,提出以高价收买这个塑像,并得到伊奥尔科斯的应允。但由于手头没有足够的现金,法国领事派居维尔舰长连夜赶往君士坦丁堡报告法国大使。大使闻讯立即派人携巨款随居维尔前往米洛购买女神像,不料伊奥尔科斯此时已将雕像卖给一位希腊商人,而且已经装船外运,居维尔当即决定以武力截夺。英国得知这一消息后,也派舰艇赶来争夺,双方展开了一场激烈的战斗,混战中雕像的双臂不幸被砸断,从此维纳斯便成了断臂女神。

有了对原雕像的描述,恢复维纳斯的双臂应该说就是件简单的事。但是,人们很快就发现,情况远非如此。因为即使按照居维尔描述的样子恢复了维纳斯的双臂,人们依然感到不如断臂时美。这是什么原因呢？长期以来人们始终百思不得其解。用审美现象发生的机理分析,就不难发现其中的原因:由于在长期的欣赏过程中,维纳斯的断臂形象已经在人们大脑皮层的视觉区与快感区之间形成了直接的稳定的联系,已经成为一种审美心理。按照一般常理来说,断臂是不完整的,但当这种审美心理形成之后,在人们的感觉中其实只有这种断臂形象才是完整的,才是美的。对象的任何增减,都将违背这种审美心理,从而破坏欣赏效果。这就是即使按照原来的样子复原,依然不能使人们满意的原因。

类似断臂维纳斯这样的审美现象,现实生活中普遍存在。有位年轻女士为了使自己更加漂亮,就到医院做了双眼皮和隆鼻手术。她兴冲冲地回到家,想给家人一份惊喜。不料一岁多的小宝宝把妈妈当成陌生人,吓得号啕大哭。丈夫看了她的新模样,也觉得没有原来的样子好看。为什么会出现这样的现象呢?因为在丈夫和孩子的神经系统中,女士原来的样子已经形成了他们的审美心理。虽然在外人看来,美容后的效果好看,但在他们看来,美容后的样子远不如原来的形象亲切可爱。

20世纪中叶以前,戏剧是最受人们喜爱的艺术形式,"戏迷"便成为艺术欣赏中非常普遍的现象。这些人狂热地喜爱戏剧,在交通不便的情况下,宁愿冒着严寒酷暑,步行几十里路,仅仅为了观看一场戏。时至今日,"戏迷"现象仍然存在,只不过已经没有昔日那样普遍和强烈的"戏迷"现象。从审美的角度看,就是相关的艺术形式在人们神经系统中形成了稳定的审美心理。

现代社会,电影和歌曲大受欢迎,因而形成了大量的"影迷"和"歌迷"。美国电影明星伊丽莎白·泰勒上了年纪后,评论界说她体形变肥,眼皮松弛,已无昔日绝代佳人之风采,但观众依然对她喜爱有加。有一次,她在纽约的一场演出中突然生病,由另一著名演员代演,崇拜者失望之余,大闹了剧场。

20世纪末,日本影迷对演员山口百惠崇拜至极,有的甚至以收集山口百惠的鞋子为荣。按照日本的传统习惯,人们进屋必须脱鞋,山口百惠访亲会友时把鞋子脱在屋外,崇拜她的影迷们就借机将她的鞋子"偷去",作为纪念品收藏起来。崇拜山口百惠的影迷们还搞了一个收藏山口百惠鞋子的竞赛活动,当时有一位影迷在一家媒体上称他已经收藏了山口百惠50多双鞋,如果影星谅解的话,他将继续收藏,到100双时,举办一个"百惠迷你鞋展"。丢鞋事件不断发生,使山口百惠又喜又忧。她每次出门会友,只得多准备几双鞋,如果忘记了,只好不进那些需要脱鞋的房间。

20世纪90年代,中国大陆媒体中经常出现一个名词——"追星族",指的是一批崇拜影视、通俗歌曲明星的年轻人。这些人对明星的喜爱达到了狂热的程度。为了一睹崇拜偶像的风采,他们可以在偶像居住的宾馆外冒雨等候一整夜。当偶像出现时,他们会激动地狂呼大叫,泪流满面。

艺术欣赏中,艺术形式、演员等因素成为一种审美心理,可以增强艺术对象的审美效果。但是,这种审美心理定势却与好奇本能形成审美心理规律在艺术中的作用产生矛盾,在一些特定的人物和事件中,成为影响艺术创新发展的因素。

1945年夏天,荷兰某法院判决了一桩案件:一位名叫凡·米格伦的人,在第二次世界大战中,把5幅荷兰国宝——17世纪荷兰大师维米尔的油画——卖给德国纳粹头目戈林,米格伦以协敌并使国宝流失罪被逮捕入狱。

这桩案件起初并未引起人们的注意,但是,几周以后却成了轰动一时的新闻。米格伦被捕后供认,他卖给德国人的5幅"国宝"都是假的,是他自己的伪作。起初,法官根本不相信这个供词,认为是犯人企图逃脱责任的谎言。后来根据米格伦的口供,对油画进行了一系列X射线检验,才发现这批战后追回的"国宝"确实是赝品。为了进一步证实米格伦的口供,警方让米格伦在监视之下,重画了一幅维米尔的作品,证实事情确实如此。进一步调查表明,米格伦在十余年间,愚弄了大批博物馆的专家和教授,制造了美术收藏史上的特大丑闻。

米格伦原是一位不得志的画家,苦苦奋斗了大半生,依旧不为人们所赏识。他暗暗发誓:"我一定要画一张完美的17世纪油画,来证明我作为一个画家的存在价值。"他闭门四年,完成了他的第一幅维米尔"杰作"——《基督与众门徒在以马忤斯》。此后,他如法炮制,创作了一大批"古典名品"。他以假乱真的高超技艺,使他获得了"最伟大的赝品大师"的称号。

面对米格伦之类的故事,人们不禁思索,虽然摹本和原作之间,从艺术发展的角度讲,有创造与否的关系,但对艺术欣赏者来说,特别是这种连专家不用专门的仪器也分辨不清的艺术品,欣赏效果应该是一样的。但是,当人们知道是摹本还是原作后,为什么欣赏效果还是会出现差异?有人说在于原作与仿作的价值不同。其实不然,艺术品的价值与审美价值并非成正比,即使有联系,也只是买卖者考虑的问题,一般欣赏者是不会受此影响的,根本的原因还是人们对原艺术家形成的审美心理。

19世纪法国大画家柯罗,曾经是一位有争议的人物,以至在他从事绘画初的41年时间,一直不为人们所承认。在他67岁的时候,他的声望、荣誉才"姗姗而来"。而此时的柯罗,已敏感地意识到自己创作精力的衰竭。他向人们表示,自己早年的作品远远超过了晚期负有声誉的风景画。在他晚年,订货的人纷至沓来,柯罗痛苦地说,订画的人要是早来20年该有多好啊,那时他可以按期完成任何订画。

奥地利作曲家舒伯特(1797—1828年)是近代音乐史上的"歌曲之王",浪漫主义乐派的先驱。然而,他的一生却是在贫穷之中,甚至经常是在饥饿中度过的。有一次,饥饿又找上舒伯特,他实在受不了,便独自在街上转悠,最后走进维也纳的一家饭馆。舒伯特摸了摸口袋,一分钱也没有,举目四望希望侥幸碰见个熟人或朋友借点钱,买个面包之类的东西充充饥,但寻遍饭馆却一个朋友也没有,只看见彩灯照耀下大腹便便的绅士、粉黛金钗的贵夫人,慢条斯理地品着菜肴,喝着美酒,他心里很不是滋味。突然,舒伯特瞥见桌子上的报纸上有一首小诗,灵机一动,拿出纸笔为小诗配上乐曲,将其交给店主,要求换一份菜吃。店主不知是真的对他的曲子感兴趣,还是怕他纠缠,当时给了他一碟炒土豆。这首乐曲就是后来举世闻名的《摇篮曲》。舒伯特逝世30年后,这支曲子的手稿在巴黎被发现而拍卖,以四万法郎的价格成交。

这些伟大的艺术家和他们的作品,为什么在他们创作的初期不能为人们所欣赏,原因有很多方面,但是对"名家"的盲目崇拜,也就是艺术审美心理定势的作用,不能不说是其中重要的原因之一。艺术审美心理定势不仅影响对新人新作的欣赏,而且会阻碍艺术形式和风格的创新。浪漫主义和现实主义的诞生过程,就充分地说明了这一点。

 案 例

浪漫主义的诞生

1830年2月25日晚,雨果的浪漫主义戏剧《欧那尼》在法兰西剧院公演。对于数百年来,听惯了古典主义音乐,看熟了古典主义表演的人来说,这实在是难以忍受的事。于是,许多古典主义戏剧狂热的爱好者,在剧院还没有开门的时候,就悄悄地从后门溜进去,收拾了许多垃圾污秽,堆放在屋顶上,准备到时向剧院里浪漫主义的拥护者倾泻下去,破坏这场戏剧的演出。

雨果的支持者,多是些年轻的画家、音乐家和文学家,长期以来苦于古典主义的束缚,早就盼望着有这么一天,与古典主义者公开较量。因此,未等天黑,他们就聚集到法兰西剧院门口,等待着古典主义者寻衅闹事,以便迎头痛击。

大幕徐徐升起,演出开始了,战斗也开始了。坐在包厢里的古典主义者,大声地喝倒彩,讥笑,斥骂,躲在屋顶上的人还乘机把垃圾撒向雨果的支持者。

那一晚上，正在看戏的巴尔扎克也挨了一白菜根。但是，支持浪漫主义的年轻人，全然不顾，拼命叫好，完全压倒了古典主义者的声音。

当然，艺术欣赏起决定作用的还是艺术作品。《欧那尼》曲折复杂的情节很快吸引了观众，包括一些前来破坏的古曲主义者。到了第四幕，剧场就完全安静下来，人们都在为绿林英雄欧那尼和善良美丽的姑娘素儿的命运担心。

戏演到这儿时，有一个有趣的插曲。有两个出版商请剧作者到外面谈话，雨果问他们有什么事，出版商说要买《欧那尼》的出版权。雨果问："你们出多少钱？"出版商说："六千法郎。"雨果说："等戏完了再谈好吗？""不，我们愿意立即成交。"出版商果断地回答。"这又何必呢？你们还没有把货看完呢！"雨果不解地问。出版商说："我不想再看了，看到第二幕，我想给你二千法郎，第三幕，四千，第四幕，就想给你六千，如果到第五幕，恐怕就一万法郎了。"雨果笑了笑说："既然如此，现在就卖给你。明天一早，请到舍下签字。"出版商说："为什么现在不能签字呢？我此刻就带有六千法郎。"于是，雨果收下了六千法郎，因为这一天他家里只剩五十法郎了。

剧场里的战斗，以古典主义的失败而告终。从此，浪漫主义作为新的文学流派，登上了艺术大殿。

案例

现实主义的诞生

19世纪初期的法国画坛，古典主义仍然占据统治地位，绘画必须优美高雅，肖像不能有阴影，总之，一切都远离现实。年轻的画家古斯塔夫·库尔贝（1819—1877年）很不满意接受这种规定。一次，库尔贝散步时，偶然注意到下层社会劳动者——石工的生活：在如火骄阳的炙烤下，一位七十多岁的老石工和两个年轻人在马路上忙碌地工作着，这就是他们终生的生活。库尔贝被深深地感动了。他以此为题材，创作了著名的绘画《石工》。从此，他把目光转向现实生活，用画笔表现自己的观察结果。

库尔贝的这种做法，很快引起了评论界的注意，指责和非难雨点般地向他袭来。有人说他粗俗，别有用心，对绘画的基本法则一窍不通，还有的人责难他反对现实制度。上层社会公开对他表示出敌对态度，官方团体否定了他许多与社会正统思想相悖的作品。最为突出的是，他的绘画《浴女》展出时，引起了特别激烈的抨击。因为库尔贝不是把裸体加以理想化，而是表现了一个健壮的大屁股农妇。据说拿破仑三世看后非常愤怒,竟用马鞭在画上抽了一鞭子。

1855年,在巴黎举行的世界博览会,库尔贝的作品被拒绝参展。于是,库尔贝在距博览会不远的地方搭起了一个棚子,展出了自己的四十幅作品。当时有个官方评论家,讥讽库尔贝是"现实派",库尔贝欣然接受了这一称呼,并把自己的展览称为"现实派陈列馆"。

库尔贝的画展并没有取得成功。库尔贝晚年的生活非常艰辛,因为反动势力的迫害,他被迫离开法国,流落到瑞士,最后病死在那里。但是,这次画展却在艺术史上,第一次正式打出了现实主义的旗号,成为这一伟大艺术派别的滥觞。

审美心理定势对艺术的影响,还表现为对艺术家创新能力的束缚。唐代大诗人刘禹锡,有一次在重阳节携友人登高饮酒,联句作诗。眼前一盘盘香喷喷的糕,触动了诗人的诗意。"糕,糕,糕……"诗人轻轻地念着,觉得用糕字,写的是眼前事,声音也洪亮,倒是蛮合适的,但又一想:"不对呀,糕字民间常用,口语内也不少见,但古诗里并没有,能用吗?"他思量一番后,叹息道:"既然古人不用,我也就算了吧。"后来,有人写诗嘲笑刘禹锡:"刘郎不敢题糕字,空负诗中一世豪。"

清初诗人王士祯写了一首《蜀道诗》,其中有两句:"高秋华岳三峰出,晓日潼关四扇开。"人们感到奇怪,潼关是两扇门,怎么能"四扇开"呢?有个名叫孙宝侗的人批评他,王士祯不服气地说:"这是按韩愈的诗写的,又不是我杜撰的呀!"王士祯不是信口胡说,韩愈的确有一首《次潼关先寄张十二阁老使君》诗,其中写道:"荆山已去华山来,日出潼关四扇开,刺史莫辞迎候远,相公亲破蔡州回。"当时,韩愈随丞相裴度出征,消灭了盘踞在蔡州叛变作乱的吴元济,此诗是回师之时,写给中书舍人张贾的。为什么要说"潼关四扇开"呢?是由于唐时潼关是四扇门,还是出于艺术夸张,极言潼关军民欢迎得胜之师之意,一直未有定论。但无论韩愈出于什么原因而写,王士祯这种一味模仿的做法,却已经偏离了艺术贵在创新的基本法则。

艺术审美心理定势作为一种审美现象,是艺术审美活动的自然结果,具有增强艺术审美效果的作用。但是,艺术审美心理定势由于具有排斥艺术新作品、新演员、新形式的作用,阻碍新人、新作、新风格、新流派的出现,因而不利于艺术的繁荣和发展。在艺术创作和欣赏中,审美心理定势与好奇本能形成审美心理规律的作用在有些方面恰好相反,前者表现为以旧为美,后者表现为以新为美。两种矛盾的审美心理,不仅影响个人的艺术审美活动,也形成了艺术发展中各种形式的矛盾和斗争。艺术审美新旧选择规律,是根据这两种矛盾的审美心理存在的现实,从美学的角度提出的艺术创作和欣赏中的法则,即艺术创作和欣赏在追求和享受审美心理定势积极作用的同时,要清醒认识其负面作用,保持艺术创新精神和对新形式、新作品的欣赏能力,否则会影响创作和欣赏的效果。

本章小结

艺术美学是用美学理论解释艺术现象,总结和揭示艺术审美规律的科学。本章围绕艺术创作和欣赏的重要问题,介绍了艺术审美的基本规律。

(1)艺术的三种定义。生活中广义的艺术概念,通常表现为三个层面,即把事情做好的方法、按照这种方法做出的产品和对优秀行为或作品的赞许性评价。生活中狭义的艺术概念,指对文学、音乐、舞蹈、绘画、雕塑、戏剧、电影、电视剧等作品及其创作方法的总称。艺术美学研究的是狭义艺术概念的范畴,认为艺术是人运用语言、音响、色彩等特定材料创造的可以给人以情感享受的形式。

(2)艺术基本形式引起美感的机理。艺术的基本形式指艺术作品运用的材料和形成的结构特点,又称为艺术类型,比如小说、音乐、绘画、雕塑、戏剧、电影等。关于艺术的起源,以往有各种不同的说法。现代美学认为,艺术基本形式是人们从功利活动中抽绎出来的审美方式,即创造能够给人以情感享受产品的方式。艺术基本形式主要通过形象性、故事性和情感性三种方式引起人的美感,形象性和故事性引起美感的机理,在于形象思维是人先天具有的思维方式,较之抽象思维更容易为人们接受和激发人的情感;情感性引起美感的机理,在于人类具有相似的表现情感的生理心理结构,同类情感的表现形式会引发相应的情感反应。

(3)艺术内容引起美感的机理。传统美学认为审美无关功利,所以排斥功利性内容在艺术中的作用。现代美学认为,功利活动形成审美心理是审美现象发生的基础,现实生活中的事物形式和功利因素一起进入艺术成为艺术作品的内容,在相关审美心理的作用下引起人的美感,是艺术内容引起美感的基本原理。本章介绍了八种类型的艺术内容引起美感的机理：一是善的艺术内容引起美感的机理，二是性爱艺术内容引起美感的机理，三是权贵名人艺术内容引起美感的机理，四是新奇艺术内容引起美感的机理，五是艺术人物命运引起美感的机理，六是艺术创造力引起美感的机理，七是先进国家艺术引起美感的机理，八是艺术爱好引起美感的机理。

（4）艺术欣赏中美感的特点与类型。绘画、雕塑等造型艺术作品引起的情感是单一的，并且以愉悦为主，同现实生活审美活动中的情感表现方式大体一致。文学、戏剧、电影、电视等语言和综合性艺术作品，引起的美感不仅包括人类所有的情感，具有多样化的特点；而且由于意识的参与，往往强度高于现实生活中的美感。优秀的艺术作品具有占主流地位的情感，由此形成艺术作品不同的风格和艺术欣赏中不同的美感类型。本章结合以往艺术研究成果，分别介绍了优美型美感、崇高型美感、悲剧型美感和喜剧型美感的特点和发生机理。

（5）艺术审美的四种特殊规律。艺术内容真假选择规律，指在生活真实与艺术审美效果发生矛盾的时候，应当坚持审美效果优先的原则，按照审美效果的需要改造生活真实，否则会影响艺术的审美效果。艺术形象美丑选择规律，指造型艺术希望受到欣赏者喜爱的艺术人物，其外在形象不能违背一般的审美心理，否则会影响艺术的审美效果。艺术情感形式选择规律，指要根据表现的情感内容选择适合的艺术形式，否则会降低艺术作品的审美效果。艺术审美新旧选择规律，指艺术创作和欣赏在追求和享受审美心理定势积极作用的同时，要清醒认识其负面作用，保持艺术创新精神和对新形式、新作品的欣赏能力，否则会影响创作和欣赏的效果。

试一试

1. 试举例说明不同艺术概念的运用。
2. 试举例说明艺术基本形式的形成过程。
3. 试举例说明艺术欣赏中美感产生的机理。
4. 试举例说明艺术审美与现实审美中美感的异同。

第十一章　审美教育的机理与规律

> **本章议题**
> 1. 审美教育发展过程中有哪些标志性理论?
> 2. 审美教育的目的是什么?
> 3. 审美化教育有哪些基本方法?
> 4. 纯粹审美教育有哪些基本方法?
> 5. 自我审美修养有哪些基本方法?

在美学研究中,人们在寻找美的事物引起人美感的原因和规律的同时,也在不断探索如何运用审美规律来实现自己的目的。审美教育理论的提出,就是这种探索中最突出的成果和最有影响的事件。本章重点介绍以往审美教育理论和实践的成果,探讨现代教育如何运用审美规律提高人审美素质的路径和方法。

一、审美教育理论的提出和发展

审美教育一般简称为"美育",是现代美学和教育学研究的重要内容。现代美育理论是德国诗人席勒首先提出的,在我国则以蔡元培"以美育代宗教"的主张和实践最为著名。然而,从实践的角度看,远在西方古希腊和我国春秋战国时期,就已经出现了与美育相关的认识和实践,只不过没有冠以美育的名称而已。

1. 柏拉图与西方古代审美教育

西方最早的美育研究,可以追溯到柏拉图。柏拉图最早系统地进行审美研究,也最早系统地进行美育研究。

柏拉图的美育研究成果集中地体现在他的著作《理想国》和被称为"第二理想国"的《法律篇》。柏拉图的理想国以希腊的城邦为模型,虽称之为国,实则就是一个城邦。柏拉图把城邦的统治阶级,也就是贵族,称为"保卫者",把训练"保卫者"当作建立理想国的一项重要工作。这两篇文章都采用柏拉图最擅长的对话形式,其中最主要的目的,就是探讨如何塑造理想公民性格的方法。柏拉图在美育方面的贡献,主要表现在三个方面。

首先,柏拉图明确把美育作为教育的重要内容。柏拉图提出:"我心中的教育就是把儿童的最初德行本能培养成正当习惯的一种训练,让快感和友爱以及痛感和仇恨都恰当地植根在儿童的心灵里……整个心灵的谐和就是德行,但是快感和痛感的特殊训练会使人从小到老都厌恨所应当厌恨的,爱好所应当爱好的。"①

人是有感情的动物,我国近代著名画家、艺术教育家林风眠说过:"依照艺术家的说法,一切社会的问题,应该都是感情的问题。"②对于人喜欢的事,吃苦受累都是甜的,甚至"虽九死而不悔";对于不喜欢的事,锦衣玉食也是受罪,一门心思只想着如何逃开。明白了人性的这一特点,也就明白了审美教育的价值。柏拉图把审美教育作为教育的内容,是基于对人性的深刻认识,也是十分伟大的见解。只可惜这个见解在实践中没有被继承下来,在几千年西方教育中,只剩下德、智、体,从而导致了种种社会问题,不能说不是一种遗憾。

其次,柏拉图把艺术教育作为美育的方式。柏拉图的审美教育,主要指艺术教育。在各种艺术形式中,柏拉图最推崇音乐。他认为:"音乐教育比起其他教育都重要得多……节奏与乐调有最强烈的力量浸入心灵的最深处,如果教育的方式适合,它们就会拿美来浸润心灵,使它也就因此美化;如果没有这种适合的教育,心灵也就因此丑化。"③柏拉图十分重视绘画的作用,提出"我们不是应该寻找一些有本领的艺术家,把自然的优美方面描绘出来,使我们的青年们像住在风和日暖的地带一样,四周一切都对健康有益,天天耳濡目染于优美的作品,像从一种清幽境界呼吸一阵清风,来呼吸它们的好影响,使他们不知不觉地从小就培养起对于美的爱好,并且培养其融美于心灵的习惯吗?"④诗歌和戏剧是柏拉图时代的重要艺术形式。出于政治的考虑,柏拉图虽然对当时诗歌和戏剧从内容到形式都提出了批评,但他的批评、限制,只是反对和限制诗歌和戏剧在美育中的负面作用,归根到底是为了更好地发挥艺术在审美教育中的作用。

再次,柏拉图的美育是为德育服务的。审美教育的实质,是通过情感的培

---

① 柏拉图.柏拉图文艺对话集[M].朱光潜,译.北京:人民文学出版社,1963:300.
② 林风眠.林风眠散文[M].广州:花城出版社,1999:67.
③ 同①62.
④ 同③.

养和引导影响人的行为。在这一点上,柏拉图的认识是十分深刻的。但是,他审美教育的终极目的不是为了受教育者,而是为了城邦,为了培养城邦合格的"保卫者"。因此,他的审美教育是为德育服务的,是为了培养符合"保卫者"要求的人。尽管柏拉图把美育看作是教育的重要内容,但是这样的教育目的,也就使得美育失去了独立存在的地位。从这个意义上说,柏拉图是西方美育最早的倡导者,也是最早的终结者。美育没能成为西方教育独立的组成部分,与柏拉图这种主张不能说没有关系。

从培养城邦"保卫者"的要求出发,柏拉图要求文学表现有道德的行为,剔除有损道德的内容,只能采取单纯叙述的形式,如果用模仿,只能模仿善人善行,音乐要求简单严肃雄壮,剔除柔缓文弱的曲调。这些主张在当时有一定的合理性,但从艺术的发展看则是荒谬的。当时古希腊戏剧最盛行,按照柏拉图的主张,戏剧就不应该存在,甚至荷马史诗大部分内容和形式也应该取缔。

柏拉图之后,西方美育研究方面最有影响的人物当推亚里士多德。亚里士多德继承了柏拉图把艺术作为教育内容的主张,提出"音乐应该学习……要达到教育的目的,就应该选用伦理的乐调"①。亚里士多德认为不同的艺术产生不同的快感,人从孩提时候就有模仿的本能,对模仿的作品总是感到快感;悲剧能够唤起悲悯与畏惧之情,使情感得到陶冶;各种乐调各有用处,所以都应该演奏……这些认识在一定程度上纠正了柏拉图对艺术作用的偏颇认识,但总体上没有突破柏拉图的研究范畴。

柏拉图和亚里士多德之后,西方古代美育实践基本上沿袭着柏拉图规定的方向,主要目的在于为德育服务,特别是宗教宣传方面更是如此。西方的古代艺术,特别是绘画和建筑方面的成就,主要表现在宗教题材方面。今天我们到欧洲旅行,总免不了要到教堂参观。对现代旅游者而言,教堂与其说是宗教圣地,倒不如说是艺术圣地。艺术给人们的审美感受,要远远大于宗教带给我们的影响。这一点可以说完全出乎教堂建造者的初衷——在现代旅行者的感受中,艺术成了内容,宗教反倒成了形式。这种奇妙的现象,体现了古代西方人对审美教育的重视。

2.孔子与中国传统乐感文化

中国古代的美育理论,最早可以追溯到孔子。我国夏、商、周时期,"学在

---

① 北京大学哲学系美学教研室.西方美学家论美和美感[M].北京:商务印书馆,1980:44.

官府","政教合一",教育由官府承办。到了周平王迁都洛邑,也就是东周时期,随着王室衰微,"天子失官,学在四夷",私学兴起。孔子主张"有教无类",史称弟子三千,贤者七十,是当时最有影响的教育者。

孔子教学的科目称为"六艺",分为礼、乐、射、御、书、数。其中的"乐",有研究者指出,并不是我们今天理解的一般意义上的音乐,而是"与诗、歌、舞、曲密切地联系在一起,是文学、艺术、音乐、舞蹈等美育形式的总称和综合"①。按照这样的说法,在孔子的教育内容中,美育就是一个独立的部分。

孔子十分重视乐教的作用。他提出人才成长的三部曲:"兴于诗,立于礼,成于乐。"通过诗歌教育激发学习者的兴趣,通过礼仪教育确立做人的行为规范,通过音乐教育使这种行为规范成为人的自觉行动。为什么乐教能够形成人的秉性习惯呢?荀子在《乐论》中对此做了解释。荀子认为:"夫乐者,乐也。人情之所不能免也,故人不能无乐。"在荀子看来,"乐"就是快乐,这就是"乐"之所以为乐的原因。快乐是人不能缺少的情感,所以人不能没有"乐"。荀子提出:"礼乐之统,关乎人心矣。穷本极变,乐之情也。""乐"的作用就是影响人的心灵,它的实质就是从根本上改变人的性情。从这些论述可以看出,中国古代不仅重视美育,而且对这种教育的机理具有深刻的理解。

孔子的美育首先是围绕德育进行的。孔子的"乐",是按照一定的礼法规定的乐。《论语·八佾》记载,鲁国大夫季氏让人演奏"八佾"的乐舞,孔子愤然道:"是可忍,孰不可忍也!"因为按周礼规定,"八佾"只能是周天子使用的,大夫只能用"四佾"的乐舞,用"八佾"便是"僭越"。鲁国的孟孙、叔孙、季孙三家大夫在祭祀时唱了《周颂》中的诗乐《雍》,违反了周礼,孔子奚落他们:"'相维辟公,天子穆穆',奚取于三家公堂?"并感叹道:"礼云礼云,玉帛云乎哉!乐云乐云,钟鼓云乎哉?"强调礼不仅仅是玉帛之物,乐不仅仅是钟鼓之声,这些只是形式,更重要的是其中的伦理道德规范。在孔子看来,礼乐中的伦理道德才是礼乐的灵魂,外在的形式只是礼乐的皮毛,如果只追求外在的形式而忽视其中的灵魂,那就失去了礼乐的作用,也就不是真正的礼乐了。从这里也可以看出,孔子的美育是为德育服务的。

然而,与西方古代美育不同的是,孔子的美育在为德育服务的同时,有其独立存在的价值。也就是说,美育不仅是方法,自身也是目的。为什么呢?因

---

① 张连捷.孔子美育思想初探[M]//瞿葆奎.教育学文集·美育.北京:人民教育出版社,1989:288.

为在孔子看来,人生应该是快乐的。

翻开《论语》,开篇看到的就是两个快乐——"子曰:'学而时习之,不亦说乎?有朋自远方来,不亦乐乎?人不知而不愠,不亦君子乎?'"学习、实践是快乐的,与朋友交往是快乐的,甚至别人不了解自己也没有什么不高兴,这就是孔子的人生态度。子贡问理想的人格时说:"贫而无谄,富而无骄,何如?"孔子回答:"可也;未若贫而乐,富而好礼者也。"孔子描述自己是:"发愤忘食,乐以忘忧,不知老之将至","饭疏食饮水,曲肱而枕之,乐亦在其中矣。"在诸弟子中,孔子之所以看重颜回,就在于颜回能够做到"一箪食,一瓢饮,在陋巷,人不堪其忧,回也不改其乐。"无论是别人误解,还是生活艰辛,始终保持快乐的心情,这是孔子的人生追求,也是他教育学生的目的。孔子的这种人生态度及其影响,促成了中国乐感文化的形成。

在世界文明发展史上,中国文化不仅是唯一从未中断的文明,而且还有一个突出的特点——宗教在文化中始终未能占据主流地位。

宗教的产生源于人的感情的需要。人类诞生之初,对万物来源、自然变化无从了解,故推之于种种神灵,如西方之上帝、印度之佛祖、阿拉伯之真主、中国之盘古。神灵是宗教产生的前提,但它并不等于宗教,也并非必然产生宗教。宗教产生于信仰,当人把心灵和感情交给所崇拜的神灵时,宗教便随之产生。

宗教对感情的作用,首先在于给人以现实痛苦来源的解释。不同的宗教有不同的解释,如基督教之偷食禁果、佛教之前世罪孽,它们的共同之处,都是把人生的痛苦归咎于自身原有的罪孽,认为唯有通过赎罪,方能升入"天堂",到达"极乐世界"。其次是通过祈祷、忏悔等形式,使人得到心理的平衡,心灵的安宁。两千多年来,宗教是西方人心灵的家园,感情的庇护所,形成了西方以赎罪为特征的罪感文化。

宗教的起因在于人慰藉感情的需要,那么,没有宗教,古代中国人是怎样解决这种感情需求的呢?这就不能不提到中国传统的乐感文化。

中国传统乐感文化产生的基础,是中国古代对人与外部世界关系的独特认识。中国古代的哲人,大多是不信神的,这一点不能不使人感到惊奇、敬佩。对外部世界与人的关系,中国古代文化的主流认识是"天人合一"。

"天人合一"的内涵极为广泛,今天对此人们还多有争议。然究其根本,起码包含了以下三点:①万物与人皆是自然的产物,天包括人,人是天的组成部分。②万物与人的生长变化皆有其自然规律,即"天道"。③人生需顺应天道,即自然规律。从这三条出发,又生发出许多不同的理解,其中对中国古代社会影响较大的有两种解释。

一种是以儒学为代表的将礼教神化的"天理"。《左传》云:"夫礼,天之经也,地之义也,民之行也";宋明理学讲"存天理,灭人欲";荀子说"君臣、父子、兄弟、夫妇……与天地同理,与万世同久"。这种把世俗道德神化的做法,其作用与用宗教规范人的行为是相同的,有利于封建社会的统治,因而为封建统治者所欣赏,在封建社会始终居统治地位。

一种是以道家为代表的将人生自然化的"天理"。庄子有两个故事很能体现这种思想。庄子的妻子死了,庄子击缶而歌。惠施责怪他,他却说:"人死了,生命和形体都没有了,这是自然的变化。我妻子从自然而来,又回到自然中去,这如同四季流转,有什么值得悲伤的呢!"庄子和惠施在水边散步,庄子赞叹道:"鱼戏水中,多么快乐啊!"惠施说:"你不是鱼,怎么知道鱼快乐呢?"庄子说:"你不是我,怎么知道我不知道鱼快乐呢?"第一个故事从人生即自然过程的理念出发,把一般人悲伤的事也看作愉快的事。第二个故事用现代美学的理论解释,就是唯其自己心中快乐,方能视万物快乐。一个连妻子去世都能看作快乐的人,痛苦怎么能进入他的心灵呢?

以人生为自然过程的认识观,形成了中国古代的乐感文化。乐感文化的核心是寻求人生之乐趣,其主要表现在四个方面。

一是儒家以入世为特征的事功之乐。典型如笃志向道,"一箪食,一瓢饮,在陋巷"而不改其乐的颜回,"先天下之忧而忧,后天下之乐而乐"的范仲淹,以及"独乐乐"不如"与人乐乐"、"少乐乐"不如"与众乐乐"的士大夫情怀和"助人为乐"的社会风尚。儒家事功之乐的特点,一是做事,二是利他。从现代美学的角度看,属于创造本能实现的一种形式,由此使人产生快乐。

二是道家以出世为特征的寄情山水之乐。典型如陶渊明的"采菊东篱下",林和靖的"梅妻鹤子",欧阳修的"醉翁之意不在酒,在乎山水之间也",以及由此形成的中国古代文人对田园山水的审美爱好。从现代美学的角度看,是通过欣赏自然景色获得快乐。

三是禅宗以参禅为特征的智慧之乐。文士李翱问药山禅师何为禅,药山禅师回答:"云在青山上,水在水瓶中。"问如何学禅,药山禅师道:"饿了吃饭,困了睡觉。"这已经不是理想化的佛教天国,而是理解人生的智慧。禅宗文化有其神秘的一面,抛开这种神秘性,禅宗的参禅,乃在于用思维寻找人生快乐的真谛。如果说儒家是用行动来实现创造本能,禅宗就是用思维来实现创造本能,二者异曲同工,最终获得的都是快乐。

四是以诗、文、琴、棋、书、画为代表的艺术之乐。艺术乃慰藉感情之第一工具。中国古代文人大多集艺术家与鉴赏家于一身,对此体验更为深切。一般而言,文人士大夫多以儒道互补,达则以事功为乐,穷则以山水为娱,而艺术则始终是他们寄托感情的重要形式。

中国古代的乐感文化,突出人的主动精神,肯定人生和人的感性快乐,较之西方的罪感文化否定人生、以赎罪为快乐的纯精神感受,无疑更能增加人生的乐趣。两千多年间,中国人正是用"天人合一"代替了对神的崇拜,用审美的愉悦代替了宗教慰藉感情的作用。

传统乐感文化美中不足之处,首先在于必须以相当的文化水平为基础,故其始终难以跳出文人士大夫的圈子;其次由于缺乏类似宗教那样通俗的形式,因而很难普及百姓。对一般民众而言,依然有借外部力量慰藉感情的需要。中国古代农民起义,自陈胜、吴广起,多用神的名义相号召,借宗教的形式以组织,并能屡屡奏效。佛教、基督教等外部宗教传入,虽文人士大夫多反对,如范缜之"神灭论"、韩愈之谏迎佛骨等,然而在民间却能得到蓬勃发展。这些现象产生的原因,就在于民众也有慰藉感情的需要。

3. 席勒的审美教育理论

席勒(J. C. F. Schiller,1759—1805 年)是德国启蒙时期的诗人、剧作家和美学家。席勒在美学研究方面最突出的贡献,是最早提出了审美教育的主张。

席勒关于审美教育的主张,主要表现在《审美教育书简》。这一由 27 封书信组成的著作背后,有一个令人心酸的故事。

席勒作为德国文学狂飙突进后期的代表人物,早在青年时期就创作了剧本《强盗》(1781 年)和《阴谋与爱情》(1784 年)。1782 年《强盗》首次上演,立即轰动一时,成为德国戏剧史上一个划时代的事件。1789 年,席勒被耶拿大学聘为有职无薪的历史学教授。1791 年,席勒患上肺病,生活困苦,一度有传言说他已经病故。丹麦奥古斯腾堡(Augustenburg)公爵和史梅尔曼(Schimmelmann)伯爵从这一年 12 月起,每年资助席勒一千塔勒银币,以三年为限。为了报答奥古斯腾堡公爵的帮助,席勒从 1793 年 2 月起,把自己关于美学的研究结果用书信报告给这位公爵,并于 1795 年在他创办的《时季女神》杂志上陆续发表,总称为《审美教育书简》。

席勒提出审美教育的社会原因,首先在于当时的社会现实。席勒在前十封信,尤其在前五封信里,对当时社会存在的问题做了生动的描绘和批判。这些问题在席勒看来,主要表现在两个方面:"不是粗野,就是懒散,这是人类堕落的两个极端,而这两者却汇集在同一个时代里!"席勒指出:"在为数众多的下层阶级,我们看到的是粗野的、无法无天的冲动,在市民秩序的约束解除之后这些冲动摆脱了羁绊,以无法控制的狂暴急于得到兽性的满足……另一方面,文明阶级则显出一幅懒散和性格败坏的令人作呕的景象,这些毛病生于文明本身,这就更加令人厌恶。"①

关于第一个方面的认识,席勒主要来自对法国资产阶级革命的误解。1789年爆发的法国资产阶级革命,推毁了法国封建统治,开辟了欧洲资本主义发展的新时代。列宁曾经指出:"这次革命给本阶级,给它所服务的那个阶级,给资产阶级做了很多事情,以至整个十九世纪,即给予全人类以文明和文化的世纪,都是在法国革命的标志下度过的。"②席勒本是德国狂飙突进运动的代表人物,1792年法国革命产生的法兰西共和国国民会议,因为席勒早期剧作《强盗》的影响,把席勒作为革命诗人推选为法国的名誉公民。然而此时的席勒,已经转向自由和人道主义,面对法国革命派对封建统治阶级的镇压,特别是雅各宾派的过激行为,他感到震惊和恐惧,并由此对法国革命从希望转变为失望,形成了关于下层社会粗野暴戾的认识。

法国资产阶级革命如同历史上任何一次革命一样,一方面为了摧毁对反动阶级的反扑,需要采取严厉的镇压手段;另一方面革命者因为长期受压迫情感的爆发,出现了种种过激行为。这些行为从现实的角度看,有其产生的合理性和需要性,然而从历史的角度看,则表现为时代局限性。理想主义者往往只看出后者而忽略了前者,从而导致对革命运动的否定。一些革命者只看到前者而看不到后者,最终导致革命运动失去人民群众的广泛支持。席勒属于理想主义的阵营。

关于第二个方面的认识,即文明阶级的腐败,席勒显然受到黑格尔、费尔巴哈等人"异化"理论的影响。关于人类社会"异化"的理论,是德国哲学一个十分重要的贡献。"异化"理论揭示了人类社会发展中这样一种现象:人对功利需求的过分追求,导致人的行为违反了人的本性。异化行为最普遍、对社会

---

① 席勒.审美教育书简[M].冯至,范大灿,译.上海:上海人民出版社,2003:39-41.
② 列宁.列宁选集:第三卷[M].2版.中共中央马克思恩格斯大林著作编译局,译.北京:人民出版社,1972:829.

发展影响最大的行为,就是在物质匮乏、劳动艰辛的社会条件下形成的对劳动的异化观念。劳动本来是人的一种自然行为,是人的一种本能需要。但对劳动成果的过分追求,导致人们忘记了劳动作为人生存方式的意义,而把追求财富作为唯一的目的。最终的结果,就是无论财富的生产者还是获得者,都不能从劳动过程中得到快乐。马克思提出"人的本质力量对象化""人的全面发展",就是在研究异化现象的基础上,提出的解决异化现象的对策和出路。席勒对当时上层社会懒散、腐朽行为的揭示和批判,是对德国哲学异化理论的继承和发展。当今社会,异化现象依然普遍存在,改变这种现象,实现人的全面发展,需要社会各方面的努力。席勒从美学研究的角度提出这个问题,提出用审美教育的方法解决这个问题,在今天仍然具有现实意义。

席勒提出审美教育理论的原因,主要是受到当时德国哲学特别是康德哲学的影响。康德在哲学研究中把人的心理功能分为知、情、意三个方面。他写了三部重要的著作:第一部《纯粹理性批判》,专门研究认知的功能,推求人类知识在什么条件下才是可能的;第二部《实践理性批判》,专门研究意志的功能,探讨人凭什么东西指导道德行为;第三部《判断力批判》,专门研究情感的功能,寻求人心在什么条件下才能感觉事物的美和完善。在康德的哲学体系中,作为认识外部世界的知解力与作为决定道德意志的理性是各自独立的,审美判断力是二者之间的桥梁,把人的认识活动和实践活动、自然界的必然与精神界的自由联系起来。

康德在人类社会发展方面认为,人类社会发展的历史是从自然状态向精神与理性时代演进的历史。在这一长远的过程中,当时(即西方启蒙时期)正处在人类结束自然状态、开启精神历史的转折点上,人们开始意识到自己的处境和职责,逐渐使理性成为指导一切的原则。

席勒接受了康德关于人类社会发展历程的基本观点,但从现实状况出发,认为人不能直接从自然人走向理性人,当时的社会并不是自然状态的结束与理性状态的开始。他把康德关于审美判断力是知解力与意志理性桥梁的观点运用于社会发展过程,认为要从自然状态过渡到理性状态,首先要让人精神健康,具有美的心灵。为此,他开出了自己的"济世良方",这就是审美教育。

席勒认为,当代人是人格分裂的人,分别处在感性冲动(或称物质冲动)和理性冲动(或称形式冲动)的控制之下。感性冲动的对象是生活,它要占有,要享受,被官能所控制,因而是被动的,处于这种状态的人是自然人;理性冲动的对象是形式,它要的是秩序的法则,受思想和意志的支配,因而是主动的,处于这种状态的人是理性的人。席勒认为,完全的感性与完全的理性都是不可取的,"不是他的感觉支配了原则,成为野人,就是他的原则摧毁了他的感觉,成为蛮人。野人蔑视艺术,视自然为他的绝对主宰;蛮人嘲笑和谤渎自然,但他比野人更可鄙,他总是一再成为他的奴隶的奴隶"①。

席勒及其法国哲学关于人的两种冲动的研究,实质上接触到人类发展过程中的一个重要问题。人类文明的发展,基本的路径是人的理性对自然性的掌控。但是,理性对自然性的掌控,在促进人类走向文明的同时,也导致了人生命活力的下降。在世界文明发展史上,多次发生文明落后国家战胜文明先进国家的现象,如古代西方马其顿战胜希腊,中国蒙古族和满族战胜中原汉族,文明导致人类生命活力下降是其中重要的原因,在冷兵器时期甚至会成为决定性因素。席勒认识到当时社会存在的这个问题,"在所谓的文明化了的时代,人们常常看到,柔和蜕化成软弱,广博蜕化成浮浅,准确蜕化成空洞,自由蜕化成任性,轻快蜕化成轻佻,冷静蜕化成冷漠,最可憎的漫画与最庄严的人性混为一谈"②。席勒通过审美教育统一两种冲动的观点,就是针对这个问题的一种解决方案。关于文明过程导致人生命活力下降这个问题,毛泽东提出"文明其精神,野蛮其体魄"的著名论断,学术界关于"人的自然化""人的全面发展"等方面的研究,都可以看作解决这类问题的方案。

席勒的审美教育,实质是艺术教育。为什么艺术教育可以成为由感性到理性、由野蛮到道德、由自然到文明的桥梁呢？席勒认为,在于人在感性冲动与理性冲动之外,还有一种"游戏冲动",艺术就起源于人的游戏冲动。艺术既含有感性的形式,又有理性的精神,不带有任何强迫性,因而可以成为沟通两种冲动的桥梁。席勒提出,"只有当人是完全意义上的人,他才游戏;只有当人游戏时,他也才完全是人"③。

席勒提出审美教育的目的,在于解决当时的社会问题。但是,他是用想象的方法,在想象之中解决现实问题。很显然,这种方法在现实中是无法实施的。关于这一点,德国历史学家、文艺评论家弗兰茨·梅林(F. Mehring)在1905年写的《席勒评传》中就指出:"席勒的《审美教育书简》暴露了我国古典

---

① 席勒.审美教育书简[M].冯至,范大灿,译.上海:上海人民出版社,1985:22.
② 同①85.
③ 同①80.

文学的秘密，它们明显地足以证实，为什么18世纪德国资产阶级的解放斗争必须在艺术的领域里开展。但是它在试行从审美走向政治自由的道路时，却不言而喻地落了空"①。席勒的伟大之处，在于他认识到审美在改变人性上的作用，在人类历史上第一次明确指出用审美教育改造社会。

在美学的发展史上，有三个非常富有戏剧性的人物：第一个是柏拉图，他提出的"美本质问题"，在今天看来完全是一道伪命题，但却由此开启了美学研究的先河；第二个是鲍姆嘉通，他虽然在美学研究中无所建树，却最早用"美学"给这门学科命名，因而成为美学的创始人；第三个就是席勒，尽管他关于审美教育的设想完全建立在想象的基础上，而且把审美教育仅仅看作艺术教育，但他在人类历史上第一次提出"审美教育"的概念，从而成为美育研究的创始人。

4. 蔡元培与中国现代审美教育的发展

20世纪初，随着封建帝制的灭亡，作为两千多年封建社会精神支柱的儒学也随之衰落，现代中国失去了传统的精神归宿。在新的时代，以什么样的精神，通过什么途径来凝聚人心，重塑民族魂魄，建构国人的心灵家园，成为思想界仁人志士思考的重要问题。

当时，有人把西方社会的发展归之于宗教的影响，而把中国的种种弊端归之于宗教的缺失。有的"遂欲以基督教导国人"，有的"以孔子为我国之基督，遂欲组织孔教"②。对于这些主张，蔡元培坚决反对。他承继我国古代乐感文化的传统，吸收近代西方美学研究的成果，在我国首次系统地提出审美教育的理论，并充分利用自己的社会地位和影响，不遗余力地宣传美育，积极地将美育理论付诸实践。

蔡元培的美育思想与以往最大的不同之处，在于把培养学生健全人格作为教育的目的。古今中外的教育，或强调德，或偏重才，然其出发点均在社会，是把社会的需要作为教育的目的。在这种以社会需要为目的的教育理论中，美育只能处于从属的地位。蔡元培则认为："教育是帮助被教育的人，给他能发展自己的能力，完成他的人格，于人类文化上能尽一分子的责任；不是把被教育的人，造成一种特别器具，给抱有他种目的的人去应用的。"③

---

① 席勒.审美教育书简[M].冯至，范大灿，译.上海：上海人民出版社，1985：7.
② 高平叔.蔡元培教育文选[M].北京：人民教育出版社，1980：28.
③ 蔡元培.教育独立议[M]//华东师范大学教育系.中国现代教育文选.北京：人民教育出版社，1989：12.

从培养学生健全人格的目的出发,蔡元培提出学校教育要"处处使学生自动","通常学校的教习,每说我要学生圆就圆,要学生方就方,这便大误";提出"文理是不能分科的",以便于学生的全面发展;提出"教育是要个性与群性平均发达的",教师要看学生个人的个性,去帮助他们;反对"罢黜百家独尊孔氏",主张不同学术派别,"若都是'言之成理,持之有故'的,就让他们并存,令学生有选择的余地";"教育事业当完全交与教育家,保有独立的资格,毫不受各派政党或各派教会的影响"。从这样的教育理论出发,蔡元培提出给美育以独立的学科地位,"以美育代宗教"。

美育的作用是什么?或者说它在教育中应该起到什么样的作用?不同目的的美育理论有不同的回答。在以社会需要为目的的美育理论中,美育的作用仅仅是提高受教育者对教育内容的兴趣。在以"养成健全人格"为目的的美育理论中,蔡元培把培养感情作为美育的主要任务。蔡元培指出:"美育者,应用美学之理论于教育,以培养感情为目的也。"①

社会的需要与受教育者的需要有重合之处,也有相异之处。蔡元培把受教育者的需要作为教育的首要目的,因此他认为美育和智育具有同等重要的作用。蔡元培提出,"教育之目的,在使人人有适当之行为",智慧和激情是决定人行为的两个方面,分别通过智育和美育来完成。他说:"故欲求行为之适当,必有两方面之准备:一方面,计较利害,考查因果,以冷静之头脑判定之,凡保身卫国之德,属于此类,赖智育之助者也;另一方面,不顾祸福,不计生死,以热烈之感情奔赴之;凡与人同乐、舍己为群之德,属于此类,赖美育之助者也。"②感情是"健全人格"不可或缺的组成部分,具有与智慧同等重要的意义,因而美育与智育就具有同等重要的地位。

蔡元培认为,美育可以丰富和激励人的感情,影响人的精神状态和人生态度。他指出:"常常看见专治科学,不兼涉美术的人,难免有萧索无聊的状态。无聊不过,于生存上强迫职务以外,俗的是借低劣的娱乐作消遣;高的是渐渐成了厌世的神经病。因为专治科学,太偏于概念,太偏于分析,太偏于机械的作用了……抱着这种机械的人生观与世界观,不但对于自己竟无生趣,对于社会也毫无感情;就是对所治科学,也不过'依样画葫芦',绝没有创造精神。防

---

① 蔡元培.美育[M]//华东师范大学教育系.中国现代教育文选.北京:人民教育出版社,1989:15.
② 蔡元培.教育独立议[M]//华东师范大学教育系.中国现代教育文选.北京:人民教育出版社,1989:12.

这种流弊,就要求知识以外兼养感情,就是治科学以外,兼治美术。有了美术的兴趣,不但觉得人生很有意义,很有价值;就是治科学的时候,也一定添了勇敢活泼的精神。""所以知识与感情不好偏枯,就是科学与美术,不可偏废。"①在蔡元培看来,有美育则人生有生趣,无美育则人生无生趣。对人生有生趣则不唯自己过得有意义,而且对社会有感情、有责任,对工作有兴趣、有创造性;对人生无生趣则个人生活乏味无聊,对社会无感情,对工作无兴趣、无创造性。

蔡元培明确把美育作为教育的重要内容,提出"所谓健全的人格,内分四育,即:(一)体育;(二)智育;(三)德育;(四)美育。"②不仅将美育作为教育的四大组成部分之一,而且一反前人强调美育对其他学科作用的说法,详细地论述了其他学科对美育的作用。他指出:"数学中数与数常有巧合之关系。几何学上各种形式,为图案之基础。物理、化学上能力之转移,光色之变化;地质学的矿物学上结晶之匀净,闪光之变幻;植物学上活然生香之花叶;动物学上逐渐进化之形体,极端改饰之毛羽,各别擅长之鸣声;天文学上诸星之轨道与光度;地文学上云霞之色彩与变动;地理学上各方之名胜;历史学上各时代伟大与俊雅之人物与事迹;以及其他社会科学上各种大同小异之结构,与左右逢源之理论;无不于智育作用中,含有美育之元素;一经教师之提醒,则学者自感有无穷之兴趣。"③美育对各学科的作用,与各学科对美育的作用,实际上是同一种现象。不同的结论,反映了观察者不同的出发点。从社会的需要出发,仅仅把德、智作为教育的目的,必然只能看到前者;从受教育者的需要出发,把"陶冶感情"作为教育的目的,自然就看到了后者。蔡元培把教育中凡能引起人兴趣的内容都归入美育,在于这些内容都可以起到激发人情感的作用。

美育如何实行,怎样才能取得好的效果,是蔡元培始终关注的问题。为了把美育的主张落到实处,蔡元培专门撰写了《美育实施的方法》,系统地提出了实施美育的步骤和途径,规划了实施美育的蓝图。

蔡元培的美育对象,不仅仅是学生,而且包括了整个社会的成员。他的美育规划,包括了社会的各个方面,包括了每个人的自生到死。他说:"我说美育,一直从未生以前,说到既死以后。"根据当时的社会现状,他把美育分为学

---

① 蔡元培.蔡元培选集[M].北京:中华书局,1959:175,173.
② 蔡元培.普通教育和职业教育[M]//华东师范大学教育系.中国现代教育文选.北京:人民教育出版社,1989:6.
③ 蔡元培.美育[M]//华东师范大学教育系.中国现代教育文选.北京:人民教育出版社,1989:15.

校教育、家庭教育和社会教育三个方面。各个方面的美育如何进行,他都提出了明确的方法、途径和要求。

蔡元培的美育方法,归纳起来,大致可以分为四种,即美的环境教育、美的艺术教育、各种能够激发人感情的教育方式和美学理论教育。这些方法贯穿在他的美育规划中,在不同的方面,由于教育对象的变化,侧重点则有所不同。

按照蔡元培的规划,首先要建立公立的胎教院,给孕妇住。这是美育的起点。胎教院的美育,主要是美的环境教育和艺术教育。环境方面,他要求胎教院"要设在风景佳胜的地方","建筑的形式要匀称,要玲珑……四周都是庭园","园中杂莳花木,使四时均有雅丽之花叶","选毛羽秀丽、鸣声谐雅的动物,散布花木中间","引水成泉,勿作激流。汇水成池,蓄美观活泼的鱼"。艺术教育方面,"陈列雕刻图画,都取优美一派;应有健全体格的裸体像与裸体画","备阅览的文字,要乐观的、平和的","每日可有音乐,选取的标准,与图画一样,激刺太甚的、卑靡的,都不取"。总之,要创造一个优美、平和、活泼的环境,使孕妇精神愉快,以利胎儿的成长。

学校美育,是蔡元培美育的重点,涉及美育的各种方法。环境方面,他要求自幼儿园到大学,各级学校都要有"美育之设备","例如,学校所在之环境有山水可赏者,校之周围,设清旷之园林。而校舍之建筑、器具之形式,造像摄影之点缀,学生成绩品之陈列",都要符合美的要求。课程方面,他认为幼儿园的课程,"若编纸、若粘土、若唱歌、若舞蹈";小学课程"如游戏、音乐、图画、手工等";中学、大学的文学、音乐、戏剧课程等,都是直接的美育,应该重视。除此之外,他特别强调其他学科中,能够激发人感情的内容和形式在美育中的作用。

关于美学理论在美育中的作用,蔡元培没有直接提及,但他用美育实践做了明确的回答。蔡元培在《我在北京大学的经历》这篇自传性文章中说:"我本来很注意美育的,北大有美学及美术史课……没有人肯讲美学,十年,我讲了十余次,因足疾进医院停止。"

蔡元培的家庭美育,重在美的环境教育。他提出的居室要求,不唯他所处的时代,即使近百年后的今天,我国大多数家庭也是达不到的。但他提出的"清洁与整齐",语言行为文明,人与人平等,却不仅是可行的,而且是很有意义的。

社会美育方面,蔡元培首先强调美的环境教育。他对城乡上下水管道、街道、建筑、公园、名胜的建设,乃至坟地的布置都提出了具体的要求,务求美观。他要求设"寄儿所",以免儿童流落街头;"设习艺所,以收录贫苦与残疾之人",

不许有沿途乞食者;要求载客运货之车,最好用机动车,逼不得已用畜力、人力,"则牛马必用强壮者",人力运轻便之物,避免"老牛、羸马之竭力以曳重载,或人力车夫之袒背浴汗而疾奔"。其次强调艺术教育,要求设立美术院、美术展览会、音乐院、音乐会、公立剧院、影剧院、历史博物馆、古物学陈列所、人类学博物馆等,展出高尚优美的艺术作品,限制"卑猥陋劣之作"。

蔡元培的美育规划是一个有机的整体。作为一个教育家,他十分重视学校的美育,同时他也认识到,社会环境对人的影响更大。面对20世纪初旧中国的落后现状,他感叹道:"我们现在除文学界,稍微有点新机外,别的还有什么呢?书画是我们的国粹,却是模仿古人的。古人的书画是有钱的收藏了,作为奢侈品,不是给人人供见的。建筑雕刻,没有人研究。在嚣杂的剧院中,演那简单的音乐,卑鄙的戏曲。在市街上散步,止见飞扬的尘土,横冲直撞的车马,商铺上贴着无聊的春联,地摊上出售那恶俗的画纸。在这种环境中讨生活,怎么能引起活泼高尚的感情呢?"①从这种现实出发,蔡元培认为:"美育之道,不达到市乡悉为美化,则虽学校、家庭尽力推行,而其所受环境之影响,终为阻力;故不可不以美化市乡为最重要之工作也。"②

蔡元培的美育思想,从当时的社会现实看,许多地方带有浓厚的理想主义色彩。但从审美教育理论的发展看,却是古今中外最深刻、最系统、最具有操作性的美育理论,在人类社会发展中具有十分重要的意义。

民国初期,与蔡元培同时代的王国维等人,也都积极倡导美育,然而其研究的深刻性、系统性、创新性,都没有超出蔡元培美育思想的范畴。此后由于社会动乱,战争连绵,美育理论渐渐被人们冷落。新中国成立后,美育曾一度被列入教育方针。但是,随着极"左"思潮泛滥,美育被视为"封资修"遭到排斥。1957年,美育从教育体系中被取消,教育方针只提德、智、体,美育不再具有独立的地位。到了"文化大革命"期间,美学被视为"资产阶级意识形态",追求美即"追求资产阶级的生活方式",美学成了"禁区",美育也成了"禁区"。20世纪80年代,随着国家拨乱反正,实行改革开放,社会上兴起"美学热",美育也被学术界重新提起。但是,作为国家的教育方针,直到1999年在《政府工作报告》中才明确提出要大力推进素质教育,使学生在德、智、体、美等方面全面发展。同年中共中央、国务院颁布《关于深化教育改革全面推进素质教育的决

---

① 蔡元培.蔡元培选集[M].北京:中华书局,1959:107.
② 蔡元培.蔡元培美学文选[M].北京:北京大学出版社,1983:177.

定》，提出实施素质教育，必须把德育、智育、体育、美育有机地统一于教育活动的各个环节中，美育由此重新进入国家的教育方针。

二、审美教育的目的和类型

美育的作用，是就美育本身考察而言的，研究美育具有什么功能；美育的目的，是从施教者的角度而言的，希望美育达到什么效果。在美育发展的历史上，可以看到各种不同的目的。综合这些认识和实践，从理论上进行分析，美育的作用和目的主要体现为两个方面：一是为了提高德育、智育、体育的效果；二是为了陶冶人的感情。

1. 提高德育、智育、体育的效果

把美育作为提高德育、智育、体育效果的手段，是自古以来审美教育最普遍的认识和实践。西方自柏拉图以降，这种认识和实践几乎垄断了美育领域。中国从孔子以来，这种认识和实践至今仍居主流地位。

重视美育提高德育、智育、体育效果的作用，甚至以此作为美育的唯一目的，这种认识和实践的产生，既有社会发展的原因，也是人类认识规律的必然结果。

从社会发展的角度而言，人类首先需要社会的稳定，需要生存所需的物质条件。所以，教育的目的，首先是满足社会的需要。柏拉图时代，首先需要的是培养城邦的"保卫者"；孔子时代，首先需要的是培养符合封建礼教的君子；至于物质财富的合格生产者，则是任何时代都必需的。正是这种社会需要，形成了提高德育、智育、体育效果的美育目的和实践。

从人类认识规律而言，人类认识活动总是由浅入深，从个别到一般，对美育的认识也不例外。美育提高德育、智育、体育效果的功能，是美育最基本的功能，因而首先为人们认识和实践。美育在提高德育、智育、体育效果方面的作用，主要表现为以美储善、以美启智和以美兴体。

（1）以美储善。

美育以美储善的功能，是德育之所以需要借助美育的原因所在。从美学的角度看，审美教育的实质，就是通过欣赏美的事物，使人建立相关的审美心理。当这种审美心理建立以后，就成为人的一种内在需求，成为人行为的自觉规范。如果人违背自己的审美心理，就会感到自责、痛苦。从效果看，美育这种作用与道德有相同之处，但从作用的机理讲，却属于不同的渠道。德育诉诸理性、意识，属于"他律"，即外力要求主体如何；美育诉诸情感、潜意识，属于"自律"，即自己要求这样做。德育的功利性虽较美育直接明了，但其最终效果

却没有美育所产生的个人自觉性和约束力强。

很早以前,人们就认识到这一点。亚里士多德反复强调,为了教育的目的,必须选择"富有伦理性的旋律和曲调"。孔子认为,一个道德君子的修身三部曲是"兴于诗,立于礼,成于乐",把"乐"作为道德修养的最高阶段。梁启超说:"天下最神圣的莫过于情感。用理解来引导人,顶多能叫人知道那件事应该做,那件事怎样做法,却是被引导的人到底去做不去做,没有什么关系,有时所知的越发多,所做的倒越发少。用情感来激发人,好像磁力吸铁一样,有多大分量的磁,便引多大分量的铁,丝毫容不得躲闪。"

用美育实现德育目的最典型的例子莫过于宗教。曾经看过一篇文章,说一个年轻人请教一位大家:"怎样写好社论?"大家说:"去读佛经。"起初不得其解,待后来读了一些佛经,才明白其中的道理。佛经除了语言平易浅显,最突出的特点是讲故事,用一个故事说明一个道理。这样一来,文人不觉其浅,百姓不觉其深,大大增强了传播效果。这种方法后来被用到很多方面,最著名的当推毛泽东的《愚公移山》。一个党代会的闭幕词,最终成为千古流传的名篇,除了其他方面的原因,这种讲故事的文体,是其中最重要的因素。这种文体就是美育的形式,政治的内容借此为人所接受、记忆和流传。我国古代的《三字经》《弟子规》《女儿经》《百孝图》等,采取的都是以美储善的方式。

(2)以美启智。

美育以美启智的功能,主要表现在两个方面:一是提高学习者的兴趣;二是提高受教育者的创造力。

孔子说过:"知之者不如好之者,好之者不如乐之者。"现代教育的真谛,在于提高学生的学习兴趣。有了兴趣,枯燥乏味的数字会变成五彩缤纷的图画,孤灯苦读的寂寞就成了愉悦享受的时光。怎样才能使人有学习兴趣呢?就要靠美育培养。

在现实生活中,有经验的教师常常会自觉不自觉地运用美育的方法。曾经看过一篇文章,作者回忆一位数学老师,其中讲到两个情节。一个是有次上课,老师站上讲桌,抓住照明灯管说:"今天就讲这个——圆柱体!"另一个是课堂上有人不注意听讲,老师用粉笔头丢过去,顺口说:"给你一个抛物线!"老师的这些行为之所以给学生留下深刻的印象,就在于把抽象的东西形象化,把书本上的知识生活化,而这显然有益于提高学生的兴趣。

上中学时,历史课老师为了让大家记住马克思的诞辰纪念日,把"1818年

5月5日"演绎为"马克思一巴掌一巴掌把资产阶级打得呜呜地哭",从此之后,这个日子就随着这句话永远地烙在了我的记忆中。

钱学森70岁时,仍然能清晰地回忆起中学物理老师教给他们的物体硬度口诀。之所以如此,同样是因为老师采用了美育方式。我们知道,节奏感是形成审美心理的重要方式。教育中把抽象的内容用押韵的口诀表示出来,可以帮助学生提高记忆效果,运用的就是这种审美心理形成规律。我国数学教育中的乘法口诀、除法口诀等,都属于这样的类型。这样的方式不仅提高了学生的学习兴趣,也大大提高了学习效果,甚至让人们终生难忘。

以美启智的另一个作用,在于提高受教育者的创造力。科学研究是一种理智的行为,需要排除感情的干扰。但是,科学的创造,却只有在人的神经系统兴奋的状态下才能完成,所以必须保持生命的活力,使感觉系统处于兴奋状态。

达尔文在自传中说:"在30岁左右的时候,我对密尔顿、格勒、拜伦、华尔毕滋、克勒律治、雪莱等人的诗是那样入迷(当然,对莎士比亚的诗,尤其是他的历史剧,从学生时代起,就已经入迷了)。我还敢说,自己对绘画和音乐也很感兴趣,但是现在就大不一样了。这许多年来,我竟没有读完过一首诗,有一度我曾试着去重读莎士比亚的诗,但一拿起来就感到它乏味和厌烦。到现在,我对绘画和音乐的兴趣也开始丧失了……我的思想似乎已经变成了一种机器,它只是机械地从无数事实和原则中剔取出一般规律。我真的不明白为什么对文艺爱好的丧失会引起心灵的另一部分能力——能够产生更高级的意识状态的那一部分能力——的衰退。我在想,一个具有比我更高级的和更为全面统一的意识的人是断然不会像我现在这样的。假如我能够从头再活一次,我一定要给自己规定这样一个原则:一星期之内一定要抽出一定的时间去读诗和听音乐。只有这样,我现在业已退化的那一部分能力才能在持续不断地使用中保持下来。事实上,失去这种兴趣和能力就意味着失去幸福,而且还能进一步损害理智,甚至可能会因为本性中情感成分的退化而危及道德心。"①

达尔文用他的亲身体会告诉人们,美育的缺失不仅影响人的创造力,还会危及生命的活力和幸福。创造就是无中生有,从无到有靠的是人的想象。就思维方式而言,一般的学习、研究靠的是逻辑思维,但是创造却需要形象思维。形象思维的特点是非逻辑性,不遵循固定的路径,不受已有知识的束缚,这就

---

① 滕守尧.审美心理描述[M].成都:四川人民出版社,1998:330.

便于在毫不相干的事物之间建立新的联系,用完全不同类的材料组成新的事物,从而达到创造的目的。诺贝尔奖获得者、美国哈佛大学教授格拉索曾经深有体会地说:"往往许多物理问题的解决并不在物理范围之内,涉及多方面的学问可以提供广阔的思路,如多看看小说,有空去看看动物园也有好处,可以帮助提高想象力。"

(3)以美兴体。

美育以美兴体的功能,同样在于提高受教育者的兴趣。体育的目的,在于锻炼受教育者的身体。然而同智育一样,若没有乐趣,则难以吸引人参加,即使参与也难以持久。所以推广体育的人,会在体能锻炼中增加游戏的色彩,以各种竞赛调动人的热情。健美操、健美赛之类,更是直接以美的旗帜相号召。这些形式都是借美育以吸引人,激发人的兴趣,达到体育的目的。

现代竞技类体育,目的在于提高学习者的竞技水平,这就与智育学习有着完全相同的特点。较之一般的体育学习,竞技类体育学习更为单调、乏味和艰辛。现代著名画家吴冠中说过:"一个青年人学画的冲动,如果就像在草上浇开水都浇不死,这才能让他学。"较之体育项目,绘画无疑要有趣得多。但作为一种技能学习,如果没有强烈的兴趣,尚且无法学好,更何况更为枯燥乏味的体育项目。

足球对于中国人来说,是一种引进的体育方式。多年以来,中国足球费了很大的力气,却始终难有好的效果。其中最根本的原因,就在于完全把足球作为一种竞技运动,而没有作为全民性的娱乐活动。球王贝利从四五岁起,足球就是他的一种游戏,这使他对足球有一种发自内心的兴趣。这种兴趣使得艰苦的训练在他看来无疑是最好的享受,最终成就了他高超的球艺。反观我们的足球队员,虽然很多也是从小训练,却更多的是为了比赛,甚至是作为谋生的手段。这种状况影响了他们的兴趣,也影响了他们球艺的发展。

2000年至2002年,中国足球队倡导"快乐足球"。"快乐足球"的本质,就是要使球员在训练和比赛中感受快乐,这实际是以美兴体的另一种称谓而已。

2. 培养感情

在中国传统文化中,已经存在把美育作为陶冶人的感情的认识和实践,蔡元培把这种认识和实践进一步理论化,明确提出把培养感情作为美育目的的主张。

把培养感情作为美育的目的,是人类对美育认识深化的结果。人类对美育的认识,最初是从社会的需要开始的,主要着眼于其提高德育、智育、体育效果的工具性作用。但是,随着研究的深入,人们最终认识到这是人类生存的最佳方式。席勒在《审美书简》中，最初只是把美育作为沟通感性冲动与理性冲动的"桥梁"，最终却发现审美是人的天性，"审美的假象王国"是人类生活的最理想的环境。这样，最初的"桥梁"便有了独立存在的地位，最初的手段便成为目的。蔡元培"陶冶感情"的主张，就是这种认识进一步发展的结果。

把培养感情作为美育的目的，是现代社会发展的必然要求。封建社会，"普天之下莫非王土，率土之滨莫非王臣"，社会的发展以维护封建统治为目的，教育也不可能例外。在这种状况下，美育只能作为德育、智育、体育的附庸，为统治者培养保卫者、生产者、服务者。近代以来，随着封建帝制的灭亡，国家权力不再是为了维护少数人的统治，而是为了保障和促进每一个社会成员的生存和发展。随着人人平等、以人为本等现代理念的深入人心，人的全面发展逐渐成为社会发展的目标。这种社会背景，不仅为美育培养感情目的的发现创造了条件，而且使这种目的的实践成为社会发展的需要。培养感情目的的确立，使美育彻底摆脱了附庸，成为具有独立地位的现代教育内容。美育陶冶人感情的实质是以美育情，具体可以分为四个方面。

（1）消除激刺感情，增强感情包容能力。

美育培养感情的作用，首先表现为消除激刺感情，增强感情包容能力。所谓激刺感情，即偏狭激烈的感情。其特点一是偏狭，或从个人的某种感受出发，或从某种认识和理念出发，全然不顾他人的感受，不考虑别人的认识和社会其他成员的需要；二是激烈，感情起时如洪水决堤，完全丧失理智，全然不计后果，不唯影响个人幸福，而且会给社会造成极大的危害。席勒提出审美教育的一个重要原因，就是要纠正人们粗野暴戾的感情冲动。蔡元培把反对和纠正各种偏激狂热之"激刺感情"，作为美育的重要目的，并且从当时社会发展的实际出发，指出了危害社会的三种激刺感情。

一是宗教的偏狭激刺感情。蔡元培指出："盖无论何等宗教，无不有扩张己教、攻击异教之条件。回教之穆罕默德，左手持'可兰经'，而右手持剑，不从其教者杀之。基督教和回教冲突，而有十字军之战，几及百年。基督教中又有新、旧教之战，亦亘数十年之久。至佛教之圆通，非他教所能及。而学佛者苟有拘牵教义之成见，则崇拜舍利受持经忏之陋习，虽通人亦肯为之。甚至为护法起见，不惜于共和时代，附和帝制。宗教之累，一至于此，皆激刺感情之作用为之也。鉴激刺感情之弊，而专尚培养感情之术，则莫如舍宗教而易以纯粹之美育。"①

---

① 蔡元培.蔡元培教育文选[M].北京：人民教育出版社，1994：30.

考察宗教产生的缘由，主要在于解除人类痛苦的需要。如此善良的愿望，为什么最终却导致激刺的感情，给人类社会造成危害？根本的原因在于思维方法。宗教的产生，就思维方法而言，莫不属于本体论的范畴。其最突出的特点，就是相信自己的信仰是世界上唯一正确的东西，除此之外，皆属异类，皆在应被消灭之列。因为这种偏执的思维方法，最初的善良愿望最终陷入偏狭，崇高的信仰也走向真理的反面。

中国古代为什么没有产生宗教，根本的原因在于中国古人的思维方法。中国古代的主流文化相信，世界是一个不断变化的过程，不存在任何绝对正确、永远不变的事物。尺有所短，寸有所长。从这个角度看是长处，换一个角度看就是短处。考察的角度不同，结果也就相异。所以，中国人讲"过犹不及"，反对"执一"，倡导中庸。

南方人爱吃米，北方人好吃面，物产使然。有人爱甜，有人好咸，习惯使然。宗教的产生也如此。不同的文化环境产生不同的宗教，不同的爱好产生不同的信仰，希望天下人信奉同一个宗教，正如希望天下人有同样的饮食爱好一样。若因此而诉诸武力，就像希望用自己强大的力量使江河倒流一样，最终不仅会害了别人，也会害了自己。在社会生活中，有人把一己之见无限推广，致使正确的东西变成谬误，甚而挑起吵闹、争斗乃至战争。这些行为，无论出于个人还是国家利益，也都类似于宗教的激刺感情表现。

二是"帝国主义之激进"。蔡元培指出，帝国主义之激进对教育界的影响，表现为"极端之国民教育"。这种教育"磨灭受教育者的个性，使其丧失自辨力，往往被政治野心家利用，德日两国即是代表"。德、日两国发动的法西斯战争，给包括德、日两国人民在内的广大人民造成了极大的灾难。反思这种战争产生的原因，就在于当政者只从本国利益出发，以狭隘的民族主义发动民众，以害人开始，最终害人害己。近代以来，与极端民族主义相类似，还存在一种极端的"人类共识"，即把某种社会发展理论作为"人类共识"，采取"顺我者昌，逆我者亡"的做法。

三是"物质文明之狂热"。蔡元培指出，近代"物质文明之狂热"在教育界表现为"极端之盲从"，"片面追求物质利益，几若人类为金钱而生活，遂使拜金主义弥漫全国，美国其代表也"①。对财富的盲目追求，乃至于视为人生的目

---

① 蔡元培.蔡元培教育文选[M].北京：人民教育出版社，1994：282.

的,是私有制产生以来人类社会发展中出现的一种极端现象。这种认识产生有其合理性,人类必须首先满足一定的物质需求才能生存,物质生产是人类存在的基础。这种认识的不合理性在于,把获取财富作为人生的唯一目的,从而不仅封闭了人们获得快乐的其他渠道,而且封闭了人们从物质生产过程中获得快乐的机会。对于这一点,马克思的"异化理论"已经进行了深刻的揭示。需要指出的是,极端追求物质利益的最大危害,不在于追求的过程,而在于追求的结果。也就是说,只有当人的生存物质条件满足之后,这种认识和行为的危害才会真正显露出来。

维克多·弗兰克(Viktor Frankl,1905—1997年)的《无意义生活之痛苦》一书,写于20世纪80年代,书中指出:"我们生活在一个无意义感的时代里。"他提供了一组当时的数据:"在美国大学生中,自杀已成为第二大死因,位居交通事故之后。同时,自杀未遂(并非以死亡为结束)的数目增长了15倍。"对爱达荷州立大学学生的调查显示:"有85%的学生在其生活中再也看不到任何意义,而其中有93%的人在生理上和心理上都是健康的。"他特别提醒人们注意,"这种现象发生在马斯洛所说的那些基本需求似乎无一不被满足了的那种'富裕社会'"①。2014年9月,联合国世界卫生组织发布的一个调查报告表明,这种现象正在全世界蔓延。世卫组织耗时10年,调研了全球172个国家,得到的统计数据显示,全球每年80万人自杀身亡,平均每40秒就有一人自杀,每年自杀死亡人数已经超过战争和自然灾害致死人数之和,其中25%的自杀发生在富裕国家。然而到目前为止,这种现象产生的原因还没有引起人们的重视。

激刺感情的危害,在当今社会依然普遍存在。韩国警察厅发布的数据显示,2017年韩国发生的914起杀人案件(包括杀人未遂)中,因嫌疑人控制不住自己的情绪而导致的"愤怒杀人案"共357起,占比高达39.1%。从动机来看,若把累积起来的"对现实不满"也包括在愤怒失控之内,则"愤怒杀人案"达到401起。类似现象在世界各国都不同程度地存在,直接的起因皆在于偏激的感情。激刺感情形成的原因,在于把自己的见解、感情视为唯一正确合理的东西,不能从他人的角度换位思考,不能包容不同的认识和感情。

美育对于激刺感情具有很好地消解作用:一是用愉悦的感情软化激刺感情的暴烈,从而降低其危害;二是使受教育者通过不同的感情体验体会感情的

---

① 弗兰克.无意义生活之痛苦[M].朱晓泉,译.北京:生活·读书·新知三联书店,1991:6-7,24,27.

复杂性,改变单一的感情活动模式;三是在认识和体验不同感情的过程中,增强感情的包容能力。

雨果说过:"世间最广阔的是海洋,比海洋更广阔的是天空,比天空更广阔的是人的胸怀。"广阔的胸怀不是天生的,是后天教育的结果,美育是其中最重要的方式。通过美育的锻炼,不断增强感情的包容能力,才能从根本上消除激刺感情的产生。

(2)消除厌世感情,促进生命活力。

美育培养感情的第二种作用,表现为消除厌世感情,促进生命活力。人是感情动物,人生的一切行为,最终都体现为人的感受。快乐的感情是对生活的肯定,快乐的生活会形成对人生和社会的肯定;否定的感情,是对生活的否定,太多的否定积累在一起,会变成对人生和社会的否定。一颗快乐的心灵,会快乐地对待周围的一切;一颗充满压抑、仇恨的心灵,则会敌视周围的一切。

感情是过去生活的评判结果,又是未来行为的动力和依据。对于人生而言,感情是一把双刃剑:既可以带来幸福和动力,也可以带来痛苦和毁灭。忙碌的蚂蚁,你在它前边设置障碍,它会调转方向而行,你再设它再调,绝不会因赌气而停止行动。人却不然,事不如意,就会产生不愉快之感。不快之感长期积累,就会形成一种固定心态,对人生和社会消极悲观,甚至于自我结束生命。现代社会,物质条件的满足,并没有给人类带来真正的幸福。恰恰相反,越是经济发达的地方,人们的厌世情感似乎越普遍、越强烈。

进入21世纪以来,随着我国经济的快速发展,自杀人数开始呈上升趋势。2006年11月《中国青年报》报道,中国大学生患抑郁症的比例是3%～5%,在患抑郁症的人当中,有70%的人会有自杀念头。北京大学精神卫生研究所教授、中国心理卫生协会大学生心理咨询专业委员会副主任委员唐登华说:"全国每年自杀成功率为十万分之二十二点二,大学生自杀率肯定没有超过全国的平均数。"北京大学儿童青少年卫生研究所从2004年开始对中国13个省约1.5万名学生进行调查,2007年1月公布的《中学生自杀现象调查分析报告》显示:中学生每5个人中就有一个人曾经考虑过自杀,占样本总数的20.4%,而为自杀做过计划的占6.5%。

这种现象产生的原因固然很多,但美育的缺失不能不是重要的因素。早在1927年,林风眠先生在历数当时社会"强者益强而暴,冷酷残忍而无一丝同情,专以杀人肥己的自私之心;弱者益弱而衰,懦怯卑鄙,因而无半点勇气,专以饮泪哀号的自残为生"的悲惨状况后说:"九年前中国有个轰动人间的大运动,那便是一班思想家、文学家所领导的'五四'运动。这个运动的伟大,一直影响到现在;现在无论从哪一方面讲,中国在科学上、文学上的一点进步,非推功于'五四'运动不可! 但在这个运动中,虽有蔡孑民先生郑重的告诫,'文化运动不要忘了美术',但这项曾在西洋的文化史上占得了不得地位的艺术,到底被'五四'运动忘掉了;现在,无论从哪一方面讲,中国社会人心间的感情的破裂,又非归罪于'五四'运动忘了艺术的缺点不可!"①从"五四"运动到新中国成立,中国社会的战争连绵不断;新中国成立至20世纪80年代,政治运动连绵不断;20世纪80年代以后,社会上的"一切向钱看",教育上的应试考试,使得百年以来美育几乎完全被抛在一边。

感情失去陶冶,就会出现两种倾向:一是偏激,前些年屡屡出现的中学生杀害父母,甚至毒死全家的案件,是其极端表现;二是厌世,呈上升趋势的自杀现象是其极端表现。哀莫大于心死,当一个人对生命失去信心的时候,还能指望他做好什么事情呢?当一个人连死都不怕的时候,他又有什么事情做不出来呢?因此,悲观厌世感情对于社会的危害并不亚于激刺感情。事实上,它们是一个硬币的两个面,随时都有可能反转过来。

厌世感情从生理学的角度讲,是一种抑制性情感,产生的原因在于神经系统长期缺乏兴奋现象,或者说缺乏愉悦感情的产生。审美是一种愉悦活动,在美育的过程中,由于愉悦感的不断出现,就会逐渐消除悲观厌世的抑郁感情,增强生命的活力。

美育增强生命活力的作用,不仅体现在精神方面,而且体现在生理方面。中国中医研究院基础理论研究所完成的"肝郁气滞血瘀的临床和实验"研究成果揭示,人在忧郁的精神状态下,生理上容易表现为高级神经活动紊乱,交感性中枢及外周特异道路的调节反应出现故障,心肌电活动异常,肾上腺皮质结构出现问题,一些细胞内最基本的调节机制平衡失调,血液出现浓、粘、凝聚现象。总之,精神的压抑会导致免疫调节系统出现紊乱,从而使机体出现病变。美育作为一种愉悦性的感情活动,不仅有利于消除消极情绪,而且会产生积极的情感,从而有利于人的身体健康。

早在古埃及时代,人们就称音乐为"灵魂之药",用来治病。我国古代也有

---

① 林风眠.林风眠散文[M].广州:广东花城出版社,1999:85.

"以戏代药""乐疗"等做法。20世纪中叶以来,国际上一些医疗组织把音乐疗法进一步完善和系统化,使音乐与现代技术手段结合,广泛地应用于临床。美国有医院用音乐来促进分娩,瑞典一些医院把音乐疗法用于拔牙、麻醉等。我国一些医院从20世纪80年代,也开始采用音乐疗法。这些方法背后的原理,就是美育从生理上增强生命活力的作用。

(3)丰富感情体验,提高感觉能力。

美育培养感情的第三种作用,表现为丰富感情体验,提高感觉能力。一个人第一次登上舞台,或者是面对摄影镜头,都会不由自主地产生紧张感。之所以如此,在于之前我们没有过这样的体验。对初次体验的情景,紧张是神经系统的本能反应。改变这种状况最简单的方法,就是多体验,经历得多了,自然就能从容面对。

同一个艺术作品,不同的人有不同的感受,原因在于每个人对艺术的感觉能力不同。"国破山河在,城春草木深。感时花溅泪,恨别鸟惊心。"对于初次接触的小学生来说,这只是四句押韵的文字,他们体会不到其中的情感。但是,随着老师的指点和反复的艺术欣赏,他们的感觉能力会不断增强,不仅能体会到这首诗中的情感,而且会形成从不同艺术作品中体验不同情感的能力。

有些体验在生活中难以经历,但通过艺术的形式却可以实现。艺术的形式是虚构的,但是艺术欣赏中的感情却是真实的。不同的美育活动,会不断丰富受教育者的感情体验。感情体验的积累,会使受教育者了解人在不同情境下的感情状况,从而在丰富自身感情世界的同时,具备设身处地理解他人感受的能力。

(4)培养理想人格,保持快乐人生。

美育培养感情的第四种作用,表现为培养理想人格,保持快乐人生。美育反对不良感情,提高感觉能力,最终的目的是实现对感情的良好掌控,使神经系统的运行始终保持在有利于身心健康的轨道上。这种理想的精神状态,称为**理想人格**。

从生理学的角度讲,人处在自发状态的感情,是一种简单的应对反射,没有也不会考虑后果。培养感情的目的,就是要使感情达到自觉状态,一切反应必须符合有益身心健康的目的。《伊索寓言》中有一则故事,说养蜂人为了防止狗熊上树偷吃蜂蜜,就用绳子吊一块木板挡在树干上,狗熊上树碰到挡路的木板,便将木板一掌推开,木板荡回来打在狗熊头上,狗熊十分生气,更使劲地推开木板,木板荡回来更重地砸在狗熊头上。如此反复,直至狗熊被砸到树下。寓言讥讽的就是不计后果的自发情感,从反面说明控制感情的必要性。

理想的人格包括哪些内容呢?蔡元培提出:"不顾祸福,不计生死,以热烈之感情奔赴之;凡与人同乐、舍己为群之德,属于此类,赖美育之助者也。"①毫无疑问,美育具有这样的作用,能够达到这样的目的。然而,这种目的应该属于德育的范畴,在美育中应该划归以美储善的功能。

理想的人格,除了符合道德规范外,从个体的角度讲,主要体现在对感情的掌控上,这是美育培养感情的主要作用和目的。关于这一点,在以研究人见长的中国传统文化中,有很多相当深刻的见解。总结这些不同的论述,主要表现在两个方面:一是形成超然独立的意识,不因外物改变心态;二是感情自主,始终保持快乐心态。

中国古代人讲修身养性,特别强调"静"。庄子说:"夫虚静恬淡寂寞无为者,天地之本而道德之至,故帝王圣人休焉。"认为"虚静"是自然的本源和道德的最高标准,是帝王和圣人修养所达到的境界。禅宗修行,以"静心"为宗,"能静即释迦,平直是弥陀",把"静"和"平和正直"视作佛祖境界。

禅宗的"禅"字,在梵文中就是沉思静虑。相传佛祖释迦牟尼就是在菩提树下静静地思考了几个昼夜,参透了人间各种问题,才跳离精神苦海,悟道成佛的。达摩将禅学传入中国之际,要求信徒们做的,就是对着墙壁默然肃坐,让心静下来,称作"安心"。安心、静心,从现代心理学的角度看,实质是建立独立的自主意识。

唐代李翱糅合儒学与佛教精华,提出"复性论",其要旨在于把"寂然不动"的觉醒状态作为修身追求的理想目标。这种精神状态,要求独立的自主意识,一方面是清醒的,能够洞察外部事件的真情;另一方面又如自然界的高山、大海一样,不因外物的变化而变化,始终保持自己理想的状态。李翱的这种做法说明,中国的儒学和印度的佛学,尽管产生于不同的国度,但在人生理想的追求上,却有异曲同工之处。这恐怕也是佛学之所以能够在中国落地生根蓬勃发展的重要原因吧。

对于这种理想人格,古人有许多精彩的论述。孟子的"富贵不能淫,贫贱不能移,威武不能屈",苏洵的"泰山崩于前而色不变,麋鹿兴于左而目不瞬",是其中最有影响的名言。历史上有三个故事,可以帮助人们理解这种理想人

---

① 蔡元培.美育[M]//华东师范大学教育系.中国现代教育文选.北京:人民教育出版社,1989:15.

格的状态。

《列子》记载：列御寇为伯昏瞀人表演射箭，把一杯水放在胳膊肘上，不断搭箭发射，箭在空中一枝接一枝连成一条线。伯昏瞀人看了以后，请列御寇登上高山，来到一块悬空的石头前，下边是万丈深渊。伯昏瞀人背身朝外站在石头边，双脚一半悬在空中，请列御寇按照这个样子射箭。列御寇爬到石头上紧张地站也不敢站起来，汗从头上一直流到脚跟，根本无法射箭。伯昏瞀人说："真正修炼到家的人，上天入地，纵横天下，任何时候神气都不会改变。像你这个样子，离这种境界还相差得很远！"

《世说新语》记载：南北朝时期，北方的前秦苻坚率兵百万进犯南方的东晋。当时，谢安主掌东晋朝政，谢安的侄儿谢玄带兵八万迎敌。这天谢安正与客人下围棋，谢玄派人送来战报，谢安看完没吭声继续下棋。棋毕，客人问战报情况，谢安回答："小儿辈大破贼。"神态举止与平常没有任何变化。

第三个是近代一位名流的故事。这位名流在旧日上海滩乘公交车，突然一阵风吹过，礼帽掉到了车下。名流依然端坐如故，头也没有回一下。有人问名流为什么不让车停下来把帽子捡回，名流笑着说："路边那么多讨饭小孩，他们早捡跑了。"

人生在世，名利美色之前能泰然处之尚属不易，更何况面对猝然之变故。伯昏瞀人、谢安和这位名流的境界，实际上已经超越了人本能的生理反应机制。

理想的人格，追求不因为外物而影响心态。然而始终保持的感情世界是一种什么状态呢？一言以蔽之：快乐。

《论语》开篇，以两个"快乐"打头："学而时习之，不亦说乎？有朋自远方来，不亦乐乎？"何以如此？在于这是孔子追求的人生修养境界——无论何时何地，始终保持一颗快乐心。有一次，孔子让几个学生谈谈各自理想。子路、曾皙、冉有谈的都是治理国家，唯独公西华说："暮春三月，换上春天的衣服，叫上五六个年轻人，带上六七个小孩到河内洗浴，在高台上吹风，一路唱着歌回家。"孔子长叹一声说："我与公西华的理想相同啊！"为什么要长叹，因为这样的理想——不仅仅郊游一次，而是长期保持这种心态，实在不容易实现。

禅宗以探求人生智慧闻名于世，"拈花一笑"的故事，体现了禅宗追求的人生境界。该故事在《大梵天王问佛决疑经》和《五灯会元·七佛·释迦牟尼佛》均有记载，大略如下：释迦牟尼在灵山法会上为众生讲法，登上法坛一言不发，只是把手中的一朵花转来转去。众人皆不明白佛祖葫芦里卖的什么药，唯有名叫迦叶的大弟子"破颜微笑"。佛祖见了,即开言道:"吾有正法眼藏,涅槃妙心,实相无相,微妙法门,不立文字,教外别传,嘱咐摩诃迦叶。"意思是说,我绝妙的道学,无须语言文字,刚才已经传给摩诃迦叶了。迦叶尊者,即佛教禅宗一派的初祖。少林达摩乃禅宗第二十八祖,为避祸逃到中国,成为中国禅宗的祖师。印度佛教禅宗后来覆灭,所以禅宗仅中国一脉独存。"拈花一笑"作为禅宗的第一公案,除了体现禅宗以心传心、见性成佛的特点外,最重要的是表现了禅宗对人生的追求,即始终保持快乐的心态。

自古以来,关于人生目的的探索有许许多多的答案,但归纳起来无外乎两个方面:为自己抑或为他人,享乐抑或创造。无论哪种答案,最终都是为了快乐,只不过追求快乐的途径不同,实践中的结果不同而已。从科学的角度看,人生是一个自然的过程。每一个生命的降临,都不是自我的选择,因此,不存在为什么而生的问题。然而人生于世,却是一个自主选择的过程,因而为什么活,应该怎样活,自古以来就成为人们思考的话题。近代以来,随着人类温饱问题的解决,这一话题便分外突出。存在主义的风行一时,宗教思想的空前活跃,都表现了这一点,但存在主义和宗教并没有解决这一问题。

事实上,如同低等生物一样,内在的需求始终是人生命运动的动力和目标,只不过分为精神和生理两类罢了。美国心理学家马斯洛把人的需要分为低级需要和高级需要两种,低级需要是生命存在的基本条件,如食欲、性欲、安全感等;高级需要是在低级需要的基础上产生的,它不像低级需要那样迫切,不容易被察觉,如成就感、爱等。低级需要更多的是生理的需要,高级需要则更多的是心理需要。在追求低级需要的过程中,不适感是生命运动的动力,愉悦感则是生命运动的奖品。饥饿促使人们寻找食物,寒冷促使人们寻求温暖,干渴促使人们寻找水源……正是种种不适的感觉,使人们甘愿从事各种艰苦的劳动。当这些欲求得到满足,不适感消失,愉悦感产生。这种"胡萝卜加大棒"式的生理机制,是人类社会发展的最基本的动力。在追求高级需要的过程中,愉悦感既是生命运动的动力,也是生命运动的目标。当温饱问题解决后,人不是为了饥饿而进餐,而是为了舒适可口;千里迢迢奔波不是为了寻找什么利益,而是为了在旅游过程中得到快乐;甚至两性的交往也不再是为了生儿育女、传宗接代,而是为了愉悦。人生的高级阶段,追求快乐是生命的根本目标。低级需要引起的快感,是生理性的,虽然在强度上要高于因心理满足而带来的快感,但却不能持久;高级需要是心理需要,由此产生的快感,虽不如低级需要满足产生的快感强烈,却永无止境。审美带来的愉快正是这样的感觉。因此,人类社会越发展,人类对审美的需要越强烈。

审美并不是由我们的意愿决定的,看见美的事物,我们不能不产生美感;看见丑的事物,我们即使努力,也无法产生美感。审美是人一种本能的活动,是人与生俱来的能力。有审美研究人类审美,没有审美研究人类也审美;懂美学的人审美,不懂美学的人照样审美。然而,正如有物理学、化学,物理现象、化学现象存在,没有物理学、化学,物理现象、化学现象依然存在一样,理论的有无,对自然的存在是相同的,对人类却大不一样。前者是自觉的,后者是不自觉的。审美教育的目的就是要使人类的审美从本能变为一种自觉的活动,通过这种长期的活动,使人的感情活动机制始终沿着有利于身心健康的轨道前行。

3. 审美教育的类型

审美教育理论和实践的发展过程说明,审美教育是一项范围广泛、形式多样的社会活动。因此,为了有利于认识和推行审美教育,研究者从不同的角度对审美教育进行了分类。总结以往的研究成果,审美教育的类型可以从四个角度进行不同的划分。

一是从教育环境的角度,美育可以分为学校审美教育和社会审美教育。前者的对象是学生,后者的对象是所有社会成员。家庭审美教育属于学校审美教育或社会审美教育的组成部分。

二是从教育目的的角度,美育可以分为审美化教育和纯粹审美教育。前者是指在各学科中运用美育方法的教育,目的在于提高德育、智育和体育的效果;后者是指专门的审美教育,目的在于培养感情和提升培养感情的能力。

三是从施教者的角度,美育可以分为审美教育和审美修养。前者由施教者和受教者完成,后者由个人自主完成。

四是从教育方法的角度,美育可以分为审美理论教育、审美艺术教育、审美环境教育和审美方法教育。审美理论教育、审美艺术教育和审美环境教育是审美教育的主要方法,在审美教育中具有独立的地位;审美方法教育则主要表现在各学科审美化教育和个人审美修养的过程中。

三、审美化教育

审美化教育是把审美规律运用于各门学科的教育方法。审美化教育虽然以提高各学科教育效果为直接目的,但由于包含了学生在学校的大部分时间和学习内容,因而对于全面实现美育目的具有十分重要的作用。

实行审美化教育,首先要确立现代教育理念。现代教育理念,按照蔡元培的话来说,就是"教育是帮助被教育的人,给他能发展自己的能力,完成他的人格,于人类文化上能尽一分子的责任;不是把被教育的人,造成一种特别器具,给抱有他种目的的人去应用的"①。按照当前教育方针来说,就是要以人为本,促进和实现人的全面发展。如果把教育目的局限在传授知识和培养技能上,就不能自觉地实施审美化教育,甚至将其看作多此一举。为什么多年来美育在教育中得不到重视,说得多做得少,形同虚设,没有独立地位,其根本原因就在于教育管理者的理念没有转变过来。因为把考试成绩、科研成果等作为主要目的,就会觉得审美化教育不仅没有必要,甚至有点碍手碍脚耽误时间。

审美化教育是将审美规律和方法运用于各学科的教育。古往今来的教育实践证明,审美化教育是提高德、智、体教育效果的有效方法。然而,如果教育者不了解和掌握审美的基本规律和方法,审美化教育也就无从谈起。所以,在确立现代教育理念的同时,审美化教育需要教育者了解和掌握审美的基本规律和方法。

现代教育较之古代教育,一个突出的特点就是教育内容和方法的科学、规范和体系性。审美化教育作为一种现代教育方法,为了使之普及和发展,也需要逐步形成科学规范的要求和评价标准。这样既方便教师掌握和检验教育效果,也使审美化教育有了循序渐进发展的基础。

审美化教育的方法很多,但就其基本特点而言,主要可以概括为以下三个方面。

1. 兴趣化教育

审美化教育的实质是把感情的作用运用到教育中,借以提高教育效果。从神经生理学的角度看,感情可以分为两类:一类属于兴奋型,另一类属于抑制型。人的兴趣属于兴奋型感情,兴趣化教育就是通过调动受教育者的兴趣,提高教育效果的方法。

(1)兴趣化教育的第一种形式,是调动受教育者的好奇本能。

好奇本能也称为"好奇心"和"探究本能",是审美心理形成的重要途径,表现为主动探究事物的愿望和行为。在学习和科学研究中,好奇本能表现为探

---

① 蔡元培.教育独立议[M]//华东师范大学教育系.中国现代教育文选.北京:人民教育出版社,1989:12.

索事物发生原因和规律的主动性。现代教育强调启发式教育,毛泽东曾经多次提出,"提倡启发式,废止注入式",就是要调动受教育者自身的积极性,也就是让他们的好奇本能发挥作用。

"启发"一词源于孔子,是孔子重要的教育方法。孔子提出:"不愤不启,不悱不发。"宋代理学家朱熹解释说:"愤者,心求通而未得之状也;悱者,口欲言而未能之貌也。"意思是说,只有当学生百思不得其解,想说不知道该怎样说的时候,再去启发他、引导他。这样的教育,会使学生有如醍醐灌顶、茅塞顿开之感,不仅得到知识,在情感上也是一种快乐。

禅宗有一个著名故事。怀让禅师看到年轻的马祖和尚天天坚持坐禅,专心向道的诚意溢于言表,便想点化他。于是,怀让拿了一块砖头,在马祖打坐的地方天天磨砖。马祖看了几天,感到有点好奇,便开口问他:"老和尚,你磨砖做什么?"怀让回答:"做镜子。""砖头怎么能磨成镜子?"马祖疑惑地问。"砖头磨不成镜子,打坐就能成佛?"怀让笑着问道。一句话点醒了马祖,他由此跟随怀让用心参禅,最后成为一代禅宗大师。

2010年,诺贝尔物理学奖授予英国曼彻斯特大学俄裔科学家安德烈·海姆和康斯坦丁·诺沃肖洛夫,奖励他们"研究二维材料石墨烯的开创性实验"。英国诺丁汉大学物理系教授劳伦斯·伊夫斯评价说:"这两人在好奇心的驱使下,从事他们认为有意思的工作,最终发明这种神奇的材料。"劳伦斯认为,安德烈和康斯坦丁的成就,是好奇心驱动的结果。这些名人的成功之路说明,调动和保护学生的好奇心,不仅关乎学生眼前的学习,也关乎学生的未来。

有的教育者不明白这一点,他们千方百计地给学生"灌输"。这种揠苗助长的方法,短期看似乎有效果,长期下去则事与愿违。因为这种做法会扼杀学生的好奇心,使他们失去主动学习的兴趣,不仅会影响学生当下的学习,而且会影响学生的终生。

(2)兴趣化教育的第二种形式,是树立学生的问题意识。

孔子说:"学而不思则罔。"学习而不思考,就不能理解所学的知识,就不能把所学的东西融入自己的知识体系,转化为一种能力。这种死记硬背的知识堆积得多了,就会使人越来越困惑。怎样思考呢?就是要有问题意识,围绕问题思考,思考怎样解决问题。

陈景润上中学时,听老师讲课时说,大约在200年前,一位叫哥德巴赫的德国数学家提出了一个命题,即"任何一个偶数均可表示两个素数之和",简称

"1+1"的命题。哥德巴赫一生也没能证明出来,便给俄国圣彼得堡的数学家欧拉写信,请他帮助证明这道难题。欧拉接到信后,就着手计算,费尽了脑筋,直到离开人世,也没有证明出来。哥德巴赫带着一生的遗憾离开了人世,却留下了这道数学难题。200多年来,哥德巴赫猜想之谜吸引了众多的数学家,使它成为世界数学界一大"悬案"。老师打了一个有趣的比喻,数学是自然科学的皇后,"哥德巴赫猜想"则是皇后皇冠上的宝石!这个问题引起了陈景润的好奇,他开始了摘取皇后皇冠上宝石的艰辛历程。大学毕业后,陈景润在不足6平方米的斗室中,不分酷暑严冬日夜攻读,为了阅读有关资料,先后学习掌握了英语、俄语、德语、法语、日语、意大利语和西班牙语,光计算纸就装了几麻袋。经过几十年的不懈努力,终于在相关研究方面取得了世界领先的成就。哥德巴赫流芳千古,在于正确地提出了一个问题。陈景润名垂后世,在于把这个问题的研究向前推进了一大步。问题意识是学习的动力,也是科学研究的关键。

为了提高学生的学习兴趣,教育者不仅要善于向学生提出问题,而且要善于启发学生寻找问题、发现问题。在科学研究中,正确地提出问题往往比解决问题还要重要;在教育中,正确地提出问题比告诉学生结果更为重要。

(3)兴趣化教育的第三种方式,是引导学生积极参与教学过程。

许多人都有这样的感受,坐车的时候容易犯困。有个朋友说,他学车前曾经怀疑自己是否能够开车,因为他一坐车就想睡觉。但是他发现自己开车时,却始终都很精神。为什么坐车犯困而开车却不犯困呢?就在于被动和主动的不同。人在主动行为时,神经系统处于兴奋状态;而在被动行为时,神经系统处于抑制状态,有的人很快会感到疲倦甚至打瞌睡。因此,作为一种提高学生学习兴趣的方法,就是想方设法组织学生参与到教学过程中,而不仅仅是让他们被动地接受。

21世纪初,欧盟曾经与中国国家行政学院合作,推广一项被称为"TOT"("training of training"的缩写,意为"培训者的培训")的项目,帮助中国培训干部教育教师。TOT的基本方法就是引导学员参与。据一位TOT主讲教师介绍:"TOT的培训者不像传统的教师,而更像导演。你必须选择好研究的问题,设计好课程进行的各个环节,调动学员的积极性,引导他们思考和参与。"在TOT教学中,师生互动、学员互动是主要的方式。讨论时每个学员都必须发言,而且必须符合规定的时间。一位青年教师参加TOT培训班后的感受是:"想不到教学活动原来能搞得这么生动,这么有意思!"

2. 形象化教育

中国有一句老话，叫作"百闻不如一见"，指的是对于人的感觉而言，视觉效果要远远超过听觉。这种现象是由人体的生理结构决定的。据生理学研究统计，人脑所接受的信息95%来自视觉。如果人同时用视觉和听觉接受信息，两个信息彼此矛盾，人们所反应的一定是视觉信息。视觉在人类感觉系统的优越地位，使其成为审美的主要方式。

人的思维通过两种形式进行：一是形象思维，大脑思维中传递的信号是形象；二是抽象思维，大脑思维中传递的信号是语言文字。神经生理学研究证明，语言文字是在事物形象的基础上建立起来的，是人的第二信号系统。也就是说，形象思维是人的本能，抽象思维是后天建立的。因此，形象思维较之抽象思维，更容易为人所接受，更能给人带来兴奋和快乐。

形象化教育，就是要把教育的内容形象地表现出来，调动人的形象思维，借以提高教育效果的方法。形象化教育具体的方法很多，但大体归于两个层面。

（1）形象化教育的第一个层面，是把教育内容用形象表现出来。

现代学科是用抽象思维的形式建立起来的，这反映了西方传统文化的特点。这种特点的长处是表述准确、规范，便于建立学科体系和继承发展；不足是不生动、无情趣。

中国传统文化虽然不乏抽象思维，但就表述而言，更多采用形象思维的方法。如庄子的哲学、司马迁的历史记载，甚至《九章算术》之类的自然学科，也是以具体的事例为主。这种特点不便于建立学科体系，但就传播而言，却优于西方抽象思维的方法。因而中国传统文化积淀深厚的人，更易于把教育内容形象化表述。

学物理要重视实验，实验要重视细节，这是物理课教师都要强调的内容。有个教师为了让学生了解细节的重要性，在课堂上请学生们跟着他做一个动作：把一个手指头伸进水杯中的液体里，然后用舌尖添一下手指。学生一个跟一个走上讲台，重复着教师的动作，完成后无不咂舌皱眉。教师问学生："感觉好不好？"同学们齐声喊："不好！"教师说："这有什么不好的？我再给你们示范一次。"这一次教师放慢了动作，并把重点动作夸张性地突出了一下，同学们这才看明白：教师伸进杯子的是食指，放在舌尖的是中指，而他们却始终是用一个指头。这位教师用这种方法，把学习物理学这个基本的要求，牢牢地烙在了他的学生的记忆中。这个故事就是他的学生成年后在一篇文章中讲的。

图形是把抽象内容形象化最常用的方法。有经验的教师,会把重要的内容书写在黑板上,给学生一个视觉印象。现在许多学校采取电子教学的方法,更方便使用图形。

1963年,美国麻省理工学院气象学家洛伦兹发现,在大气运动过程中,即使初始阶段各种误差和不确定性很小,也有可能在发展过程中将结果积累起来,经过逐级放大,形成巨大的大气运动。他把这种现象称为"混沌",又称为"蝴蝶效应",即某地一只蝴蝶扇动翅膀,对空气的影响经过长时间的传递,会导致遥远的地方发生一场暴风雨。这种形象化的比喻,使这个理论广为人知。有人用西方一首民谣诠释这个理论:"丢了一个钉子,坏了一只蹄铁;坏了一只蹄铁,折了一匹战马;折了一匹战马,伤了一位骑士;伤了一位骑士,输了一场战争;输了一场战争,亡了一个帝国。"相信文化水平再低的人,通过这样的民谣都会对"混沌"理论有大致的了解。

爱因斯坦不仅是物理学大师,也是形象化教育的大师。有一次,一群大学生问爱因斯坦,什么是相对论。爱因斯坦说:"你坐在一个漂亮姑娘旁边,坐了两小时,觉得只过了一分钟;如果你紧挨着一个火炉,只坐了一分钟,却觉得过了两小时。这就是相对论。"

把复杂的问题简单化是一种能力,把抽象的问题形象化也是一种能力。对于审美化教育而言,后一种能力尤为重要。

(2)形象化教育的第二个层面,是调动受教育者的形象思维。

中国传统文化非常重视形象思维,因为形象思维较之抽象思维,给人的感受直接、深刻,容易给人留下深刻的印象。古今中外,感叹人生短暂的言论众多,然而庄子的"白驹过隙",孔子的"逝者如斯",之所以千古流传,就在于前者用白马驰过狭小空隙具体地表述出生命消逝之快,后者用江水东流表现出时间一去不复返的特征,把人们的感觉形象化,从而引起人们的共鸣。

调动人形象思维最常用的方法是讲故事。毛泽东在中国共产党第七次代表大会上的闭幕词是典型例子,一个"愚公移山"的故事,使全党和全体人民明白了只要坚持斗争,就一定能取得胜利的道理。

"比兴"是调动人形象思维的另一种方法。"比兴"是古人从《诗经》中总结出来的,也是中国文化中最常用的方法。关于比兴手法,人们一般采用朱熹的解释:"比者,以彼物比此物也;兴者,先言他物以引起所咏之辞也。"在现实生活中,"比"和"兴"通常被综合起来运用。比如:"东方红,太阳升,中国出了个毛泽东。""太阳"与"毛泽东",既可以是比喻关系,也可以是兴起关系,即由太阳引出毛泽东。在陕北信天游中,这样的例子很多。有一句歌词这样唱道:"风尘尘不动树梢梢摆,做梦梦也想不到哥哥你来。"不刮风树枝却摇动,用来表现主人公意料之外的惊喜,这是"比"的手法;用不刮风树梢摇摆引出惊喜之情,则可以看作"兴"的手法。

美育中比兴手法的运用,是从广义的角度而言的,即用人们感兴趣的事,来引起需要介绍的内容,或者用形象化的内容增强对抽象内容的印象。罗素讲哲学史,经常会介绍一些哲学家的故事,有时用这些故事引出哲学家的思想,有时则完全是为了加深人们对这个哲学家及其哲学思想的印象。佛教用讲故事的方法传教,既是用故事的内容比喻所讲的佛学道理,也是用故事引出道理。

美育中运用比兴手法,核心在于把抽象的内容与形象思维联系起来,以提高人们的兴趣,增强人们的印象,从而达到提高教育效果的目的。

3. 节奏化教育

节奏化教育,指用合辙押韵或者音乐的方式表述教育内容的方法。

春秋战国时期,齐襄公荒淫无道,管仲保护其长子纠逃避鲁国,鲍叔牙保护其次子小白逃避莒国。后齐襄公为人所杀,公子纠和公子小白争相回国登基。管仲为了阻止公子小白,在半路埋伏,箭射公子小白于马下。管仲以为公子小白已死,便护着公子纠从容回国。不料他的箭偏巧射中公子小白的带钩,小白诈死骗过管仲,随后加速回国即位,即齐桓公。齐桓公知道管仲有治国之才,欲加以重用,即派使臣前往鲁国索要管仲。鲁国大臣施伯足智多谋,知道管仲若被齐国重用,必成鲁国大患,意欲杀之。齐国使臣以管仲有射杀齐桓公之仇,齐桓公要亲手惩处为由,要求鲁国将管仲囚于车中,送往齐国。管仲知道要他活着回国是鲍叔牙的计谋,唯恐施伯反悔,于是做了一首《黄鹄》歌,教给拉车人唱。拉车人边走边唱,乐而忘倦,在鲁国两天的行程一天就跑完了。待施伯醒过神来,派人追杀,管仲的囚车已进入齐国。

为什么唱着歌赶路速度快呢?就在于节奏。唱歌的节奏如果合乎人体血液循环规律,不仅使人精神振奋,而且有利于拉车人通力合作。南方拉船的调子,北方打夯的号子,都是运用了人体这一活动规律。节奏化教育,就是把节奏的作用运用于教学中,以提高教学效果的方法。

(1)节奏化教育的第一种方法是音乐化,即把教育的内容通过音乐的形式表现出来。

《三大纪律八项注意》这首歌的曲子,最早是清末袁世凯在操练新兵时的军歌,北伐革命军曾重新填词。工农红军到了井冈山,毛泽东为了严明纪律,便把红军的纪律编成歌词,教战士学唱,从而使大量不识字的红军战士,也能牢牢地记住这些纪律。国家有国歌,军队有军歌,学校有校歌,工厂有厂歌……这些不同的形式,虽然目的各异,但共同之处,都是通过音乐化的方式使人们形成一种共识。

(2)节奏化教育的第二种形式是韵语化,即把教育的内容通过合辙押韵的形式表现出来。

这种方法在古今教育中非常普遍。我国古代的《三字经》《女儿经》《弟子规》等,都是运用韵语化形式进行道德教育的范例。现代小学教育的乘法口诀,则是韵语化形式在数学教学中的运用。

四、纯粹审美教育

纯粹审美教育也称狭义审美教育,是相对于各学科中的审美化教育而言,是指专门以培养感情和提升培养感情能力为目的的教育。纯粹审美教育的路径主要分为三个方面:一是审美理论教育;二是审美艺术教育;三是审美环境教育。

1. 审美理论教育

审美理论教育主要在高等院校和成人中进行,其目的主要表现在两个方面。

一是帮助受教育者树立自觉的审美意识。爱美之心,人人有之。审美是人的自然能力和需求,但在审美理论教育之前,绝大多数人的审美如同自然状态的生物本能,是自发的而非自觉的。审美理论教育的目的,首先在于使人们了解自己这一天性,从而自觉主动地从事审美活动。二是帮助受教育者了解和掌握审美的规律,遵循审美规律从事审美活动。在介绍好奇本能在服饰审美中的作用时,我们曾经提到托尔斯泰《安娜·卡列尼娜》中的一个情节,参加宴会的女士们竞相装扮,珠光宝气,唯独安娜一袭黑裙,天然丽质,在众女士的陪衬下,反倒显得越发美丽动人。为什么众女士费钱、费力的打扮反倒没有取得美的效果呢?就在于她们没有掌握审美的规律。在现实生活中,诸如此类的现象很多。因此,为了取得好的审美效果,除了树立自觉的审美意识,还需要了解和掌握审美的规律。

审美理论教育的路径,对于高等院校来说,主要表现在三个方面。一是开设美学课程。蔡元培十分重视审美理论在美育中的作用,在担任北大校长期间,曾连续十年亲自讲授美学课。二是开设有关审美教育讲座,普及审美理论,介绍美学理论研究的新成果。三是鼓励学生阅读相关美学著作。这一点是参加审美理论教育课程学习的人加深学习理解的重要途径,也是一切希望了解审美理论而没有机会接受审美理论教育的人可以选择的路径。

2. 审美艺术教育

审美艺术教育是运用艺术形式陶冶人感情的教育,是审美教育的重要形式和途径。以往有人把审美教育等同于艺术教育,这种认识是不全面的。但是,忽视或者轻视艺术教育,同样是偏颇的。没有艺术教育的美育,不可能实现陶冶人感情的目的。

审美艺术教育的方法,首先是开设艺术课程。艺术课程的开设,小学和中学重点在于培养学生的艺术爱好。在实践中,有的学校和家庭把艺术课程完全作为技能培养,强迫学生学习。这种方法不仅起不到审美教育的目的,而且会适得其反。大学艺术课程,包括艺术理论、艺术史和艺术专业课,可以由学生根据自己的爱好选修。

审美艺术教育的方法,其次是开展艺术活动。当前许多学校的艺术活动基本处于自发状态,由学生社团、共青团、工会等分头组织。学校主管审美教育的部门,需要科学地组织和协调相关审美艺术教育资源,有计划地开展各种艺术活动,使学校形成良好的艺术氛围。开展艺术活动,重在吸引更多的师生参与。所以,无论是学校还是地方相关部门,要特别重视和支持群众自发的艺术活动,使这种审美艺术教育方式成为人们的一种生活方式。

3. 审美环境教育

审美环境教育是通过美的环境陶冶感情的教育方式。"橘生淮南则为橘,生于淮北则为枳",反映了环境对植物的影响。北方人多粗犷,南方人多细腻,体现了环境对人性格的影响。长期以来,人们对于来自环境的影响,大多处于自发接受的状态。这种现象产生的原因,就社会而言在于缺乏系统的研究,从个人来讲在于缺乏清醒的认识。

环境对人的影响深刻而长远,身处其中的人因为缺乏自觉意识往往浑然不知。20世纪80年代,城市住房普遍紧张,有一个年轻司机,小两口带一个小男孩住在机关办公楼一间十五六平方米的房子,两个人整天吵架。后来分了一套两居室的房子,便很少出现类似情况,人们说分了新房两个人的性格都变了。为什么会出现这样的变化呢?就在于原来狭窄的环境,对人的生活形成种种限制,日积月累,形成人情感的压抑。小两口文化程度低,更多靠本能生活,对这种心理缺乏认识。两个受压抑的心灵如同两个火药桶,小小的摩擦便会引起爆炸。新房改变了生存环境,消除了压抑心理产生的根源,从而给他们的生活带来了根本性的变化。

环境对人情感的作用是潜移默化的。良好的环境可以给人带来快乐,不好的环境往往使人不快。蔡元培把审美环境教育分为家庭、学校和社会三个方面,这种划分既符合人的生活实际,也便于审美环境教育的开展。

审美环境教育的开展,首先需要人们能够认识到审美环境教育的必要性,并自觉主动地施行。家庭的家长、学校和社会的负责人尤其重要。一个家长没有这种认识,这个家庭就不会形成审美教育的环境。一个学校、一个地区也是如此,主要负责人没有这方面的认识,相关工作便难以开展。当然,家庭、学校和社会成员的认识也很重要。因为美的环境不仅需要创造,而且需要保持和维护,没有全体成员的积极参与和支持,审美环境教育就无法持久展开。

审美环境教育的开展,其次需要有一套切实可行的方案。一方面,审美环境教育需要一定的物质基础。如果脱离现实的物质条件讲审美环境教育,无论说得多么天花乱坠,也只能是空中楼阁。另一方面,审美环境教育是人的一种主动行为,因此主观能动性十分重要。无论是家庭、学校还是社会,都应该从实际出发制定方案和目标,择其条件成熟者先实行,通过一点一滴的建设,使生活环境不断美化。

什么是美的环境呢?从理论上讲,美的环境就是组成环境的各种因素都符合人的审美心理。从人类社会实践的角度看,对环境美的追求,首先是居住环境的建设,比如住房结构、院落布局、室内摆设等;其次是各种园林建设,从古代的皇家园林到今天的公园,都属于人们对环境美的追求。人们对环境美的最高追求,是对仙境的创造。古往今来,许多艺术作品中都有对仙境的描写。近代以来,随着电影电视艺术的发展,人们更是把这种理想的环境通过图像具体地表现出来。如果对这类环境进行分析,就会发现仙境与现实环境最大的不同,就在于无物不美。然而,如果对不同艺术家创造的仙境进行比较,就会发现这些理想的环境会随着时代的变化而变化。这种变化与人们的审美心理有关,人们的审美心理总是处在不断变化的过程中,所以理想的环境也会不断发生变化。人类对理想环境的追求,用一句流行语来说,就是"没有最好,只有更好"。

从人类审美心理的特点出发,在审美环境教育中,需要防止理想化的现象,避免从想象出发设定教育目标的做法,坚持一切从实际出发,量力而行,不断减少环境中不美的因素,增加美的因素,让对美的环境的追求成为人们的生活习惯和行为方式。

五、自我审美修养

自我审美修养是个人主动通过审美活动陶养感情和培养陶养感情能力的活动。审美教育的目的,在于帮助受教育者实现感情健康和全面发展。审美教育是由施教者和受教育者共同完成的,没有受教育者的主动参与,审美教育的目的就无从实现。所以从审美教育的角度而言,审美自我修养是审美教育的重要形式。从个人角度而言,自我审美修养是人成长的重要方法和途径,所以不仅要积极主动地参与审美教育,更重要的是要自觉做好自我审美修养。

1. 自我审美学习

自我审美学习是通过自觉学习审美理论,掌握审美规律,提高审美修养的方法。近代西方美学有一种颇有影响的观点,叫作审美态度论,认为"外物美与不美,或能否发现外物的美,都由这种态度所决定[①]"。这种观点是否符合实际暂且不论,主体的主观作用在审美活动中具有十分重要的作用,却是不容置疑的事实。

人较之动物最高明之处,就在于善于学习。学习的实质,就是把前人探索的成果为我所用,把前人失败的教训引以为戒。你掌握了多少人的经验体会,你就具有了多少人的智慧;你学会了伟人的方法,你就站在了伟人的肩上。著名哲学家冯友兰认为,人与禽兽的根本区别,"在有觉解与否。禽兽和人是同样的活动,而禽兽并不了解其活动的作用,毫无自觉。人不然,人能了解其活动的作用,并有自觉"。圣贤与一般人的区别,也在于对生活的见解程度不同。"圣人的生活,原也是一般人的生活,不过他比一般人对于日常生活的了解更为充分。"[②]审美教育关乎人的感情活动,审美自觉意识的有无,对教育效果的影响较之人类一般活动更为重要。有了审美自觉意识,不仅能积极主动地进行审美自我修养,而且在同样的审美教育活动中,也会较之无自觉意识的人得到更多的收获。

---

① 滕守尧.审美心理描述[M].成都:四川人民出版社,1998:21.
② 冯友兰.儒家哲学之精神[M]//冯友兰.三松堂学术文集.北京:北京大学出版社,1981:497.

理论是行动的指南,审美理论是审美教育的指南。不掌握科学的审美理论,审美教育就容易迷失正确方向,往往会事倍而功半,甚至南辕北辙,产生事与愿违的效果。基本的审美理论包括审美现象发生的机理、审美心理形成和变化的规律,以及审美教育和审美修养的基本方法。通过审美教育和自我审美学习,掌握基本的审美理论,可以为审美自我修养提供正确的指导,从而收到事半功倍的效果。

2. 自我审美反省

自我审美反省是通过反省审美活动中思想感情的变化,领悟审美规律、提高审美修养的方法。

感情活动作为人的一种生理、心理活动方式,每个人具有自己不同的特点。近年来有一种流行理论,认为人的性格是由血型决定的,不同血型的人有不同的性格特点。比如:A 型血的人胆小,做事谨慎;B 型血的人喜欢自由,做事随心所欲;AB 型的人比较自我、行为怪异;O 型的人直爽,做事比较冒失。这种理论正确与否暂且不论,人的感情活动或者说性格存在不同的类型,却是不争的事实。

陶养感情,从个人的角度而言,就是通过对感情的调控弥补性格缺陷,使感情活动处于健康快乐的状态。要陶养感情,首先要了解自己感情活动的特点,缺什么补什么,什么多减什么。如果不了解这一点,自我审美修养就缺乏明确的目标和方向,实践中就会出现热了加衣、冷了摇扇的行为,不仅起不到陶冶的效果,反而会加重感情的缺陷。

中国古代教育非常注重因材施教,根据受教育者的不同特点采取不同的方法。有一次,孔子的学生子路请教孔子:"听到就做吗?"孔子回答:"有父亲兄长在世,怎么能听到就做呢?"过了一会,有个叫冉有的学生又来请教同样的问题,孔子却说:"听到就做。"有个叫公西华的学生一直待在孔子身边,听到孔子对两个人的回答,感到困惑不解,就请教孔子为什么对同一个问题却给出两种完全不同的回答。孔子说:"冉有胆子小,所以我需要鼓励他;子路胆大过人,做事冒失,所以我需要压一压他。"我们可以设想一下,如果孔子对两个学生采取一样的回答会产生什么样的效果?两个学生尚且存在差异,更何况众多的学生在一起。学校和社会审美教育由于条件的限制,难以做到针对每一个人的特点。作为自我审美修养的主体,则不仅有必要,而且完全有可能通过自我审美反省,了解自己的性格特点,明确需要强化哪些方面的感情,弱化哪些方面的感情。这样一来，不仅可以使自我审美修养做到有的放矢，而且可以在审美教育中趋利避害。

自我审美反省除了了解自己的感情特点，还可以通过反省达到对审美规律的理解和发现。审美规律的学习属于意识范畴，只有亲身体验审美规律的作用，才能真正理解审美规律。孔子说："学而时习之，不亦说乎？"当我们学到了审美规律，在实践中体验到审美规律，所得到的快乐将远远超过本能地从事审美活动的快乐程度。如果进一步通过反省，发现并掌握了自身感情活动的规律，将会大大增加自我审美修养的效果。

3. 自我审美实践

自我审美实践是通过主动参加审美活动提高审美修养的方法。陶冶感情犹如锻炼身体，理论指导和外力帮助虽然有很大的作用，但起决定作用的还是大量的亲身实践。审美活动的形式很多，自我审美实践需要从三个角度，选择适合自己的审美活动方式。

一是调节感情。当我们长时间从事工作或学习，由于神经系统处于理智的支配之下，感情受到压抑，机体会产生需要放松一下的需要。这时候选择审美活动，需要根据自己的爱好，仁者看山，智者观水，一切顺着感情的需要而决定，从而达到调节感情的作用。

二是修正感情。当我们通过反省，意识到自己的感情缺陷之后，就需要修正感情。修正感情的审美活动方式，要根据修正感情的需要来进行。譬如性格封闭的人，要多看大海、草原、沙漠等开阔的景物；性格急躁的人，可以练习和欣赏书法、绘画；性格粗糙的人，可以通过阅读言情小说、观看影视丰富感情；性格怯懦的人，可以通过武侠、惊险类艺术作品或拓展类娱乐活动增强感情的承受能力……总而言之，要有的放矢，选择有益于弥补自己性格缺陷的审美活动。

三是享受感情。大多数情况下，人们从事审美活动，不是为了调节或修正感情，完全是为了娱乐。在这种情况下，我们完全可以根据现实条件，自由地进行各种审美活动，在享受的过程中达到陶养感情的目的。

在自我审美实践的过程中，需要自觉总结和运用各种审美规律。人类生活无时无处不与感情有关，因而无时无处不存在审美规律。自我审美修养者不仅要学习和掌握基本的审美规律，而且要善于在生活中自觉地总结和运用各种审美规律，在陶养感情的同时，使自己的生活更美好，事业更顺利。

本章小结

第一,本章从柏拉图与西方古代美育、孔子与中国传统乐感文化、席勒的审美教育理论和蔡元培与中国现代审美教育的发展四个方面,简要介绍了以往美育理论和实践的发展过程。

第二,本章介绍了审美教育的目的和分类。审美教育的目的主要包括两个方面:一是提高德育、智育、体育的效果,主要表现为以美储善、以美启智和以美兴体三种功能;二是陶养人的感情,主要表现为消除激刺感情,增强感情包容能力;消除厌世感情,促进生命活力;丰富感情体验,提高感觉能力;培养理想人格,保持快乐人生四个方面。审美教育的分类可以从四个方面进行:从教育环境的角度,可以分为学校审美教育和社会审美教育;从教育目的的角度,可以分为审美化教育和纯粹审美教育;从施教者的角度,可以分为社会审美教育和自我审美修养;从教育方法的角度,可以分为审美理论教育、审美艺术教育、审美环境教育和审美方法教育。

第三,本章介绍了推行审美化教育的基本方法。审美化教育是把审美规律运用于各门学科的教育方法。审美化教育的基本方法包括三个方面:兴趣化教育指通过调动受教育者的兴趣提高教育效果的方法;形象化教育指用形象化的方式提高教育效果的方法;节奏化教育指用合辙押韵或音乐的方式表现教育内容的方法。

第四,本章介绍了推行纯粹审美教育的路径。纯粹审美教育是相对审美化教育而言,指专门以陶养感情为目的的教育,主要路径包括审美理论教育、审美艺术教育和审美环境教育。

第五,本章介绍了自我审美修养的基本方法。自我审美修养是个人主动通过审美活动陶养感情和培养陶养感情能力的活动,主要方法包括自我审美学习、自我审美反省和自我审美实践三个方面。

试一试

1. 试谈谈席勒和蔡元培审美教育理论的异同。
2. 试谈谈审美化教育与纯粹审美教育的区别。
3. 试谈谈你对当前学校审美教育的看法和建议。
4. 试着为自己制订一个提升自我审美修养的计划。

参考文献

[1] 柏拉图. 柏拉图文艺对话集[M]. 朱光潜,译. 北京:人民文学出版社,1963.

[2] 鲍姆嘉通. 美学[M]. 简明,王晓旭,译. 北京:文化艺术出版社,1987.

[3] 莱辛. 拉奥孔[M]. 朱光潜,译. 北京:人民文学出版社,1981.

[4] 康德. 判断力批判:上卷[M]. 宗白华,译. 北京:商务印书馆,1965.

[5] 爱克曼. 歌德谈话录[M]. 朱光潜,译. 北京:人民文学出版社,1978.

[6] 黑格尔. 美学:第一卷[M]. 2版. 朱光潜,译. 北京:商务印书馆,1981.

[7] 鲍桑葵. 美学史[M]. 张今,译. 北京:商务印书馆,1985.

[8] 普列汉诺夫. 普列汉诺夫美学论文集[M]. 曹葆华,译. 北京:人民出版社,1983.

[9] 李斯特威尔. 近代美学史评述[M]. 蒋孔阳,译. 上海:上海译文出版社,1980.

[10] 维特根斯坦. 哲学研究[M]. 李步楼,译. 北京:商务印书馆,1996.

[11] 盖格尔. 艺术的意味[M]. 文彦,译. 北京:华夏出版社,1999.

[12] 罗素. 西方哲学史[M]. 马元德,译. 北京:商务印书馆,1976.

[13] 比厄斯利. 美学史:从古希腊到当代[M]. 高建平,译. 北京:高等教育出版社,2014.

[14] 北京大学哲学系美学教研室. 西方美学家论美和美感[M]. 北京:商务印书馆,1982.

[15] 朱光潜. 西方美学史:下卷[M]. 2版. 北京:人民文学出版社,1979.

[16] 李泽厚. 美学四讲[M]. 2版. 北京:生活·读书·新知三联书店,1999.

[17] 朱狄. 当代西方美学[M]. 北京:人民出版社,1984.

[18] 张法. 美学导论[M]. 北京:中国人民大学出版社,1999.

[19] 陈望衡. 20世纪中国美学本体论问题[M]. 长沙:湖南教育出版社,2001.

[20] 滕守尧. 审美心理描述[M]. 成都:四川人民出版社,1998.

[21] 单世联. 西方美学初步[M]. 广州:广东人民出版社,1999.

[22] 陈传席. 中国绘画美学史[M]. 北京:人民美术出版社,2000.

[23] 张光福. 中国美术史[M]. 北京:知识出版社,1982.

[24] 巴甫洛夫. 大脑两半球机能讲义[M]. 2版. 上海:上海医学出版社,1954.

[25]弗洛伊德.精神分析导论[M].高觉敷,译.北京:商务印书馆,1984.

[26]马斯洛.动机与人格:第3版[M].许金声,等译.北京:中国人民大学出版社,2007.

[27]克里克.惊人的假说:灵魂的科学探索[M].汪九云,齐翔林,吴新年,等译.长沙:湖南科学技术出版社,1998.

[28]墨菲,柯瓦奇.近代心理学历史导引[M].林方,王景和,译.北京:商务印书馆,1980.

[29]格林菲尔德.人脑之谜[M].杨雄里,等译.上海:上海科学技术出版社,1998.

[30]张镜如.生理学[M].4版.北京:人民卫生出版社,1998.